Oldenbourgs Lehr- und Handbücher der Wirtschafts- und Sozialwissenschaften

Bisher erschienene Werke:

Altrogge, Investition, 4. A.
Bamberg · Baur, Statistik, 10. A.
von Böventer · Illing, Einführung in die Mikroökonomie, 9. A.
Bohnet, Finanzwissenschaft: Grundlagen staatlicher Verteilungspolitik, 2. A.
Bühner, Betriebswirtschaftliche Organisationslehre, 9. A.
Cezanne, Grundzüge der Makroökonomik, 7. A.
Cezanne · Franke, Volkswirtschaftslehre, 7. A.
Domschke, Logistik: Transport, 4. A.
Domschke, Logistik: Rundreisen und Touren, 4. A.
Domschke · Drexl, Logistik: Standorte, 4. A.
Frerich, Sozialpolitik, 3. A.
Gehrels, Außenwirtschaftstheorie, 2. A.
Hammer, Unternehmensplanung, 7. A.
Hanssmann, Einführung in die Systemforschung, 4. A.
Hanssmann, Quantitative Betriebswirtschaftslehre, 4. A.
Hauptmann, Mathematik für Betriebs- und Volkswirte, 3. A.
Holub · Schnabl, Input-Output-Rechnung: Input-Output-Analyse
Holub · Schnabl, Input-Output-Rechnung: Input-Output-Tabellen, 3. A.
Krug · Nourney · Schmidt, Wirtschafts- und Sozialstatistik, 5. A.
May, Ökonomie für Pädagogen, 9. A.
Meyer · Müller-Siebers · Ströbele, Wachstumstheorie, 2. A.
Oberhofer, Wahrscheinlichkeitstheorie, 3. A.
Oechsler, Personal und Arbeit – Einführung in die Personalwirtschaft, 7. A.
Peters · Brühl · Stelling, Betriebswirtschaftslehre, 10. A.
Schertler, Unternehmensorganisation, 7. A.
Schneider, Allgemeine Betriebswirtschaftslehre, 3. A.
Tiede · Voß, Schließen mit Statistik – Verstehen

Schließen mit Statistik – Verstehen

Buch mit CD-ROM

Von
Universitätsprofessor
Dr. Manfred Tiede
und
Universitätsprofessor
Dr. Werner Voß

R. Oldenbourg Verlag München Wien

Die Deutsche Bibliothek – CIP-Einheitsaufnahme

Tiede, Manfred:
Schließen mit Statistik – Verstehen : Buch mit CD-ROM / von Manfred Tiede und Werner Voß. – München ; Wien : Oldenbourg, 2000
(Oldenbourgs Lehr- und Handbücher der Wirtschafts- und Sozialwissenschaften)
ISBN 3-486-25210-0

Rosenheimer Straße 145, D-81671 München
Telefon: (089) 45051-0
www.oldenbourg-verlag.de

Gedruckt auf säure- und chlorfreiem Papier
Druck: Grafik + Druck, München
Bindung: R. Oldenbourg Graphische Betriebe Binderei GmbH

ISBN 3-486-25210-0

Inhaltsverzeichnis

Vorwort

Empirische Wissenschaften, wie etwa große Teile der Wirtschafts- und Sozialwissenschaften, sind ohne die Verwendung statistischer Methoden kaum vorstellbar. Dabei nimmt das Gewicht der Statistik ständig zu, was durch die heute mögliche Geschwindigkeit bei der Datengewinnung, Datenverarbeitung und Datenanalyse begünstigt ist. Noch vor wenigen Jahren war die Verwendung komplexer statistischer Verfahren und das Durchrechnen aufwendig geformter Modelle wegen des zumeist erforderlichen hohen Rechenaufwandes behindert. Hiervon kann heute keine Rede mehr sein, da der zunehmende Computer- und Softwareeinsatz entsprechende Hilfestellungen bieten. Und doch dominieren in den Wirtschafts- und Sozialwissenschaften die komplexen Verfahren und umfassenden Modelle keineswegs.

Die einfachen, relativ leicht durchschaubaren und rechnerisch ohne großen Aufwand einsetzbaren Verfahren im Rahmen der Datenanalyse haben ihren Stellenwert nicht eingebüßt, weil viele Aufgabenstellungen nicht selten auf vergleichsweise überschaubare Fragestellungen zurückgeführt werden können. Mit ihnen befaßt sich das vorliegende Lehrbuch in erster Linie.

Wie ein roter Faden zieht sich das Bemühen durch den Text, der Gefahr einer nicht reflektierten und gleichsam mechanischen Anwendung vorliegender Computerprogramme zur statistischen Auswertung nachhaltig zu begegnen. Deshalb sind etwa bei den einzelnen Verfahren die jeweiligen Anwendungsvoraussetzungen ausführlich dargelegt, um somit die erzielbaren empirischen Resultate angemessen interpretieren zu können. Darüber hinaus wird versucht, das Verständnis für die ausgewählten einzelnen Verfahren dadurch zu fördern, daß sie leitenden Ideen, soweit dies möglich ist, verbal vorgetragen und erklärt werden, ohne daß die mathematische Darlegung, ohne die Statistik freilich nicht auskommt, dominiert. Auch das Rechnen soll die Aufmerksamkeit nicht unnötig belasten; deshalb sind die Verfahren durchweg von den zugehörigen Softwarelösungen begleitet. Wir greifen dabei in der Regel auf das Statistikprogramm SPSS (Version 9.0) zurück, setzen in einigen Fällen aber auch das Tabellenkalkulationsprogramm Excel ein, das eine große Zahl statistischer Funktionen bereitstellt. Die Dateien, mit denen in den einzelnen Anwendungsbeispielen gearbeitet wird, befinden sich auf dem beigefügten Datenträger, so daß der Leser sich die Mühe der Dateneingabe sparen kann (die Dateien sind kapitelweise benannt: Beispielsweise beinhaltet die SPSS-Datei K0801.SAV den Datenbestand des ersten Demonstrationsbeispiels in Kapitel 8).

Das Bemühen, dem Leser den Nachvollzug der Beispiele und das Verstehen der Darlegungen zu erleichtern, kommt im gewählten Titel „Schließen mit Statistik – Verstehen" zum Ausdruck.

Der vorliegende Text stützt sich in einigen Kapiteln auf die 2. Auflage der vergriffenen zweiteiligen „Einführung in die induktive Statistik" (im Studienverlag *Brockmeyer*, Bochum erschienen). Die überwiegende Zahl der Kapitel ist jedoch völlig neu gefaßt.

Prof. Dr. Manfred Tiede
Prof. Dr. Werner Voß

1. Grundkonzeptionen

1.1 Nominal-, Ordinal- und metrische Skala

Messen, Meßniveaus, Skalen und Skalenniveaus sind Konzepte in der Statistik, die grundlegend für die gesamte Datenverarbeitung und Datenanalyse sind. Sie werden in der Literatur zur Datengewinnung und der beschreibenden Statistik eingehend erörtert. Wir beschränken uns hier auf ein zusammenfassendes und vereinfachendes Resümee.

Der folgende Ausschnitt aus dem Prozeß der Datengewinnung umfaßt einige Stufen, die am Ende des Prozesses stehen und zum engeren Aufgabenbereich der Statistik gezählt werden können:

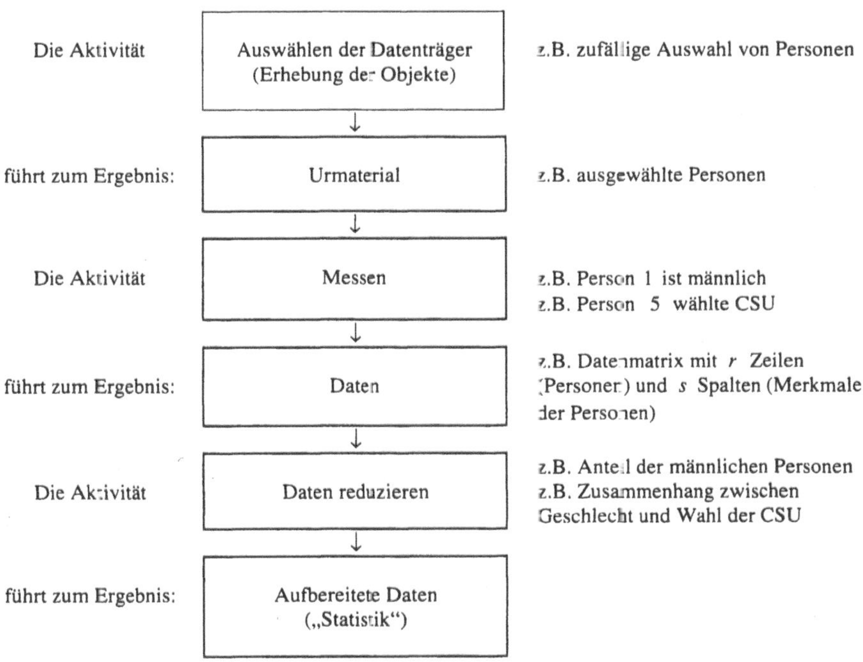

Beim Messen werden den Objekten des Urmaterials dahingehend Zahlen oder Symbole zugeordnet, daß die interessierenden empirischen Eigenschaften der Objekte angezeigt werden[1].

[1] Formal kann Messen wie folgt beschrieben werden: Ein empirisches Relativ (bzw. Relationensystem) ist eine Menge empirischer Objekte, wobei die Art der Beziehung der Objekte untereinander durch eine oder mehrere Relationen (z.B. Äquivalenzrelation, Ordnungsrelation) charakterisiert ist. Ein numerisches Relativ besteht z.B. aus der Menge aller reellen Zahlen, wobei ihre Beziehungen untereinander ihrerseits durch eine oder mehrere Relationen (z.B. Gleichheitsrelation, Größer-kleiner-Relation) charakterisiert sind. Unter bestimmten Bedingungen läßt sich das empirische Relativ in das numerische

Beispielsweise erzielt ein Facharbeiter in einem bestimmten Jahr ein Bruttoeinkommen in Höhe von 62551 DM, und ein Universitätsprofessor hat die Telefonnummer 62551. Numerisch sind die Zahlen gleich, aber ihre Bedeutungen sind sehr verschieden. Dies ist der Grund dafür, daß mit den zwei gleichen Zahlen nicht sinnvoll die gleichen Rechenoperationen durchgeführt werden können. Mit der Telefonnummer kann überhaupt nicht gerechnet werden, sie könnte lediglich in eine andere Nummer abgeändert werden. Das Jahreseinkommen des Hilfsarbeiters jedoch kann beispielsweise in Euro umgerechnet, versteuert oder um Abzüge für die Systeme der sozialen Sicherheit verringert werden. Oder es kann eingehen in eine Rechenprozedur, in der etwa ein Durchschnittseinkommen bestimmt wird.

Die Resultate der Messung, die Daten, können also auf unterschiedlichen Niveaus bezüglich der späteren Möglichkeiten für die statistische Weiterverarbeitung gewonnen worden sein. Allgemein wird dieser Sachverhalt in der statistischen Methodenlehre im Rahmen der Erörterung der Skala und des Skalenniveaus berücksichtigt.

Umgangssprachlich ist eine Skala das Ergebnis der Festlegung, welche Ausprägung die zu messende Eigenschaft eines Objektes grundsätzlich haben kann[2]. Entsprechend den verschiedenartigen Eigenschaften - z.B. bei Personen das Geschlecht, Alter, Telefonnummer, Herkunft, Lebenserwartung, Einkommen, Aggressivität etc. - und entsprechend den verschiedenartigen möglichen symbol- oder zahlenmäßigen Darstellungen dieser Eigenschaften existiert eine Vielfalt von Skalen. Die Eigenschaften der verschiedenen Skalen können präzise unter Verwendung mathematischer Begriffe angegeben werden. Hierauf soll indessen weitgehend verzichtet werden zugunsten einer auf Anschaulichkeit ausgerichteten Charakterisierung und Deskription.

Nominalskala. Das niedrigste Skalenniveau liegt vor, wenn den Objekten des Urmaterials lediglich Symbole oder Zahlen zugeordnet werden, um ihre Verschiedenheit bzw. klassifikatorische Zusammengehörigkeit zum Ausdruck zu bringen[3].

---

abbilden. Kurz: Unter Messen versteht man die Abbildung eines empirischen Relativs in einem numerischen Relativ.

[2] Wieder formal zum Ausdruck gebracht: Unter einer Skala versteht man ein geordnetes Tripel. Es enthält das empirische und numerische Relativ sowie die Abbildungsfunktion, mit der das empirische im numerischen Relativ abgebildet wird.

[3] Im empirischen Relativ muß die Äquivalenzrelation $\sim$ gelten. Lassen sich den Objekten a und b des empirischen Relativs $\langle A,\sim\rangle$ Zahlen zuordnen, so daß gilt $a \sim b \Leftrightarrow \varphi(a) = \varphi(b)$, bezeichnet man die Zuordnung zwischen $\langle A,\sim\rangle$ und dem numerischen Relativ $\langle R,=\rangle$, mit R als der Menge reeller Zahlen, als Nominalskala.

Hierzu betrachten wir einige Beispiele:

Auto-Kennzeichen: Jedem Auto ist ein Kennzeichen zugeordnet; alle Kennzeichen sind verschieden (sog. isomorphe Abbildung).

Trikot-Nummer: Jedem Spieler ist eine Nummer zugeordnet; die Nummern innerhalb einer Liga sind nicht alle verschieden (sog. homomorphe Abbildung).

Familienstand:

Kategorie	Code
ledig	(1)
verheiratet	(2)
verwitwet	(3)
geschieden	(4)

Jeder Person wird eine Kategorie zugeordnet. Bei der Kodierung stellen die Zahlen (Codes) lediglich verkürzende numerische Kennzeichnungen der Kategorien dar. Die zwischen den Zahlen bestehenden Beziehungen, wie deren Differenzen, Rangordnungen, Quotienten, etc., finden keine Entsprechung beim Aussagegehalt der Ausprägungen des Merkmales Familienstand. Beispielsweise wird nicht festgestellt, daß etwa Verheiratet-Sein doppelt so schön ist wie Ledig-Sein.

Die zwischen den Zahlen bestehenden Beziehungen haben keine empirische Bedeutung. Daher wird die Aussagekraft der Nominalskala durch eine Umordnung (Umkodierung) der Zahlen nicht beeinträchtigt. Eine Umbenennung der Skalenwerte stellt eine bijektive (ein-eindeutige) Transformation der Skala dar. Deshalb kann auch gesagt werden: Zulässig sind bei einer Nominalskala bijektive Transformationen. „Zulässig" heißt, daß die transformierte Skala den gleichen Informationsgehalt besitzt wie die ursprüngliche Skala.

Ordinalskala (Rangskala). Ein Merkmal eines Objektes heißt ordinalskaliert, wenn die zugeordneten Symbole oder Zahlen neben der Verschiedenheit der Objekte auch eine Ordnungsrelation der Objekte zum Ausdruck bringen[4].

---

[4] Im empirischen Relativ muß mindestens eine schwache Ordnungsrelation $\succeq$ gelten; es muß also klar sein, ob ein betrachtetes Merkmal bei einem Objekt stärker als bei einem anderen ausgeprägt ist, oder ob die beiden Objekte diesbezüglich äquivalent sind. Lassen sich den Objekten a und b des empirischen Relativs $\langle A, \succeq \rangle$ Zahlen zuordnen, so daß gilt $a \succeq b \Leftrightarrow \varphi(a) \geq \varphi(b)$, bezeichnet man die Zuordnung zwischen $\langle A, \succeq \rangle$ und dem numerischen Relativ $\langle R, \geq \rangle$, mit R als der Menge reeller Zahlen, als Ordinalskala.

Ein Beispiel ist die Benotung von Schülern:

Kategorie	Code
sehr gut	(1)
gut	(2)
befriedigend	(3)
ausreichend	(4)
mangelhaft	(5)

Jedem Schüler wird eine der Benotungs-Kategorien zugeordnet. Für Schüler mit unterschiedlichen Noten gilt zunächst, daß ihre Leistungen als nicht gleich angesehen werden. Wird beispielsweise Schüler A mit gut und B mit ausreichend benotet, so bedeutet dies, daß A eine andere Leistung erbringt als B. Zugleich wird zum Ausdruck gebracht, daß Schüler A besser ist als Schüler B.

Bei der üblichen Verschlüsselung der Benotungs-Kategorien mit den Zahlen 1 bis 5 haben die Zahlen (Codes) nunmehr bestimmte Bedeutungen: Beispielsweise ist (2) ist eine andere Bewertung als (4) und ein Schüler mit der Benotung (2) ist ein besserer Schüler als einer mit der Benotung (4).

Bei einer Ordinalskala dürfen die Abstände zwischen den Zahlen nicht als empirisch bedeutsam interpretiert werden, weil in der Ordinalskala nur die Ordnungsrelation zwischen den Objekten abgebildet ist.

Beispielsweise können die gleich großen Differenzen zwischen den Noten (1) und (2) sowie (4) und (5) nicht so interpretiert werden, daß etwa zwischen einem sehr guten und einem guten Schüler ein gleich großer Leistungsunterschied besteht wie zwischen einem Schüler mit ausreichenden und einem mit mangelhaften Leistungen. Zum Ausdruck wird nur gebracht, daß ein Schüler mit der Note (1) besser ist als einer mit der Note (2) und daß ein Schüler mit der Note (4) besser ist als einer mit der Note (5).

Eine Verschlüsselung der Benotungs-Kategorien mit z.B. (1), (3), (2), (4), (5) wäre nicht korrekt, weil die Ränge der Zahlen hier nicht die Ordnungsrelation der Objekte wiedergibt.

Anders als bei der Nominalskala ist bei der Ordinalskala eine beliebige Umordnung der Skalenwerte unzulässig, weil hierdurch ja die rangmäßige Ordnung der Skalenwerte zerstört werden kann. Zulässig ist hier nur eine Transformation, die die Rangordnung der Skalenwerte erhält. Dies wird durch eine streng monoton steigende Transformation erfüllt[5], etwa durch die Transformationen

$$
\begin{aligned}
&y = a + bx, && b > 0 \\
&y = x^c, && c > 0 \\
&y = \log x,
\end{aligned}
$$

x alter Skalenwert
y neuer (transformierter) Skalenwert.

Im obigen Beispiel könnten z.B. folgende Transformationen vorgenommen werden, wobei y eine Fehleranzahl („bis y Fehler") angeben könnte und die Kategorie 5 nach oben offen ist.

Kategorie	x	$y = x^2$	$y = 2x$
Sehr gut	1	1	2
Gut	2	4	4
Befriedigend	3	9	6
Ausreichend	4	15	8
Mangelhaft	5	25	10

Metrische Skala. Ein Merkmal ist metrisch skaliert, wenn die zugeordneten Zahlen neben der Verschiedenheit und Rangordnung auch den diesbezüglichen Abstand der Objekte untereinander zum Ausdruck bringen. Bei der Verhältnisskala besitzt überdies der Nullpunkt der Skala eine empirische Bedeutung, so daß auch die Verhältnisse der Skalenwerte bedeutsam sind. Hierin unterscheidet sich die Verhältnisskala von der Intervallskala. Die Verhältnisskala kommt im Bereich der Wirtschafts- und Sozialwissenschaften wesentlich häufiger vor als die Intervallskala. Deshalb wird vielfach für die Verhältnisskala synonym der Begriff metrische Skala verwendet[6]. Beispiele für Verhältnisskalen sind der Umsatz, das Alter, Gewicht, Einkommen, etc.

Betrachtet wird in der Übersicht auf der folgenden Seite das Beispiel des monatlich verfügbaren Einkommens von drei Studierenden, das 1000, 1500 und 2000 Einheiten beträgt.

[5] Unterstellt wird hierbei, daß die Skala keine negativen Werte aufweist. Anderenfalls muß natürlich beachtet werden, daß etwa das Quadrieren der Werte eine unzulässige Transformation ist.

[6] Eine formale Darstellung der Intervall- oder Verhältnisskala würde den Rahmen des Resümees sprengen.

Numerische Eigenschaften der drei Geldbeträge	Entsprechende empirische Bedeutung
$2000 \neq 1500 \neq 1000$ (Verschiedenheit der drei Zahlen)	z.B. 1000 DM ist ein anderes Einkommen als 1500 DM.
$2000 > 1500 > 1000$ (2000 ist größer als 1500 ist größer als 1000)	z.B. mit 2000 DM steht man sich besser als mit 1500 DM.
$1500 - 1000 = 500 = 2000 - 1500$ (Unterschied zwischen den ersten zwei und den letzten zwei Beträgen ist gleich groß)	Wer 1500 DM besitzt, kann für 500 DM mehr kaufen als jemand, der 1000 DM hat. Und wer 2000 DM hat, kann ebenfalls für 500 DM mehr kaufen als jemand, der 1500 DM hat.
$2000/1000 = 2$ bzw. $2000 = 1000 \cdot 2$ (2000 ist doppelt so groß wie 1000)	Wer 2000 DM besitzt, kann doppelt so viel ausgeben wie jemand, der 1000 DM hat.
Nullpunkt 0	Wer kein Einkommen hat, kann (hiervon) nichts ausgeben.

Zulässig ist bei einer Verhältnisskala eine Transformation, die die Rangordnung der Skalenwerte und die Verhältnisse der Skalenwerte unberührt läßt. Dies wird durch eine positiv proportionale Transformation gewährleistet [7],

$$y = bx\,, \quad b > 0\,.$$

Ein Beispiel ist der Umtausch von x DM in y Peseten, wobei die Einheit der Peseten 1000 ist:

$y = 11{,}75x$, 1000 Peseten kosten 11,75 DM.
$x = 0{,}08507y$, 1 DM kostet 85,07 Peseten.

Im Beispiel des monatlich verfügbaren Einkommens der drei Studierenden betragen die Einkommen somit in Peseten ca. 85000, 127000 bzw. 170000, wenn die Einheit der zuvor angegebenen Einkommen die DM ist.

Die Rangordnung der drei Einkommen in DM entspricht der in Peseten. Die Verhältnisse der Skalenwerte sind nicht verändert, z.B.
$2000/1000 = 2 = 170000/85000$.

Der Nullpunkt hat sich nicht geändert, 0 DM = 0 Peseten.

---

[7] Für $b = 1$ wird die Skala „identisch transformiert", tatsächlich also überhaupt nicht. Dies ist die für die sog. absolute Skala einzige „zulässige Transformation". Ein Beispiel für die absolute Skala ist die Auszählung von Elementen. Hierbei wird jedem zu zählenden Element der Zahlenwert Eins zugewiesen. Der Nullpunkt der Skala besagt, daß kein Element gezählt ist. Der Abstand zwischen den Skalenwerten besagt, daß ein Element beim Zählen hinzugefügt wird. Der Abstand ist hier die natürliche Einheit Eins.

Die in Peseten zum Ausdruck gebrachten Einkommen besitzen somit den gleichen Informationsgehalt wie die Einkommen in DM.

Sinnvolle statistische Verfahren bei den drei Skalen. Bei der Anwendung statistischer Verfahren wird mit den numerischen Skalenwerten gerechnet. Beispielsweise ist die Bildung des arithmetischen Mittels ein statistisches Verfahren, bei dem die vorliegenden Werte summiert und durch die Anzahl der Werte dividiert werden. Die Frage ist, ob die Anwendung z.B. dieses Verfahrens für jedes Skalenniveau der Werte sinnvoll ist.

Eine Antwort auf diese Frage hängt vom Ergebnis zweier Überlegungen ab:

- Einerseits muß klar sein, daß die Anwendung des statistischen Verfahrens sachlich gerechtfertigt ist. Beispielsweise ist es nicht unsinnig, die zwei Einkommenswerte eines Ehepaares zu addieren und durch zwei zu dividieren, weil das berechnete mittlere Einkommen den Geldbetrag zum Ausdruck bringt, den jeder Partner haben könnte, falls die Einkommen der Ehepartner vollständig und ohne Verlust nivelliert werden. Demgegenüber ist es aber offensichtlich unsinnig, das arithmetische Mittel aus Postleitzahlen zu bilden.
- Zum anderen ist die Anwendung eines statistischen Verfahrens nur sinnvoll, falls die mit dem statistischen Verfahren gewonnene Aussage unter jeder zulässigen Skalentransformation Bestand hat oder, wie auch gesagt wird, gültig ist.

Letztere Bedingung ist für den Ungeübten nicht leicht nachvollziehbar. Deshalb erörtern wir hierzu ausführlich zwei überschaubare Beispiele.

Wir betrachten zwei Ehepaare A und B, bei denen jeder Partner Einkommen erzielt. Das Ehepaar A erzielt die Einkommen 1 und 5 Einheiten und das Ehepaar B die Einheiten 2 und 4. Die Daten folgen einer Verhältnisskala. Ein Ehepartner überlegt: Im arithmetischen Durchschnitt hat das Einkommen von A den Wert $(1+5)/2=6/2=3$ Einheiten. Der Durchschnittswert von B ist wegen $(2+4)/2=6/2=3$ Einheiten genau so groß. Die Durchschnittseinkommen sind in den Ehen A und B also gleich groß.

Die Anwendung der Mittelwertbildung ist sachlich gerechtfertigt, weil nunmehr ja in folgendem Klarheit besteht. Wird in den Ehen A und B jeweils das gemeinsam von den zwei Partnern erworbene gesamte Einkommen gleichmäßig an diese aufgeteilt, erhält in der Ehe A wie auch in der Ehe B jeder einen gleich großen Betrag, nämlich 3 Einheiten.

Sinnvoll ist die Bildung des Mittelwertes im vorliegenden Falle des weiteren aber nur, falls sich an der Aussage gleich großer Durchschnittswerte nichts ändert, wenn die vier Ursprungswerte einer zulässigen (Skalen-)Transformation unterzogen werden. Im Falle der vorliegenden Verhältnisskala kommt hierfür eine positiv proportionale Transformation in Betracht. Beispielsweise könnte es sein, daß die Ehepartner jeweils 20% von ihren Einkommen als Beiträge für soziale Sicherungen abgeben. Die gemäß $y = 0{,}8 \cdot x$ transformierten Bruttoeinkommenswerte x sind also in Nettoeinkommenswerte y umgerechnet. Dies führt bei A zu den transformierten Werten 0,8 und 4, bei B zu 1,6 und 3,2. Das durchschnittliche Nettoeinkommen der Familie A ist somit 2,4 und das von B ebenfalls 2,4 Einheiten. Die Durchschnittswerte sind also wiederum gleich groß.

Da sich die numerische Aussage der Gleichheit der Durchschnittswerte unter der zulässigen Transformation der Verhältnisskala nicht ändert, hat diese Aussage Bestand. Die Bildung des arithmetischen Mittels ist bei verhältnisskalierten Werten somit grundsätzlich sinnvoll (bzw. „zulässig“, wie einige Autoren sagen. Die Frage der „Zulässigkeit“ haben wir an Skalentransformationen geknüpft, die des „Sinnvollen“ an die Verwendung eines statistischen Verfahrens, etwa der Bildung eines arithmetischen Mittelwertes). Zu klären ist natürlich noch in jedem Einzelfall, ob diese Art der Bildung eines Mittelwertes sachlich geboten ist.

Nun das zweite Beispiel. Für die Fächer A und B erteilt ein Lehrer die Zensuren 1 und 5 bzw. 2 und 4. Die den vier Schülern zugeordneten Noten folgen einer Ordinalskala. Ein Schüler, der dumme August, berechnet für das Fach A arithmetisch die Durchschnittszensur 3 und für das Fach B ebenfalls die Durchschnittszensur 3. Seiner Ansicht nach kann mit Fug und Recht gesagt werden, daß die Durchschnittsnoten in den zwei Fächern gleich groß sind.

Zulässig ist für eine Ordinalskala eine monoton steigende Transformation, also etwa die im Beispiel der zwei Ehepaare weiter vorn verwendete positiv proportionale Transformation. Diese auch hier angewendet, würde wiederum zum Ergebnis gleich großer Mittelwerte der transformierten Skalenwerte führen.

Zulässig für eine Ordinalskala ist aber auch z.B. eine Transformation gemäß $y = x^2$. Unter y könnte man die Anzahl von Bewertungspunkten verstehen. Die im Fach A vergebenen Noten 1 und 5 korrespondieren mit den Bewertungspunkten 25 und 1, die im Fach B mit 16 und 4. Als durchschnittliche Anzahl der Bewertungspunkte ergibt sich im Fach A der Wert 13 und im Fach B der Wert 10.

Die Aussage, daß die arithmetischen Mittel aus zwei Gruppen von Werten gleich groß sind, gilt also hier nicht für die in zulässiger Weise transformierten Ursprungswerte. Deshalb ist die Bestimmung eines arithmetischen Mittels für ordinalskalierte Werte ohne Sinn.

Das Hauptergebnis der Überlegungen kann allgemein formuliert werden: Da sich die mit dem arithmetischen Mittel verknüpfte numerische Aussage unter allen zulässigen Transformationen der ordinalskalierten Daten ändert, kann die numerische Aussage manipuliert werden. Deshalb hat die Bestimmung des arithmetischen Mittels bei ordinalskalierten Daten keinen Sinn und ist - streng genommen - unzulässig.

Die folgende Übersicht enthält die für Skalen zulässigen Transformationen sowie einige Maßzahlen und statistische Prüfverfahren, deren Verwendung u.U. sinnvoll sein kann.

Skala	Konstituierende Relationen	Zulässige Transformationen: Funktionen	Zulässige Transformationen: Bei den Skalenwerten ändert sich nicht	Sinnvolle Maßzahlen, Prüfverfahren
Nominalskala	Äquivalenzrelation	bijektive	Eindeutigkeit	Anteilswert ϕ -Koeffizient Binomialtest χ^2 -Test Logit –Analyse
Ordinalskala	außerdem: Ordnungsrelation	streng monoton steigende	Rangordnung	außerdem: Median Rangkorrelation Wilcoxon –Tests U-Test
Intervallskala	außerdem: Abstandsrelation	positiv lineare	Verhältnis der Abstände	außerdem: Arithmetisches Mittel Varianz Korrelationskoeffizient t -Test Klassische Regressionsanalyse F -Test
Verhältnisskala	außerdem: Wertrelation	positiv proportionale	Verhältnis	außerdem: Geometrisches Mittel

Zu erkennen ist, daß mit steigendem Skalenniveau die Anzahl der konstituierenden Relationen ebenso zunimmt wie die Möglichkeit der sinnvollen Anwendung statistischer Verfahren. Hingegen nimmt mit steigendem Skalenniveau die Menge der zulässigen Transformationen ab.

1.2 Testen und Schätzen

Die schließende Statistik befaßt sich mit der Beurteilung und Verallgemeinerung von statistischen Befunden, die aus Zufallsstichproben stammen.

Testen. Beim Testen wird zunächst eine statistische Hypothese über einen interessierenden Sachverhalt bzw. ein reales Problem formuliert. Eine geeignete Zufallsstichprobe führt zu Daten, die diesen Sachverhalt betreffen. Unter Verwendung eines adäquaten wahrscheinlichkeitstheoretischen Modells wird die Hypothese über eine Entscheidungsregel verworfen oder akzeptiert. Der statistische Befund der Zufallsstichprobe wird somit entweder als nicht in Widerspruch zur Hypothese stehend bewertet oder als Widerlegung der Hypothese angesehen. Der statistische Befund ist nunmehr insofern „verallgemeinert", als er sich nicht mehr ausschließlich auf die Datenträger in der Zufallsstichprobe bezieht. Selbstverständlich kann mit der Annahme oder Zurückweisung der zu prüfenden Hypothese ein Fehler begangen werden. Von Vorteil ist jedoch, daß die Wahrscheinlichkeit für den Fehler beziffert werden kann.

Beispielsweise wird behauptet, daß weniger als die Hälfte der Bürger die Steuerpolitik der gegenwärtige Bundesregierung gutheißen. Dies ist die Hypothese, die zu prüfen ist. In einer für die Bürger repräsentativen, durch den Zufall gesteuerten Befragung könnte sich nun als statistischer Befund ergeben, daß 53% der Befragten die Steuerpolitik der Regierung unterstützen. Zu entscheiden ist, ob sich der Befund in der Stichprobe signifikant - d.h. wesentlich - von der zu prüfenden Hypothese unterscheidet, oder ob der Unterschied als zufällig zustande gekommen beurteilt werden kann. Als Entscheidungshilfe wird ein der Problemstellung und der Datenlage adäquates statistisches Modell gewählt. Möglicherweise ergibt sich als formale Lösung im Modell, daß die Hypothese nicht zu verwerfen ist. Dies bedeutet, daß die in der Befragung festgestellte Unterstützung von 53% der Bürger nicht als unvereinbar mit der Behauptung angesehen werden muß, daß tatsächlich weniger als die Hälfte aller Bürger die Steuerpolitik der gegenwärtigen Bundesregierung gutheißen. Im vorliegenden Falle kann der Fehler begangen werden, die Hypothese nicht zu verwerfen, obwohl sie eine unzutreffende Kennzeichnung der Stimmungslage aller Bürger zum Ausdruck bringt. Die Wahrscheinlichkeit für diesen Fehler kann häufig im Rahmen des verwendeten statistischen Modells bestimmt werden.

Schätzen. Im Rahmen des Testens wird eine Aussage über einen interessierenden Sachverhalt bzw. ein reales Problem dadurch getroffen, daß unter Berücksichtigung von Daten der Stichprobe entschieden wird, ob eine

Hypothese über diesen Sachverhalt zu stützen oder zu verwerfen ist. Die Aussage erfolgt somit auf einem indirekten Weg.

Ein direkter Weg wird beim Schätzen eingeschlagen. Hier besteht die Ausgangslage im statistischen Befund der Zufallsstichprobe, die den interessierenden Sachverhalt betrifft. Man versucht nun, den wahren und nicht bekannten Zustand des Sachverhaltes[8] - in der Regel numerisch - möglichst gut abzuschätzen. Hierzu muß ein adäquates Verfahren für die praktische Durchführung der Schätzung gewählt werden. Des weiteren muß natürlich über die Qualität der Schätzung Klarheit bestehen.

Der statistische Befund der Stichprobe wird beim Schätzen nunmehr insofern „verallgemeinert", als er der bestmöglichen - numerischen - Aufhellung des interessierenden wahren Sachverhaltes dient. Auch hier sind keine sicheren Aussagen möglich. Von Vorteil ist jedoch, daß es einen Weg gibt, das Vertrauen in die Güte der Abschätzung zum Ausdruck zu bringen.

> Betrachtet sei hierzu erneut das Beispiel einer für die Bürger repräsentativen, durch den Zufall gesteuerten Befragung bezüglich der Steuerpolitik der gegenwärtigen Regierung, nunmehr jedoch mit der Absicht einer Schätzung. Die Stichprobe ergibt, daß 53% der Befragten die Steuerpolitik unterstützen. Ein naheliegendes und gutes Schätzverfahren besteht darin, diesen Anteilswert der Stichprobe auch für jene Personen als gültig anzusehen, die gar nicht befragt worden sind. Selbstverständlich besteht die Möglichkeit, daß die nicht befragten Personen, deren Anzahl ja bedeutend größer ist als die der befragten Personen, beispielsweise nur zu weniger als 51% der Steuerpolitik der Regierung gewogen sind. Dies kann etwa durch die folgende ergänzende, die Sicherheit der Schätzung quantifizierende Aussage mitgeteilt werden: „Zwischen 50% und 56% der Bürger unterstützen die Steuerpolitik der Regierung. Die Sicherheit dieser Aussage beträgt 95%." Selbstverständlich ist die letzte Aussage keine Erfindung, sondern das Resultat einer wahrscheinlichkeitstheoretischen Berechnung.

Für die wissenschaftliche Analyse von Daten aus einer Zufallsstichprobe sind die Test- und Schätzverfahren grundlegend. Testverfahren haben gegenüber Schätzverfahren unserer Erfahrung nach die größere praktische Bedeutung, was auch auf einem Mißverständnis beruhen könnte. Dem Konsumenten oder Auftraggeber von Datenanalysen ist nämlich nicht im-

[8] Wird der „interessierende Sachverhalt" als Modell dargestellt, ist die „möglichst gute Abschätzung seines nicht bekannten Zustandes" als Schätzung der Modellparameter aufzufassen.

mer klar, ob er einen Test durchführen lassen möchte oder ob er eine Schätzung beabsichtigt.

Beispielsweise möchte der Auftraggeber einer Studie in Erfahrung bringen, ob sich das Image eines bestimmten Markenartikels im vergangenen Jahr im Vergleich zum Vorjahr wesentlich geändert hat. Die Untersuchung könnte zum knappen Ergebnis kommen: „Das Image hat sich signifikant verschlechtert (5%-ige Fehlerwahrscheinlichkeit)." Wenn der Auftraggeber nun fragen sollte, wie deutlich der Imageverlust denn tatsächlich ist, gibt er zu erkennen, daß ihm an einem Testresultat gar nicht gelegen ist; denn ein Test hat als Resultat nur die Annahme oder Ablehnung einer zu überprüfenden Hypothese. Der Auftraggeber wünscht im vorliegenden Falle demgegenüber eine Auskunft über den Wertebereich, in dem der Imageverlust tatsächlich liegt. Dies ist eine Frage der Schätzung eines Intervalls.

1.3 Systematisierung der ausgewählten Tests und Schätzungen

Die wissenschaftliche Analyse von Daten erfolgt unter Einbezug von Modellen und unter Beachtung der entsprechenden vorgelagerten Theorie. Ein Modell bildet einen interessierenden realen Sachverhalt ab, wobei die relevanten Gesichtspunkte möglichst einfach und zugleich umfassend berücksichtigt sind. In der wissenschaftlichen Literatur zur statistischen Methodenlehre sind einige vielseitig verwendbare Grundmodelle zur Datenanalyse entwickelt, die einzeln oder als Bau- oder Mosaiksteine für umfassende Modelle Verwendung finden können.

Eine Ordnung dieser Grundmodelle besteht aus Verfahrensgruppen, die unter Verwendung allgemein akzeptierter Klassifizierungskriterien voneinander abgegrenzt sind. Gewöhnlich wird die Ordnung nach dem Prinzip des Schwerpunktes bzw. der größten Ähnlichkeit erstellt; d.h. ein einzelnes Verfahren wird einer Verfahrensgruppe zugeordnet, falls es mit seinen Merkmalen überwiegend der Gruppencharakteristik entspricht. Die Ordnung ist insofern unscharf; daß sich die mit den einzelnen Verfahren verfolgten Zielsetzungen teilweise überlagern. Deshalb kann für die Lösung einer realen Problemstellung nicht ausgeschlossen werden, daß hierfür statistische Analyseverfahren adäquat sind, die in unterschiedlichen Verfahrensgruppen enthalten sind.

Die bei einer Ordnung der Grundmodelle zu berücksichtigenden Haupt- und Unterkriterien sind vielfältig, so daß ihre vollständige Berücksichtigung zu einer recht unübersichtlichen Ordnung führen würde. Deshalb werden wir im folgenden nur Hauptkriterien für eine mögliche Systematisierung erläutern. Diese sind auch für die Gliederung des vorliegenden Buches grundlegend.

Meßniveau. Von größter Wichtigkeit für die Systematisierung eines Grundmodells ist das Meßniveau der in ihm auftretenden Variablen; denn das Resultat nicht jeder Rechenoperation ist für unterschiedliche Skalen sinnvoll verwendbar, worauf im Abschnitt 1 dieses Kapitels eingegangen wurde.

Betrifft ein Verfahren nur eine Untersuchungsvariable, so ist seine Zuordnung in eine Klasse, die für das nominale, ordinale bzw. metrische Meßniveau geeignete einzelne Verfahren enthält, zweckmäßig und verhältnismäßig einfach durchführbar. So enthält dieses Buch in den Kapiteln 8 und 9 Testverfahren für eine nominalskalierte Untersuchungsvariable, in den Kapiteln 11 und 12 Verfahren für eine ordinalskalierte und in den Kapiteln 13 und 14 für eine metrisch skalierte Untersuchungsvariable.

Betrifft ein Verfahren jedoch mehr als eine Variable, ist seine Systematisierung nach dem Kriterium des Meßniveaus nur noch begrenzt in übersichtlicher Weise möglich. Nun müßte zumindest nach der Anzahl der Variablen differenziert werden und den Kombinationen ihrer Meßniveaus. Des weiteren müßte nach der Stellung der Variablen im Modell unterschieden werden - etwa danach, welche Variablenwerte exogen sind und welche modellendogen bestimmt werden. So enthält dieses Buch beispielsweise im Kapitel 10 einzelne Testverfahren, die zwei Untersuchungsvariablen betreffen, wobei beide Variablen entweder nominal-, ordinal- oder metrisch skaliert sind. In den Kapiteln 15 und 16 hingegen, die sich mit der Regressionsanalyse befassen, werden Modelle mit zwei oder mehr Variablen betrachtet, wobei auch Kombinationen für Variablen mit unterschiedlichen Meßniveaus erörtert werden.

Anzahl der Untersuchungsvariablen. Univariat ist ein Verfahren, wenn nur eine Variable der Gegenstand einer Untersuchung ist. Bivariat ist es im Falle zweier Untersuchungsvariablen, und in einem multivariaten Verfahren bilden mehr als zwei Variablen das Untersuchungsziel. So bedeutsam multivariate Verfahren für eine zeitgemäße empirische Forschung sind, ihr adäquater Einsatz und das tiefere Verständnis für sie sind ohne die Kenntnis über uni- und bivariate Verfahren nicht denkbar. Das vorliegende Buch enthält deshalb mit Ausnahme der Faktorenanalyse keine multivariaten Verfahren, sondern uni- und bivariate.

Anzahl der Stichproben. Von Bedeutung ist eine Differenzierung insbesondere statistischer Tests nach der Anzahl der gezogenen Stichproben. Dies läßt sich leicht einsehen. Häufig liegt das Untersuchungsziel darin zu erfahren, ob ein bestimmtes interessierendes Merkmal durch ein anderes Merkmal beeinflußt wird. Zur Abklärung kann man das interessierende Merkmal mehrfach erheben, wobei die verschiedenen Stichproben bei unterschiedlichen Werten des anderen Merkmals gezogen werden. Dies erscheint schwerer verständlich als es in Wahrheit ist: Möchte man beispielsweise erfahren, ob das Rauchen von Zigaretten auch davon abhängt, ob der Raucher männlichen oder weiblichen Geschlechts ist, wird man die Rauchgewohnheit getrennt für männliche und weibliche Personen erheben.

Für die praktische Statistik hat der Fall, daß nur eine Stichprobe gezogen wird, gewiß nicht die Bedeutung des Zwei- oder Mehr-Stichproben-Falles. Häufig bereitet jedoch die Betrachtung des Ein-Stichproben-Falles das Verständnis für den Fall mehrerer Stichproben vor. Insofern ist begründet, daß sich beispielsweise die Kapitel 8, 11 und 13 ausschließlich mit dem Fall einer Stichprobe - bei unterschiedlichen Meßniveaus der Untersuchungsvariablen - befassen.

Unabhängige und abhängige (verbundene) Stichproben. Im Mehr-Stichproben-Fall muß danach differenziert werden, ob die Werte der Untersuchungsvariablen in den Stichproben unabhängig voneinander erhoben sind oder nicht. Hierunter ist folgendes zu verstehen: Falls bei zwei Stichproben der Merkmalswert einer Einheit in der Stichprobe Nr. 1 nicht die Chance beeinflußt, daß eine andere Einheit in der Stichprobe Nr. 2 einen bestimmten Wert realisiert, sind die zwei Stichproben voneinander unabhängig. Anderenfalls sind sie voneinander abhängig bzw. sie sind miteinander verbunden.

Ein Standardproblem ist die Lösung der Frage, ob eine Untersuchungsvariable Y von einer anderen Variablen X beeinflußt wird. Zur Beantwortung kann man unter r unterschiedlichen Bedingungen von X insgesamt r Zufallsstichproben von Merkmalsträgern ziehen, an denen Y beobachtet wird. In diesem Falle sind die Stichproben voneinander unabhängig, weil ja beispielsweise die Chance, daß - sagen wir - in der zweiten Stichprobe ein Herr Meier eine bestimmte Antwort auf eine Frage gibt nicht beeinflußt ist von der Antwort des Herrn Schmitt in der ersten Stichprobe.

Man könnte zur Lösung des Problems, ob Y von X beeinflußt wird, aber auch so vorgehen, zunächst eine Zufallsstichprobe von Merkmalsträgern [9] zu ziehen. An ihnen wird Y nicht nur einmal, sondern r-mal unter r unterschiedlichen Bedingungen von X beobachtet, so daß insgesamt r Stichproben vorliegen, die gleich groß sind. Der Stichprobenumfang entspricht jeweils der Anzahl der Merkmalsträger, die eingangs ausgewählt

[9] Bei verbundenen Stichproben ist der Begriff des Merkmalsträgers weit gefaßt. Auch homogene Paare, wie beispielsweise eineiige Zwillinge, können als einzelne Merkmalsträger dienen.

worden sind. Im vorliegenden Falle sind die Stichproben miteinander verbunden, weil ja beispielsweise die Antwort, die Herr Schultze in einer bestimmten Situation auf eine Frage gibt, ein Grund dafür sein kann, daß die Chance relativ hoch ist, daß unser Herr Schultze unter anderen Umständen auf diese Frage eine gleiche Antwort gibt. Als Merksatz kann gelten: Abhängige (verbundene) Stichproben liegen bei Meßwiederholungen mit gleichen Merkmalsträgern vor.

Das Kriterium der Unabhängigkeit von Stichproben ist in den folgenden Kapiteln als Unterkriterium im Mehr-Stichproben-Fall natürlich durchgängig berücksichtigt.

Große und kleine Stichprobenumfänge. Große Stichproben sind genauer als kleine. Mit großen Stichproben können Auswertungen durchgeführt werden, die eine größere Untersuchungstiefe besitzen als Analysen, die mit kleinen Stichproben möglich sind[10]. Hingegen sind große Stichproben teurer als kleine. Zwischen der gewünschten Untersuchungstiefe und den Erhebungskosten muß in jedem Einzelfall ein tragfähiger Kompromiß gefunden werden.

Große Stichproben lassen in vielen Fällen zu, die Analyse der Daten mit hinreichender Genauigkeit unter Verwendung eines einfach zu handhabenden Grundmodells durchführen zu können. Ob dabei eine Stichprobe groß genug ist, hängt davon ab, ob ein vorzugebendes Maß für die Genauigkeit der Approximation des adäquaten, aber komplizierten, durch das inadäquate, aber einfach zu handhabende Modell eingehalten wird. Dies ist schon seit geraumer Zeit wegen der zur Verfügung stehenden Software für den Einsatz statistischer Verfahren kein Argument mehr dafür, möglichst große Stichproben zu ziehen. Allein der didaktische Grund für das Erlernen und Verstehen der Prozeduren spricht noch für die große Stichprobe; denn für den Anfänger ist von Vorteil, wenn er zahlreiche Probleme mit einem einfachen Grundmodell lösen kann und seine Aufmerksamkeit nicht durch zu viele und teils komplexe Grundmodelle gebunden ist. So berücksichtigen wir im Rahmen dieses Buches bei der Systematisierung der statistischen Verfahren zwar das Kriterium des Stichprobenumfangs, setzen jedoch keine unangemessenen Schwerpunkte.

Andere Systematisierungskriterien. Weniger bedeutend sind unserer Bewertung nach andere Gesichtspunkte für eine Ordnung der Grundmo-

---

[10] Beispielsweise kann bei einer Befragung von 100 Personen i.a. nicht mehr sinnvoll die für einen bivariaten Zusammenhang erforderliche Drittvariablenkontrolle durchgeführt werden, weil selbst bei nur jeweils zwei oder drei Kategorien für jede der drei Variablen insgesamt 8 bis 27 Merkmalswertkombinationen zu unterscheiden sind, die bei einem Stichprobenumfang von 100 teilweise schwach oder gar nicht besetzt sein werden.

delle, die jedoch teilweise hervorgehoben werden und die nur den Namen nach erwähnt werden sollen.

Zeitweilig war Kriterium, nach dem speziell statistische Tests in parametrische und nichtparametrische bzw. verteilungsgebundene und verteilungsfreie eingeteilt werden, weit verbreitet. Es hat sich die Meinung durchgesetzt, daß sie - im Vergleich zu den weiter oben erwähnten Gesichtspunkten - nicht sehr wichtig sind.

Speziell für Tests ist eine Differenzierung in Parametertests und Anpassungstests üblich. Diese Unterscheidung beruht auf unterschiedlichen Möglichkeiten für die Formulierung einer Hypothese. Betrifft diese einen Parameter, so ist der Test ein Parametertest. Betrifft sie die Verteilung, ist der Test kein „Verteilungstest" - diesen Begriff gibt es in der statistischen Methodenlehre gar nicht - sondern ein Anpassungstest. Hinzu tritt der Unabhängigkeitstest, der eine Unabhängigkeitshypothese betrifft.

1.4 Softwarelösungen

Viele der in den späteren Kapiteln angesprochenen Aufgaben können unter Nutzung leistungsfähiger Standard-Software PC-gestützt gelöst werden. Der Statistiker wird damit von der Last manchmal mühsamer und fehlerträchtiger „Per-Hand-Rechnungen" befreit. Zudem ist es möglich, Alternativberechnungen, sofern diese angebracht erscheinen, rasch und ohne besonderen Aufwand durchzuführen. Schließlich ist zu berücksichtigen, daß eventuelle Änderungen bzw. Korrekturen des Ausgangsdatenbestandes häufig Neu-Berechnungen entbehrlich machen.

Wir verwenden später das Tabellenkalkulationsprogramm Excel und das Statistik-Programm SPSS (was als Abkürzung für «Statistical Package for the Social Sciences» angesehen werden kann), wobei wir - je nach Aufgabenstellung - auf das jeweils angemessene Programm zurückgreifen. Wir gehen davon aus, daß der Leser mit der grundsätzlichen Bedienung Windows-gestützter Programme vertraut ist.

Bereits jetzt sei darauf aufmerksam gemacht, daß es Verfahren und Problemstellungen gibt, die weder von dem einen noch von dem anderen Programm bearbeitet werden können. Darauf wird im Einzelfall gesondert hingewiesen.

Die Beispiel-Datenbestände, die für den Software-Einsatz genutzt werden, befinden sich auf der beigefügten Diskette. Excel-Dateien tragen die Typenkennung .XLS, SPSS-Eingabedateien (Ausgangsdaten) die Typenkennung .SAV und SPSS-Ausgabedateien (Ergebnisse) die Typenkennung .SPO (das Programm Excel verzichtet auf die Trennung zwischen Eingabe- und Ausgabedateien). Der Name der jeweiligen Datei ist bei den verwendeten Beispielen angegeben. Wenn mit diesen Dateien gearbeitet werden soll, so empfiehlt es sich, diese zunächst in ein eigenes Festplatten-Verzeichnis zu kopieren.

Verwendet werden die Excel-Version 2000 und die SPSS-Version 9.0. Die Übungsaufgaben dieses Buches können auch mit älteren Programmversionen bearbeitet werden. Es sollte beachtet werden, daß die SPSS-Menüposition ANALYSIEREN in den älteren SPSS-Versionen STATISTIK heißt.

2 Wahrscheinlichkeitsrechnung

2.1 Zufällige Ereignisse

Gegenstand der Wahrscheinlichkeitsrechnung sind Ereignisse, die vom Zufall abhängen. Der Begriff des Ereignisses steht in einem unlösbaren Zusammenhang mit dem des Zufallsexperimentes. Allgemein versteht man unter einem Zufallsexperiment einen

- beliebig oft wiederholbaren Vorgang, der
- nach festen Regeln abläuft, d.h. unter konstanten Randbedingungen abgewickelt wird,
- der endlich viele mögliche Ergebnisse hat,
- die jeweils nicht mit Sicherheit vorhersagbar sind.

Der Ausgang eines Zufallsexperimentes wird als Versuchsergebnis oder kurz: Ergebnis[1] bezeichnet. Alle tatsächlich möglichen Ergebnisse des Zufallsexperimentes bilden den Ergebnisraum.

Der Wurf eines Würfels erfüllt beispielsweise in idealer Weise alle Merkmale des Zufallsexperimentes. Der Ergebnisraum besteht aus sechs Versuchsergebnissen, den Augenzahlen Eins, Zwei, ..., Sechs.

Beim gleichzeitigen Wurf zweier Würfel bzw. dem zweimaligen Wurf mit einem Würfel können 36 Versuchsergebnisse[2] unterschieden werden; denn eine eins im ersten Wurf kann mit sechs möglichen Ausgängen im zweiten Wurf kombiniert werden, eine zwei im ersten Wurf ebenfalls mit sechs Ergebnissen im zweiten Wurf, etc. Ein Ergebnis ist beispielsweise der Fall „1,1", ein anderes der Fall „1,2" und ein weiteres Ergebnis der Fall „2,1".

Auch die zufällige Auswahl von Datenträgern, etwa eine Zufallsstichprobe von 100 Personen, kann ein Zufallsexperiment sein. Das einzelne „Versuchsergebnis" besteht hier aus der ausgewählten Person, und die tatsächlich möglichen Auswahlergebnisse bilden den Stichprobenraum, wie der Ergebnisraum in diesem Falle genannt wird.

Sogar ein Vorgang wie etwa die Operation eines Patienten, deren Erfolg ja nicht fehlerfrei vorhersagbar ist, kann bei einer weit gefaßten Interpretation als Zufallsexperiment aufgefaßt werden, obwohl dieser Vorgang tatsächlich nicht - jedoch gedanklich - wiederholt werden kann.

---

[1] Häufig wird der mögliche Ausgang des Zufallsexperimentes als Ereignis bezeichnet.

[2] Wird, wie in diesem Beispiel, ein Zufallsexperiment mehrfach durchgeführt, ist der Ergebnisraum mehrdimensional. Die in ihm enthaltenen Versuchsergebnisse werden auch als Tupel bezeichnet, im vorliegenden Beispiel als geordnete 2er Tupel von Augenzahlen.

Jede Teilmenge eines endlichen Ergebnisraumes heißt Ereignis. Ein Ereignis tritt genau dann ein, wenn ein Versuchsergebnis beobachtet wird, das in diesem Ereignis enthalten ist. Die Menge aller Ereignisse heißt Ereignisraum[3].

> Beim Zufallsexperiment „Wurf eines Würfels" könnte ein Ereignis der „Wurf einer geraden Zahl" sein. Dieses Ereignis enthält die drei Ergebnisse Zwei, Vier und Sechs.
>
> Beim zweimaligen Wurf eines Würfels enthält das Ereignis „Wurf von höchstens drei Augen" die Ergebnisse „1,1", „1,2" und „2,1".

Unter Verwendung der üblichen mathematischen Schreibweisen verstehen wir also unter dem Ergebnisraum eines Zufallsexperimentes eine Menge $\Omega := \{\omega_1, \omega_2, \ldots, \omega_n\}$, wobei $\omega_i, i = 1, \ldots, n$, das i-te tatsächlich mögliche Versuchsergebnis des Experiments bezeichnet. Jede Teilmenge A des Ergebnisraumes Ω heißt Ereignis. A tritt genau dann ein, wenn ein Versuchsergebnis ω beobachtet wird, das in A enthalten ist.

Ein Elementarereignis liegt vor, wenn A lediglich ein Versuchsergebnis enthält, $A = \{\omega\}$.

Der Begriff „Ereignis" ist somit mathematisch präzisiert. Er kann nun in mengentheoretische begriffliche Festlegungen und Operationen eingebunden werden. Hierbei haben sich einige verbale Ausdrucksweisen durchgesetzt, von denen die wichtigsten in der Übersicht auf der folgenden Seite zusammengefaßt sind.

Für einen Satz der Wahrscheinlichkeitsalgebra, dem Satz der totalen Wahrscheinlichkeit, den wir etwas später im Zusammenhang des Theorem von *Bayes* aufgreifen werden, benötigen wir das Konzept der Zerlegung des Ergebnisraumes Ω. Hierunter versteht man die Ausschöpfung des Ergebnisraumes durch sich paarweise ausschließende Ereignisse:

Eine Menge von Ereignissen $A_1, A_2, \ldots, A_n$ heißt Zerlegung des Ergebnisraumes Ω, wenn die Ereignisse A_i paarweise unvereinbar sind und wenn ihre Vereinigung Ω ergibt, d.h.

$A_i \cap A_j = \varnothing \textit{ für } i \neq j$ und $A_1 \cup A_2 \cup \ldots \cup A_n = \Omega$.

[3] Bei einem endlichen Ergebnisraum stellt der Ereignisraum die Potenzmenge des Ergebnisraumes dar.

Im Kontext der Mengenlehre		Im Kontext von Ereignissen	
Notation	Begriff	Begriff	dessen Umschreibung
E bzw. Ω	Grundmenge	sicheres Ereignis	Ω tritt mit Sicherheit ein
$\{\,\}$ bzw. $\emptyset$	leere Menge	unmögliches Ereignis	$\emptyset$ tritt nie ein
$A \subset B$	A ist Teilmenge von B	A ist Teilereignis von B	wenn A eintritt, tritt auch B ein
$A = B$	identische Mengen	äquivalente Ereignisse	A tritt genau dann ein, wenn B eintritt
$A \cap B$	Schnittmenge (Durchschnittsmenge)	Durchschnitt der Ereignisse A und B	sowohl A als auch B tritt ein (A und B)
$A \cap B = \emptyset$	disjunkte Teilmengen	disjunkte Ereignisse (unvereinbare Ereignisse)	A und B schließen sich aus
$A \cup B$	Vereinigungsmenge	Vereinigung der Ereignisse A und B	mindestens eines der Ereignisse A oder B tritt ein (A oder B)
$\overline{A}$	Komplementmenge	zu A komplementäres Ereignis	A tritt nicht ein
$A - B$	Differenzmenge	Differenz der Ereignisse A und B	A aber nicht B tritt ein
$\omega \in A$	ω ist Element von A	Versuchsergebnis ω ist in A enthalten	wenn ω beobachtet wird, tritt A ein
$\omega \notin A$	ω ist kein Element von A	Versuchsergebnis ω ist nicht in A enthalten	wenn ω beobachtet wird, tritt A nicht ein

Mit der Frage, wie die Stärke der Neigung zum Ausdruck gebracht werden kann, daß ein mögliches Versuchsergebnis bzw. ein mögliches Ereignis im Rahmen des Zufallsexperimentes auch tatsächlich auftritt, mithin zu einem realisierten Ergebnis bzw. Ereignis wird, befaßt sich der folgende Abschnitt.

2.2 Wahrscheinlichkeitsbegriffe

In der Umgangssprache wird der Begriff „wahrscheinlich" verwendet, um zu äußern, daß das Eintreten eines Ereignisses nicht sicher ist - „Am Wochenende wird es wahrscheinlich regnen", „Da haben Sie sehr wahrscheinlich recht", „Wahrscheinlich ist wieder der Gärtner der Täter", „Im Lotto habe ich wahrscheinlich wieder keinen 'Sechser'". Der Bedeutungsbereich derartiger Aussagen reicht von einer nur vagen Vermutung bis hin zu einer nahezu unerschütterlichen Meinung. Im folgenden wird hierfür ein quantitativer Ausdruck gesucht; beabsichtigt ist also eine numerische Spezifizierung der Wahrscheinlichkeit. Hierfür kommen einige Ansätze in Betracht, von denen wir die zwei bedeutendsten betrachten werden.

Klassischer Wahrscheinlichkeitsbegriff. Beim Wurf eines Würfels sind sechs Versuchsergebnisse möglich. Ohne daß der Würfel auch nur ein einziges Mal geworfen wird, kann vermutet werden, daß bei einem fairen Wurf jedes der sechs Ergebnisse die gleiche Chance hat aufzutreten. Dieser Meinung werden wir sein, wenn wir sicher sind, daß sämtliche Gegebenheiten ausgeräumt sind, die für eine Bevorzugung bzw. Benachteiligung eines bestimmten Versuchsergebnisses verantwortlich sein könnten - z.B. unterschiedliche Oberflächen des Würfels, unterschiedliche Gewichtsverteilung im Würfel, „unsauberes" Werfen, etc. Die Vermutung, daß jede der sechs Augenzahlen a priori die gleiche Realisierungschance hat, basiert somit auf der Annahme, daß es keinen Grund für das gegenteilige Argument gibt. Wer sich dem anschließt, folgt dem Prinzip des mangelnden (unzureichenden) Grundes. Kurz gesagt: Alle Ergebnisse bzw. Elementarereignisse des Zufallsexperimentes können a priori als gleich möglich bewertet werden, wenn es keinen Grund gibt, der dagegen spricht.

Allgemein besitzt ein endliches Gleichmöglichkeitsmodell die Merkmale eines Zufallsexperimentes, wobei eine Besonderheit darin besteht, daß alle Versuchsergebnisse gleich möglich sind. Dieses Experiment ist also ein beliebig oft wiederholbarer Vorgang, der nach festen Regeln abläuft, endlich viele mögliche Ergebnisse hat, die jeweils nicht mit Sicherheit vorhersagbar sind, von denen aber feststeht, daß sie gleich möglich sind.

Das endliche Gleichmöglichkeitsmodell ist die adäquate Beschreibung einer Reihe bekannter Glücksspiele und deren Geräte.

> Beispielsweise kann ein Würfel in fairer Weise beliebig oft geworfen werden. Bei jedem Wurf kann eine von sechs unterschiedlichen Augenzahlen auftreten. Die sechs Versuchsergebnisse können als gleich möglich angesehen werden.
>
> Beim gleichzeitigen Wurf zweier Würfel bzw. dem zweimaligen Wurf mit einem Würfel können 36 gleich mögliche Versuchsergebnisse unterschieden werden; denn eine eins im ersten Wurf kann mit sechs gleich möglichen Ausgängen im zweiten Wurf kombiniert werden, eine zwei im ersten Wurf ebenfalls mit sechs gleich möglichen Ergebnissen im zweiten Wurf, etc.
>
> Beim Werfen einer Münze sind die Ergebnisse „Kopf" und „Wappen" gleich möglich.

Dieses Modell stellt die Grundlage des klassischen Wahrscheinlichkeitsbegriffs dar, der auf *Laplace* (1749 - 1827) zurückgeht. Er ist wie folgt festgelegt: Im endlichen Gleichmöglichkeitsmodell mit n Versuchsergebnissen, von denen m im Sinne einer Fragestellung günstig sind und das Ereignis A bilden, wird die Wahrscheinlichkeit $P(A)$ für die Realisation von A bei einem Zufallsexperiment mit m/n bemessen,

$$P(A) = \frac{m}{n} .$$

Die Wahrscheinlichkeit $P(A)$ ist nach diesem Konzept also auf der Grundlage theoretischer Überlegungen vor der Durchführung eines Zufallsexperimentes bestimmbar. Deshalb wird diese Wahrscheinlichkeit auch A-priori-Wahrscheinlichkeit genannt.

Beim Wurf eines Würfels beispielsweise könnte A lediglich aus einer „günstigen" Augenzahl bestehen, mithin aus einem Elementarereignis, z.B. der Sechs. Dann wird die Wahrscheinlichkeit, bei einem Versuch eine Sechs zu würfeln, bemessen mit $P(A) = 1/6$, weil ein Elementarereignis im Sinne der Fragestellung „günstig", sechs aber gleich möglich sind.

Ein anderes überschaubares Beispiel: Gefragt ist nach der Wahrscheinlichkeit, beim zweimaligen Wurf mit einer Münze mindestens einmal „Kopf" zu werfen. Das Gleichmöglichkeitsmodell ist dem durchzuführenden Experiment wiederum angemessen. Gleich möglich sind die $n = 4$ Ergebnisse KK, KW, WK und WW, wobei beispielsweise KW für „Kopf im ersten und Wappen im zweiten Wurf" steht. Günstig im Sinne der Fragestellung sind $m = 3$ Ergebnisse, die zum Ereignis A zusammengefaßt sind, $A = \{KK, KW, WK\}$. Somit besteht eine die Wahrscheinlichkeit in Höhe von $P(A) = 3/4$, daß bei zwei Münzwürfen mindestens einmal „Kopf" auftritt.

Mit der Bemessung einer Wahrscheinlichkeit unter Verwendung des klassischen Wahrscheinlichkeitsbegriffes sind zwangsläufig einige numerische Eigenschaften der Wahrscheinlichkeit festgelegt.

Die Wahrscheinlichkeit ist null, wenn das Ereignis A kein Versuchsergebnis enthält. Wird das Experiment durchgeführt, kann A also unmöglich auftreten. Nicht möglich ist beispielsweise, beim zweimaligen Münzwurf dreimal „Kopf" zu werfen.

Die Wahrscheinlichkeit ist eins, wenn das Ereignis A sämtliche Ergebnisse eines Experiments enthält. Wird das Experiment durchgeführt, ist also sicher, daß A realisiert wird. In diesem Falle steht im Zähler wie auch im Nenner die Anzahl n der gleich möglichen Ergebnisse.

Werden die Versuchsergebnisse im endlichen Gleichmöglichkeitsmodell in zwei Teile getrennt, wobei ein Teil im Ereignis A enthalten ist und der

Rest im Komplementärereignis von A , nämlich $\overline{A}$, so beträgt die Wahrscheinlichkeit für $\overline{A}$

$$P(\overline{A}) = \frac{n-m}{n} .$$

A und $\overline{A}$ schließen sich gegenseitig aus. Die Summierung ihrer Wahrscheinlichkeiten

$$\frac{m}{n} + \frac{n-m}{n} = 1$$

ist in einfacher Weise möglich; sicher ist, daß entweder A auftritt oder $\overline{A}$.

Der klassische Wahrscheinlichkeitsbegriff stellt ein auf den ersten Blick einleuchtendes Konzept dar. Gegen dieses Konzept können jedoch zwei Einwände geltend gemacht werden.

Die „Gleichmöglichkeit" der Versuchsergebnisse oder ihre „gleiche Realisierungschance" entspricht im Grunde dem Begriff der „Gleichwahrscheinlichkeit". Die Bemessung einer Wahrscheinlichkeit erfolgt somit unter Verwendung von gleich wahrscheinlichen Ergebnissen. Man bemißt einen Sachverhalt sozusagen mit etwas, was das zu Bemessende teilweise bereits enthält. Dies erinnert an die Zirkel-Definition eines Begriffes, bei der ein Begriff teilweise mit Hilfe des zu definierenden Begriffes definiert wird.

Des weiteren kann kritisch eingewendet werden, daß das endliche Gleichmöglichkeitsmodell zwar für zahlreiche Situationen angemessen ist, die Glücksspiele[4] betreffen, jedoch ansonsten einen recht eingeschränkten Geltungsbereich besitzt. Beispielsweise kann der klassische Wahrscheinlichkeitsbegriff nicht verwendet werden, um die Chance zu quantifizieren, daß ein bestimmter Student ein Examen besteht. Die weiter oben beschriebenen Merkmale des dem endlichen Gleichmöglichkeitsmodells zu Grunde liegenden speziellen Zufallsexperimentes sind hier und in vielen anderen Fällen nicht gegeben: Der Student kann sich beispielsweise nicht unter konstanten Randbedingungen beliebig oft einem Examen stellen. Darüber hinaus haben die einzelnen Examensergebnisse sicherlich unterschiedlich große Realisierungschancen.

[4] Mit Glücksspielen wie Lotto, Roulette, Black Jack, Toto, etc. setzen wir uns umfassend und allgemeinverständlich auseinander in *Monka, M./Tiede, M./Voß, W:* Gewinnen mit Wahrscheinlichkeit. Reihe Rowohlt Science. Reinbek 1999. Zu Black Jack siehe auch *Tiede, M.*: Black Jack. Diskussionspapier. Ruhr-Universität Bochum. Fakultät für Sozialwissenschaft. Nr. 97 - 9. 1997.

Statistische Wahrscheinlichkeit. Ein zweiter, in mancherlei Hinsicht praktikablerer Ansatz für die Bestimmung einer Wahrscheinlichkeit findet seine Stütze im „Gesetz der großen Zahl“, das in einigen Varianten existiert (z.B. „schwaches“ und „starkes“ Gesetz) und das wir mathematisch jetzt noch nicht behandeln. Es kann jedoch verstehbar beschrieben werden, weil es eine den meisten Menschen geläufige Erfahrungstatsache betrifft, die in der statistischen Methodenlehre wie folgt zum Ausdruck gebracht werden kann: Im allgemeinen weichen die Werte für eine statistische Maßzahl, die fortlaufend in einer Beobachtungsserie berechnet wird, um so weniger von einem konstanten Wert ab, je umfangreicher die Beobachtungsserie ist.

Als ein Beispiel hierfür kann die Computersimulation einer Permanenz des bekannten Spieles Roulette dienen. In dieser Permanenz wird nur danach unterschieden, ob die ausgespielte Zahl die Null oder nicht die Null ist. Als statistische Maßzahl wird der Anteil der Nullen an allen ausgespielten Zahlen betrachtet. In der folgenden Ziffernserie bezeichnet „1“ den Fall, daß keine Null und „0“, daß die Null gekommen ist.

```
1111111111111111111111111111111111111111111111111111100111111111111111111111111111
1111101111111111111111111111111111111111111111111111111111111111110111111111111111
1111111111111011111111111111111111111111111101111111111111111111111111111111111111
1111110111111111111111111111111111111111110111011111111111111111111111111111111111
1111111111111111111111111111111111111111111011111111111101111111111111111111111110
1111111111111111111111111101111111111111111111111111111111111111011111111111111111
1111111111111111111111111111111111111111111111110111111111111111011111111111111111
1111111111111111111111111111111111111111111111111111111111111111111111111111111110
1111111111111111111111111111111111111111111111101111111111111111111111111111111111
1111111111111011111111111111111011111111111111111111111111111111111111111111111111
1111111111111111111111111111111101111111111111111111111111110111111111111111111111
1111111111111111111111111111111111111111111111111111111111111111111111111111111111
1111111111111111011111111111111111111110111111111111111111111111111111111111111111
1011111111111111111111111111111111111111111111111111111111111111111111111111011110
1111111111011111111111111111111111111111101111111111111111111111111111111111111111
1111111111111111111111111111110111111110111110111111111111111111111111111111111111
1111111111111111111111111111111111111111100111111111111111111111111111111111111111
1111111111111111101111111111111111111111111111111111111111111111111111111111111011
1111111110111111111111111111111111111111101111111111111111111111111110111111111111
1111111111111111111111111111101111111111111111111111111111111011111111111111111111
1111111111111111101111111111110111111111111111111111111111111101111111111111111111
1111111111111111111111111111111111111111111111101111111111111111111111111111111101
1111111111111111111110111111111111111111111111111111111111111111111111111111111111
1111111111111111111111111110110111111111111111111111111111111111111111111111011111
1111111111111111111111111111111111111111011111111111111111111111110111111011111111
1111111111111111111111111111111111111111111111111111111111101111111011111111111111
1111111111111111111111111111011111111111111111111111011111111111111111111111111111
1111111111111111111111111111111111111111111101111111111111111111111111111111110111
1111111111111111111111111101111111111111111111111111110111110111111111111111111111
1111111111111111111111111111111111111111111110111111111111111111111111111111111111
1011111111111111111111111111110111111111111111111111111111111111111111111111111101
1111111111111111111111111111111111111101111111111011111111111111111111111111111111
```

111111111111011111111111111111111111111111111111111111111111111011111111111111111
11111111111111111111111111111111111111111100111111111111111111111111111111111111
11111111111011111111101111111111111111101111111111111111111111111111111111111110
11111111111111101111111111111111111111111111111111111111111111111111111111111111
11111111110101111110111111111111111111111111111110111111011111111111111111111111
11111111111111111111111111111111111111111111111111111111101111111111111111111111
01111111111111101111111111111111111111111111111111111111111111111111111111111111
01101111111111111111111111111111111111111011111111111111111011111111111111111111
11111111111111111111111111111111111111111111111111111111111111111111111111111111
11111111111111101111111011111111111111111111111111111111111111111111111111111110
11111111011100111111111111111111111111111111111111111111111111101111111111111111
10111111111111111111111111111111111111101110101111111111111111111111111111101111111
11111111111111111111111111111111111111111111111111111111111111011101111111111111
111111111111111

Insgesamt sind die Ergebnisse von 3705 Spielen simuliert (siehe folgende Seite). 103mal ist die Null das Spielergebnis. Im Roulette werden bekanntermaßen insgesamt 37 verschiedene Zahlen unterschieden, so daß die A-priori-Wahrscheinlichkeit $1/37 = 0{,}027027 = 2{,}7\%$ beträgt, daß bei einem Spiel die Null kommt.

Die folgende Tabelle weist u.a. Anteilswerte der Nullen an allen Spielen aus, wobei sich der Umfang der Beobachtungsserie zunächst in Abständen von 20 Spielen und später in größeren Abständen erhöht.

Anzahl der Spiele	Anzahl der Nullen	Anteil der Nullen (%)
20	0	0,00
40	0	0,00
60	2	3,33
80	2	2,50
100	3	3,00
120	3	2,50
140	3	2,14
160	4	2,50
180	5	2,78
200	5	2,50
250	6	2,40
300	9	3,00
400	11	2,75
500	14	2,80
1000	22	2,20
2000	50	2,50
3700	103	2,78

Der Anteilswert der Nullen an allen Spielen müßte sich unter regellosen Schwankungen in einem festen Wert stabilisieren, dem Wert 2,7%, was auch in der Abbildung 2.1 deutlich wird. Dort weisen die Werte auf der Abszisse teilweise ungleich große Abstände auf.

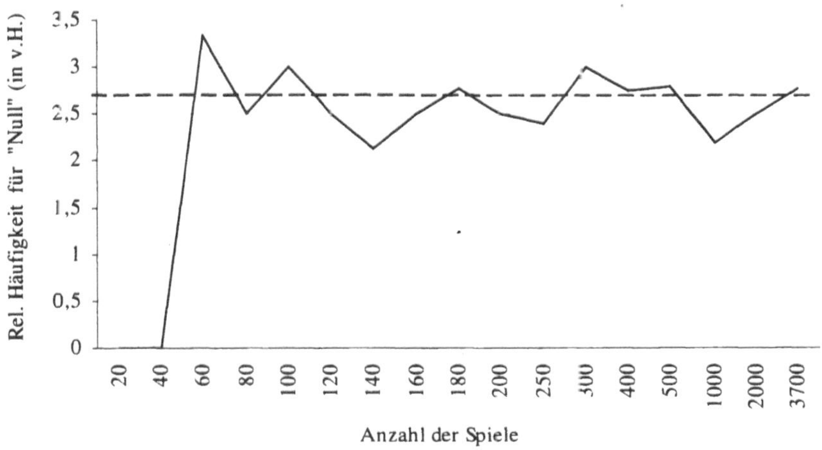

Abb. 2.1: Entwicklung der relativen Häufigkeit für das Ergebnis „Null" im Roulette bei einer Permanenz von 3700 Spielen

Beobachtungen dieser Art sind Anlaß für das statistische Konzept der Bemessung der Wahrscheinlichkeit. Ausgangspunkt sind hierbei Beobachtungen, die unter gleichbleibenden Bedingungen durchgeführt worden sein. Unter dieser Voraussetzung gilt: Ist bei einem hinreichend großen Beobachtungsumfang n eines Merkmals die Merkmalsausprägung A in der Häufigkeit f_A gezählt worden, wird die Wahrscheinlichkeit $P(A)$, daß bei einer einmaligen Beobachtung A auftritt, durch die relative Häufigkeit f_A/n angegeben,

$$P(A) = \frac{f_A}{n} \ .$$

Im Gegensatz zum Klassischen Wahrscheinlichkeitsbegriff läßt sich nach dem statistischen Konzept eine Wahrscheinlichkeit erst nach Durchführung von Beobachtungen oder Experimenten bestimmen. Deshalb wird eine derartige Wahrscheinlichkeit A-posteriori-Wahrscheinlichkeit genannt.

Mit der Festlegung einer Wahrscheinlichkeit als empirische relative Häufigkeit sind, ähnlich wie im Kontext der klassischen Wahrscheinlichkeit, zwangsläufig einige numerische Eigenschaften der Wahrscheinlichkeit festgelegt. Kurz gesagt: Mit Wahrscheinlichkeiten rechnet man so wie mit relativen Häufigkeiten. In welchen Fällen relative Häufigkeiten bzw. Wahrscheinlichkeiten beispielsweise in unproblematischer Weise addiert oder multipliziert werden können, wird erst in den weiteren Unterpunkten dieses Kapitels erläutert. Wir beschränken uns hier zunächst auf nur wenige Hinweise bezüglich der Eigenschaften von relativen Häufigkeiten.

Bezeichnet A wieder ein Ereignis, n die Anzahl der Zufallsexperimente und f_A die absolute Häufigkeit, in der A beobachtet worden ist, so stellt f_A/n bekanntlich die relative Häufigkeit für A dar. Sie ist somit eine rationale Zahl aus dem Intervall $[0;1]$,

$$0 \leq \frac{f_A}{n} \leq 1 .$$

Wird A keinmal beobachtet, $f_A = 0$, ist die relative Häufigkeit für A gleich null, $f_A/n = 0$.

Sie ist eins, $f_A/n = 1$, wenn A bei jedem Versuch eintritt, $f_A = n$.

Bei n Versuchen tritt A insgesamt f_A -mal ein und das zu A komplementäre Ereignis $\overline{A}$ insgesamt $f_{\overline{A}}$ -mal, $f_A + f_{\overline{A}} = n$. Die relative Häufigkeit für $\overline{A}$ ist somit das Komplement der relativen Häufigkeit für A zu eins,

$$\frac{f_{\overline{A}}}{n} = 1 - \frac{f_A}{n} .$$

Die relative Häufigkeit $f_{A \cup B}/n$ für die Vereinigung von zwei Ereignissen A und B geben wir im vorliegenden Kontext nur der Vollständigkeit wegen an; die erforderliche nähere Begründung wird etwas weiter unten im Zusammenhang der Addition von Wahrscheinlichkeiten gegeben:

$$\frac{f_{A \cup B}}{n} = \frac{f_A + f_B}{n}, \qquad \text{falls } A \cap B = \varnothing .$$

Ist der Durchschnitt der Ereignisse A und B nicht leer, gilt

$$\frac{f_{A \cup B}}{n} = \frac{f_A + f_B}{n} - \frac{f_{A \cap B}}{n},$$

wobei $f_{A \cap B}$ die Häufigkeit der Fälle bezeichnet, in denen sowohl A als auch B eintritt.

Gegenüber dem klassischen Konzept besitzt die statistische Bestimmung der Wahrscheinlichkeit den großen Vorteil, daß sie auch dann praktikabel ist, wenn ein Gleichmöglichkeitsmodell und damit der klassische Ansatz der Wahrscheinlichkeitsbestimmung keine Verwendung finden können.

Beispielsweise besteht jetzt die Möglichkeit, die Wahrscheinlichkeit abzuschätzen, daß ein bestimmter Student sein Examen besteht. Hierzu benötigt man den Anteil der Studierenden, die ihr Examen bestehen, an allen Studierenden, die sich dem Examen stellen, wobei nur jene Studierenden zu betrachten sind, die mit dem betrachteten Studenten in wesentlichen Merkmalen übereinstimmen. An diesem Beispiel können die Begrenzungen des statistischen Konzepts der Bestimmung einer Wahrscheinlichkeit deutlich erkannt werden. Die Beobachtungen müssen unter den gleichen Bedingungen erfolgen. Genau genommen müßten von unserem Studenten zahlreiche Duplikate gefunden werden, die sich dem Examen unter gleichen Bedingungen stellen. Auswahlen dieser Art lassen sich natürlich nur in einer gewissen Annäherung erreichen.

Des weiteren ist der „hinreichend große Beobachtungsumfang" eine nur vage Umschreibung für den erforderlichen Stichprobenumfang. Der Abbildung 2.1 kann sogar für ein sehr gut durchschaubares Beispiel, bei dem der Wert bekannt ist, an den sich die empirische relative Häufigkeit annähert, nicht entnommen werden, wie groß n sein sollte. Der Beobachtungsumfang 60 ist in diesem Beispiel sicherlich zu klein, der Umfang 180 groß genug, während der Umfang 1000 wieder zu klein ist, wohingegen der Umfang 3700 erneut groß genug zu sein scheint. Allgemein gültige Regeln für den Umfang der Beobachtungen können somit nicht vorgegeben werden. Niemand übernimmt die Entscheidung, von welchem Punkt ab eine relative Häufigkeit als Wahrscheinlichkeit aufgefaßt werden kann. Klar ist nur, daß n nach Möglichkeit groß sein sollte. Dies darf aber nicht dazu führen, daß die vorausgesetzten gleichen Bedingungen, unter denen die Beobachtungen erfolgen, nicht mehr einzuhalten sind. Deshalb kann bezweifelt werden, daß sehr viele empirische relative Häufigkeiten als Wahrscheinlichkeit aufgefaßt werden können.

Auf *v. Mises* (1883 - 1953) geht ein Rettungsversuch für den Ansatz der A-posteriori-Wahrscheinlichkeit zurück, der den Wahrscheinlichkeitsbegriff wie folgt festlegt: Die Wahrscheinlichkeit $P(A)$ ist als Grenzwert der relativen Häufigkeit f_A/n anzusehen, wenn n gegen unendlich strebt,

$$P(A) = \lim_{n \to \infty} \left(\frac{f_A}{n} \right).$$

Nach diesem Konzept der statistischen Wahrscheinlichkeit lassen sich in der Praxis keine Wahrscheinlichkeiten bestimmen, sondern nur Näherungswerte für Wahrscheinlichkeiten, weil der Beobachtungsumfang n tatsächlich nicht unendlich groß sein kann.

Tritt ein Ereignis nur selten auf oder tritt es häufig auf, jedoch unter sich wandelnden Bedingungen, löst auch die Limesdefinition nicht die Problematik der Bemessung seiner Wahrscheinlichkeit. Möglicherweise sollte dann eingeräumt werden, daß die Bemessung einer Wahrscheinlichkeit nicht nur objektiv, sondern u.U. auch subjektiv erfolgen kann. Hierfür sind einige Ansätze entwickelt, die kontrovers diskutiert werden. Gemeinsam ist allen subjektiven Wahrscheinlichkeiten, daß der bei einem empirischen Subjekt vorhandene Grad des Glaubens hinsichtlich einer Aussage oder eines Ereignisses im Vordergrund steht. Subjektive Wahrscheinlichkeiten werden im Alltag häufig genutzt. Ihr Nachteil ist, daß die interpersonelle Vergleichbarkeit nur begrenzt möglich ist.

2.3 Axiome für Wahrscheinlichkeiten

Für die Operationalisierung der Wahrscheinlichkeit bestehen zwei Wege, die beschritten werden können.

Eine Möglichkeit liegt in der expliziten, direkten Definition der Wahrscheinlichkeit. Hierbei wird angegeben, unter welcher Modellvorstellung die Wahrscheinlichkeit bemessen wird und welche Vor- und Nachteile im einzelnen gegeneinander abgewogen werden können. Hierfür sind der klassische Wahrscheinlichkeitsbegriff, die statistische Wahrscheinlichkeit sowie die subjektive Wahrscheinlichkeit drei Ansätze.

Die Schwierigkeiten, die sich bei dem Versuch einer quasi inhaltlichen Erfassung der Wahrscheinlichkeit auftun, können vermieden werden, wenn der Weg eingeschlagen wird, die Wahrscheinlichkeit nur indirekt zu definieren bzw. zu operationalisieren. Bei der indirekten Erfassung der Wahrscheinlichkeit werden für sie lediglich allgemein akzeptierte mathematische Eigenschaften angegeben. Sie werden als Axiome der Wahrscheinlichkeit bezeichnet. Sie klassifizieren Zahlen danach, ob sie als Wahrscheinlichkeiten angesehen werden können. Des weiteren können durch eine axiomatische Definition der Wahrscheinlichkeit neben anscheinend belanglosen auch ihre weniger intuitiv einleuchtenden Eigenschaften schlüssig zum Ausdruck gebracht werden. Für die Wahrscheinlichkeitstheorie wurde dieser Weg von *Kolmogoroff* (1933) gewiesen.

Eine Funktion P, die jedem Ereignis A eine reelle Zahl $P(A)$ zuordnet, heißt Wahrscheinlichkeitsmaß, wenn sie den *Kolmogoroff*schen Axiomen genügt[5]. $P(A)$ heißt die Wahrscheinlichkeit des Ereignisses A. Die Axiome lauten:

Axiom 1: $P(A) \geq 0$. Die Wahrscheinlichkeit ist nicht negativ.

[5] Das Tripel (Ω, Z, P) wird als Wahrscheinlichkeitsraum bezeichnet. Z ist der Ereignisraum, die Potenzmenge des endlichen Ergebnisraumes.

Axiom 2: $P(\Omega)=1$. Das sichere Ereignis hat die Wahrscheinlichkeit eins.

Axiom 3: $P(A \cup B) = P(A) + P(B)$, falls $A \cap B = \varnothing$.

Die Wahrscheinlichkeit für die Vereinigung der Ereignisse A und B ist so groß wie die Summe der Wahrscheinlichkeiten der einzelnen Ereignisse, falls diese Ereignisse disjunkt sind.

Die drei Axiome erscheinen im Angesicht der zuvor erörterten Wahrscheinlichkeitsbegriffe als unmittelbar plausibel. Das gilt auch für das schwerer lesbare Axiom 3. Dieses legt im Grunde fest, daß sich die Wahrscheinlichkeit eines Ereignisses proportional zu den Wahrscheinlichkeiten jener Elementarereignisse verhält, die in ihm enthalten sind. Hierauf wird im Zusammenhang des allgemeinen Additionssatzes für Wahrscheinlichkeiten zurück zu kommen sein.

Aus den drei Axiomen können einige Eigenschaften bzw. Rechenregeln für Wahrscheinlichkeiten abgeleitet werden, die teilweise bereits weiter vorn im Zusammenhang der direkten Definitionen der Wahrscheinlichkeit begründet worden sind und hier lediglich erneut aufgeführt werden:

$$0 \leq P(A) \leq 1,$$

$$P(\overline{A}) = 1 - P(A),$$

$$P(\varnothing) = 0.$$

Werden, wie in Axiom 3, nicht nur zwei sich ausschließende Ereignisse A und B betrachtet, sondern mehr als zwei Ereignisse, die sich paarweise ausschließen, $A_1, A_2, \ldots, A_n$ mit $A_i \cap A_j = \varnothing$ für $i \neq j$, so ist die Wahrscheinlichkeit für die Vereinigung dieser Ereignisse so groß wie die Summe der Einzelwahrscheinlichkeiten[6],

$$P(A_1 \cup A_2 \cup \ldots \cup A_n) = \sum_{i=1}^{n} P(A_i).$$

[6] Wegen Axiom 3 gilt
$P(A_1 \cup A_2 \cup \ldots \cup A_n) = P(A_1) + P(A_2 \cup \ldots \cup A_n)$,
$P(A_2 \cup A_3 \cup \ldots \cup A_n) = P(A_2) + P(A_3 \cup \ldots \cup A_n)$, etc. Nach Einsetzen ergibt sich
$P(A_1 \cup A_2 \cup \ldots \cup A_n) = \sum_{i=1}^{n} P(A_i)$.

Im Glücksspiel Roulette könnte jemand in einem Spiel zugleich auf die Zahlen 1 bis 18 und Zéro, die Null, setzen. Bei Roulette werden bekanntlich 37 verschiedene mögliche Spielergebnisse unterschieden, die Zahlen 1 bis 36 und Zéro. Der Ergebnisraum Ω wird bei einem Spiel somit aus 37 gleich möglichen Ergebnissen gebildet. Das Ereignis A_1: „die Zahlen 1 bis 18" enthält 18 Ergebnisse. Das Ereignis A_2: „Zéro" enthält nur ein mögliches Versuchsergebnis; somit ist es ein Elementarereignis. Die Frage lautet: Wir groß ist die Wahrscheinlichkeit, daß „die Zahlen 1 bis 18" oder „Zéro" kommt, daß also mindestens eines der zwei Ereignisse eintritt,

$$P(A_1 \cup A_2) = ?$$

Die einzelnen Wahrscheinlichkeiten für die zwei Ereignisse sind $P(A_1) = 18/37$ sowie $P(A_2) = 1/37$. Die beiden Ereignisse schließen sich aus; denn das Ergebnis Zéro ist nicht in den Zahlen 1 bis 18 enthalten. Die gesuchte Wahrscheinlichkeit ergibt sich also durch die Addition der zwei einzelnen Wahrscheinlichkeiten,

$$P(A_1 \cup A_2) = 18/37 + 1/37 = 19/37.$$

Nun könnte jemand in einem Spiel zugleich auf „Rot", das „erste Dutzend" und auf das „mittlere Dutzend" setzen. Das Ereignis A_1: „Rot" enthält 18 Ergebnisse, weil 18 der 37 Zahlen rot sind. Das Ereignis A_2: „erstes Dutzend" enthält 12 Ergebnisse, die Zahlen 1 bis 12, und A_3: „mittleres Dutzend" ebenfalls 12 Ergebnisse, die Zahlen 13 bis 24. Die Frage lautet: Wir groß ist die Wahrscheinlichkeit, daß dieser Spieler auf „Rot", dem „ersten Dutzend" oder dem „mittleren Dutzend" 'gewinnt'[7], daß also mindestens eines der drei Ereignisse eintritt,

$$P(A_1 \cup A_2 \cup A_3) = ?$$

Die einzelnen Wahrscheinlichkeiten für die drei Ereignisse sind

$$P(A_1) = 18/37,\ P(A_2) = 12/37 \text{ und } P(A_3) = 12/37.$$

Die gesuchte Wahrscheinlichkeit darf nun nicht so bestimmt werden, daß die einzelnen Wahrscheinlichkeiten einfach addiert werden; denn in diesem Falle ergibt sich ja $18/37 + 12/37 + 12/37 = 42/37$.

Dieser Wert ist größer als eins, was gegen Axiom 2 verstößt. Außerdem legt Axiom 3 fest, daß einzelne Wahrscheinlichkeiten nur addiert wer-

[7] „Gewinn" im Sinne einer Auszahlung, nicht im Sinne der Differenz aus Einsatz und Auszahlung.

den dürfen, wenn die zugehörigen Ereignisse einander ausschließen. Im vorliegenden Beispiel schließen sich A_1 und A_2 nicht aus, weil die sechs roten Zahlen 1, 3, 5, 7, 9 und 12 in beiden Ereignissen enthalten sind. Entsprechendes gilt für A_1 und A_3 , hier sind die sechs roten Zahlen 14, 16, 18, 19, 21 und 23 in beiden Ereignissen enthalten. Lediglich das Paar A_2 und A_3 ist disjunkt. Somit ist zunächst nur offensichtlich, wie die gesuchte Wahrscheinlichkeit nicht bestimmt werden darf.

Das Problem läßt sich auf einfache Weise lösen. Es muß im Grunde nur überlegt werden, warum die Lösung $42/37$ nicht richtig ist. Bei der falschen Lösung sind die Wahrscheinlichkeiten für die insgesamt 12 roten Zahlen im ersten und mittleren Dutzend doppelt berücksichtigt. Sie sind in A_1 enthalten und auch in A_2 bzw. A_3 eingeschlossen. Die Wahrscheinlichkeiten dieser 12 Ergebnisse müssen deshalb von $42/37$ subtrahiert werden, so daß sich als Resultat ergibt:

$$P(A_1 \cup A_2 \cup A_3) = 18/37 + 12/37 + 12/37 - 6/37 - 6/37 = 30/37 .$$

Im nächsten Abschnitt werden wir die bei der Lösung des Problems verfolgte Idee wieder aufgreifen und den allgemeinen Additionssatz für Wahrscheinlichkeiten begründen.

Das Problem hätte eleganter auch auf einem anderen Weg gelöst werden können, unter Verwendung der Rechenregel $P(\overline{A}) = 1 - P(A)$.

Im betrachteten Beispiel wird nicht auf die sechs schwarzen Zahlen des „oberen Dutzend“ sowie nicht auf die Null gesetzt. Die Wahrscheinlichkeit, daß diese Spielergebnisse auftreten, beträgt $P(\overline{A}) = 7/37$. Die Wahrscheinlichkeit, daß kein Ergebnis eintritt, auf das nicht gesetzt ist, beträgt somit $1 - 7/37 = 30/37$. Dies ist die gesuchte Wahrscheinlichkeit, daß ein Ergebnis eintritt, auf das gesetzt ist.

2.4 Addition von Wahrscheinlichkeiten

Die additive Verknüpfung von Wahrscheinlichkeiten ist in Axiom 3 festgelegt,

$$P(A \cup B) = P(A) + P(B), \text{ falls } A \cap B = \varnothing .$$

Axiom 3 besagt: Die Wahrscheinlichkeit für die Vereinigung der Ereignisse A und B ist so groß wie die Summe der Wahrscheinlichkeiten der einzelnen Ereignisse, falls diese Ereignisse disjunkt sind.

Weiter oben ist bereits begründet, daß die Wahrscheinlichkeit für die Vereinigung von mehr als zwei Ereignisse, die sich paarweise ausschließen, $A_1, A_2, \ldots, A_n$ mit $A_i \cap A_j = \varnothing$ für $i \neq j$, so groß ist wie die Summe der Einzelwahrscheinlichkeiten,

$$P(A_1 \cup A_2 \cup \ldots \cup A_n) = \sum_{i=1}^{n} P(A_i).$$

Die Frage ist, ob Wahrscheinlichkeiten addiert werden dürfen, wenn sich die Ereignisse nicht ausschließen. Hierauf gibt das Axiom 3 direkt keine Antwort. Eine einfache Überlegung, bei der ein Blick auf die Abbildung 2.2 hilfreich ist, führt zur Beantwortung dieser Frage.

Die Vereinigung der Ereignisse A und B kann in drei sich paarweise ausschließende Ereignisse zerlegt werden,

$$A \cup B = (A \cap \overline{B}) \cup (A \cap B) \cup (\overline{A} \cap B).$$

Die Wahrscheinlichkeit für $A \cup B$ ist somit

$$P(A \cup B) = P(A \cap \overline{B}) + P(A \cap B) + P(\overline{A} \cap B).$$

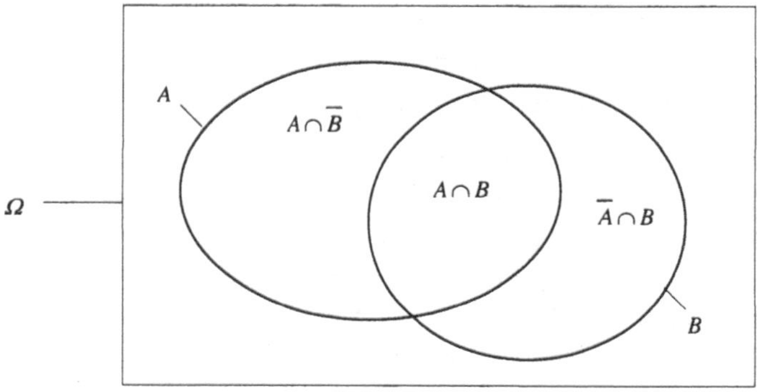

Abb. 2.2: Vereinigung sowie Durchschnitt zweier Ereignisse

Das Ereignis A ist in zwei sich ausschließende Ereignisse zerlegt, $A = (A \cap \overline{B}) \cup (A \cap B)$, so daß

$$P(A) = P(A \cap \overline{B}) + P(A \cap B).$$

Das Ereignis B ist ebenfalls in zwei sich ausschließende Ereignisse zerlegt, $B = (A \cap B) \cup (\overline{A} \cap B)$, so daß

$$P(B) = P(A \cap B) + (\overline{A} \cap B).$$

Ein Vergleich der drei angegebenen Wahrscheinlichkeiten führt zum allgemeinen Additionssatz für Wahrscheinlichkeiten,

$$P(A \cup B) = P(A) + P(B) - P(A \cap B).$$

Dieser Satz zeigt, wie die Wahrscheinlichkeiten für zwei Ereignisse addiert werden, wenn sich diese Ereignisse nicht ausschließen. Die einzelnen Wahrscheinlichkeiten für die Ereignisse, $P(A)$ sowie $P(B)$, müssen also addiert werden, und von der Summe ist die Wahrscheinlichkeit für ihren Durchschnitt zu subtrahieren.

Falls sich die zwei Ereignisse ausschließen, gilt $P(A \cap B) = P(\emptyset) = 0$. Der allgemeine Additionssatz enthält das Axiom 3 sozusagen als „Sonderfall".

Beim Wurf zweier Würfel enthält der Ergebnisraum 36 mögliche Versuchsergebnisse. Das Ereignis A: „Wurf einer Drei im ersten Wurf" enthält sechs Ergebnisse, die Fälle „3,1", „3,2", „3,3", ..., „3,6". Das Ereignis B: „Wurf einer Drei im zweiten Wurf" enthält ebenfalls sechs Ergebnisse, „1,3", „2,3", „3,3", ..., „6,3". Wie groß ist nun die Wahrscheinlichkeit, daß A oder B eintritt, daß also mindestens eine Drei gewürfelt wird? Gesucht ist somit $P(A \cup B)$. Bekannt sind die einzelnen Wahrscheinlichkeiten $P(A) = 6/36 = 1/6$ sowie $P(B) = 6/36 = 1/6$. Des weiteren wird $P(A \cap B)$ benötigt - die Wahrscheinlichkeit, daß A und B eintritt, daß also im ersten und zweiten Wurf eine Drei gewürfelt wird. Diese Wahrscheinlichkeit ist $P(A \cap B) = 1/36$. Somit ist die Lösung: $P(A \cup B) = 1/6 + 1/6 - 1/36 = 11/36$.

Dieses Beispiel kann das Verständnis für den allgemeinen Additionssatz vertiefen. Durch die Subtraktion von $P(A \cap B) = 1/36$ wird die Doppelzählung der Wahrscheinlichkeit für das Ergebnis „3,3" wieder rückgängig gemacht; denn „3,3" ist in A wie auch B enthalten, so daß dieser Fall bei der Bestimmung von $P(A)$ und $P(B)$ - im Gegensatz zu allen anderen gleich möglichen Versuchsergebnissen - insgesamt zweimal zur „Anzahl der günstigen Fälle" gerechnet wird.

Die Wahrscheinlichkeit für die Vereinigung von mehr als zwei Ereignissen, die sich nicht gegenseitig ausschließen, kann durch mehrmalige Anwendung des allgemeinen Additionssatzes bestimmt werden. Da die Übersichtlichkeit in den Fällen zahlreicher Ereignisse rasch verloren geht, sei nur der Fall von drei Ereignissen A_1, A_2 und A_3 ausgewählt und als Ergebnis festgehalten:

$$P(A_1 \cup A_2 \cup A_3) = P(A_1) + P(A_2) + P(A_3) - P(A_1 \cap A_2) - P(A_1 \cap A_3) - P(A_2 \cap A_3) + P(A_1 \cap A_2 \cap A_3).$$

Durch wenige einfache Überlegungen ist die Aussage des Additionssatzes für drei Ereignisse von uns bereits im Rahmen eines Beispieles weiter vorn erfaßt worden. Dort geht es um ein kleines Problem des Spieles Roulette: Unterschieden werden die Ereignisse

A_1: „Rot",

A_2: „erstes Dutzend" und

A_3: „mittleres Dutzend", so daß

$A_2 \cap A_3 = \varnothing$ und auch $A_1 \cap A_2 \cap A_3 = \varnothing$. Gesucht ist

$P(A_1 \cup A_2 \cup A_3)$.

Für die Verwendung des Additionssatzes müssen einige Wahrscheinlichkeiten bestimmt werden:

$P(A_1) = 18/37$, $P(A_2) = 12/37$, $P(A_3) = 12/37$,

$P(A_1 \cap A_2) = 6/37$, $P(A_1 \cap A_3) = 6/37$, $P(A_2 \cap A_3) = 0$,

$P(A_1 \cap A_2 \cap A_3) = 0$.

Es ergibt sich das gleiche Resultat wie zuvor,

$$P(A_1 \cup A_2 \cup A_3) = 18/37 + 12/37 + 12/37 - 6/37 - 6/37 = 30/37.$$

2.5 Multiplikation von Wahrscheinlichkeiten

Für die Multiplikation von Wahrscheinlichkeiten ist kein Axiom vorgesehen. Dennoch existieren Rechenregeln für eine sinnvolle multiplikative Verknüpfung von Wahrscheinlichkeiten. Sie können nachvollzogen werden, wenn Verständnis für das Konzept der sog. bedingten Wahrscheinlichkeit besteht. Dieses Konzept besitzt eine Parallelität zum Begriff der bedingten relativen Häufigkeit.

Hierzu wird ein Zufallsexperiment betrachtet, dessen Ergebnisraum aus n gleich möglichen Versuchsergebnissen besteht. Das Ereignis A enthält m Ergebnisse. Dessen Durchschnitt mit dem Ereignis B enthält k Ergebnisse. Somit ist $P(A) = m/n$ und $P(A \cap B) = k/n$. In der Abb. 2.3 sind u.a. diese Festsetzungen enthalten.

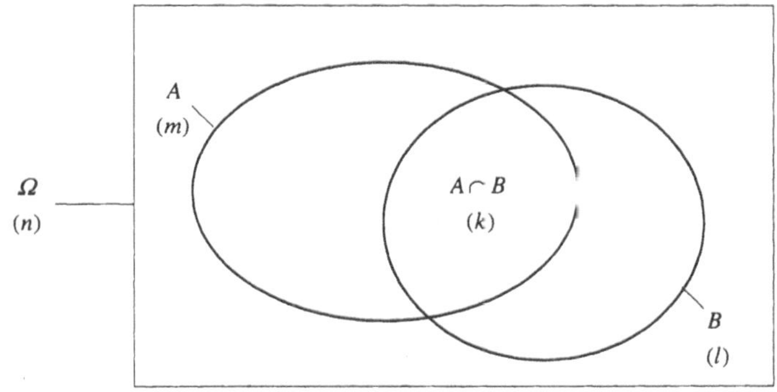

Abb. 2.3: Zur Multiplikation von Wahrscheinlichkeiten

Wird letztere Wahrscheinlichkeit mit m erweitert, ergibt sich

$$P(A \cap B) = \frac{k}{n} = \frac{m}{n} \cdot \frac{k}{m} = P(A) \cdot \frac{k}{m}.$$

Die Wahrscheinlichkeit $P(A \cap B)$ läßt sich als Multiplikation der Wahrscheinlichkeit $P(A)$ mit k/m darstellen.

Betrachten wir k/m genau. m ist die Anzahl der in A enthaltenen Ergebnisse, von denen k zugleich in B enthalten sind. k/m ist nicht größer als eins. Im Zähler und Nenner des Bruches stehen Anzahlen gleich möglicher Ergebnisse. k/m kann somit als Wahrscheinlichkeit aufgefaßt werden. Jedoch besteht die Besonderheit, daß die Bezugsgröße nicht die Zahl der Ergebnisse des gesamten Ergebnisraumes ist. Bezugsgröße ist nur ein Teil des Ergebnisraumes, nämlich das Ereignis A. k/m gibt somit die Wahrscheinlichkeit für das Ereignis B an, wobei die Möglichkeit, daß B eintritt, auf Ergebnisse beschränkt ist, die zugleich in A enthalten sind. Anders gesagt: k/m ist die Wahrscheinlichkeit, daß B eintritt, unter der Bedingung, daß A eintritt bzw. eingetreten ist[8]. Eine Wahrscheinlichkeit dieses Typs wird bedingte Wahrscheinlichkeit genannt. Sie wird geschrieben als $P(B|A)$ und gelesen als „Wahrscheinlichkeit für B unter der Bedingung A".

---

[8] Ein Ereignis A ist eingetreten, wenn ein bestimmtes Versuchsergebnis ω beobachtet worden ist, das in A enthalten ist. Damit ist bereits entschieden, ob auch ein anderes Ereignis B eingetreten ist, das möglicherweise ebenfalls ω enthält. Unter diesem Umstand ist es nicht sinnvoll, noch von einer Wahrscheinlichkeit zu sprechen, daß B eintritt; denn B ist ja bereits eingetreten oder nicht eingetreten. Wenn jedoch nur bekannt ist, daß A eingetreten ist, aber unbekannt ist, ob A eingetreten ist wegen des Ergebnisses ω, das auch in B enthalten ist, liegt ein Sinn in der Frage nach der Wahrscheinlichkeit, daß auch B eingetreten ist.

Damit läßt sich die Wahrscheinlichkeit $P(A \cap B)$ als Multiplikation von zwei Wahrscheinlichkeiten darstellen,

$$P(A \cap B) = P(A)P(B|A).$$

Eingangs ist die Frage gestellt, ob und gegebenenfalls wie Wahrscheinlichkeiten sinnvoll miteinander multipliziert werden können. Der Multiplikationssatz für Wahrscheinlichkeiten, wie die obige Beziehung genannt wird, enthält die Antwort: Die nicht bedingte Wahrscheinlichkeit eines Ereignisses A und die bedingte Wahrscheinlichkeit eines Ereignisses B, wobei B auf das Ereignis A beschränkt ist, können miteinander multipliziert werden. Als Resultat ergibt sich die Wahrscheinlichkeit für den Durchschnitt der Ereignisse A und B.

Dieser Satz läßt sich noch etwas anders schreiben, wenn das aus - sagen wir - l Versuchsergebnissen gebildete Ereignis B vollständig in die Betrachtung einbezogen wird.
Die Wahrscheinlichkeit für B ist $P(B) = l/n$ und die für den Durchschnitt aus A und B, wie zuvor auch, $P(A \cap B) = k/n$. Wird letztere Wahrscheinlichkeit mit l erweitert, ergibt sich

$$P(A \cap B) = \frac{k}{n} = \frac{l}{n} \cdot \frac{k}{l} = P(B) \cdot \frac{k}{l}.$$

Ähnlich wie zuvor kann festgestellt werden, daß k/l eine bedingte Wahrscheinlichkeit ist, die Wahrscheinlichkeit für A unter der Bedingung B, $P(A|B)$. Somit kann der Multiplikationssatz geschrieben werden als

$$P(A \cap B) = P(A)P(B|A) = P(B)P(A|B).$$

Von außergewöhnlicher und weitreichender Bedeutung ist eine Betrachtung des Falles, daß die Wahrscheinlichkeit eines Ereignisses so groß ist wie eine bedingte Wahrscheinlichkeit dieses Ereignisses,

$$P(B|A) = P(B).$$

In diesem Falle ist die Wahrscheinlichkeit, daß bei einem Experiment B auftritt, nicht davon betroffen, ob der gesamte Ergebnisraum berücksichtigt wird und damit sämtliche von B eingeschlossene Ergebnisse, oder ob nur der von A eingeschlossene Teil des Ergebnisraumes berücksichtigt wird und somit von B nur jener Teil der Ergebnisse, der auch gleichzeitig zu A gehört. Anders formuliert: In diesem Falle hängt die Höhe der Wahrscheinlichkeit für B nicht davon ab, ob A eintritt oder nicht eintritt[9]. Dies wird als Bedingung der Unabhängigkeit[10] des Ereignisses B vom Ereignis A angesehen bzw. verwendet als Definition der Unabhängigkeit des Ereignisses B vom Ereignis A.

Bei Unabhängigkeit des Ereignisses B vom Ereignis A vereinfacht sich der Multiplikationssatz zu

$$P(A \cap B) = P(A)P(B).$$

Die Wahrscheinlichkeiten von unabhängigen Ereignissen können also sinnvoll miteinander multipliziert werden. Als Resultat ergibt sich die Wahrscheinlichkeit für ihren Durchschnitt.

Zwei Abiturienten möchten in einer Klausur unabhängig voneinander eine Aufgabe lösen. Die Wahrscheinlichkeit, daß Schüler A die Aufgabe richtig löst, beträgt $0{,}8$. Die für B ist $0{,}7$, so daß $P(A) = 0{,}8$ und $P(B) = 0{,}7$. Mit welcher Wahrscheinlichkeit wird die Aufgabe von beiden Schülern nicht richtig gelöst werden?

Gesucht ist die Wahrscheinlichkeit $P(\overline{A} \cap \overline{B})$, die wegen der versprochenen Unabhängigkeit beim richtigen oder unzutreffenden Lösen der Aufgabe in unproblematischer Weise berechenbar ist:

$$P(\overline{A} \cap \overline{B}) = P(\overline{A})P(\overline{B}) = 0{,}2 \cdot 0{,}3 = 0{,}06 .$$

Für eine bestimmte Personengruppe gilt, daß die Wahrscheinlichkeit $0{,}5$ beträgt, daß eine zufällig ausgewählte Person ein/e Raucher/in ist. Bei den männlichen Personen in dieser Gruppe ist diese Wahrscheinlichkeit hingegen $0{,}6$. Somit gilt:

$$P(R) = 0{,}5, \qquad P(R|m) = 0{,}6, \qquad P(R) \neq P(R|m),$$

R *Raucher*
m *männliche Person.*

Die Rauchgewohnheit ist in dieser Personengruppe abhängig vom Geschlecht. Ob diese Abhängigkeit nur zufällig besteht oder nicht, ist ein Problem, das erst im Zusammenhang des statistischen Tests erörtert wird.

---

[9] Dann ist $P(B|A) = P(B|\overline{A})$.

[10] Häufig wird in diesem Zusammenhang von „stochastischer" Unabhängigkeit gesprochen.

Sind zwei sich ausschließende Ereignisse A und B voneinander unabhängig? Für sich ausschließende Ereignisse ist die Wahrscheinlichkeit null, daß sie gleichzeitig gemeinsam eintreten,

$$P(A \cap B) = 0 = P(A)P(B|A) .$$

Ein Produkt ist null, falls ein Faktor null ist und der andere Faktor nicht null ist. $P(A) \neq 0$, somit ist $P(B|A) = 0$. Auch $P(B) \neq 0$, so daß gilt, daß $P(B|A) \neq P(B)$.

Sich ausschließende Ereignisse sind also voneinander abhängig. Wenn A eingetreten ist, ist in diesem Falle ja sicher, daß dann B nie mehr eintreten kann.

Müssen sich abhängige Ereignisse gegenseitig ausschließen? Die Frage ist also, ob die Umkehrung des eben begründeten Satzes gilt.

Falls $P(B|A) \neq P(B)$, sind die Ereignisse B und A abhängig.

Nun könnte sein , daß $P(B|A) = 0$. Dann schließen sich B und A aus.

Es besteht aber auch die Möglichkeit, daß $P(B|A) \neq 0$. Dann schließen sich B und A nicht aus.

Somit ist klar: Abhängige Ereignisse können sich ausschließen, können sich aber auch nicht ausschließen. Die Umkehrung des oben betrachteten Satzes ist also nicht gültig.

Liegen mehr als zwei Ereignisse vor, werden diese als voneinander unabhängig definiert, wenn für jede Auswahl aus den Ereignissen gilt, daß die Wahrscheinlichkeit für den Durchschnitt der ausgewählten Ereignisse so groß ist wie das Produkt der einzelnen Wahrscheinlichkeiten.

Bei mehr als zwei nicht unabhängigen Ereignissen gilt der entsprechend erweiterte Multiplikationssatz,

$$P(A_1 \cap A_2 \cap \ldots \cap A_n)$$
$$= P(A_1) \cdot P(A_2|A_1) \cdot P(A_3|A_1 \cap A_2) \cdot \ldots \cdot P(A_n|A_1 \cap A_2 \cap \ldots \cap A_{n-1}).$$

2.6 Theorem von *Bayes*

Das Theorem von *Bayes* ist ein Satz aus der Wahrscheinlichkeitstheorie, dessen algebraische Herleitung für den Ungeübten zwar etwas unübersichtlich, aber noch gut verständlich ist.

Benötigt wird der hierfür der Satz der totalen Wahrscheinlichkeit. Dieser Satz ist leicht nachzuvollziehen, weil er im Grunde nur die Berechnungsweise für einen gewogenen Mittelwert zum Ausdruck bringt. Wenn beispielsweise der Anteil der SPD-Wähler an allen Wählern zu berechnen ist, werden die Stimmen für die SPD addiert und zu allen abgegebenen Stimmen in Beziehung gesetzt. Es können aber auch die Stimmenanteile für die SPD z.B. aus allen Wahllokalen verwendet werden, wobei diese Anteilswerte jeweils mit der relativen Größe des Wahllokals - dem Anteil aller im Wahllokal abgegebenen Stimme an der Gesamtzahl der Stimmen - gewogen werden. Anschließend werden die gewogenen Werte summiert. Die zwei Rechenwege führen bekanntermaßen zum gleichen Resultat. Letztere Art der Berechnung macht den Inhalt des Satzes der totalen Wahrscheinlichkeit aus, wobei Wahrscheinlichkeiten an die Stelle von Anteilswerten treten.

Betrachtet wird hierfür ein durch sich paarweise ausschließende Ereignisse $A_1, A_2, \ldots, A_n$ ausgeschöpfter Ergebnisraum Ω,

d.h. $A_i \cap A_j = \varnothing \quad \textit{für } i \neq j$ und $A_1 \cup A_2 \cup \ldots \cup A_n = \Omega$.

Des weiteren wird das Ereignis E gebildet, das seinerseits durch sich paarweise ausschließende Ereignisse, die Durchschnitte der Ereignisse E und A_i, zerlegt ist. Dies zeigt die Abbildung 2.4.

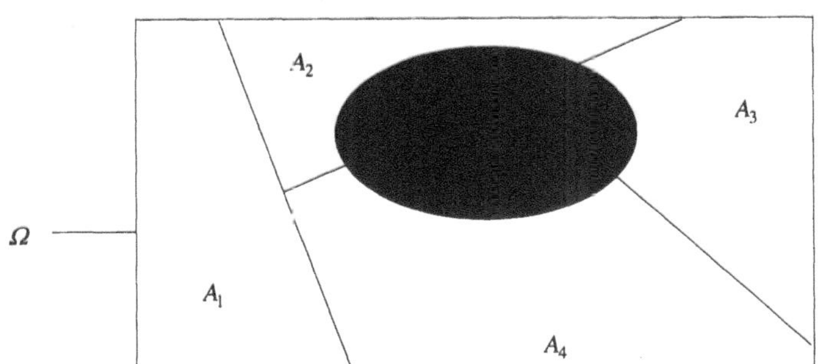

Abb. 2.4: Zum Satz der totalen Wahrscheinlichkeit

Die Wahrscheinlichkeit für E ergibt sich somit als

$$P(E) = P[(A_1 \cap E) \cup (A_2 \cap E) \cup \ldots \cup (A_n \cap E)] = \sum_{i=1}^{n} P(A_i \cap E).$$

Die Anwendung des Multiplikationssatzes auf die einzelnen Wahrscheinlichkeiten $P(A_i \cap E)$ ergibt

$$P(E)=\sum_{i=1}^{n}P(E|A_i)P(A_i),\quad \text{wobei}\quad \sum P(A_i)=1\,.$$

Dies ist der Satz der totalen Wahrscheinlichkeit. Er besagt, daß die Wahrscheinlichkeit für das Ereignis E der Summe der gewogenen bedingten Wahrscheinlichkeiten $P(E|A_i)$ entspricht, wobei die Wahrscheinlichkeiten $P(A_i)$ die Gewichte sind.

> Es ist nicht schwer, diesen Satz zu erfassen. Angenommen, in der Abb. 2.4 enthält E Wählerstimmen für die SPD. Diese wurden in n unterschiedlichen Wahllokalen abgegeben. In jedem Wahllokal wurden insgesamt die in A_i enthaltenen Stimmen abgegeben. Einige hiervon gingen an die SPD und sind in E enthalten. Gefragt ist nach der Wahrscheinlichkeit, daß eine zufällig ausgewählte Person seine Stimme der SPD gegeben hat. Der Satz der totalen Wahrscheinlichkeit sagt: Diese Wahrscheinlichkeit ist so groß wie die mit der relativen Bedeutung des Wahllokales gewogenen mittlere Wahrscheinlichkeit für eine Stimmabgabe an die SPD. Die relative Bedeutung des Wahllokales wird durch $P(A_i)$ angegeben, also durch die Wahrscheinlichkeit, daß eine zufällig ausgewählte Person ihre Stimme im Wahllokal Nr. i abgegeben hat.

Für die algebraische Herleitung des Theorems von *Bayes* wird neben dem Satz der totalen Wahrscheinlichkeit auch der Multiplikationssatz

$$P(A\cap B)=P(A)P(B|A)=P(B)P(A|B)$$

benötigt, dessen Notation im Fall, der betrachtet wird, die folgende ist:

$$P(A_i\cap E)=P(A_i)P(E|A_i)=P(E)P(A_i|E)\,.$$

Dem Multiplikationssatz kann entnommen werden, daß

$$P(A_i|E)=\frac{P(A_i\cap E)}{P(E)}\,.$$

Im Zähler wird für $P(A_i\cap E)$ der Ausdruck $P(E|A_i)P(A_i)$ eingesetzt, der ebenfalls dem Multiplikationssatz entnommen werden kann, und im Nenner wird für $P(E)$ gemäß dem Satz der totalen Wahrscheinlichkeit der Ausdruck $\sum_{i=1}^{n}P(E|A_i)P(A_i)$ eingesetzt. Es ergibt sich eine rätselhafte Formel, das Theorem von *Bayes*:

$$P(A_i|E) = \frac{P(E|A_i)P(A_i)}{\sum_{i=1}^{n} P(E|A_i)P(A_i)}, \qquad P(E) > 0.$$

An der algebraischen Korrektheit dieser Formel bestehen keine Zweifel. Doch wie kann das Theorem interpretiert werden? Hierfür können einige Möglichkeiten in Betracht gezogen werden, die hier nicht abstrakt erörtert, sondern in Verbindung mit Beispielen erwähnt werden sollen.

Betrachtet wird der Fall, daß der Ergebnisraum Ω aus Personen besteht. An ihnen interessieren die zwei Merkmale A und E.

A ist das Merkmal, das einen wahren Zustand der Personen betrifft, etwa den tatsächlichen Gesundheitszustand einer Person. A_1 bezeichnet den Zustand, die Person ist in Wahrheit an Krebs erkrankt. A_2 heißt, die Person hat keinen Krebs. Für die Bevölkerung insgesamt gelten ungefähr die folgenden Werte für die Wahrscheinlichkeit, daß eine zufällig ausgewählte Person in Wahrheit an Krebs erkrankt ist bzw. nicht erkrankt ist:

$P(A_1) = 0{,}002$, $P(A_2) = 0{,}998$.

Das andere Merkmal E betrifft den empirisch diagnostizierten Gesundheitszustand der Personen. E_1 bezeichnet das Diagnoseergebnis, daß eine Krebserkrankung vorliegt. E_2 heißt, daß kein Krebs diagnostiziert ist.

Ärztliche Diagnosen sind nicht fehlerfrei. Im vorliegenden Falle bestehen die Erfahrungswerte, daß die Diagnose bei tatsächlich Erkrankten zu 88% zutreffend ist, während bei nicht an Krebs Erkrankten in 5% der Fälle fehlerhaft eine Krebserkrankung diagnostiziert wird; d.h. $P(E_1|A_1) = 0{,}88$ und $P(E_1|A_2) = 0{,}05$.

Von Interesse ist nun die Frage nach der Wahrscheinlichkeit, daß eine Person in Wahrheit an Krebs erkrankt ist, wenn die Diagnose sagt, daß eine Krebserkrankung vorliegt. Präzise dies ist die *Bayes*sche Fragestellung, die Frage nach der Höhe der Wahrscheinlichkeit $P(A_1|E_1)$.

Allgemein wird die Frage nach der Größe der Wahrscheinlichkeit für einen wahren Zustand unter der Bedingung seines empirischen Meßergebnisses aufgeworfen. Diese Frage kann nur gestellt werden, nachdem ein Erfahrungsdatum gewonnen wurde. Insofern wird im *Bayes*schen Theorem eine A-priori-Wahrscheinlichkeit, im betrachteten Beispiel die Wahrscheinlichkeit $P(A_1)$, in eine Wahrscheinlichkeit „danach“, die Wahrscheinlichkeit $P(A_1|E_1)$ transformiert.

Im vorliegenden Beispiel ergibt sich, daß

$$P(A_1|E_1)=\frac{P(E_1|A_1)P(A_1)}{\sum_{i=1}^{2}P(E_1|A_i)P(A_i)}=\frac{0{,}88\cdot 0{,}002}{0{,}88\cdot 0{,}002+0{,}05\cdot 0{,}998}=0{,}034.$$

Die Wahrscheinlichkeit beträgt also nur ca. 3,4%, daß eine Person, bei der die ärztliche Diagnose auf Krebs lautet, tatsächlich an Krebs erkrankt ist. Ein Rechenfehler liegt hier nicht vor. Dieses Beispiel ist auch ein Beleg dafür, daß die intuitive Angabe der Höhe einer Wahrscheinlichkeit äußerst weit vom zutreffenden Wert entfernt liegen kann.

Die Wahrscheinlichkeitsrechnung steckt voller „Fußangeln“. Hierfür kennt die Literatur eine Fülle kurioser Beispiele. Besonders tückisch - weil fast jeder drauf reinfällt - ist die Struktur eines wahrscheinlichkeitstheoretischen Problems, das in unterschiedlichen Fragestellungen verborgen ist. Es ist unter den Bezeichnungen „Häftlingsdilemma“, „Problem der drei Gefangenen“, „Problem der Goldmünze in der Schublade“, *Bertrand*sches Paradoxon“ sowie als „Ziegenproblem“ bekannt[11]. Seine Lösung ist auch unter Verwendung des Theorems von *Bayes* möglich.

> Das Ziegenproblem lautet: Sie nehmen an einer Spielshow im Fernsehen teil, bei der Sie eine von drei verschlossenen Türen auswählen sollen. Hinter einer Tür wartet der Preis, ein Auto, hinter den beiden anderen stehen Ziegen. Sie zeigen auf eine Tür, sagen wir Nummer eins. Sie bleibt vorerst geschlossen. Der Moderator weiß, hinter welcher Tür sich das Auto befindet; mit den Worten „Ich zeige Ihnen mal was“ öffnet er eine andere Tür, zum Beispiel Nummer drei, und eine meckernde Ziege schaut ins Publikum. Er fragt: „Bleiben Sie bei Nummer eins, oder wählen Sie Nummer zwei?“
>
> Es besteht die Versuchung, das Problem intuitiv kurz und bündig zu lösen: Es gibt noch zwei Türen. Hinter der einen könnte der Gewinn genau so gut stecken wie hinter der anderen. Also bleibt es sich gleich, welche Tür gewählt wird.
>
> Etwas ausführlicher könnte hierzu überlegt werden: Die Chance, daß das Auto hinter einer von drei Türen steht, ist für den Kandidaten in der

[11] Hierzu siehe *Tiede, M.:* Anmerkungen zum Ziegenproblem und zu verwandten Paradoxien aus der Stochastik. Diskussionspapiere aus der Fakultät für Sozialwissenschaft. Ruhr-Universität Bochum. 98 - 5. 1998.

Spielshow jeweils gleich groß, nämlich 1/3. Die Chance, daß das Auto hinter der Tür eins oder zwei steht, ist insgesamt also 2/3. Der Kandidat wählt Tür eins. Wenn nun vom Moderator verraten wird, daß sich hinter der Tür drei kein Auto befindet, ist offenkundig, daß nunmehr die Chance, daß hinter der Tür eins oder zwei das Auto steht, von 2/3 auf 1 gewachsen ist. Es gibt nach wie vor keinen Grund, der dafür spricht, daß das Auto eher hinter der Tür Nummer zwei als hinter der Tür Nummer eins steht, so sollte man meinen. Ob die Tür Nummer drei geöffnet oder grün gestrichen wird, ändert nichts an der Gleichheit der Chancen für Tür eins und zwei. „Es gibt keinen Grund, die Wahl für die Tür eins zu ändern," ist zweifellos eine vernünftige Antwort des Kandidaten in der Spielshow.

Auf diese „Lösung" kommt man auch auf einem anderen Weg: Egal, welche Tür der Kandidat wählt - der Moderator kann jedes Mal eine Tür öffnen, hinter der eine Ziege steht. Der Kandidat in der Spielshow erfährt also durch das Meckern einer Ziege nichts Neues. Deshalb gibt es keinen Grund, die einmal getroffene Wahl für die Tür eins zu ändern.

Diese Lösung ist leider falsch. Eine Begründung hierfür kann unter Verwendung des Theorems von *Bayes* entwickelt werden. Hierzu wird die folgende Notation verwendet:

A_1 Auto steht hinter Tür eins,

A_2 Auto steht hinter Tür zwei,

A_3 Auto steht hinter Tür drei,

E_1 Moderator öffnet Tür eins,

E_2 Moderator öffnet Tür zwei,

E_3 Moderator öffnet Tür drei.

Die Chance, daß das Auto hinter einer von drei Türen steht, ist zu Beginn für den Kandidaten in der Spielshow jeweils gleich groß,

$$P(A_1) = P(A_2) = P(A_3) = 1/3 .$$

Der Teilnehmer in der Spielshow wählt die Tür eins, der Moderator öffnet die Tür drei, hinter der eine meckernde Ziege steht. Falls jetzt die folgenden zwei bedingten Wahrscheinlichkeiten nicht gleich groß sind, sollte der Kandidat die getroffene Wahl korrigieren:

$P(A_1|E_3)$ Wahrscheinlichkeit, das Auto steht hinter Tür eins, unter der Bedingung, daß der Moderator Tür drei öffnet.

$P(A_2|E_3)$ Wahrscheinlichkeit, das Auto steht hinter Tür zwei, unter der Bedingung, daß der Moderator Tür drei öffnet.

Diese zwei bedingten Wahrscheinlichkeiten können unter Verwendung des Theorems von *Bayes* bestimmt werden:

$$P(A_1|E_3) = \frac{P(E_3|A_1)P(A_1)}{\sum_{i=1}^{3} P(E_3|A_i)P(A_i)} \quad \text{bzw.}$$

$$P(A_2|E_3) = \frac{P(E_3|A_2)P(A_2)}{\sum_{i=1}^{3} P(E_3|A_i)P(A_i)}.$$

Zu klären ist nur noch, welche Werte die auf den rechten Seiten der Gleichheitszeichen auftretenden bedingten Wahrscheinlichkeiten haben.

$P(E_3|A_i)$ Wahrscheinlichkeit, Moderator öffnet Tür drei, unter der Bedingung, daß das Auto hinter Tür Nr. i steht.

Wenn das Auto hinter der Tür eins steht, wird der Moderator die Tür zwei oder drei öffnen, damit jedes Mal eine meckernde Ziege erscheinen und die Show weiterlaufen kann. Die Spielidee rechtfertigt, $P(E_3|A_1)$ mit 1/2 gleichzusetzen,

$$P(E_3|A_1) = 1/2.$$

Falls hinter der Tür zwei das Auto steht und der Kandidat bereits die Tür eins gewählt hat, kann der Moderator nur noch die Tür drei öffnen, um eine meckernde Ziege zu präsentieren und um dem Kandidaten die Frage stellen zu können, ob er von Tür eins zu Tür zwei wechseln möchte. In diesem Falle ist also sicher, daß der Moderator die Tür drei öffnet, so daß

$$P(E_3|A_2) = 1.$$

Wenn das Auto hinter der Tür drei steht, wird der Moderator diese Tür natürlich nicht öffnen, weil er in diesem Falle dem Publikum unmöglich eine meckernde Ziege präsentieren kann, so daß

$$P(E_3|A_3) = 0.$$

Somit ergibt sich für die zu vergleichenden bedingten Wahrscheinlichkeiten

$$P\left(A_1 \; E_3\right) = \frac{1/2 \cdot 1/3}{1/2 \cdot 1/3 + 1 \cdot 1/3 + 0 \cdot 1/3} = 1/3\,,$$

$$P\left(A_2 \middle| E_3\right) = \frac{1 \cdot 1/3}{1/2 \cdot 1/3 + 1 \cdot 1/3 + 0 \cdot 1/3} = 2/3\,.$$

Nachdem der Moderator die Tür drei geöffnet hat, ist also die Chance, daß das Auto hinter der Tür zwei steht, doppelt so groß wie die Chance, daß es sich hinter der Tür eins befindet. Der Kandidat sollte also nicht bei seiner Wahl bleiben, sondern sich unverzüglich anders entscheiden und zur Tür zwei wechseln.

Ohne Verwendung des Theorems von *Bayes* kann für das Ziegenproblem folgendes festgestellt werden. Die Wahrscheinlichkeiten, daß das Auto hinter der Tür eins, zwei oder drei steht, sind gleich groß, nämlich 1/3, bevor der Moderator eine Tür öffnet und eine Ziege meckern läßt. Nun wählt der Kandidat in der Spielshow eine Tür aus, in der Hoffnung, hier hinter möge das Auto stehen. Der Kandidat wählt die Tür eins und - was selbstverständlich ist - somit nicht die Tür zwei oder drei. Die Wahrscheinlichkeit, daß das Auto hinter der ausgewählten Tür eins steht, beträgt 1/3, daß es hinter den nicht ausgewählten Türen steht, beträgt zusammen 2/3.

Nun ereignet sich etwas. Der Moderator öffnet eine der zwei nicht vom Kandidaten ausgewählten Türen, hinter der eine meckernde Ziege steht. Damit ist sofort klar, daß die Wahrscheinlichkeit 2/3, die für das Auto hinter den nicht gewählten Türen gilt, nunmehr zur Gänze die Tür zwei betrifft. Somit ist 2/3 die Wahrscheinlichkeit dafür, daß das Auto hinter der Tür zwei steht.

3 Zufallsvariable und Wahrscheinlichkeitsverteilung

3.1 Zufallsvariable

Die im endlichen Ergebnisraum Ω zusammengefaßten möglichen Versuchsergebnisse ω_i eines Zufallsexperimentes können - entsprechend der Eigenart des betreffenden Zufallsvorganges - von sehr verschiedener Art sein. Beispiele sind die Augenzahlen beim Würfeln, „Kopf“ oder „Wappen“ beim Münzwurf, Zahlen beim Roulette, etc. Aber auch Merkmale von Personen, wie deren Geschlecht, Alter, Stimmung, etc., können einzeln oder kombiniert als mögliche Ergebnisse einer Befragung oder Beobachtung den Ergebnisraum bilden. Im vorangegangenen Kapitel wird in einem Beispiel ein Ergebnisraum aus dem Gesundheitszustand von Personen gebildet, der eine wahre und eine empirisch gemessene Dimension besitzt. In einem anderen Beispiel besteht der Ergebnisraum aus Türen in einer Fernsehshow, hinter denen möglicherweise eine meckernde Ziege steht, und aus der Aktion der Öffnung einer Tür. Häufig wird, je nach Eigenart des Ergebnisraumes, für ihn eine Bezeichnung gewählt, die treffender ist, etwa die Bezeichnung 'Merkmalsraum' - wenn die möglichen Ergebnisse einer Erhebung aus Merkmalswerten und deren Kombinationen bestehen, oder die Bezeichnung 'Stichprobenraum' - wenn die Datenträger das Ergebnis der Ziehung einer Stichprobe sind.

Einheitlich können all diese möglichen verschiedenartigen Ergebnisse von Zufallsvorgängen behandelt werden, wenn jedem einzelnen Ergebnis ω_i - oder auch sinnvoll zusammengefaßten Gruppen von Ergebnissen ω_i - eine reelle Zahl zugeordnet wird. Dies ermöglicht eine Zufallsvariable: Eine Zufallsvariable ordnet jedem möglichen Ergebnis eines Zufallsexperiments eine reelle Zahl zu.

Die Zweckmäßigkeit der Definition einer Zufallsvariablen kann am Beispiel des Münzwurfes verdeutlicht werden. Eine Münze wird dreimal geworfen. Der Ergebnisraum Ω besteht aus den möglichen Ergebnissen WWW (stets wird „Wappen“ beobachtet), WWK (zweimal „Wappen“, im dritten Wurf „Kopf“), etc. Die acht möglichen verschiedenen Versuchsergebnisse sind in der folgenden Tabelle in der ersten Spalte enthalten. Diesen Ergebnissen können Zahlen zugeordnet werden, die jeweils die Anzahlen für das Ergebnis „Kopf“ anzeigen. Die zugeordneten Zahlen sind die Werte der Zufallsvariablen (Spalte 2 der Tabelle)[1]. Im vorliegenden

[1] Die zugeordneten Zahlen legen zugleich spezielle Ereignisse fest. Im vorliegenden Beispiel enthält ein Ereignis all jene Versuchsergebnisse, für die gilt, daß „Kopf“ in einer bestimmten Häufigkeit vorkommt. Wenn gesagt wird, daß die Zufallsvariable X den Wert x annimmt, sind alle Ergebnisse

Falle können die Werte 0 - für keinmal „Kopf", 1 - für einmal „Kopf", etc. zugeordnet werden. Wenn jetzt beispielsweise jene Versuchsergebnisse benannt werden sollen, bei denen „Kopf" zweimal vorkommt, kann dies durch den Hinweis erfolgen, daß die Zufallsvariable X den Wert $x = 2$ annimmt.

Ergebnisraum Ω	Werte x der Zufallsvariablen X
$\omega_1 = WWW$	$x_1 = 0$
$\omega_2 = WWK$	$x_2 = 1$
$\omega_3 = WKW$	$x_2 = 1$
$\omega_4 = KWW$	$x_2 = 1$
$\omega_5 = WKK$	$x_3 = 2$
$\omega_6 = KWK$	$x_3 = 2$
$\omega_7 = KKW$	$x_3 = 2$
$\omega_8 = KKK$	$x_4 = 3$

Üblicherweise wird als Notation für eine Zufallsvariable ein großer Buchstabe gewählt, z.B. X , und für die Werte der entsprechende kleine Buchstabe, z.B. x oder $x_i, i = 1,\ldots,n$. Leider wird dies in der Literatur nicht einheitlich gehandhabt. Auch im vorliegenden Buch wird hiervon abgewichen.

Die „Zufallsvariable" ist ein mathematischer Begriff: Eine Zufallsvariable X stellt eine Zuordnung dar[2], die jedem Element ω des Ergebnisraumes Ω eines Zufallsexperiments, $\omega \in \Omega$, genau einen reellen Zahlenwert zuordnet. X ist formal also eine Abbildung von Ω in die Menge $\Re$ der reellen Zahlen, $X{:}\Omega \to \Re$. Der Definitionsbereich von X besteht aus den Elementen ω des Ergebnisraumes, der Wertebereich aus den reellen Zahlen.

3.2 Wahrscheinlichkeitsverteilung

Wahrscheinlichkeitsverteilung der diskreten Zufallsvariablen. Die Werte der bislang betrachteten Zufallsvariablen treten zumeist mit unterschiedlichen Wahrscheinlichkeiten auf.

ω betroffen, denen der Wert x zugeordnet ist, $\{X = x\} = \{\omega | \omega \in \Omega \text{ und } X(\omega) = x\}$. Ω wird in so viele Ereignisse zerlegt, wie es verschiedene Werte von X gibt.

[2] Angemessen ist deshalb die umständlichere Notation $X(\omega)$.

Beim dreifachen Münzwurf etwa ist der Fall, daß X den Wert Null annimmt, unwahrscheinlicher, als daß beim Zufallsexperiment der Wert $x = 2$ auftritt.

Als Wahrscheinlichkeitsfunktion wird die Funktion bezeichnet, die einem Wert der Zufallsvariablen eine Wahrscheinlichkeit zuordnet,

$$P(X = x) = P(x) \qquad \text{für einzelne } x.$$

Lies: „Die Wahrscheinlichkeit, daß die Zufallsvariable X den Wert x annimmt, ist P von x."

Beispielsweise ist beim dreifachen Münzwurf die Wahrscheinlichkeit $1/8$, daß X den Wert Null annimmt, $P(X = 0) = P(0) = 1/8$.

Eine Angabe der Chancen für sämtliche Werte einer Zufallsvariablen erfolgt über sämtliche Wahrscheinlichkeitsfunktionen. Hierfür ist ein besonderer Begriff geprägt: Die Wahrscheinlichkeitsverteilung[3] einer Zufallsvariablen ist die Zuordnung der Wahrscheinlichkeiten zu allen Werten der Zufallsvariablen - mithin zu allen Ereignissen, die durch die Zufallsvariable festgelegt sind. Der Definitionsbereich dieser Funktion besteht aus den Werten der Zufallsvariablen und der Wertebereich aus rationalen Zahlen des Bereiches $[0;1]$.

Im überschaubaren Beispiel des dreifachen Münzwurfes ergeben sich als Wahrscheinlichkeitsverteilung die in der Spalte 3 der folgenden Tabelle aufgeführten Funktionswerte.

Ergebnisraum Ω	Werte x der Zufallsvariablen X	Wahrscheinlichkeitsverteilung von X	Verteilungsfunktion von X
$\omega_1 = WWW$	$x_1 = 0$	$P(X=0) = P(0) = 1/8$	$F(0) = P(X \le 0) = 1/8$
$\omega_2 = WWK$	$x_2 = 1$	$P(X=1) = P(1) = 3/8$	$F(1) = P(X \le 1) = 4/8$
$\omega_3 = WKW$	$x_2 = 1$	$P(X=2) = P(2) = 3/8$	$F(2) = P(X \le 2) = 7/8$
$\omega_4 = KWW$	$x_2 = 1$	$P(X=3) = P(3) = 1/8$	$F(3) = P(X \le 3) = 1$
$\omega_5 = WKK$	$x_3 = 2$		
$\omega_6 = KWK$	$x_3 = 2$		
$\omega_7 = KKW$	$x_3 = 2$		
$\omega_8 = KKK$	$x_4 = 3$		

Dieser Tabelle kann auch entnommen werden, daß - je nach Fragestellung - einzelne Wahrscheinlichkeiten in unproblematischer Weise addiert wer-

[3] Zur Häufigkeitsverteilung besteht eine deutliche Parallelität.

den können, weil sich die zugehörigen Ereignisse ja gegenseitig ausschließen.
Die Zufallsvariable ist eine Funktion - sie ordnet jedem Versuchsergebnis eine reelle Zahl zu -, und auch die Wahrscheinlichkeitsverteilung ist eine Funktion – sie ordnet jedem Wert der Zufallsvariablen eine Wahrscheinlichkeit zu. Die Zuordnungen bzw. die Ergebnisse der Zuordnungen sind in der Abbildung 3.1 dargestellt.

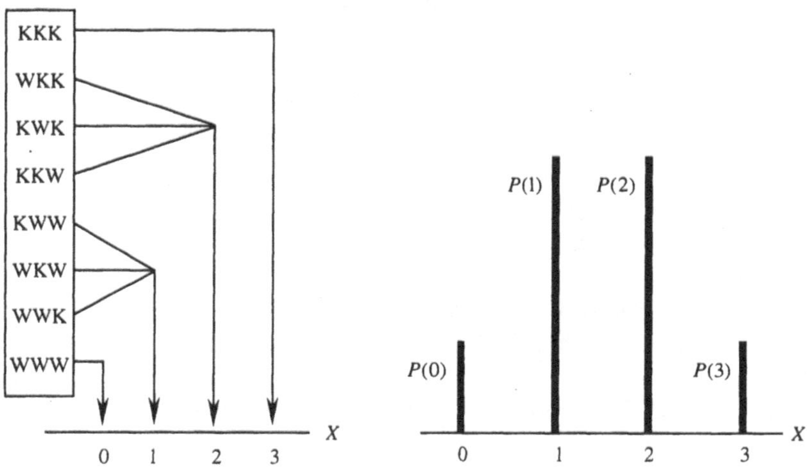

Abb. 3.1: Zufallsvariable und Wahrscheinlichkeitsverteilung beim dreifachen Münzwurf

Die Funktion $F(x)$, die jedem Wert der Zufallsvariablen die Wahrscheinlichkeit $P(X \leq x)$ zuordnet, ist die Verteilungsfunktion der Zufallsvariablen. Zwischen ihr und der Wahrscheinlichkeitsverteilung besteht folgender Zusammenhang[4]:

$$F(x) = P(X \leq x) = \sum_{i=0}^{x} P(i).$$

Die Verteilungsfunktion gibt somit die Wahrscheinlichkeit an, daß die Zufallsvariable X einen Wert annimmt, der so groß wie x oder kleiner ist. Anders gesagt, gibt sie die Wahrscheinlichkeit an, daß X einen Wert realisiert, der höchstens so groß wie x ist. In der weiter oben stehenden Tabelle zum Beispiel des dreifachen Münzwurfes ist in der Spalte 4 die Verteilungsfunktion enthalten.

[4] Hierbei soll es keinen Wert mit positiver Wahrscheinlichkeit unterhalb der Summationsuntergrenze geben.

Die graphische Präsentation der Wahrscheinlichkeitsverteilung für die bislang betrachteten Zufallsvariablen erfolgt gewöhnlich unter Verwendung des Stabdiagramms, das für eine übersichtliche Deskription des zu veranschaulichenden Sachverhaltes sehr geeignet ist. Hierfür enthält die Abb. 3.1 ein Beispiel. Die Verteilungsfunktion hingegen läßt sich als eine Art Treppe darstellen[5], sozusagen als schrittweise „kumuliertes Stabdiagramm", was keine Verbesserung der Deskription ist, so daß hierauf nicht eingegangen werden soll.

Bisher sind Zufallsvariablen erläutert worden, die sich auf einen Ergebnisraum mit einer endlichen Anzahl von Versuchsergebnissen beziehen. Da eine Zufallsvariable die Vorschrift für die Zuordnung einer reellen Zahl zum Versuchsergebnis ist, sind die bisher betrachteten Zufallsvariablen vom diskreten Typ, d.h. sie können Werte annehmen, deren Anzahl in einem bestimmten Bereich endlich ist.

Wahrscheinlichkeitsverteilung der stetigen Zufallsvariablen. Kann eine Zufallsvariable in einem bestimmten Intervall überabzählbar viele Werte annehmen, so ist sie vom stetigen Typ. Der zugehörige Ergebnisraum besteht dann aus unendlich vielen möglichen Ergebnissen.

Überabzählbar viele Werte kann - theoretisch - beispielsweise das Gewicht der 7,25kg-Kugel der Leichtathleten annehmen. Die Gewichtsmessung einer dieser Stahlkugeln kann mit unvorstellbarer Genauigkeit durchgeführt werden, so daß innerhalb des Bereiches von, sagen wir, 7,2kg bis 7,3kg unendlich viele verschiedene Meßresultate möglich sind. Jedes einzelne Meßergebnis tritt mit der Wahrscheinlichkeit von praktisch null auf, weil eine durchgeführte Messung zumindest gedanklich immer noch verbessert werden kann. Jedoch besteht eine positive Wahrscheinlichkeit dafür, daß ein Meßergebnis in eine bestimmte Gewichtsklasse fällt, beispielsweise in die Klasse 7,2kg bis 7,3kg.

Im einzelnen wird dieser Sachverhalt in der statistischen Theorie in der folgenden Weise präzisiert, die wir etwas später zumindest teilweise geometrisch interpretieren werden:

Die Verteilungsfunktion der stetigen Zufallsvariablen X,

$$F(x) = P(X \leq x),$$

ist in Integralform darstellbar,

---

[5] Mit Sprungstellen in den Werten der Zufallsvariablen und Sprunghöhen, die den einzelnen Werten der Wahrscheinlichkeitsfunktionen entsprechen.

$$F(t) = \int_{-\infty}^{t} f(x)dx\,.$$

Hierbei wird der Integrand $f(x)$ als Wahrscheinlichkeitsdichte[6] (oder kurz: Dichte) der Zufallsvariablen X bezeichnet; x ist die Integrationsvariable.
Die Wahrscheinlichkeitsdichtefunktion hat die Eigenschaften

$f(x) \geq 0$ sowie

$$\int_{-\infty}^{+\infty} f(x)dx = 1\,.$$

Jedem Wert t entspricht ein Integralwert $F(t)$.

Es gilt die Beziehung $P(a \leq X \leq b) = F(b) - F(a) = \int_{a}^{b} f(x)dx$.

Die erste Ableitung der Verteilungsfunktion ist die Dichtefunktion,

$$\frac{\partial F(x)}{\partial x} = f(x)\,.$$

Hierfür ist eine begrenzte geometrische Veranschaulichung möglich. In einem Koordinatensystem mit der Zufallsvariablen als Abszisse und der Wahrscheinlichkeitsdichtefunktion als Ordinate stellt die Dichtefunktion eine glatte Kurve dar, die oberhalb der Abszisse verläuft oder mit ihr übereinstimmt. Die Fläche zwischen der Dichtekurve und der Abszisse kann als Wahrscheinlichkeit interpretiert werden. Die Wahrscheinlichkeit, daß die Zufallsvariable einen Wert in den Grenzen a und b annimmt, wird durch die Fläche angezeigt, die zwischen der Dichtekurve und der Abszisse liegt und durch die Senkrechten über a und b abgegrenzt ist. Insbesondere ist die Wahrscheinlichkeitsdichte keine Wahrscheinlichkeit.

Im Zusammenhang der stetigen Normalverteilung und anderen stetigen Verteilungen wird es erforderlich sein, Wahrscheinlichkeiten - d.h. Flächen unter Dichtekurven - zu bestimmen. Dort werden die benötigten Techniken erläutert werden.

---

[6] Eine Parallelität besteht zum Begriff der Häufigkeitsdichte. Der Quotient aus der Häufigkeit von Meßwerten in einem Intervall und der Größe dieses Intervalls wird als Häufigkeitsdichte bezeichnet. Je größer dieser Quotient ist, desto dichter liegen die Meßwerte im betrachteten Intervall. Das Produkt aus der Häufigkeitsdichte und dem erwähnten Intervall ist die Häufigkeit.

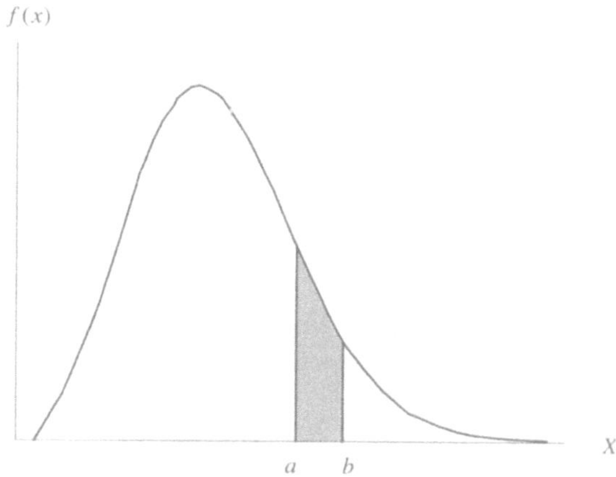

Abb. 3.2: Darstellung von $P(a \leq X \leq b)$ als Fläche unter der Dichtekurve

3.3 Erwartungswert und Varianz

Die Wahrscheinlichkeitsverteilung ist eine vollständige Charakterisierung der Chancen einer Zufallsvariablen für die Realisierung eines bestimmten Wertes bzw. eines bestimmten Wertebereiches. Die in der beschreibenden Statistik für empirische Häufigkeitsverteilungen üblicherweise verwendeten datenreduzierenden Maßzahlen können auch für die Beschreibung von Wahrscheinlichkeitsverteilungen oder Dichtefunktionen verwendet werden. Dort wie hier haben sie den gemeinsamen Zweck, eine Verteilung durch nur wenige, informative Zahlen zu charakterisieren.

Erwartungswert. Die einfachste und zugleich bedeutendste Maßzahl einer Zufallsvariablen bringt zum Ausdruck, welchen mittleren Wert die Zufallsvariable pro Versuch auf lange Sicht realisieren wird. Dies ist der Erwartungswert $E(X)$ der Zufallsvariablen X. Er ist für die diskrete Zufallsvariable das mit den Wahrscheinlichkeiten $P(x_i)$ gewogene arithmetische Mittel der n Werte x_i der Zufallsvariablen,

$$E(X) = \sum_{i=1}^{n} x_i P(x_i) .$$

Für die stetige Zufallsvariable erfolgt die Bildung des Erwartungswertes analog zur diskreten. Die Werte x werden über den gesamten Bereich der Dichtefunktion mit den infinitesimalen Wahrscheinlichkeiten $f(x)dx$ gewogen, den „unendlich vielen Flächen" unter der Dichtekurve,

$$E(X) = \int_{-\infty}^{+\infty} x f(x) dx .$$

Beim Wurf eines Würfels kann die besonders einfache diskrete Zufallsvariable „Augenzahl“ gebildet werden. Ihr Erwartungswert bringt die Augenzahl zum Ausdruck, die bei einem Wurf im Durchschnitt auftritt, $E(X) = 1 \cdot 1/6 + 2 \cdot 1/6 + \ldots + 6 \cdot 1/6 = 21/6 = 3{,}5$. Beim Wurf eines Würfels ist also die Augenzahl 3,5 zu erwarten; d.h. im Durchschnitt ergibt sich bei sehr vielen Würfen dieser rechnerische Mittelwert.

Die Rechteckverteilung ist die Verteilung einer stetigen Zufallsvariablen mit $f(x) = 1/2$ im Intervall $[0;2]$, sonst $f(x) = 0$. Ihr Erwartungswert ist

$$E(X) = \int_{0}^{2} x f(x) dx = \int_{0}^{2} \frac{1}{2} x dx = \left[\frac{1}{4} x^2 \right]_0^2 = 1 .$$

Varianz. Zur Charakterisierung der Streuung einer Zufallsvariablen X wird gewöhnlich die durchschnittliche quadratische Abweichung ihrer Werte vom Erwartungswert verwendet. Dieser Durchschnittswert ist, wie bei der Bemessung der Streuung in der beschreibenden Statistik, die Varianz $Var(X)$ und der Wert ihrer positiven Wurzel die Standardabweichung. Für die diskrete bzw. stetige Zufallsvariable ist die Varianz definiert als

$$Var(X) = \sum_{i=1}^{n} \left[x_i - E(X) \right]^2 P(x_i) \qquad \text{bzw.}$$

$$Var(X) = \int_{-\infty}^{+\infty} \left[x - E(X) \right]^2 f(x) dx .$$

Die Varianz ist, wie auch der Erwartungswert, ein gewogener Durchschnittswert, so daß die Varianz auch als Erwartungswert geschrieben werden kann:

$$Var(X) = E\left\{ \left[X - E(X) \right]^2 \right\} .$$

Von der beschreibenden Statistik her wird bekannt sein, daß die Definitionsform der Varianz umgeformt werden kann,

$$Var(X) = E\left(X^2\right) - \left[E(X)\right]^2 .$$

Für das Rechnen mit Erwartungswerten und Varianzen existieren einige leicht verstehbare und für spätere Überlegungen unverzichtbare Sätze, die wir nicht im einzelnen herleiten, jedoch übersichtlich zusammenfassen werden. In der folgenden tabellarischen Zusammenfassung wird bereits das Konzept der Unabhängigkeit von Zufallsvariablen verwendet, auf das im Rahmen dieses Kapitels erst etwas später eingegangen wird.

Erwartungswert	Varianz
$E(c) = c \quad , c \in \Re$	$Var(c) = 0$
$E(X + c) = E(X) + c \quad , X$: Zufallsvariable	$Var(X + c) = Var(X)$
$E(cX) = cE(X)$	$Var(cX) = c^2 Var(X)$
$E(X + Y) = E(X) + E(Y) \quad , Y$: Zufallsvariable	
$E\left(\sum_{i=1}^{n} X_i\right) = \sum_{i=1}^{n} E(X_i) \quad , X_i$: Zufallsvariable	
wenn die Zufallsvariablen X und Y unabhängig sind, gelten die Sätze:	
$E(X \cdot Y) = E(X) \cdot E(Y)$	$Var(X + Y) = Var(X) + Var(Y)$
wenn die Zufallsvariablen X_i paarweise unabhängig sind, gilt der Satz:	
	$Var\left(\sum_{i=1}^{n} X_i\right) = \sum_{i=1}^{n} Var(X_i)$

Standardisierung der Zufallsvariablen. Die Standardisierung einer Zufallsvariablen X erfolgt durch die Transformation

$$K = \frac{X - E(X)}{+\sqrt{Var(X)}} .$$

Die Differenz zwischen jedem Wert der Zufallsvariablen und ihrem Erwartungswert wird bei einer Standardisierung also in Einheiten ihrer Standardabweichung ausgedrückt. Die standardisierte Zufallsvariable K unterscheidet sich von der Ausgangsvariablen X also bezüglich der Werte, z.B. hinsichtlich des allgemeinen Niveaus der Werte und ihrer Streuung. Insbesondere tangiert die Transformation nicht das Verteilungsgesetz der Zufallsvariablen[7].

Beim dreifachen Münzwurf beispielsweise mit der Zufallsvariablen „Anzahl Kopf" kann X die Werte 0, 1, 2 und 3 annehmen. Für den Erwartungswert und die Standardabweichung ergibt sich $E(X) = 1{,}5$ und

[7] Bei einer diskreten Zufallsvariablen bleiben die einzelnen Wahrscheinlichkeiten unverändert, bei einer stetigen Zufallsvariablen ändern sich gewöhnlich die Wahrscheinlichkeitsdichten.

$\sqrt{Var(X)} = \sqrt{0{,}75} = 0{,}866$. Die standardisierten Werte von X, berechnet gemäß $k = (x - 1{,}5)/0{,}866$, sind in der folgenden Tabelle aufgeführt. Zusätzlich sind die Wahrscheinlichkeiten enthalten, die durch die Standardisierung natürlich nicht verändert werden.

x	0	1	2	3
k	$-1{,}732$	$-0{,}577$	$0{,}577$	$1{,}732$
$P(x) = P(k)$	1/8	3/8	3/8	1/8

Der Erwartungswert von K ist null[8],

$$E(K) = 0.$$

Die Varianz von K ist eins[9],

$$Var(K) = 1.$$

Jede Zufallsvariable läßt sich durch Standardisierung also so verändern, daß sie den Erwartungswert null und die Standardabweichung eins hat. Häufig liegen die Werte der Verteilungsfunktion einer standardisierten speziellen Zufallsvariablen in Tabellenform vor, was von Vorteil ist, wie sich im Zusammenhang des Testens und Schätzens herausstellen wird.

3.4 Zweidimensionale Zufallsvariable

Die in der beschreibenden Statistik entwickelten Konzepte zur simultanen Analyse von mehreren Merkmalen eines Datensatzes können bei der Bildung mehrerer Zufallsvariablen, die den gleichen Ergebnisraum betreffen, analog verwendet werden. Deshalb fassen wir zunächst die wesentlichen Gesichtspunkte der bivariaten Deskription zusammen. Diese werden wir im Kontext der Zufallsvariablen nicht wiederholen, sondern im Grunde übernehmen, wobei lediglich die Notation so geändert wird, daß an die Stelle von empirischen relativen Häufigkeiten nunmehr Wahrscheinlichkeiten treten.

Die Beschreibung von zwei Merkmalen X und Y mit den Werten bzw. Klassen von Werten $x_i, i = 1,\dots,r$ bzw. $y_j, j = 1,\dots,s$, erfolgt unter Ver-

---

[8] $E(K) = E\left[\frac{X - E(X)}{\sqrt{Var(X)}}\right] = \frac{E[X - E(X)]}{\sqrt{Var(X)}} = \frac{E(X) - E(X)}{\sqrt{Var(X)}} = 0$

[9] $Var(K) = Var\left[\frac{X - E(X)}{\sqrt{Var(X)}}\right] = \frac{Var[X - E(X)]}{Var(X)} = \frac{Var(X)}{Var(X)} = 1$

wendung der festgestellten absoluten Häufigkeiten f_{ij} für die einzelnen Kombinationen der Werte. Zumeist werden die absoluten Häufigkeiten auf die Gesamtzahl n der statistischen Einheiten bezogen, $\sum\sum f_{ij} = n$, so daß sich die relativen Häufigkeiten p_{ij} für die Kombinationen der Werte ergeben,

$$p_{ij} = \frac{f_{ij}}{n}, \qquad \sum\sum p_{ij} = 1.$$

Die Funktion p_{ij}, die jeder Kombination der Merkmalsausprägungen x_i und y_j den Anteil jener statistischen Einheiten zuordnet, die diese Kombination tragen, wird als zweidimensionale Häufigkeitsverteilung der Merkmale X und Y bezeichnet. Sie läßt sich übersichtlich in den Zellen einer $r \times s$-Kontingenztafel darstellen:

X \ Y	y_1 ... y_j ... y_s	$\sum_{j=1}^{s} p_{ij}$
x_1		$p_{1.}$
$\vdots$		$\vdots$
x_i	p_{ij}	$p_{i.}$
$\vdots$		$\vdots$
x_r		$p_{r.}$
$\sum_{i=1}^{r} p_{ij}$	$p_{.1}$ ... $p_{.j}$ ... $p_{.s}$	1

Dieser Tabelle können auch die eindimensionalen Häufigkeitsverteilungen für X sowie für Y entnommen werden. Sie ergeben sich durch zeilen- bzw. spaltenweise Addition und stehen am rechten bzw. unteren Rand der Tabelle. Deshalb bezeichnet man sie auch als Randverteilungen. Die Randverteilung für X, dessen Werte in den Zeilen der Tabellenvorspalte stehen, ergibt sich gemäß

$$\sum_{j=1}^{s} p_{ij} = p_{i.}$$

Die Randverteilung für Y, dessen Werte in den Spalten der Tabellenkopfzeile stehen, ergibt sich über

$$\sum_{i=1}^{r} p_{ij} = p_{.j}\,.$$

Natürlich gilt, daß $\sum_i p_{i.} = \sum_j p_{.j} = 1$.

Der Deskription ist des weiteren eine separate Betrachtung der in den r Zeilen und in den s Spalten stehenden einzelnen Häufigkeitsverteilungen dienlich. Beispielsweise bringen die in der 1. Zeile stehenden Werte die relativen Häufigkeiten für Y zum Ausdruck, wenn die Betrachtung auf jene statistischen Einheiten beschränkt ist, bei denen X den Wert x_1 hat. Die entsprechende Häufigkeitsverteilung wird als die Verteilung des Merkmals Y unter der Bedingung von x_1 bezeichnet. Somit ist die bedingte Häufigkeitsverteilung die Funktion, die bei gegebener Ausprägung des einen Merkmals den Ausprägungen des anderen Merkmals relative Häufigkeiten zuordnet.

Als Notation für die bedingte relative Häufigkeit für Y unter der Bedingung von beispielsweise x_1 wird häufig

$p_{y_j|x_1}$, $j = 1,...,s$ oder kürzer $p_{j|1}$, $j = 1,...,s$ verwendet.

Die Werte ergeben sich über

$$p_{j|1} = \frac{p_{1j}}{p_{1.}}, \qquad j = 1,...,s .$$

Entsprechendes gilt für x_2, etc. Des weiteren bezeichnet beispielsweise $p_{i|2}$, $i = 1,...,r$, die r relativen Häufigkeiten für das Merkmal X unter der Bedingung von y_2.

Die gemeinsame Wahrscheinlichkeitsverteilung von zwei diskreten Zufallsvariablen kann in Analogie zur Häufigkeitsverteilung von zwei Merkmalen erfaßt werden. Demnach wird als gemeinsame Wahrscheinlichkeitsfunktion die Funktion bezeichnet, die bei zwei Zufallsvariablen X und Y jedem Wertepaar (x_i, y_j) dieser Variablen[10] eine Wahrscheinlichkeit zuordnet,

$$P(X = x_i, Y = y_j) = P(x_i, y_j).$$

Hier wird eine Symbolik verwendet, die eine naheliegende Fortschreibung jener vertrauten Notation ist, die eine Variable betrifft. Die Schreibweise mag jedoch nicht kurz genug sein, so daß in der Literatur auch die Abkür-

---

[10] Die betreffenden Ereignisse sind, wobei wir für die Zufallsvariablen zur Verdeutlichung die in einer Fußnote weiter vorn umständlichere Notation verwenden,
$\{X = x_i, Y = y_j\} = \{\omega | \omega \in \Omega, X(\omega) = x_i \text{ und } Y(\omega) = y_j\}$.

zung P_{ij} verwendet wird. Sie ist der Abkürzung für die empirische relative Häufigkeit p_{ij} leider sehr ähnlich.

Das Konzept der Unabhängigkeit von Ereignissen läßt sich auf ein Konzept für die Unabhängigkeit von zwei Zufallsvariablen übertragen. Eine Zufallsvariable X zerlegt bekanntlich einen Ergebnisraum in so viele Ereignisse, wie es verschiedene Werte dieser Variablen gibt. Dies gilt gleichermaßen für eine andere Zufallsvariable Y, die sich auf den gleichen Ergebnisraum bezieht. Damit X und Y als voneinander unabhängig angesehen werden können, muß gefordert werden, daß sämtliche Ereignisse, die durch X festgelegt sind, unabhängig sind von jedem Ereignis, das durch Y umrissen wird. Deshalb werden zwei Zufallsvariablen X und Y als voneinander unabhängig bezeichnet, wenn - für diskrete Variablen - gilt, daß

$$P(x_i, y_j) = P(x_i) \cdot P(y_j) \quad \text{für alle verschiedenen Paare } (x_i, y_j).$$

Beim zweimaligen Wurf eines Würfels besteht der Ergebnisraum bekanntlich aus 36 gleich möglichen Versuchsergebnissen. Hierauf werden zwei Zufallsvariablen definiert. X : „Augenzahl beim 1. Wurf", Y : „Augenzahl beim 2. Wurf". Beide Zufallsvariablen können jeweils sechs unterschiedliche Werte annehmen.

Die Wahrscheinlichkeit für eine „1" im ersten Wurf, $x = 1$, ist $P(X = 1) = P(1) = 6/36 = 1/6$.

Die Wahrscheinlichkeit für eine „3" im zweiten Wurf, also $y = 3$, ist $P(Y = 3) = P(3) = 6/36 = 1/6$.

Die Wahrscheinlichkeit für sowohl „1" im ersten Wurf als auch „3" im zweiten Wurf ist $1/36$, weil hierfür ja nur ein Ergebnis günstig ist.

Dieses Resultat ergibt sich auch über

$$P(x, y) = P(x)P(y) = (1/6) \cdot (1/6) = 1/36,$$

weil ja davon auszugehen ist, daß die im 2. Wurf erzielte Augenzahl unabhängig von der im 1. Wurf erzielten ist.

3.5 Verknüpfung von Zufallsvariablen

Eine Zufallsvariable stellt bekanntlich eine reellwertige Funktion auf dem Ergebnisraum dar. Deshalb lassen sich zwei Zufallsvariablen X und Y wie Funktionen verknüpfen. Ihre Addition bzw. Multiplikation ergibt also

$$X + Y = (X + Y) \qquad \text{bzw.} \qquad X \cdot Y = (X \cdot Y).$$

Die möglichen Werte der neuen Variablen erhält man somit auf recht einfache Art.

Hingegen ist die Wahrscheinlichkeitsverteilung der Summe bzw. des Produktes zweier Zufallsvariablen nicht immer sehr leicht bestimmbar. Hierfür hat die mathematische Statistik Verfahren entwickelt, deren Erfassung über elementare Erwägungen hinausgeht. Die entsprechenden Resultate werden von uns nur übernommen. Sie werden aus zwei Gründen benötigt:

Einige bedeutende spezielle Wahrscheinlichkeitsverteilungen sind als Summe bzw. Quotient anderer Zufallsvariablen definiert, wie beispielsweise die χ^2-Verteilung, t-Verteilung und F-Verteilung. Des weiteren ist für eine nicht nur oberflächliche Betrachtung zahlreicher Vorgehensweisen im Rahmen des Testens und Schätzens erforderlich, statistische Konzepte - wie etwa das der Stichprobenvariablen - zu verwenden, das ohne eine Grundvorstellung über die Addition von Zufallsvariablen nicht nachvollziehbar ist.

Beim überschaubaren zweimaligen Wurf eines Würfels besteht der Ergebnisraum aus 36 gleich möglichen Versuchsergebnissen. Hierauf werden wieder die zwei Zufallsvariablen X: „Augenzahl beim 1. Wurf" sowie Y: „Augenzahl beim 2. Wurf" gebildet. Beide Zufallsvariablen können jeweils sechs unterschiedliche Werte annehmen.

Ihre Summe $X + Y = Z$ ist eine neue Zufallsvariable, die „Augenzahl bei zwei Würfen". Z kann die Werte zwei bis zwölf annehmen, dies sind die aus den Werten von X und Y entstandenen möglichen verschiedenen Summen.

Die einzelnen Wahrscheinlichkeiten für diese Summen sind nicht gleich groß, obwohl die Werte der beiden Ausgangsvariablen jeweils gleiche Wahrscheinlichkeiten haben. Für Z ergibt sich die folgende Wahrscheinlichkeitsverteilung:

z	2	3	4	5	6	7	8	9	10	11	12
$P(z)$	1/36	2/36	3/36	4/36	5/36	6/36	5/36	4/36	3/36	2/36	1/36

4 Ausgewählte Wahrscheinlichkeitsverteilungen

4.1 Binomialverteilung

Die Binomialverteilung ist eine der bedeutendsten diskreten Wahrscheinlichkeitsverteilungen. Sie wird auch *Bernoulli*-Verteilung genannt, da sie in Zusammenhang mit einer anschaulichen modellhaften Versuchsanordnung steht, die auf den Schweizer Mathematiker *Jakob Bernoulli* (1655 - 1705) zurückgeht. Diese Versuchsanordnung besitzt die folgenden Merkmale:

- Bei der Durchführung eines Experimentes sind lediglich zwei Ergebnisalternativen möglich, das Ergebnis A bzw. das Ergebnis $\overline{A}$. Die Wahrscheinlichkeiten für A bzw. $\overline{A}$ sind $P(A)=\pi$ bzw. $P(\overline{A})=1-\pi$.
- Das Experiment wird n-mal durchgeführt. Bei jeder einzelnen Durchführung muß π gleich groß sein. Dies bedeutet, daß die Realisation von A bzw. $\overline{A}$ eine von Versuch zu Versuch konstante Wahrscheinlichkeit besitzt. Die Ergebnisse der Experimente sind somit voneinander unabhängig[1].

Die von *Bernoulli* gestellte und beantwortete Frage lautet: Wie groß ist die Wahrscheinlichkeit, daß A bei den n Versuchen x-mal, $x = 0,1,\ldots,n$, realisiert wird?

> Beispielsweise enthält ein Urne 50 schwarze und 30 weiße Kugeln. Die Wahrscheinlichkeit, bei einem Zufallszug eine weiße Kugel zu ziehen, beträgt somit $\pi = 3/8$. Die Ziehung wird, sagen wir, $n = 10$-mal durchgeführt. Nach jedem einzelnen Zufallszug wird die ausgewählte Kugel in die Urne zurückgelegt, so daß sich die Wahrscheinlichkeit $\pi = 3/8$ nicht ändert. Dies erklärt, warum auch gesagt wird, daß die Binomialverteilung auf einem „Modell mit Zurücklegen" basiert. Man könnte nun beispielsweise fragen, wie groß die Wahrscheinlichkeit ist, daß bei den 10 Ziehungen $x = 0$-mal eine weiße Kugel gezogen wird.

---

[1] Häufig werden *Bernoulli*-Experimente als Serien gekennzeichnet, bei denen die Wahrscheinlichkeiten für die Ergebnisalternativen von Versuch zu Versuch gleich bleiben und bei denen sich die Versuche nicht gegenseitig beeinflussen. Im Grunde schließt jedoch die Konstanz der Wahrscheinlichkeiten die Unabhängigkeit der Versuche bereits ein. Darauf weist auch ein Urnenexperiment hin, das als Musterbeispiel für die *Bernoulli*-Versuchsanordnung angesehen werden kann. Die Urne enthält schwarze und weiße Kugeln, von denen in zufälliger Weise nach und nach n Kugeln entnommen werden, wobei nach jeder Ziehung die entnommene Kugel in die Urne zurückgelegt wird. Ersichtlich ändern sich bei dieser experimentellen Anordnung von Zug zu Zug nicht die Wahrscheinlichkeiten für die Ergebnisalternativen. Und auch die Chance, daß beim nächsten Versuch eine Kugel bestimmter Farbe entnommen wird, erfährt durch das Resultat des vorangegangenen Versuchs keine Änderung, weil sich der Urneninhalt nicht verändert hat und die Entnahme jeder Kugel in zufälliger Weise erfolgt.

Oder man fragt nach der Wahrscheinlichkeit, daß bei den 10 Ziehungen $x = 1$-mal eine weiße Kugel gezogen wird, etc.

Die gestellte Frage läßt sich durch die folgende Überlegung beantworten. Die Wahrscheinlichkeit, daß bei n Experimenten zunächst x-mal das Ergebnis A auftritt und anschließend $(n-x)$-mal das Ergebnis $\overline{A}$, beträgt nach dem Multiplikationssatz für unabhängige Ereignisse

$$\underbrace{\pi \cdot \pi \cdot \ldots \cdot \pi}_{x\ Faktoren} \cdot \underbrace{(1-\pi) \cdot (1-\pi) \cdot \ldots \cdot (1-\pi)}_{n-x\ Faktoren} = \pi^x (1-\pi)^{n-x} .$$

Es sind auch andere Reihenfolgen für die Ergebnisse A und $\overline{A}$ möglich, für die ebenfalls gilt, daß A insgesamt x-mal und $\overline{A}$ insgesamt $(n-x)$-mal enthalten ist. Jede dieser möglichen anderen Reihenfolgen tritt ebenfalls mit der oben angegebenen Wahrscheinlichkeit auf. Wie groß ist die Anzahl derartiger verschiedener Reihenfolgen?

Man kann zeigen, daß sich die Ergebnisse A und $\overline{A}$, die bei n Experimenten insgesamt x- bzw. $(n-x)$-mal auftreten, in

$$\binom{n}{x} = \frac{n!}{x!(n-x)!}$$

unterschiedlichen Reihenfolgen anordnen lassen[2]. Die Wahrscheinlichkeit für jede dieser Reihenfolgen beträgt

$$\pi^x (1-\pi)^{n-x} .$$

Insgesamt entspricht somit die gesuchte Wahrscheinlichkeit $P(x)$, daß bei n *Bernoulli*-Experimenten x-mal das Ergebnis A auftritt und $(n-x)$-mal das Ergebnis $\overline{A}$, dem $\binom{n}{x}$-fachen von $\pi^x (1-\pi)^{n-x}$. Dies ist die Wahrscheinlichkeitsfunktion der Binomialverteilung[3].

---

[2] Bekanntlich lassen sich n verschiedene Elemente auf $1 \cdot 2 \cdot \cdots \cdot n = n!$ unterschiedliche Arten anordnen ($n!$ lies: n-Fakultät). Sind unter den n Elementen x Elemente gleich, schrumpft die ursprüngliche Anzahl der Anordnungen auf den $x!$-ten Teil von $n!$, also auf $n!/x!$. Sind zusätzlich noch $n-x$ andere Elemente gleich, schrumpft die ursprüngliche Anzahl der Anordnungen auf den $x! \cdot (n-x)!$-ten Teil von $n!$, also auf $\frac{n!}{x! \cdot (n-x)!}$. Für letzteren Ausdruck wird auch die abkürzende Schreibweise des Binomialkoeffizienten $\binom{n}{x}$ genutzt.

[3] Die Bezeichnung Binomialverteilung bzw. binomische Verteilung rührt davon her, daß die Wahrscheinlichkeitsfunktion gerade der x-te Summand in der Entwicklung der n-ten Potenz des Binoms $\pi + (1-\pi)$ ist; es gilt nämlich

Allgemein kann festgestellt werden: Eine Zufallsvariable X folgt einer Binomialverteilung, falls ihre Wahrscheinlichkeitsfunktion die Form besitzt,

$$P(X = x) = P(x) = \binom{n}{x}\pi^x (1-\pi)^{n-x}, \quad x = 0,1,\ldots,n .$$

Wie groß die Wahrscheinlichkeiten $P(x)$ im einzelnen sind, hängt erkennbar davon ab, wie groß der *Bernoulli*-Parameter π ist und wie viele Experimente durchgeführt sind. Man bezeichnet deshalb π und n als (explizite) Parameter der Binomialverteilung und kennzeichnet eine spezifische Binomialverteilung durch die Schreibweise $B(n;\pi)$.

Die Binomialverteilung besitzt einige bemerkenswerte Eigenschaften. So entspricht ihr Erwartungswert dem Produkt aus dem *Bernoulli*-Parameter und der Anzahl der *Bernoulli*-Experimente [4],

$$E(X) = n\pi .$$

Ihre Varianz läßt sich gleichermaßen unter Verwendung der zwei expliziten Parameter zum Ausdruck bringen[5],

$$Var(X) = n\pi(1-\pi) = E(X)(1-\pi).$$

Falls für nicht sehr große n der Wert für π nahe null oder eins ist, verläuft die binomische Verteilung linkssteil bzw. rechtssteil. Ist $\pi = 0{,}5$, so liegt eine um das Lot in $E(X) = 0{,}5\pi$ symmetrische Verteilung vor. Auch bei praktisch beliebigem Wert für π und sehr großem Wert für n ist die Binomialverteilung eine nahezu symmetrische Verteilung. Hierauf wird im Zusammenhang der Normalverteilung als Grenzverteilung zur binomischen Verteilung zurückzukommen sein.

$$[\pi + (1-\pi)]^n = \sum_{x=0}^{n}\binom{n}{x}\pi^x(1-\pi)^{n-x} .$$

[4] Bei $n = 1$ Experiment ist $E(X) = \sum_{x=0}^{1} xP(x) = 0\cdot(1-\pi) + 1\cdot\pi = \pi$. Wird jedem der n einzelnen Experimente eine nach $B(1;\pi)$ verteilte Variable X zugeordnet, so ergibt sich für den Erwartungswert der Summe dieser Variablen $E(X + X + \ldots + X) = \sum_{x=1}^{n} E(X) = n\pi$.

[5] Ähnlich wie zuvor ist bei $n = 1$ Experiment

$Var(X) = \sum_{x=0}^{1}[x - E(X)]^2 P(x) = (0-\pi)^2(1-\pi) + (1-\pi)^2\pi = (1-\pi)\pi$.

Wird jedem der n einzelnen Experimente eine nach $B(1;\pi)$ verteilte Variable X zugeordnet, so ergibt sich für die Varianz ihrer Summe $Var(X + X + \ldots + X) = \sum_{i=1}^{n} Var(X) = n\pi(1-\pi)$.

Der Graph der Binomialverteilung wird durch das Stabdiagramm angegeben. Es hat in Abhängigkeit der Konstellation der zwei expliziten Parameter eine spezifische Form. Einige Möglichkeiten hierfür sind in der Abbildung 4.1 angegeben.

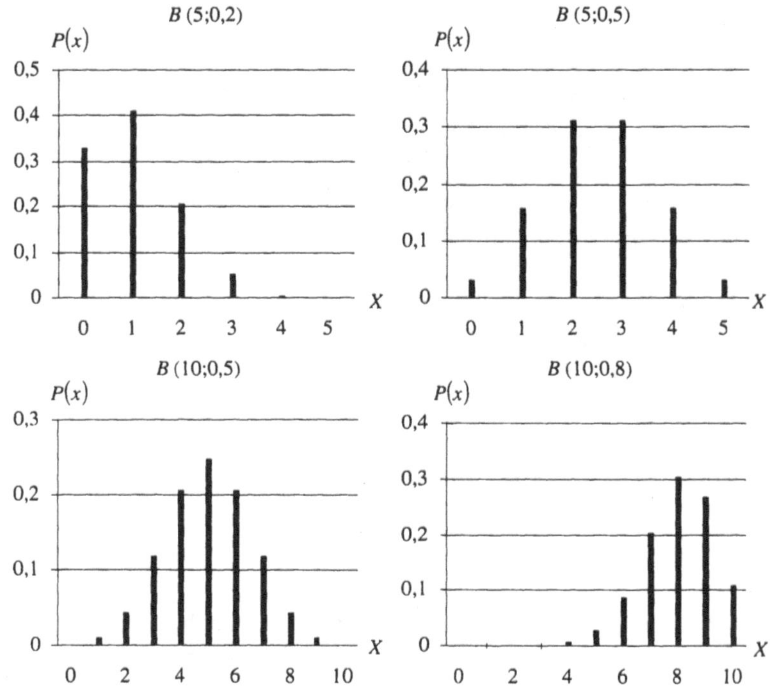

Abb. 4.1: Unterschiedliche Binomialverteilungen

Die Werte für $P(x)$ der Verteilung $B(n;\pi)$ liegen für unterschiedliche Konstellationen von n und π in Tabellenform vor; siehe Tabelle Nr. 1 im Anhang. Hierbei wird $P(x)$ lediglich für alternative Werte von π angegeben, die nicht größer als 0,5 sind. Falls nun in einem konkreten Einzelfall π größer als 0,5 ist, nutzt man die Beziehung,

$$P(x|n;\pi) = P(n-x|n;1-\pi).$$

Sie besagt, daß die gesuchte Wahrscheinlichkeit für x der Verteilung $B(n;\pi)$ so groß ist wie die in der Tabelle angegebene Wahrscheinlichkeit für $n-x$ der Verteilung $B(n;1-\pi)$.[6]

---

[6] Wird in die Wahrscheinlichkeitsfunktion der Binomialverteilung für x der Wert $n-x$ eingesetzt, ergibt sich $P(n-x) = \binom{n}{n-x}\pi^{n-x}(1-\pi)^{n-(n-x)} = \binom{n}{x}(1-\pi)^x \pi^{n-x}, \quad x = 0,1,\ldots,n$.

Falls beispielsweise $P(2)$ der Verteilung $B(7;0{,}8)$ gesucht ist, nutzt man die Tabelle der Verteilung $B(7;0{,}2)$ für $P(7-2)=P(5)=0{,}0043$. Dies ist zugleich die gesuchte Wahrscheinlichkeit $P(2)$ der Verteilung $B(7;0{,}8)$.

Die Binomialverteilung ist eine der bedeutendsten Wahrscheinlichkeitsverteilungen, die für jede Situation gültig ist, die dem *Bernoulli*-Versuchsschema entspricht.

Betrachten wir beispielsweise das klassische Beispiel des Münzwurfes. Bei nur einem Wurf kann die Alternative „Kopf" oder „Wappen" auftreten. Die Wahrscheinlichkeit für „Kopf" ist bei einer Münze bei einem Wurf $\pi = 1/2$. Diese Wahrscheinlichkeit ändert sich nicht, wenn mehrere Münzwürfe fair ausgeführt werden. Die *Bernoulli*-Versuchsanordnung ist für das Beispiel mehrerer Münzwürfe also eine adäquate Darstellung. Fragt man nun beispielsweise nach der Wahrscheinlichkeit, daß bei drei Münzwürfen keinmal „Kopf" auftritt, kann geantwortet werden: Die Häufigkeiten für das Ergebnis „Kopf" können durch eine nach $B(3;0{,}5)$ verteilte Zufallsvariable X angegeben werden, für deren Wert 0 sich die Wahrscheinlichkeit

$$P(0)=\binom{3}{0}0{,}5^0 0{,}5^3 = \frac{3!}{0!3!}0{,}5^3 = \frac{1}{8}$$

ergibt.

In einem anderen Beispiel werden die Wahrscheinlichkeiten von zwei unterschiedlichen Binomialverteilungen kombiniert verwendet.

Nach einer Bypass-Operation liegt die fünfjährige Überlebenschance für Frauen einer bestimmten Altersgruppe bei $0{,}8$ und die für Männer bei $0{,}7$. An einem bestimmten Tag werden zwei Frauen und drei Männer dieser Altersgruppe operiert. Mit welcher Wahrscheinlichkeit sind von diesen Patienten nach fünf Jahren noch genau zwei Personen am Leben?

Die Anzahl überlebender Frauen kann durch eine nach $B(2;0{,}8)$ verteilte Zufallsvariable erfaßt werden und die der Männer durch die Va-

---

Ein Vergleich mit $P(x)=\binom{n}{x}\pi^x(1-\pi)^{n-x}$, $x=0,1,\ldots,n$, zeigt, daß gilt $P(x|n;\pi)=P(n-x|n;1-\pi)$.

riable, die nach $B(3;0{,}7)$ verteilt ist. Diese Feststellungen basieren auf der folgenden Überlegung. Für eine weibliche Person besteht nach fünf Jahren die alternative Möglichkeit, noch zu leben oder bereits verstorben zu sein. Die Wahrscheinlichkeit für das Überleben ist $0{,}8$. Das „*Bernoulli*-Experiment" besteht nun daran, daß nicht nur eine weibliche Person betrachtet wird, sondern es sind zwei weibliche Personen, für die jeweils die fünfjährige Überlebenswahrscheinlichkeit in Höhe von $0{,}8$ gültig ist. Somit kann eine nach $B(2;0{,}8)$ verteilte Zufallsvariable gebildet werden, die die Anzahlen der überlebenden weiblichen Personen zum Ausdruck bringt. Eine analoge Überlegung kann für die männlichen Personen durchgeführt werden.

Von Interesse ist im vorliegenden Beispiel das Überleben von zwei Personen. Dies können sein

zwei Frauen und kein Mann,
oder zwei Männer und keine Frau
oder eine Frau und ein Mann.

Die Wahrscheinlichkeit, daß $x = 0, 1, 2$ Frauen überleben, ergibt sich unter Verwendung der Verteilung $B(2;0{,}8)$ als

$$P(0) = 0{,}04, \qquad P(1) = 0{,}32, \qquad P(2) = 0{,}64.$$

Die Wahrscheinlichkeit, daß $x = 0, 1, 2, 3$ Männer überleben, ergibt sich über die Verteilung $B(3;0{,}7)$,

$$P(0) = 0{,}027, \qquad P(1) = 0{,}189, \qquad P(2) = 0{,}441, \qquad P(3) = 0{,}343.$$

Genau zwei Personen überleben mit der Wahrscheinlichkeit

$$0{,}04 \cdot 0{,}441 + 0{,}32 \cdot 0{,}189 + 0{,}64 \cdot 0{,}027 = 0{,}0954.$$

4.2 Normalverteilung

Die bedeutendste stetige Wahrscheinlichkeitsverteilung ist die Normalverteilung. Zu Ehren eines ihrer Entdecker wird sie auch *Gauß*-Verteilung oder *Gauß*sche Fehlerkurve genannt. Eine normalverteilte Zufallsvariable X besitzt die Dichtefunktion

$$f(x) = \frac{1}{\sigma\sqrt{2\pi}} e^{-\frac{1}{2}\left(\frac{x-\mu}{\sigma}\right)^2}, \quad -\infty < x < \infty, \quad \sigma > 0.$$

$f(x)$	Wahrscheinlichkeitsdichte des Wertes x
π	Kreiskonstante 3,14159...
σ	Standardabweichung von X

e	*Euler*sche Zahl 2,718...
x	Wert von X
μ	Erwartungswert von X

Ihr kann entnommen werden, daß die Wahrscheinlichkeitsdichte des Wertes x nur von zwei expliziten Parametern abhängt, die mit μ und σ abgekürzt sind. Wie sich nachweisen läßt, sind diese Parameter zugleich der Erwartungswert und die Standardabweichung von X, was der Grund für die Verwendung der obigen Abkürzungen ist. Man charakterisiert eine normalverteilte Zufallsvariable mit $N(\mu;\sigma)$. Entsprechend den Größen von μ und σ existiert also eine ganze Schar unterschiedlicher Normalverteilungen. Gemeinsam sind allen Normalverteilungen einige Eigenschaften, die sich nach einer Kurvendiskussion der Dichtefunktion ergeben und die in der Abbildung 4.2 graphisch zum Ausdruck gebracht sind.

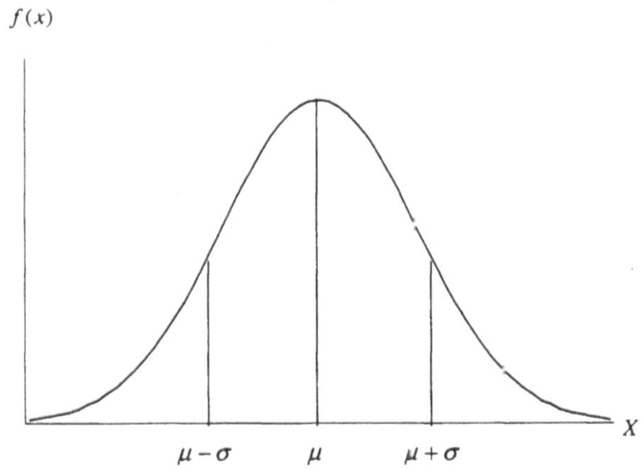

Abb. 4.2: Dichtefunktion der Normalverteilung

Die Normalverteilung hat folgende äußerliche Eigenschaften:

- Sie hat im Wert $x = \mu$ ihr einziges Maximum und
- Wendepunkte in $x = \mu - \sigma$ und $x = \mu + \sigma$.
- Sie ist symmetrisch zum Lot im Wert $x = \mu$.
- Die beiden Äste der Kurve nähern sich bei $-\infty$ und $+\infty$ der Abszisse,
- aber bereits im Bereich zwischen $x = \mu - \sigma$ und $x = \mu + \sigma$ befindet sich von der Fläche unter der Dichtekurve - die eins ist - ein Anteil von 68,27%, und im Bereich zwischen $x = \mu - 2\sigma$ und $x = \mu + 2\sigma$ ein Anteil von 95,45%.

Die Abbildung 4.3 enthält Normalverteilungen für unterschiedliche Kombinationen ihrer beiden expliziten Parameter.

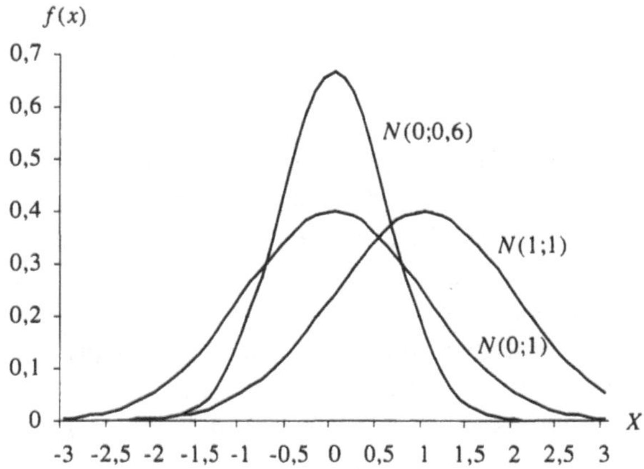

Abb. 4.3: Unterschiedliche Normalverteilungen

Die Verteilungsfunktion der Normalverteilung

$$F(t) = \frac{1}{\sigma\sqrt{2\pi}} \int_{-\infty}^{t} e^{-\frac{1}{2}\left(\frac{x-\mu}{\sigma}\right)^2} dx$$

gibt den Inhalt des Flächenstückes unter der Dichtekurve mit den Grenzen $-\infty$ und t an. Der Graph der Verteilungsfunktion hat die Form eines liegenden Buchstaben S. Wir werden sie später des öfteren verwenden. Zur Veranschaulichung von bestimmten Werten der Verteilungsfunktion stützen wir uns jedoch auf die übersichtlichere Dichtefunktion.

Die besondere Normalverteilung $N(0;1)$ wird als Standardnormalverteilung bezeichnet; ihr Erwartungswert ist null und ihre Standardabweichung eins. Sie hat eine große praktische Bedeutung, wie sich gleich erweisen wird. Die nach $N(0;1)$ verteilte Zufallsvariable wird mit K abgekürzt und ihre Werte mit k, um sie von der allgemeinen nach $N(\mu;\sigma)$ verteilten Variablen X und ihren Werten x abzuheben[7]. Zwischen x und k besteht die Beziehung

$$k = \frac{x-\mu}{\sigma},$$

was generell bereits im Zusammenhang der Normierung bzw. Standardisierung einer Zufallsvariablen unter Kap. 3.3 ausgeführt ist.

Die Dichtefunktion der Standardnormalvariablen ergibt sich, wenn in die Dichtefunktion der Normalverteilung

---

[7] Häufig wird für K auch die Abkürzung Z verwendet.

$$f(x) = \frac{1}{\sigma\sqrt{2\pi}} e^{-\frac{1}{2}\left(\frac{x-\mu}{\sigma}\right)^2}, \quad -\infty < x < \infty, \quad \sigma > 0$$

für x der Wert k eingesetzt wird und für den Erwartungswert und die Streuung von K der Wert null bzw. eins,

$$f(k) = \frac{1}{\sqrt{2\pi}} e^{-\frac{1}{2}k^2}, \quad -\infty < k < \infty.$$

Ein Vergleich der beiden Dichten zeigt, daß zwischen $f(x)$ und $f(k)$ die Beziehung

$$f(x)\sigma = f(k)$$

besteht. Da die Werte für $f(k)$ in Tabellenform (siehe Tabelle Nr. 2 im Anhang) vorliegen, können die Dichten $f(x)$ bei Bedarf in unproblematischer Weise bestimmt werden.

Von größerer praktischer Bedeutung ist eine Beziehung zwischen den Variablen X und K, die deren Verteilungsfunktionen betrifft,

$$P(X \le x) = P(K \le k), \quad \text{wobei } K = \frac{X-\mu}{\sigma}.$$

Die Wahrscheinlichkeit, daß eine nach $N(\mu;\sigma)$ verteilte Zufallsvariable X einen Wert realisiert, der kleiner oder gleich x ist, entspricht der Wahrscheinlichkeit, daß die Standardnormalvariable einen Wert realisiert, der kleiner oder gleich dem Wert $k = \frac{x-\mu}{\sigma}$ ist. Da die Verteilungsfunktion der Standardnormalvariablen in Tabellenform (siehe Tabelle Nr. 3 im Anhang) vorliegt, kann somit jede gewünschte Wahrscheinlichkeit für X unter Verwendung der Tabelle der Verteilungsfunktion von K auf einfache Weise ermittelt werden.

Beispielsweise ist die Wahrscheinlichkeit gesucht, daß die nach $N(5000;1000)$ verteilte Variable X einen Wert realisiert, der größer als 7000 ist.

Die gesuchte Wahrscheinlichkeit entspricht der Wahrscheinlichkeit, daß K einen Wert von größer als $k = (7000 - 5000)/1000 = 2$ realisiert. Diese Wahrscheinlichkeit kann der Tabelle der Verteilungsfunktion von K entnommen werden, die im Anhang enthalten ist:

$$P(X \ge 7000) = P(K \ge 2) = 0{,}023.$$

Natürlich kann die Tabelle der Verteilungsfunktion, die Wahrscheinlichkeiten $P(K \geq k)$ ausweist, auch für die Bestimmung von Wahrscheinlichkeiten gemäß $P(K \leq k)$ oder $P(k_1 \leq K \leq k_2)$ verwendet werden. Man muß nur die Symmetrieeigenschaft dieser Verteilung ausnutzen.

Zum Beispiel ist ein Variable X gemäß $N(75;5)$ verteilt. Gesucht ist $P(70 \leq X \leq 85)$.

Zunächst werden die Werte 70 und 85 standardisiert,

$$k_1 = \frac{70-75}{5} = -1, \quad k_2 = \frac{85-75}{5} = 2,$$

weil die Beziehung $P(70 \leq X \leq 85) = P(-1 \leq K \leq 2)$ genutzt werden soll. Die gesuchte Wahrscheinlichkeit ergibt sich nun aus der Addition von $P(0 \leq K \leq 2)$ und $P(-1 \leq K \leq 0)$, wobei der zweite Summand so groß wie $P(0 \leq K \leq 1)$ ist,

$$P(0 \leq K \leq 2) = 0{,}4773,$$
$$P(0 \leq K \leq 1) = 0{,}3413,$$
$$P(-1 \leq K \leq 2) = 0{,}4773 + 0{,}3413 = 0{,}8186.$$

Die gesuchte Wahrscheinlichkeit ist also etwa 82 Prozent.

Die Normalverteilung wurde erstmalig von *Abraham de Moivre* entwickelt und bereits 1733 veröffentlicht, was in Vergessenheit geriet. 100 Jahre später wurde die Normalverteilung erneut „entdeckt", unabhängig voneinander durch *Laplace* und *Gauß*. *Laplace* und vor ihm *de Moivre* befaßten sich mit dem folgenden Problem. Es liegt eine nach $B(n;\pi)$ verteilte Zufallsvariable X vor. Die Wahrscheinlichkeit für einen Wert x dieser binomialverteilten Zufallsvariablen ist $P(x), x = 0,1,\ldots,n$. Was geschieht mit dieser Wahrscheinlichkeit, wenn n über alle Grenzen wächst und π konstant bleibt? Der Erwartungswert der Binomialverteilung $E(X) = n\pi$ wird grenzenlos groß und ebenfalls auch die Varianz $Var(X) = n\pi(1-\pi)$. Die Binomialverteilung würde auf der Abszisse in unbegreifliche Ferne nach rechts rücken und dabei unvorstellbar flach werden. $P(x)$ müßte dann null sein. *De Moivre* und *Laplace* bewiesen, daß sich die Binomialverteilung mit wachsendem n und konstantem π sozusagen nicht in Nichts auflöst, sondern zur Normalverteilung $N\left(n\pi; \sqrt{n\pi(1-\pi)}\right)$ tendiert und beim Grenzübergang n gegen unendlich in diese übergeht.

Auf dieses Ergebnis stieß auch *Gauß*, der sich mit Fragen der Meßgenauigkeit und der Meßfehler beschäftigte. *Gauß* und insbesondere seine Inter-

preten argumentieren ungefähr wie folgt (*Anderson, O. (sen.)*: Probleme der statistischen Methodenlehre (3. Aufl.). Würzburg 1957, S. 92f.): „Eine Messung an einer konstanten Größe A ... wird mehrmals wiederholt und es wird angenommen, daß sie unter dem Einfluß gewisser Fehlerursachen stehe, von denen eine jede einen und denselben kleinen absoluten Fehler (den sog. Elementarfehler) $\pm a$ bewirken könne, wobei das Vorzeichen + im Durchschnitt ebenso häufig vorkomme wie das Vorzeichen – ; wirkt nur eine einzige Fehlerursache ein, so ist das Ergebnis der ersten Messung entweder $A+a$ oder $A-a$. Sind 2 Fehlerursachen gleichzeitig am Werke, so können die folgenden 4 gleichmöglichen Fälle, d.h. Ergebnisse, unterschieden werden:
$A+a+a$, $A+a-a$, $A-a+a$ und $A-a-a$. Hieraus ergibt sich die Häufigkeitsverteilung ...“

mögliche Meßergebnisse	$A-2a$	$A+a-a$	$A+2a$
deren relative Häufigkeit	1/4	1/2	1/4

Bei n Fehlerursachen ergeben sich die relativen Häufigkeiten bzw. Wahrscheinlichkeiten für die verschiedenen Meßergebnisse aus der Binomialverteilung $B(n;0{,}5)$. Hierbei unterscheiden sich die möglichen Meßergebnisse um $2a$ voneinander. Diese Verteilung nahm *Gauß* zum Ausgangspunkt für die Überlegung, welche Verteilung sich bei $n \to \infty$ vielen Messungen ergibt. Letzteres ist die Normalverteilung bzw. die auch nach *Gauß* benannte „Fehlerkurve“.

Genauer gesagt: Für $n \to \infty$ entspricht die Wahrscheinlichkeit $P(x)$ einer nach $B(n;\pi)$ verteilten Variablen der Wahrscheinlichkeitsdichte $f(x)$ einer nach $N\left(n\pi;\sqrt{n\pi(1-\pi)}\right)$ verteilten Variablen. Dies ist der sog. lokale Grenzwertsatz von *de Moivre/Laplace*. Der Satz trägt den Zusatz „lokal“, weil er sich auf die festen Stellen x bezieht.

Der allgemeine Grenzwertsatz von *de Moivre/Laplace* bezieht sich auf die Verteilungsfunktion und besagt: Für $n \to \infty$ entspricht $P(a \le X \le b)$, wobei $a,b = 0,1,2,\ldots,n$, einer nach $B(n;\pi)$ verteilten Variablen dem Wert der Verteilungsfunktion zwischen $\frac{a-\mu-0{,}5}{\sigma}$ und $\frac{b-\mu+0{,}5}{\sigma}$ einer nach $N(\mu;\sigma) = N\left(n\pi;\sqrt{n\pi(1-\pi)}\right)$ verteilten Variablen.

Die praktische Bedeutung dieser Sätze ist groß. Sie gelten mit hinreichender Genauigkeit bereits für Werte von n, die nicht grenzenlos groß sind, sondern die Faustregel $n \ge \frac{9}{\pi(1-\pi)}$ einhalten. Eine symmetrische Binomialverteilung mit $\pi = 0{,}5$ wird bereits bei $n = 9/0{,}25 = 36$ durch eine Normalverteilung genau genug dargestellt.

Wir betrachten das Beispiel eines Produzenten, dessen Massenartikel erfahrungsgemäß im Durchschnitt zu 20 Prozent fehlerhaft sind. Gefragt ist nach der Wahrscheinlichkeit, daß bei 200 mit Zurücklegen zufällig ausgewählten Artikeln zwischen 40 und 50 defekt sind. Es kann davon ausgegangen werden, daß die Bedingungen des *Bernoulli* -Modells eingehalten sind. Betrachtet wird somit eine nach $B(200;0{,}2)$ verteilte Variable X, die die Anzahlen defekter Stücke betrifft. Gesucht ist

$$P(40 \leq X \leq 50) = \sum_{x=40}^{50} P(x).$$

Die Summe der obigen 11 Wahrscheinlichkeiten ist exakt $0{,}4937$, was relativ mühsam berechnet werden kann. Einfacher ist es, die gesuchte Wahrscheinlichkeit angenähert über den allgemeinen Grenzwertsatz von *de Moivre/Laplace* zu bestimmen. Die Faustregel hierfür ist mit $n = 200 > 9/0{,}2 \cdot 0{,}8$ eingehalten. Es muß jetzt lediglich die Fläche unter der Dichtekurve der nach

$$N\left(200 \cdot 0{,}2; \sqrt{200 \cdot 0{,}2 \cdot 0{,}8}\right) = N(40;5{,}66)$$

verteilten Variablen in den Grenzen $x_1 = 40 - 0{,}5$ und $x_2 = 50 + 0{,}5$ bestimmt werden[8],

$$\begin{aligned} P(39{,}5 \leq X \leq 50{,}5) &= P\left(\frac{39{,}5 - 40}{5{,}66} \leq K \leq \frac{50{,}5 - 40}{5{,}66}\right) \\ &= P(-0{,}088 \leq K \leq 1{,}85) = 0{,}5029\,. \end{aligned}$$

Die exakte Lösung unterscheidet sich hiervon nur um ca. 1%.

Falls in diesem Beispiel nur eine einzelne Wahrscheinlichkeit gesucht ist, beispielsweise die Wahrscheinlichkeit für genau 40 defekte Stücke, ergibt sich unter Verwendung der Binomialverteilung als exakter Wert $P(40) = 0{,}07037$. Nach dem lokalen Grenzwertsatz von *de Moivre/ Laplace* könnte diese exakte Wahrscheinlichkeit durch die Dichte $f(40)$ der Variablen, die nach $N(40;5{,}66)$ verteilt ist, angenähert wer-

[8] Die Subtraktion bzw. Addition der halben Klassenbreite 0,5 zu den Grenzen 40 bzw. 50 berücksichtigt, daß der diskrete Wert 40 bzw. 50 der binomisch verteilten Variablen dem Wertebereich 39,5 bis 40,5 bzw. 49,5 bis 50,5 der approximierenden normalverteilten Variablen entspricht.

den. $f(40)$ erhält man, wie im Zusammenhang der Dichtefunktion erläutert worden ist, über

$$f(x)=\frac{f(k)}{\sigma}=\frac{f\left(\frac{40-40}{5{,}66}\right)}{5{,}66}=\frac{f(0)}{5{,}66}=\frac{0{,}3989}{5{,}66}=0{,}0705 .$$

Der Unterschied zum exakten Wert ist unbedeutend.

Ökonomische und soziale Phänomene, die durch einen metrisch skalierten Indikator zum Ausdruck gebracht werden, sind nur ausnahmsweise verteilt wie die *Gauß*sche Fehlerkurve. Dies beeinträchtigt jedoch nicht die Bedeutung, die die Normalverteilung für die Verwendung statistischer Methoden besitzt. Dies wird im Zusammenhang der Stichprobentheorie erkennbar werden.

4.3 Chi-Quadrat-Verteilung

Eine besondere Zufallsvariable ist definiert als die Summe von insgesamt ν quadrierten Standardnormalvariablen, die voneinander unabhängig sind. Sie wird mit χ^2 (lies: Chi-Quadrat) abgekürzt,

$$\chi^2=\sum_{i=1}^{\nu}K_i^{\,2}, \quad \text{wobei } K_i \text{ nach } N(0;1) \text{ verteilt ist.}$$

Noch kann natürlich die Zweckmäßigkeit dieser Definition nicht erkannt werden. Es wird sich jedoch zeigen, daß einige häufig eingesetzte statistische Prüfverfahren auf Variablen basieren, die wie χ^2 verteilt sind. Dies ist der Grund, ein derartiges Prüfverfahren als χ^2-Test zu bezeichnen.

Man kann zeigen, womit wir uns hier nicht auseinandersetzen können, daß die stetige Zufallsvariable χ^2 die folgende Dichtefunktion hat,

$$f\left(\chi^2\right)=\frac{0{,}5^{0,5\nu}}{\Gamma(0{,}5\nu)}\left(\chi^2\right)^{0,5\nu-1}e^{-0,5\chi^2} .$$

Das Symbol Γ (lies: Gamma) ist die Abkürzung für die *Euler*sche Γ-Funktion[9]. Für die Interpretation der Dichtefunktion muß der Hinweis ge-

[9] Die *Euler*sche Γ-Funktion ist ein uneigentliches Integral, $\Gamma(\lambda)=\int_0^\infty e^{-x}x^{\lambda-1}dx,\ \lambda>0$.

nügen, daß sie in Abhängigkeit von $0{,}5\nu$ eine reelle Zahl darstellt. Somit ist ersichtlich, daß die Dichtefunktion von χ^2 nur einen expliziten Parameter hat, die natürliche Zahl ν. Ihr expliziter Parameter wird auch als Freiheitsgrad[10] bezeichnet.

Zur näheren Charakterisierung der χ^2-Verteilung könnte man nun die Dichtefunktion diskutieren. Diese mathematische Übung ist entbehrlich, weil von der χ^2-Verteilung gewöhnlich nur einige Ausschnitte der Verteilungsfunktion von Interesse sind. Deshalb genügt es im Grunde zu wissen, daß χ^2 nur positive Werte realisieren kann und daß sich die ab $\nu \geq 3$ unimodale und linkssteile Dichtekurve auf der interessierenden rechten Seite asymptotisch der Abszisse nähert.

Häufig ist die Wahrscheinlichkeit α vorgegeben, daß eine χ^2-verteilte Variable mit dem expliziten Parameter ν einen Wert realisiert, der größer als der Wert χ_r^2 ist. χ_r^2 steht in Abhängigkeit alternativer Vorgaben für α und ν in den Zellen der Tabelle Nr. 4 des Anhanges,

$$P(\chi^2 \geq \chi_r^2) = \alpha .$$

> Beispielsweise beträgt die Wahrscheinlichkeit 5%, daß die Zufallsvariable χ^2, die 10 Freiheitsgrade hat, einen Wert realisiert, der größer gleich dem Wert χ_r^2 ist. Der Tabelle Nr. 4 kann entnommen werden: $\chi_r^2 = 18{,}3$.

Ab $\nu = 30$ ähnelt die χ^2-Verteilung der Normalverteilung $N(\nu; \sqrt{2\nu})$ so stark, daß sie kaum voneinander zu unterscheiden sind.

Dieses Integral nimmt für alle $\lambda > 0$ feste Werte an. Von der Γ-Funktion ist die Γ-Verteilung zu unterscheiden.

Eine Variable Y folgt einer Γ-Verteilung, wenn ihre Dichtefunktion die Form

$f(y) = \frac{k^\lambda}{\Gamma(\lambda)} y^{\lambda-1} e^{-ky}$ hat, für $y > 0$, sonst $f(y) = 0$.

Hierbei gilt für die beiden expliziten Parameter: $k, \lambda > 0$. χ^2 hat offensichtlich die Dichtefunktion einer Γ-verteilten Variablen mit $k = 0{,}5$ und $\lambda = 0{,}5\nu$. Die χ^2-Verteilung ist also ein Spezialfall der Γ-Verteilung.

[10] Der Freiheitsgrad ist kein Begriff, der ausschließlich in der statistischen Methodenlehre verwendet wird. Allgemein bringt der Freiheitsgrad die Variationsmöglichkeit einer Variablen oder einer Gruppe von Variablen zum Ausdruck. Bestehen für die Variationsmöglichkeit Restriktionen, ist der Freiheitsgrad einer Variablen kleiner als ohne Restriktionen.

4.4 *t*-Verteilung

Eine weitere besondere Zufallsvariable t ist definiert als der Quotient zweier unabhängiger Zufallsvariablen. Im Zähler steht die nach $N(0;1)$ verteilte Standardnormalvariable K und im Nenner die Variable $\sqrt{\chi^2/\nu}$, wobei ν der explizite Parameter von χ^2 ist,

$$t = \frac{K}{\sqrt{\chi^2/\nu}}.$$

Die Zufallsvariable t wurde von *Gosset* (1876 - 1937) unter dem Pseudonym *Student* publiziert. Sie wird deshalb häufig als *Student-t*-Variable bezeichnet. Ähnlich wie im Zusammenhang der Definition von χ^2 kann auch bei der Definition von t einstweilen noch nicht erkannt werden, wie überlegt und zweckmäßig diese gewählt ist. Es wird sich später zeigen, daß die spezielle Quotientenbildung, die die Zufallsvariable t definiert und auch als *Student*isierung bezeichnet wird, für bestimmte Fragestellungen im Rahmen des Testens und Schätzens weiterführend ist. Unterschiedliche statistische Prüfverfahren, denen gemeinsam ist, daß sie auf Variablen basieren, die wie t verteilt sind, werden t-Tests genannt.

Man kann zeigen, daß die stetige Zufallsvariable t die folgende Dichtefunktion hat,

$$f(t) = \frac{\Gamma[0.5(\nu+1)]}{\Gamma(0.5\nu)\sqrt{\nu\pi}}\left(1+\frac{t^2}{\nu}\right)^{-0.5(\nu+1)}, -\infty < t < \infty.$$

Ihr kann u.a. entnommen, daß der einzige explizite Parameter ν ist, die Zahl der Freiheitsgrade der χ^2-Variablen (die *Euler*sche Γ-Funktion nimmt jeweils feste Werte an). Der Graph der Dichtefunktion ähnelt dem der Standardnormalverteilung: Auch die t-Verteilung ist symmetrisch zum Lot im Wert null, der zugleich ihr Erwartungswert ist. Die Streuung der t-Verteilung ist etwas größer als eins,

$$E(t) = 0, \quad Var(t) = \nu/(\nu-2).$$

Ab $\nu > 30$ unterscheidet sich die t-Verteilung kaum noch von der Standardnormalverteilung $N(0;1)$.

Die Verteilungsfunktion der t-Verteilung ist in der Tabelle Nr. 5 des Anhanges in der Form

$$P(t_1 \le t \le t_2) = 1-\alpha$$

ausschnittweise tabellarisch angegeben. In Abhängigkeit alternativer Werte für ν und der Wahrscheinlichkeit α ist der Wert t_2 in den Zellen der Tabelle ausgewiesen.

Beispielsweise liest man für $\nu = 29$ und $\alpha = 10\%$ den Wert $t_2 = 1{,}70$ ab. Die Wahrscheinlichkeit also, daß eine t-verteilte Variable mit 29 Freiheitsgraden einen Wert innerhalb der Grenzen von $-1{,}70$ bis $+1{,}70$ realisiert, beträgt 90%. Und 5% ist die Wahrscheinlichkeit, daß diese Variable einen Wert von größer $+1{,}70$ realisiert.

4.5 *F*-Verteilung

Eine andere besondere stetige Zufallsvariable ist definiert als der Quotient zweier durch ihre jeweiligen Freiheitsgrade dividierten χ^2-Variablen. Sie wird mit F abgekürzt. Häufig wird die Schreibweise $F_{\nu_2}^{\nu_1}$ verwendet, die den Vorteil hat, daß deutlich wird, welche der beiden χ^2-Variablen im Zähler und welche im Nenner des Quotienten steht,

$$F_{\nu_2}^{\nu_1} = \frac{\chi_1^2 / \nu_1}{\chi_2^2 / \nu_2}.$$

Eine Begründung für die Zweckmäßigkeit dieser Definition geben wir erst später im Zusammenhang des F-Testes bzw. Varianzquotienten-Tests im Rahmen der Varianzanalyse und Regressionsanalyse. Die Dichtefunktion der F-Variablen ist

$$f(F) = \frac{\Gamma[0{,}5(\nu_1 + \nu_2)]\left(\frac{\nu_1}{\nu_2}\right)^{0{,}5\nu_1} F^{0{,}5\nu_1 - 1}}{\Gamma(0{,}5\nu_1)\Gamma(0{,}5\nu_2)\left(1 + \frac{\nu_1}{\nu_2}F\right)^{0{,}5(\nu_1+\nu_2)}}, \qquad F > 0.$$

Der Dichtefunktion kann entnommen werden, daß sie zwei explizite Parameter besitzt, die Freiheitsgrade ν_1 und ν_2 der beiden χ^2-Variablen. Ansonsten kann der Dichtefunktion auf Anhieb sicherlich nicht sehr viel angesehen werden. Erst eine Kurvendiskussion, mit der wir uns hier nicht auseinandersetzen können, legt die Erscheinungsbilder der F-Verteilung offen, die von den Konstellationen ihrer beiden expliziten Parameter abhängen. Von der F-Verteilung interessieren später zumeist lediglich Flächenteile unterhalb der rechten Seite der Dichtekurve, die sich asymptotisch der Abszisse nähert. Deshalb erscheint eine nähere Beschreibung der unterschiedlichen F-Verteilungen entbehrlich. Im Anhang enthält die Tabelle Nr. 6 in Abhängigkeit unterschiedlicher Kombinationen von ν_1, ν_2 und der Wahrscheinlichkeit α Werte für die Realisation F_r der Variablen F in der Form

$P(F \geq F_r) = \alpha$.

Zum Beispiel liege die Variable F_7^{10} vor.

Gesucht ist F_r in $P(F_7^{10} \geq F_r) = 5\%$. Der Tabelle Nr. 6 kann entnommen werden, daß $F_r = 3{,}64$.

Die Variable $F_{\nu_2}^1$ unterscheidet sich nicht vom Quadrat der t-Variablen[11],

$$F_{\nu_2}^1 = \frac{\chi_1^2/1}{\chi_2^2/\nu_2} = \frac{\sum_{i=1}^{1} K_i^2}{\chi_2^2/\nu_2} = \frac{K^2}{\chi_2^2/\nu} = t^2.$$

4.6 Softwarelösungen

Einige der im vorliegenden Kapitel angesprochenen Aufgabenstellungen können softwaregestützt bearbeitet werden. Im Gegensatz zu den späteren Kapiteln greift man zweckmäßigerweise noch nicht auf das Statistikprogramm SPSS zurück, sondern auf das Tabellenkalkulationsprogramm Excel, das für die Berechnung von Wahrscheinlichkeiten der wichtigsten Wahrscheinlichkeitsverteilungen leistungsfähige Funktionen bereitstellt.

Binomialverteilung. Wahrscheinlichkeiten der Binomialverteilung können mit der Excel-Funktion BINOMVERT bestimmt werden.

Ausgehend von einem Beispiel des Abschnittes 4.1, bei dem eine Urne betrachtet wird, in der sich 50 schwarze und 30 weiße Kugeln befinden, könnte die Frage gestellt werden: Wie wahrscheinlich es ist, daß bei $n = 5$ Ziehungen mit Zurücklegen $x = 2$ schwarze Kugeln gezogen werden?

---

[11] Deshalb ist, worauf später Bezug genommen wird, ein zweiseitiger symmetrischer t-Test einem einseitigen F-Test unter Verwendung der Variablen F_ν^1 äquivalent.

Die Funktion BINOMVERT benötigt vier Argumente:

Argument	dessen Umschreibung	Beispiel
Zahl_Erfolge	x , Anzahl der Erfolge, Anzahl der im Sinne der Fragestellung günstigen Ergebnisse.	2
Versuche	n , Anzahl der *Bernoulli*-Versuche.	5
Erfolgswahrsch	π , Erfolgswahrscheinlichkeit, *Bernoulli*-Parameter.	50/80 = 0,625
Kumuliert	Wenn 0 eingegeben wird: Man erhält $P(x)$, die Wahrscheinlichkeit für x. Wenn 1 eingegeben wird: Man erhält $P(X \leq x)$, den Wert der Verteilungsfunktion für x.	Eingegeben wird 0 , man erhält 0,206.

Schreibt man also in eine leere Zelle eines Excel-Arbeitblattes

=BINOMVERT(2;5;0,625;0),

so erhält man für die gesuchte Wahrscheinlichkeit den Wert 0,206.[12]

Ersatzweise kann auch der Excel-Funktionsassistent über EINFÜGEN/FUNKTION aufgerufen werden. Dabei wählt man im ersten Dialogfenster die Kategorie STATISTIK aus, anschließend die Funktion BINOMVERT, und gibt dann im zweiten Fenster die obigen Argumente ein.

Normalverteilung. Hier steht die Excel-Funktion NORMVERT zur Verfügung, die genauso einzusetzen ist wie die weiter oben angesprochene Funktion BINOMVERT.

Die Funktion NORMVERT benötigt die folgenden Argumente:

Argument	dessen Umschreibung
x	Wert, dessen Wahrscheinlichkeitsdichte $f(x)$ oder dessen Verteilungsfunktionswert $P(X \leq x)$ bestimmt werden soll.
MITTELWERT	$E(X)$, Mittelwert der normalverteilten Variablen X .
STANDABWN	$\sqrt{Var(X)}$, Standardabweichung der normalverteilten Variablen X .
KUMULIERT	Wenn 0 eingegeben wird: Man erhält $f(x)$, die Wahrscheinlichkeitsdichte für x . Wenn 1 eingegeben wird: Man erhält $P(X \leq x)$, den Wert der Verteilungsfunktion für x .

[12] Hier und in allen folgenden Beispielen werden gerundete Werte angegeben.

Es sei die Wahrscheinlichkeit gesucht, daß eine nach $N(5000;1000)$ verteilte Variable einen Wert realisiert, der größer als 7000 ist. Mit

=NORMVERT(7000;5000;1000;1)

erhält man den Wert 0,977. Dies ist die Wahrscheinlichkeit, daß die Untersuchungsvariable einen Wert annimmt, der kleiner oder gleich 7000 ist (Verteilungsfunktionswert). Die gesuchte Wahrscheinlichkeit ist demnach $1-0{,}977=0{,}023$.

χ^2-Verteilung. Werte des Komplementes der Verteilungsfunktion der χ^2-Verteilung zu eins, $1-P(\chi^2 \le \chi_1^2)$, können mit der Excel-Funktion CHIVERT bestimmt werden.

Diese Funktion benötigt die folgenden Argumente:

Argument	dessen Umschreibung
x	Wert, für den das Komplement seines Verteilungsfunktionswertes zu eins bestimmt werden soll, $1-P(\chi^2 \le x)$.
FREIHEITSGRADE	ν, Anzahl der Freiheitsgrade der χ^2-Verteilung.

Beispielsweise kann mit dieser Funktion die Wahrscheinlichkeit bestimmt werden, daß die Zufallsvariable χ^2, die 10 Freiheitsgrade hat, einen Wert realisiert, der größer gleich dem Wert $\chi_1{}^2 = 18{,}3$ ist. Hierfür wird

=CHIVERT(18,3;10)

eingegeben. Es ergibt sich der Wert 0,050.

t-Verteilung. Der Wert des Komplementes der Verteilungsfunktion der t-Verteilung zu eins, $1-P(t \le t_1)$, oder der Wert des Komplementes eines bestimmten Verteilungsfunktionswertes für ein Intervall zu eins, $1-P(t_1 \le t \le t_2)$, kann mit der Excel-Funktion TVERT bestimmt werden.

Diese Funktion benötigt die folgenden Argumente:

Argument	dessen Umschreibung
x	Wert, für den $1-P(t \le x)$ oder $1-P(x_1 \le t \le x_2)$ mit $x_1 < 0$, $x_2 > 0$, $\lvert x_1\rvert = \lvert x_2\rvert$ bestimmt werden soll.
FREIHEITSGRADE	ν, Anzahl der Freiheitsgrade der t-Verteilung.
SEITEN	Wenn 1 eingegeben wird: Man erhält $1-P(t \le x)$. Wenn 2 eingegeben wird: Man erhält $1-P(x_1 \le t \le x_2)$.

Gibt man beispielsweise ein:

=TVERT(1,7;29;2),

so erhält man den Wert 0,100. Dies bedeutet: Die Wahrscheinlichkeit, daß t einen Wert zwischen $-1{,}70$ und $+1{,}70$ annimmt, beträgt 90%, wobei die Anzahl der Freiheitsgrade 29 ist.

F **-Verteilung**. Zur Bestimmung von Wahrscheinlichkeiten für die F-Verteilung, $1-P(F \le F_1)$, stellt Excel die Funktion FVERT zur Verfügung. Diese Funktion benötigt die folgenden Argumente:

Argument	dessen Umschreibung
x	Wert, für den $1-P(F \le x)$ bestimmt werden soll.
FREIHEITSGRADE1	ν_1, Anzahl der Freiheitsgrade im Zähler der F-Variablen.
FREIHEITSGRADE2	ν_2, Anzahl der Freiheitsgrade im Nenner der F-Variablen.

Zum Beispiel liege die Variable F_7^{10} vor. Wie groß ist das Komplement des Wertes der Verteilungsfunktion für $F=3{,}64$ zu eins? Gibt man ein:

=FVERT(3,64;10;7),

so erhält man den Wert 0,05. Die Wahrscheinlichkeit, daß der F-Wert 3,64 bei $\nu_1=10$ und $\nu_2=7$ Freiheitsgraden überschritten wird, beträgt rund 5%.

5 Stichprobe, Stichprobenvariable und Stichprobenverteilung

5.1 Stichprobe

Grundgesamtheit und Stichprobe. Datenträger bzw. statistische Einheiten mit gleichen Identifikationsmerkmalen bilden eine statistische Masse bzw. die Grundgesamtheit[1]. Der Gesamtheit der Datenträger ist die Gesamtheit der zugehörigen Werte der interessierenden Merkmale zugeordnet. Werden von sämtlichen Datenträgern der Grundgesamtheit Informationen gewonnen, so handelt es sich um eine Totalerhebung. Wird die Datengewinnung auf einen Teil der Grundgesamtheit beschränkt, wird diese Erhebung als Teilerhebung oder Stichprobe bezeichnet.

> Beispielsweise ist die Bevölkerung der BRD, wie sie am 1.1.1999 besteht, eine statistische Masse. Die statistischen Einheiten sind in diesem Falle Personen. Sie sind als Elemente dieser statistischen Masse identifiziert, wenn sie am 1. 1. 1999 bei einem Einwohnermeldeamt gemeldet sind. Andere Merkmale, wie beispielsweise das Alter, die Herkunft oder die Staatsangehörigkeit, sind für die Bevölkerung der BRD keine kollektivabgrenzenden, sondern individuelle Merkmale, die in einem anderen Zusammenhang von Interesse sein können. Wird die gesamte Bevölkerung über einen bestimmten Sachverhalt befragt, liegt eine Totalerhebung vor. Wird nur eine „repräsentative Umfrage" durchgeführt, an der nur ein Teil der Bevölkerung beteiligt ist, so liegt eine Teilerhebung bzw. eine Befragung auf Stichprobenbasis vor.

Die Resultate einer Stichprobenerhebung sollen für die Grundgesamtheit gelten, obwohl die Informationen nicht von allen Datenträgern der Grundgesamtheit, sondern nur von einem Teil stammen. Diese Schwierigkeit wird in spezifischer Weise im Rahmen des Testens und Schätzens ausgeräumt. Hierauf ist bereits im Kapitel 1.2 hingewiesen.

Für die Durchführung einer Teilerhebung sprechen verschiedenartige Gründe, insbesondere die geringeren Kosten und die Aktualität der Daten. Es gibt im Grunde nur ein ernstes Argument, das unter Umständen gegen eine Teilerhebung eingewendet werden kann, nämlich das der mangelnden Repräsentativität.

---

[1] Beide Begriffe können synonym verwendet werden. Bei Verwendung des Begriffs der statistischen Masse gilt die Aufmerksamkeit zumeist den kollektivabgrenzenden Merkmalen, bei Verwendung des Begriffs der Grundgesamtheit dem Problem, für welche Gesamtheit die Aussage einer Untersuchung gelten soll.

Repräsentativität[2]. Einem Ergebnis, das nicht repräsentativ ist, haftet ein Makel an. Mit ihm läßt sich nicht viel Staat machen. Es trägt das Etikett einer vereinzelten und nicht verallgemeinerungsfähigen Mitteilung. Repräsentativität ist als Gütesiegel für ein Forschungsergebnis begehrt, weil das repräsentative Ergebnis den Eindruck der Verläßlichkeit, Glaubwürdigkeit und Verallgemeinerungsfähigkeit erweckt. Repräsentativität ist ein schillernder Begriff, der häufig verwendet wird, obwohl ziemlich unklar ist, was er zum Inhalt hat. In der Literatur wird keine einheitliche und für sämtliche Zwecke geeignete Definition vertreten; einige Autoren halten den Begriff für überflüssig.

Zwei häufig verwendete Grundvorstellungen über die Repräsentativität können insbesondere im Rahmen der schließenden Statistik und der Stichprobentheorie unterschieden werden. Eine ist anschaulich und leicht zu verstehen, eine andere ist unanschaulich - weil sie auf Sätzen der Wahrscheinlichkeitstheorie fußt.

Gemäß einer anschaulichen und leicht faßbaren Vorstellung von Repräsentativität tritt in einer repräsentativen Stichprobe ein Teil der zu untersuchenden Grundgesamtheit an deren Stelle und bringt sie verkürzt und unverfälscht zum Ausdruck.

Die ideale repräsentative Stichprobe stellt somit ein verkleinertes und präzises Abbild der Grundgesamtheit dar. Auf den ersten Blick ist Repräsentativität also etwas Erfahrbares und Simples, weil sich jedermann etwas unter einer nicht verzerrten Verkleinerung vorstellen kann; man denkt etwa an ein verkleinertes Photo.

Das verkleinerte und präzise Abbild der Grundgesamtheit, gewissermaßen eine Miniatur, enthält gemäß dieser Vorstellung von Repräsentativität die Charakteristiken der Merkmale der Grundgesamtheit. Wenn dies so wäre, müßte sich aus der Miniatur eine noch kleinere Miniatur gewinnen lassen, die ebenfalls repräsentativ wäre. Da aber die kleinste vorstellbare Miniatur, eine einzelne Einheit der Grundgesamtheit, gewöhnlich nicht die Charakteristiken sämtlicher Merkmale der Grundgesamtheit trägt, kann gefolgert werden, daß die verwendete Definition der Repräsentativität in sich widersprüchlich und deshalb unzweckmäßig ist.

Nun könnte geltend gemacht werden, daß nicht an eine beliebige Verkleinerung gedacht sei, sondern natürlich nur an eine Verkleinerung in vernünftigem Ausmaß, so daß noch ein hinreichend genaues Abbild der Grundgesamtheit erkennbar bleibe.

---

[2] Nach *Tiede, M.:* Repräsentativität. Diskussionspapiere aus der Fakultät für Sozialwissenschaft. Ruhr-Universität Bochum, 96-12. Bochum 1996.

Eine derartige Argumentation beseitigt nicht die Widersprüchlichkeit dieser Vorstellung von Repräsentativität. Die Widersprüchlichkeit wird nur verdeckt durch das Problem der Festlegung der Größe der Stichprobe. Je kleiner die Stichprobe ist, desto grobkörniger wird sozusagen das Bild, das die Gesamtheit zeigt, und desto weniger repräsentativ ist die Stichprobe. Die Repräsentativität einer Auswahl erscheint nunmehr als gekoppelt an die Größe der Stichprobe. Die Losung ist: Große Stichproben sind im Gegensatz zu kleinen relativ repräsentativ. Dies würde bedeuten, daß es eine absolut repräsentative Stichprobe nicht gibt.

Einer anderen Vorstellung nach wird Repräsentativität als die Möglichkeit angesehen, statistische Befunde, die aus Zufallsstichproben stammen, beurteilen und verallgemeinern zu können, wobei die hiermit einhergehende Ungenauigkeit in der Aussage wahrscheinlichkeitstheoretisch berücksichtigt wird.

Bereits im Kapitel 1.2 (Testen und Schätzen) ist beschrieben, in welcher Hinsicht eine Beurteilung und Verallgemeinerung des Befundes aus einer Zufallsstichprobe möglich ist. Hierfür sollte nach der Vorstellung einiger Fachvertreter der Begriff der repräsentativen Stichprobe reserviert werden.

Dieser Vorstellung nach werden Stichproben somit in zwei Kategorien klassifiziert. Eine Stichprobe ist entweder repräsentativ oder sie ist es nicht[3].

Von der Repräsentativität einer Stichprobe sind die Fehler, die beim Testen und Schätzen auftreten können, strikt getrennt[4]. Im Gegensatz hierzu führt die anschauliche Vorstellung von Repräsentativität, wonach eine repräsentative Stichprobe eine Miniatur vernünftigen Ausmaßes für die Grundgesamtheit ist, zu - allerdings etwas vagen - Abstufungen im Repräsentativitätsgrad. Große Stichproben werden im Vergleich mit kleinen als relativ repräsentativ angesehen. Bei den zwei Vorstellungen über Reprä-

---

[3] Bei rigoroser Anwendung dieser Vorstellung von Repräsentativität würde dies allerdings bedeuten, daß beispielsweise eine Zufallsstichprobe aus der Bevölkerung des Landes Nordrhein-Westfalen vom Umfang drei als für die Bevölkerung dieses Landes repräsentativ anzusehen wäre, wohingegen eine bewußte Auswahl von - sagen wir - eintausend Personen, die ungefähr so strukturiert wurde, wie sich die Gesamtbevölkerung darstellt, als nicht repräsentativ bezeichnet werden müßte. Diese Konsequenz befriedigt nicht. Ein noch gangbarer Ausweg wäre, die sehr kleine Stichprobe grundsätzlich zwar als repräsentativ anzusehen, wegen ihres geringen Umfanges jedoch als ungeeignet für das Erreichen jedweden ernst zu nehmenden Untersuchungszieles. Hieraus kann allgemein gefolgert werden, daß eine repräsentative Auswahl für die Gewinnung einer spezifischen verallgemeinerten Aussage geeignet sein kann und zugleich ungeeignet sein kann für Gewinnung einer anderen spezifischen Aussage.

Hiervon abweichend kann die Position vertreten werden, daß die Frage, ob eine Auswahl repräsentativ ist, nicht losgelöst vom zu erreichenden Untersuchungsziel beantwortet werden kann. Demnach wäre eine Stichprobe nur dann als repräsentativ anzusehen, sofern sie inferenzstatistische Schlußfolgerungen erlaubt und zugleich dem Erreichen eines Untersuchungszieles angemessen ist. Letzteren Hinweis verdanken wir *J. Schräpler*.

[4] Allgemein gilt hier, wie sich später erweisen wird: Die Wahrscheinlichkeit für eine fehlerhafte Aussage ist um so kleiner, je größer der Stichprobenumfang ist.

sentativität besitzt der Stichprobenumfang erkennbar einen fundamental verschiedenen Stellenwert. Einmal spielt er keine Rolle, im anderen Falle führt er zu Abstufungen des Repräsentativitätsgrades.

Zufällige und bewußte Auswahl. Eine Stichprobe kann auf unterschiedliche Arten gezogen werden. Der wichtigste Ordnungsgesichtspunkt hierfür ist die Trennung in die zufällige und nicht zufällige Auswahl. Letztere wird auch als bewußte Auswahl bezeichnet.

Ein bewußtes Auswahlverfahren stellt einen Auswahlmodus dar, bei dem für die Merkmalsträger der Grundgesamtheit nicht angegeben werden kann, wie groß die Wahrscheinlichkeit ist, daß sie in die Auswahl gelangen. Die Entscheidung über die Aufnahme einer Einheit der Grundgesamtheit in die Stichprobe liegt bei diesem Auswahlmodus mehr oder weniger vollständig im Ermessen des Auswählenden.

> Zu den bewußten Auswahlen zählen die Erhebung typischer Einzelfälle bzw. Monographie, die Auswahl nach dem Konzentrationsprinzip sowie das Quotenauswahlverfahren, die im Rahmen der Methoden zur Datengewinnung erörtert werden. In vielen Fällen hat sich insbesondere das Quotenauswahlverfahren als ein der (geschichteten) Zufallsauswahl nahezu ebenbürtiges Verfahren erwiesen. Es ist aus der Erhebungspraxis der Markt- und Meinungsforschungsinstitute nicht wegzudenken.

Demgegenüber läßt eine zufällige Auswahl die Berechnung der Wahrscheinlichkeit für die Realisation einer Stichprobe zu. Ob eine Einheit der Grundgesamtheit in die Stichprobe aufgenommen wird, ist bei der Zufallsstichprobe dem Ermessen des Auswählenden entzogen und wird im Rahmen eines kontrollierten Zufallsprozesses entschieden. Damit ist die Tür für die Anwendung der Wahrscheinlichkeitstheorie geöffnet und erst damit besteht die Möglichkeit für ein repräsentatives Ergebnis.

> Zu den zufälligen Auswahlen werden die einfache Zufallsstichprobe gerechnet, mit der wir uns befassen werden, sowie die geschichtete Auswahl und Klumpenauswahl, die - einzeln oder kombiniert - auch mehrstufig verwendet werden können. All dies ist Gegenstand der Erörterung im Rahmen der Datengewinnung.

Die in der Literatur gewöhnlich hervorgehobenen Hauptunterschiede zwischen der zufälligen und bewußten Auswahl sind in der folgenden Tabelle zusammengefaßt. Ihr kann auch entnommen werden, daß als ideale Grundlage für eine wissenschaftliche Untersuchung jene Daten angesehen werden, die aus einer Zufallsstichprobe stammen.

Zufällige Auswahl	Bewußte Auswahl
Repräsentatives Ergebnis ist möglich	Konzept der Repräsentativität besitzt hier keine Basis
Genauigkeit der Ergebnisse kann durch Fehlerrechnung angegeben werden	Genauigkeit der Ergebnisse muß unter Verwendung von Argumenten erörtert werden, die nicht wahrscheinlichkeitstheoretisch abgesichert sind
Aufwendige Planung	Relativ einfache Planung
Ausgewählter Merkmalsträger ist nicht immer leicht aufzufinden	Ausgewählter Merkmalsträger, der nicht leicht aufzufinden ist, wird durch einen ähnlichen Merkmalsträger ersetzt
Relativ teuer	Relativ billig

Einfache Zufallsstichprobe. Eine Stichprobe kann als endliche Teilmenge von Merkmalswerten der Grundgesamtheit definiert werden. Diese spezielle Definition einer Stichprobe entspricht weitgehend der Vorgehensweise bei der Datengewinnung in der statistischen Praxis. Sie legt fest, daß jedes Element der Grundgesamtheit höchstens einmal in der Stichprobe enthalten sein kann. Des weiteren wird die Reihenfolge, in der die Elemente gezogen werden, bzw. die Anordnung der Elemente innerhalb der Stichprobe als belanglos angesehen. Beispielsweise sind die Merkmalswerte von Personen, die in einer Weise ausgewählt werden, wie es in der Praxis der Umfrage- und Meinungsforschung der Brauch ist, Elemente der so definierten Stichprobe.

Die Definition einer Stichprobe als endliche Teilmenge einer Grundgesamtheit, die wir im folgenden verwenden, schränkt die Auswahl auf eine ungeordnete Auswahl „ohne Zurücklegen" bzw. „ohne Wiederholung" ein, d.h. ohne die Möglichkeit der Differenzierung bezüglich der Reihenfolge, in der die Elemente ausgewählt werden, und auch ohne Differenzierung bezüglich der Möglichkeit, daß ein Element mehrmals in einer Stichprobe vertreten ist. Diese Gesichtspunkte sind für die praktische Statistik vergleichsweise unwichtig, was nicht für die statistische Qualitätskontrolle gelten muß. Sie sind jedoch teilweise bedeutsam für die statistische Theorie[5].

Eine Stichprobe ist eine Zufallsstichprobe, wenn jedes Element der Grundgesamtheit eine gleiche Chance hat, in die Stichprobe zu gelangen[6].

[5] Eine umfassendere Definition der Stichprobe legt diese allgemein als eine Folge von Merkmalswerten fest, die von den statistischen Einheiten aus der Grundgesamtheit stammen. Hierbei wird beispielsweise die Stichprobe $(7,3,5,\cdots)$ im Vergleich mit $(3,7,5,\cdots)$ als andere Stichprobe angesehen. Und auch die Auswahl $(2,3,\cdots)$ unterscheidet sich von $(2,2,3,\cdots)$.

Dies läßt sich durch die folgende Prozedur erreichen. Die N Elemente der Grundgesamtheit werden durchnumeriert. Mit einem geeigneten Mechanismus werden die Nummern gemischt. Hieraus werden willkürlich Zug um Zug n Nummern ausgewählt, die die Elemente der Grundgesamtheit identifizieren, die in die Stichprobe gelangt sind. Bei diesem Vorgehen haben die verschiedenen möglichen Stichproben jeweils eine gleiche Chance, realisiert zu werden. Anzumerken ist, daß die noch nicht ausgewählten Elemente eine gleiche - bei einer endlichen Grundgesamtheit sich von Zug zu Zug verändernde - Auswahlwahrscheinlichkeit haben.

Eine Stichprobe wird als einfache Zufallsstichprobe bezeichnet, wenn sich zudem die Auswahlwahrscheinlichkeit der Elemente von Zug zu Zug nicht ändert. Dies kann bei einer endlichen Grundgesamtheit präzise nur erreicht werden, wenn eine „Stichprobe mit Zurücklegen" gezogen wird, was nicht vereinbar ist mit dem verwendeten Begriff der Stichprobe. Wenn der Auswahlsatz n/N jedoch klein ist, d.h. in der Größenordnung von 1% liegt, kann eine Zufallsstichprobe annähernd als einfache Zufallsstichprobe angesehen werden[7]. Wenn wir den Begriff Stichprobe verwenden, meinen wir - wenn nichts anderes gesagt ist - die einfache Zufallsstichprobe.

Nicht in jeder Situation kann das erwähnte „Originalverfahren" zur Gewinnung einer einfachen Zufallsstichprobe - Numerierung der Elemente der Grundgesamtheit, Mischen, willkürliche Auswahl - eingesetzt werden. Als Ersatzverfahren, die das Original grundsätzlich beibehalten, jedoch technisch modifizieren, haben sich die folgenden Prozeduren durchgesetzt:

Verwendung von Zufallsziffern: Das Originalverfahren wird nur geringfügig modifiziert. Das Mischen der den Elementen der Grundgesamtheit zugeordneten Zufallszahlen erfolgt automatisch bereits bei ihrer Zuordnung. Zufallsziffern können dem PC oder Tabellenwerken entnommen werden. In Abhängigkeit vom Umfang der Stichprobe wird eine oder werden mehrere Ziffern oder Zahlen ausgelost, die jene Elemente identifizieren, die in die Stichprobe gelangt sind.

Verwendung von Zufallsziffern im Schlußziffernverfahren: Die Elemente der Grundgesamtheit werden numeriert. Nach Möglichkeit sollte die Numerierung keinen Zusammenhang mit dem Untersuchungsgegenstand haben. In Abhängigkeit vom Umfang der Stichprobe wird

---

[6] Dies ist nicht die einzig mögliche sinnvolle Definition. Die gewählte Definition betrifft die Festlegung, daß $C = \frac{N!}{(N-n)!n!}$ unterschiedliche Stichproben jeweils mit der Wahrscheinlichkeit $1/C$ gezogen werden können.

[7] Anderenfalls müssen für die später folgenden Stichprobenverteilungen Korrekturen vorgenommen bzw. andere Modelle verwendet werden, die der spezielleren Literatur entnommen werden können.

eine oder werden mehrere Ziffern oder Zahlen ausgelost, die die Elemente identifizieren, die in die Stichprobe gelangt sind. Die folgende Tabelle enthält hierfür Beispiele.

N	n	ausgelost ist beispielsweise	in die Stichprobe gelangt sind deshalb Elemente mit der Endziffer bzw. -zahl
100	10	5	5 und somit die Elemente mit der Numerierung $5, 15, 25, \cdots, 95$
1000	10	57	57 und somit die Elemente mit der Numerierung $57, 157, 257, \cdots, 957$
1000000	10	25137	25137 und somit die Elemente mit der Numerierung $25137, 125137, 225137, \cdots, 925137$
1000000	20	25137,85443	25137,85443 und somit die Elemente mit der Numerierung $25137, 125137, 225137, \cdots, 925137$ $85443, 185443, 285443, \cdots, 985443$

Weitere Ersatzverfahren sind unter den Bezeichnungen Auswahl nach dem Namensanfang, Buchstabenverfahren oder Geburtstagsverfahren bekannt. Die verfolgten Intentionen sind unmittelbar einsichtig; sie können den Bezeichnungen entnommen werden.

5.2 Stichprobenvariable

Die folgende Überlegung vermittelt von der einfachen Zufallsstichprobe zwei äquivalente Auffassungen:

- Das einfachste Bild, das von der Zufallsstichprobe entworfen werden kann, stellt insgesamt n Werte x_i dar, die von einer Zufallsvariablen X realisiert worden sind; diese bilden die Stichprobe.
- Man könnte aber auch die n Stichprobenwerte x_i als einzelne Realisationen von n unabhängigen Zufallsvariablen X_i ansehen, wobei die Wahrscheinlichkeitsverteilungen der X_i übereinstimmen und der Verteilung von X entsprechen. Jede der n Zufallsvariablen X_i realisiert also in der Stichprobe einen Wert x_i, so daß insgesamt n unabhängige Stichprobenwerte x_i vorliegen[8].

Diese zwei Bilder veranschaulicht die Abbildung 5.1.

[8] Die zwei Bilder einer Zufallsstichprobe können auch als Zerlegung einer Stichprobe vom Umfang n in insgesamt n aufeinander folgende einzelne Ziehungen verstanden werden.

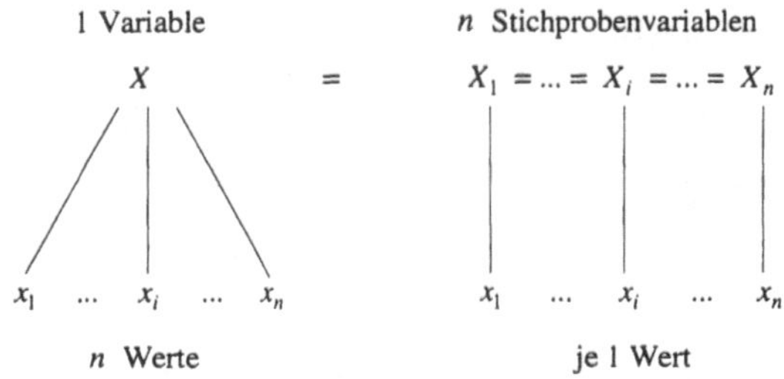

Abb. 5.1: Zwei äquivalente Auffassungen der einfachen Zufallsstichprobe

Die unabhängige Zufallsvariable X_i wird als Stichprobenvariable bezeichnet. Somit stammen die n Werte x_i einer einfachen Zufallsstichprobe entweder alle von einer Variablen X oder von n unabhängigen Stichprobenvariablen X_i, die wie X verteilt sind und jeweils einen Wert realisiert haben. Deshalb kann im Kontext der einfachen Zufallsstichprobe oder auch allgemein entweder mit Bezug auf Stichprobenwerte oder Zufallsvariablen argumentiert werden. Für diese Option ist das Konzept der Stichprobenvariablen unentbehrlich.

Beispielsweise hat das Nettolohneinkommen X der Stahlarbeiter eine bestimmte Verteilung. Es werden - sagen wir - 35 Stahlarbeiter eines Landes zufällig ausgewählt, und an ihnen wird dieses Merkmal gemessen. X realisiert also 35 Werte. Nichts anderes ergibt sich, wenn wir uns vorstellen, daß wir die Variable X jedem Stahlarbeiter zuordnen, so daß 35 zugeordnete Stichprobenvariablen X_i entstehen, die unabhängig sind und alle eine gleiche Verteilung haben, nämlich die von X. Bei jedem der 35 Stahlarbeiter wird gemäß dieser Vorstellung nun ein Wert der Stichprobenvariablen X_i erhoben. Es ergeben sich wieder die 35 Einkommenswerte der Stichprobe.

5.3 Stichprobenverteilung

Aus den Werten x_i einer Zufallsstichprobe können statistische Maßzahlen berechnet werden, wie beispielsweise das arithmetische Mittel, der Anteilswert oder die Varianz. Deren Größe ist natürlich von den Werten der Stichprobe geprägt. Formal kann deshalb beispielsweise für den arithmetischen Mittelwert $\bar{x}$ geschrieben werden, daß er eine Funktion f der Werte x_i ist,

$$\bar{x} = f(x_1, \ldots, x_n).$$

Die n Werte x_i können, wie im vorangegangenen Abschnitt erläutert ist, im Falle der einfachen Zufallsstichprobe durch n unabhängige Stichprobenvariablen X_i, die alle dieselbe Verteilung haben, ersetzt werden. Der arithmetische Mittelwert ist hierdurch zu einer Funktion von Zufallsvariablen verändert und muß deshalb selbst als Zufallsvariable aufgefaßt werden,

$$\overline{X} = f(X_1,\ldots,X_n) .$$

Der arithmetische Mittelwert $\overline{X}$ ist jetzt nicht weiter eine feste Zahl, sondern stellt die möglichen Realisationen für das arithmetische Mittel $\overline{x} = 1/n \sum_{i=1}^{n} x_i$ dar, wenn n Zufallsvariablen X_i jeweils einen Wert x_i annehmen.

Dieser Sachverhalt kann anschaulich wie folgt umschrieben werden: Der aus einer konkreten Zufallsstichprobe stammende Wert $\overline{x}$ ist einer von vielen Mittelwerten, die hätten realisiert werden können. Bei erneuter Ziehung einer Stichprobe vom gleichen Umfang - und selbstverständlich unter gleichen Randbedingungen - wird ein weiterer Wert $\overline{x}$ realisiert. Gedanklich können sehr viele derartige Stichproben gezogen werden. Jedesmal kann ein Wert $\overline{x}$ bestimmt werden. Die Verteilung all dieser Werte ist die Verteilung der Variablen $\overline{X}$, und die voneinander unterscheidbaren Werte $\overline{x}$ geben die möglichen Werte und den Wertebereich von $\overline{X}$ an.

Allgemein wird eine statistischen Maßzahl, die funktional abhängig von den Stichprobenvariablen X_i, als Stichprobenfunktion bezeichnet. Beispielsweise ist $\overline{X}$ nach diesem Sprachgebrauch eine Stichprobenfunktion, und der einzelne Wert $\overline{x}$ ist der Mittelwert einer einzelnen Stichprobe.

Die Wahrscheinlichkeitsverteilung einer Stichprobenfunktion wird Stichprobenverteilung dieser Funktion genannt. Beispielsweise ist die Verteilung der Zufallsvariablen $\overline{X}$ eine Stichprobenverteilung. Insbesondere ist die Verteilung einer einzelnen Stichprobe keine Stichprobenverteilung, was nicht immer klar erkannt wird.

5.4 Einzelne Stichprobenverteilungen

Stichprobenverteilung des arithmetischen Mittels. Die Stichprobenfunktion des arithmetischen Mittels lautet

$$\overline{X} = \frac{1}{n}\sum_{i=1}^{n} X_i .$$

Ihre Verteilung ist - in anschaulicher Interpretation - die Verteilung jener Mittelwerte, die sich aus den vielen möglichen verschiedenen Stichproben gleichen Umfangs berechnen lassen, die aus einer Grundgesamtheit gezogen werden können.

Für die Stichprobenverteilung des arithmetischen Mittels kann der Mittelwert bestimmt werden, der Erwartungswert $E(\overline{X})$ der Zufallsvariablen $\overline{X}$. Gleichfalls kann ein Streuungsmaß $Var(\overline{X})$ für $\overline{X}$ festgelegt werden.

Im folgenden wird die Abkürzung $E(X) = E(X_i) = \mu$ verwendet. μ bringt somit zum Ausdruck, welchen mittleren Wert die Zufallsvariable $\overline{X}$ pro Versuch bzw. Beobachtung auf lange Sicht realisieren wird (vgl. Kapitel 3.3). Dies ist der Mittelwert in der Grundgesamtheit. Für $E(\overline{X})$ ergibt sich unter Beachtung der Regeln für das Rechnen mit Erwartungswerten (Kapitel 3.3)[9], daß

$$E(\overline{X}) = \mu .$$

Dies bedeutet: Das arithmetische Mittel all jener Mittelwerte, die in den vielen verschiedenen Stichproben gleichen Umfangs bestimmt werden können, ist genau so groß wie der Mittelwert in der Grundgesamtheit.

Für $Var(\overline{X})$, die durchschnittliche Abweichung der Mittelwerte in den vielen Stichproben gleichen Umfangs vom Mittelwert der Grundgesamtheit, ergibt sich, wenn zur Abkürzung $Var(X) = Var(X_i) = \sigma^2$ verwendet wird[10],

$$Var(\overline{X}) = \frac{\sigma^2}{n} .$$

Für die Standardabweichung $\sqrt{Var(\overline{X})}$ ergibt sich $\sigma/\sqrt{n}$, die berühmte Formel „Sigma durch Wurzel n". Hierfür werden auch die Bezeichnungen Standardfehler oder durchschnittlicher Stichprobenfehler oder kurz Stichprobenfehler verwendet, was sich wie folgt begründen läßt. Der Mittelwert einer Stichprobe gibt den Mittelwert der Grundgesamtheit im Durchschnitt zwar fehlerfrei an, im einzelnen jedoch unterschiedlich genau, wobei die durchschnittliche Ungenauigkeit der einzelnen Mittelwerte - präzise dies

---

[9] $E(\overline{X}) = E\left(\frac{1}{n}\sum_{i=1}^{n} X_i\right) = \frac{1}{n}E\left(\sum_{i=1}^{n} X_i\right) = \frac{1}{n}\sum_{i=1}^{n} E(X_i) = \frac{1}{n}\sum_{i=1}^{n}\mu = \frac{1}{n}n\mu = \mu .$

[10] $Var(\overline{X}) = Var\left(\frac{1}{n}\sum_{i=1}^{n} X_i\right) = \frac{1}{n^2}Var\left(\sum_{i=1}^{n} X_i\right) = \frac{1}{n^2}\sum_{i=1}^{n} Var(X_i) = \frac{1}{n^2}n\sigma^2 = \frac{\sigma^2}{n} .$

ist die Streuung der einzelnen Mittelwerte um den Mittelwert der Grundgesamtheit - so groß ist wie $\sigma/\sqrt{n}$.

Die Stichprobenverteilung des arithmetischen Mittels besitzt also eine Standardabweichung, die proportional zur Standardabweichung der Grundgesamtheit und umgekehrt proportional zur Wurzel aus dem Umfang der Stichprobe ist. Beispielsweise bewirkt somit eine Verdopplung des Umfanges der Stichprobe zwar eine Verkleinerung der Standardabweichung von $\overline{X}$, jedoch keine Halbierung, sondern nur eine Verringerung um den Faktor $1/\sqrt{2} = 0{,}707$. Erst eine Vervierfachung des Umfanges der Stichprobe führt zum Faktor $1/\sqrt{4} = 0{,}5$ und bewirkt eine Halbierung der Standardabweichung.

Mit dem Erwartungswert $E(\overline{X}) = \mu$ und mit der Standardabweichung $\sqrt{Var(\overline{X})} = \sigma / \sqrt{n}$ sind zwei wichtige Aussagen über die Stichprobenverteilung des arithmetischen Mittels getroffen. Wie die Wahrscheinlichkeitsverteilung im einzelnen beschaffen ist, kann nicht mit elementaren Mitteln hergeleitet werden. Eine Antwort auf diese Frage gibt der Zentrale Grenzwertsatz (Zentrales Grenzwerttheorem).

Der Zentrale Grenzwertsatz ist ein Hauptsatz der theoretischen Statistik, der die hervorragende Bedeutung der Normalverteilung für die praktische Statistik begründet. Er ist in einigen Varianten bekannt und auf unterschiedlichen Wegen bewiesen worden. Erstmalig gelang dies *Ljapunoff* im Jahre 1901. Danach gilt unter recht allgemeinen Bedingungen:

Die Summe von n unabhängigen Zufallsvariablen X_i, die alle dieselbe Verteilung haben, ist normalverteilt, wenn n gegen unendlich strebt,

$\sum_{i=1}^{n} X_i$ folgt der Normalverteilung für $n \to \infty$.

Dieser Satz läßt sich auf die Stichprobenvariablen X_i der einfachen Zufallsstichprobe anwenden, die ja unabhängige Zufallsvariablen mit einer für alle gleichen Verteilung sind. Des weiteren kann die Aussage des Zentralen Grenzwertsatzes natürlich auch auf den Durchschnitt der Summe von Stichprobenvariablen bezogen werden, also auf $\overline{X} = 1/n \sum_{i=1}^{n} X_i$. Und schließlich ist die Gültigkeit des Zentralen Grenzwertsatzes zwar für den grenzenlos großen Stichprobenumfang nachgewiesen, der Satz kann jedoch auch ohne großen Fehler verwendet werden, wenn n nicht sehr groß ist. Eine sehr grobe Faustregel besagt, daß n mindestens 30 sein sollte.

Somit gilt unter den Bedingungen der einfachen Zufallsstichprobe: Die Stichprobenverteilung des arithmetischen Mittels ist für große Stichprobenumfänge so gut wie normalverteilt,

$\overline{X}$ folgt approximativ der Verteilung $N(\mu;\sigma/\sqrt{n})$.

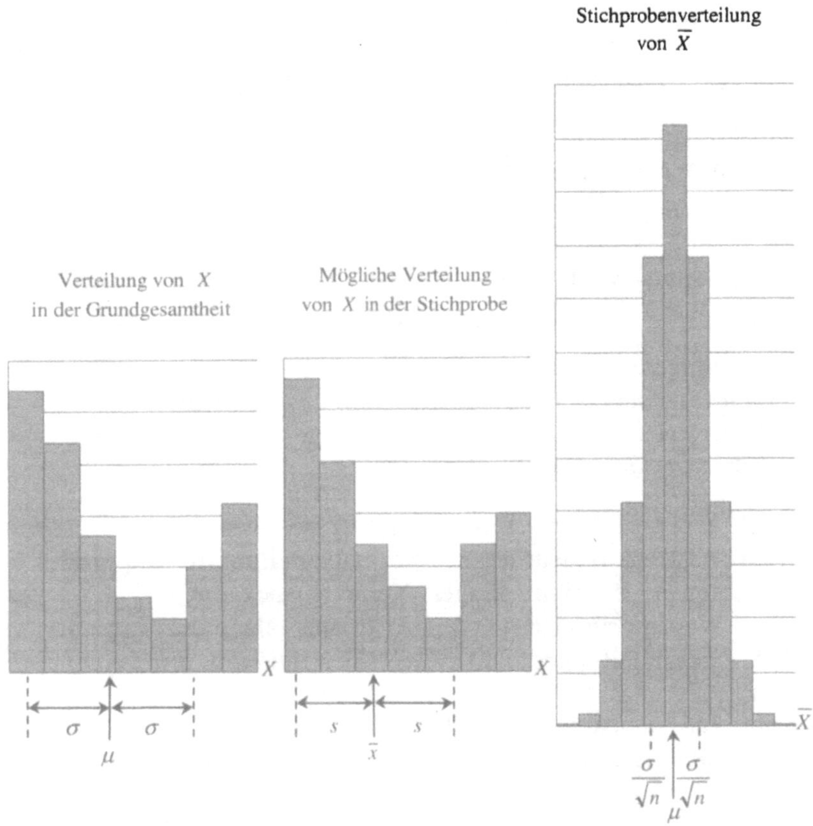

Abb. 5.2: Verteilung in der Grundgesamtheit, Verteilung in einer Stichprobe und Stichprobenverteilung des arithmetischen Mittels

Im Grunde ist die Aussage, die der Zentrale Grenzwertsatz trifft, in hohem Maße verblüffend. Der Satz besagt ja, daß die Verteilung der Stichprobenfunktion arithmetisches Mittel einer Normalverteilung entspricht, egal wie die Grundgesamtheit verteilt ist[11], aus der die Stichprobe stammt. Die Grundgesamtheit kann unsymmetrisch verteilt sein, beispielsweise extrem linkssteil, oder die Grundgesamtheit kann eine Verteilungsform besitzen,

[11] Falls die Grundgesamtheit normalverteilt ist, folgt die Stichprobenvariable arithmetisches Mittel exakt der Normalverteilung.

die wie ein „U" aussieht, und dennoch ist die Stichprobenfunktion arithmetisches Mittel in allen Fällen verteilt wie eine Normalverteilung. Die Aussage, die der Zentrale Grenzwertsatz trifft, ist so unerwartet, daß es reizt, diese über eine Simulation am PC nachzuzeichnen[12].

Die Abbildung 5.2 veranschaulicht die wesentlichen Unterschiede zwischen der Verteilung einer Grundgesamtheit, für die eine u-förmige Gestalt gewählt ist, der Verteilung einer Stichprobe, die - abgesehen von zufällig aufgetretenen Abweichungen - ebenfalls u-förmig ist, und der Stichprobenverteilung des arithmetischen Mittels, die nahezu normalverteilt ist.

Auch ohne eine Simulation am PC kann die Tendenz in der Aussage des Zentralen Grenzwertsatzes bereits an einem sehr einfachen Beispiel erkannt werden, dem des zweimaligen Wurfs eines Würfels. Dieses Beispiel ist im Zusammenhang der additiven Verknüpfung von zwei Zufallsvariablen im Kapitel 3.5 erwähnt. Die beiden Zufallsvariablen sind die „Augenzahl beim 1. Wurf" und die „Augenzahl beim 2. Wurf". Die Variablen haben dieselbe Verteilung - gleich große Wahrscheinlichkeiten für die sechs möglichen Ergebnisse - und sind voneinander unabhängig. Die Summenvariable „Augenzahl bei zwei Würfen" ist zwar nicht normalverteilt, sie besitzt jedoch mit der Normalverteilung bereits eine gewisse Ähnlichkeit, die sich verstärken wird, wenn das Experiment auf weitere Würfe ausgeweitet wird.

Zur Stichprobenverteilung des arithmetischen Mittels betrachten wir ein kurzes Beispiel. In einer Region beträgt die durchschnittliche Anfahrtszeit zur Arbeit 40 Minuten, wobei die Standardabweichung den Wert 20 Minuten hat. 36 Personen werden zufällig ausgewählt und bezüglich ihrer Anfahrtszeit befragt. Wie groß ist die Wahrscheinlichkeit, daß die durchschnittliche Anfahrtszeit dieser Personen im Bereich zwischen 35 und 45 Minuten liegt?

Gesucht ist $P(35 \le \overline{X} \le 45)$. $\overline{X}$ ist verteilt nach

$$N\left(\mu;\sigma/\sqrt{n}\right)=N\left(40;20/\sqrt{36}\right)=N(40;3{,}3).$$

Die gesuchte Wahrscheinlichkeit ist in der Abbildung 5.3 als graue Fläche unter der Normalverteilung hervorgehoben.

[12] Eine am PC nachvollziehbare Untersuchung stammt von *Voß, W.*: Die Gültigkeit des Zentralen Grenzwerttheorems bei endlichen Stichprobenumfängen - oder: Wie entstehen Faustregeln? Diskussionspapiere aus der Fakultät für Sozialwissenschaft, Ruhr-Universität Bochum, 94-14. Bochum 1994. Dieser Arbeit können auch Modifizierungen der Faustregel, daß der Umfang der Stichprobe größer als 30 sein sollte, entnommen werden.

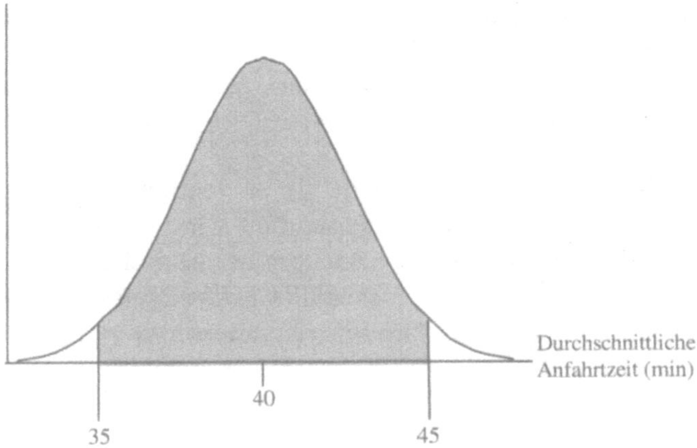

Abb. 5.3: Skizze für ein Anwendungsbeispiel

Gemäß den Überlegungen in Kap. 4.2 gilt, daß

$$P(35 \leq \overline{X} \leq 45) = P\left(\frac{35-40}{3{,}3} \leq K \leq \frac{45-40}{3{,}3}\right)$$

$$= P(-1{,}51 \leq K \leq 1{,}51) = 1 - 2 \cdot 0{,}066 = 0{,}868\,.$$

Die Wahrscheinlichkeit ist also ca. 87%, daß die durchschnittliche Anfahrtszeit bei den zu befragenden 36 Personen im Intervall 35 bis 45 Minuten liegt.

Gesucht ist in einem geänderten Beispiel nunmehr der Stichprobenumfang n, der gewährleistet, daß die durchschnittliche Anfahrtszeit mit einer Wahrscheinlichkeit von 90% im Bereich 35 bis 45 Minuten liegt. Ohne zu rechnen sollte klar sein, daß der Stichprobenumfang etwas größer als 36 sein muß, weil ja die Sicherheit der Aussage von ca. 87% auf 90% steigt.

Gegeben ist $P(-1{,}645 \leq K \leq 1{,}645) = 0{,}9$. n ist gesucht. Zwischen 1,645 und n besteht wegen der Standardisierung

$$k = \frac{\overline{x} - E(\overline{X})}{\sqrt{Var(\overline{X})}} \text{ mit } E(\overline{X}) = \mu \text{ und } \sqrt{Var(\overline{X})} = \sigma / \sqrt{n}$$

die Beziehung $1{,}645 = \dfrac{45-40}{\dfrac{20}{\sqrt{n}}}$, so daß $\sqrt{n} = \dfrac{1{,}645 \cdot 20}{45-40} = 6{,}58$.

Somit muß der Umfang der Stichprobe ca. 43 sein.

Stichprobenverteilung des Anteilswertes. Die relative Häufigkeit p für die Ausprägung A eines Merkmales[13] bzw. die relative Häufigkeit p für das Ereignis A ist der Anteilswert für A. Ein Anteilswert p ist von den Werten x_i der Stichprobe geprägt,

$$p = f(x_1, \dots, x_n).$$

Die relative Häufigkeit wird bekanntlich durch einen Quotienten dargestellt. Im Nenner steht der Umfang der Beobachtung n, und im Zähler die absolute Häufigkeit f_A, in der eine bestimmte Merkmalsausprägung A beobachtet worden ist. Von den Werten x_i der Stichprobe interessiert in diesem Zusammenhang also nur, ob sie jeweils eine Ausprägung des Merkmals A sind oder nicht. Gegebenenfalls wollen wir den Merkmalswert mit einer 1 kodieren, anderenfalls mit einer 0,

$$x_i = \begin{cases} 1 & \textit{falls A eintritt} \\ 0 & \textit{anderenfalls.} \end{cases}$$

Die n mit $0-1$ kodierten Werte x_i können im Falle der einfachen Zufallsstichprobe durch n unabhängige Stichprobenvariablen X_i, die alle dieselbe Verteilung haben, ersetzt werden. Jede Stichprobenvariable X_i kann zwei Werte realisieren, den Wert 1 oder den Wert 0,

$$X_i = \begin{cases} 1 & \textit{falls A eintritt} \\ 0 & \textit{anderenfalls.} \end{cases}$$

Mit dieser Festlegung lautet die Stichprobenfunktion des Anteilswertes

$$P = \frac{1}{n} \sum_{i=1}^{n} X_i .$$

Von Interesse ist die Beschaffenheit ihrer Verteilung. Im Kapitel 4.1 wird - in der dort verwendeten Notation - ausgeführt, daß die Zufallsvariable X, deren Werte die absolute Häufigkeit x für die Ergebnisalternative A bei n *Bernoulli*-Experimenten zum Ausdruck bringen, binomial verteilt ist, $B(n;\pi)$, wobei π die Wahrscheinlichkeit für A bei einem Versuch darstellt. Die im vorliegenden Zusammenhang interessierende Wahrschein-

[13] Im Kapitel 2.2 wird für die absolute Häufigkeit der Merkmalsausprägung A die Notation f_A verwendet, so daß die relative Häufigkeit $p = f_A/n$ ist. Sie kann bekanntlich u.U. als A-posteriori-Wahrscheinlichkeit $P(A)$ aufgefaßt werden. Im Kapitel 4.1 wird, wie in der Literatur allgemein üblich, die absolute Häufigkeit für die Ergebnisalternative A bei n *Bernoulli*-Experimenten mit x abgekürzt. Die relative Häufigkeit für A ist dann $p = x/n$.

lichkeit für die relative Häufigkeit der Ergebnisalternative A beim Stichprobenumfang n wird somit offensichtlich durch die Verteilung

$\frac{1}{n} \cdot B(n;\pi)$ angegeben.

P folgt der Verteilung $\frac{1}{n} \cdot B(n;\pi)$.

Der Erwartungswert von P und die Varianz sind

$E(P) = \pi$ und

$Var(P) = \pi(1-\pi)/n$.

Die im Kapitel 4.1 angegebenen Parameter der Verteilung $B(n;\pi)$ müssen hierzu lediglich durch n dividiert werden.

Zwischen dem arithmetischen Mittel und dem Anteilswert besteht im Falle $0-1$-kodierter Merkmalswerte eine besondere Beziehung: Der Anteilswert der mit 1 kodierten Ausprägungen an allen Ausprägungen entspricht dem arithmetischen Mittel der Codes.

> Beispielsweise tritt das Merkmal Geschlecht in zwei Kategorien auf. Unter z.B. 10 Personen sind 4 männliche, so daß der Anteilswert p für männliche Personen 0,4 ist. Dieser Wert ergibt sich auch, wenn jede Beobachtung des weiblichen Geschlechts mit 0 und jede Beobachtung des männlichen Geschlechts mit 1 kodiert wird, und wenn aus den 10 Codes das arithmetische Mittel gebildet wird, wie beispielsweise $\bar{x} = 1/10(1+0+0+1+1+0+0+0+0+1) = p = 0{,}4$.

Weil ein Anteilswert also dem arithmetischen Mittel von $0-1$-kodierten Merkmalsausprägungen entspricht, sind die für die Stichprobenverteilung des arithmetischen Mittels durchgeführten Überlegungen auch für den Anteilswert gültig. Somit kann festgestellt werden:

P folgt approximativ der Verteilung $N\left(\pi;\sqrt{\pi(1-\pi)/n}\right)$,

und die absolute Häufigkeit $n \cdot P$ folgt approximativ der Verteilung

$N\left(n\pi;\sqrt{n\pi(1-\pi)}\right)$.

Letztere Aussage ist im Kapitel 4.1 als Inhalt des Grenzwertsatzes von *de Moivre/Laplace* herausgestellt. Nunmehr ist deutlich, daß dieser Grenzwertsatz ein Sonderfall des Zentralen Grenzwertsatzes ist. Dieser besagt ja, daß die Summe von n unabhängigen Zufallsvariablen X_i, die alle dieselbe Verteilung haben, normalverteilt ist, wenn n gegen unendlich strebt.

$\sum_{i=1}^{n} X_i$ folgt der Normalverteilung für $n \to \infty$.

Falls die Zufallsvariablen X_i besondere Stichprobenvariablen sind,

$$X_i = \begin{cases} 1 & \textit{falls A eintritt} \\ 0 & \textit{anderenfalls,} \end{cases}$$

mit der für alle gleichen Verteilung $B(1;\pi)$, gilt dieser Satz natürlich auch. Er wird zu Ehren der Entdecker *de Moivre* und *Laplace* nur anders benannt.

Für den endlichen Umfang n einer Stichprobe kann die sehr grobe „Faustregel", daß n mindestens 30 sein sollte, dem vorliegenden Sonderfall besser angepaßt werden. Im Kapitel 4.2 ist die „Faustregel" $n \geq 9/\pi(1-\pi)$ erwähnt, wonach also eine symmetrische Binomialverteilung bei $n = 36$ durch eine Normalverteilung genau genug dargestellt werden kann, während für die Approximation einer unsymmetrischen Binomialverteilung n entsprechend größer sein sollte.

Als Beispiel hierfür kann das im Kapitel 4.2 aufgegriffene Problem (fehlerhafte Stücke in einer Massenproduktion) dienen. Die dort aufgeführten absoluten Häufigkeiten müssen lediglich in Anteilswerte umgerechnet werden. An der Bestimmung der dort gesuchten Wahrscheinlichkeiten ändert sich nichts: Die Wahrscheinlichkeit also, daß zwischen 20% und 25% der Stücke defekt ist, beträgt exakt 49,37%. Als approximativ gültige Wahrscheinlichkeit ergibt sich 50,29%.

Stichprobenverteilung der Varianz. Auch die Varianz[14] S^2 ist eine Stichprobenfunktion,

$$S^2 = \frac{1}{n-1}\sum_{i=1}^{n}(X_i - \overline{X})^2 .$$

n	Stichprobenumfang
X_i	Stichprobenvariable, verteilt nach $N(\mu;\sigma)$
$\overline{X} = 1/n\sum_{i=1}^{n} X_i$	

Es wird davon ausgegangen, daß die Stichprobenvariablen X_i normalverteilt sind. Unter dieser Annahme ist S^2 verteilt wie das Produkt aus σ^2/ν

[14] Die Division durch $n-1$ wird im Kapitel 7 (Schätzen) näher begründet

und einer χ^2-Variablen mit $\nu = n-1$ Freiheitsgraden[15]. Üblich ist die folgende Schreibweise:

Bei normalverteilter Grundgesamtheit gilt, daß

$$\frac{S}{\sigma} = \sqrt{\frac{\chi^2}{\nu}}, \quad \nu = n-1\,.$$

Es wird sich herausstellen, daß die Stichprobenverteilung der Standardabweichung im Zusammenhang der Verwendung der t-Verteilung im Rahmen des Testens und Schätzens von großer Bedeutung ist.

Auf die Erläuterung weiterer Stichprobenfunktionen und Stichprobenverteilungen, wie etwa die Differenz von zwei Anteilswerten oder zwei Mittelwerten, kann an dieser Stelle verzichtet werden. Diese werden wir betrachten, wenn sie für die Lösung bestimmter Fragestellungen erforderlich sind.

Die folgende Übersicht enthält die bislang erläuterten Stichprobenverteilungen. Sie ist um einige Details ergänzt und um Formeln für einige weitere Stichprobenverteilungen erweitert, auf die erst in späteren Kapiteln eingegangen wird. Die verwendeten Suffixe 1 bzw. 2 bezeichnen die zwei Grundgesamtheiten 1 bzw. 2. Die einfachen Zufallsstichproben müssen unabhängig voneinander gezogen sein; auch auf abhängige Stichproben wird in späteren Kapiteln eingegangen.

---

[15] $(n-1)S^2 = \sum_{i=1}^{n}(X_i - \overline{X})^2 = \sum_{i=1}^{n}\left[(X_i - \mu) - (\overline{X} - \mu)\right]^2$.

Nach Ausquadrieren und Auflösen der Summe ist

$$(n-1)S^2 = \sum_{i=1}^{n}(X_i - \mu)^2 - 2(\overline{X} - \mu)\sum_{i=1}^{n}(X_i - \mu) + n(\overline{X} - \mu)^2\,.$$

Da $\sum_{i=1}^{n}(X_i - \mu) = \sum_{i=1}^{n} X_i - n\mu = n(\overline{X} - \mu)$, vereinfacht sich die Gleichung auf

$$(n-1)S^2 = \sum_{i=1}^{n}(X_i - \mu)^2 - 2n(\overline{X} - \mu)^2 + n(\overline{X} - \mu)^2 = \sum_{i=1}^{n}(X_i - \mu)^2 - n(\overline{X} - \mu)^2\,.$$

Nach Division durch σ^2 ergibt sich

$$\frac{(n-1)S^2}{\sigma^2} = \sum_{i=1}^{n}\left(\frac{X_i - \mu}{\sigma}\right)^2 - \left(\frac{\overline{X} - \mu}{\sigma/\sqrt{n}}\right)^2 = \sum_{i=1}^{n}K^2 - K^2 = \sum_{i=1}^{n-1}K^2 = \chi^2, \quad \nu = n-1\,.$$

Stichproben-funktion	Grundgesamt-heit	Stichprobenumfang	Stichprobenverteilung
$\overline{X}$	beliebige Verteilung	$n > 30$	$\approx N\left(\mu;\sigma/\sqrt{n}\right)$
$\overline{X}$	$N(\mu;\sigma)$	beliebig	$N\left(\mu;\sigma/\sqrt{n}\right)$
P	0 – 1 - kodierte Realisationen	$n \geq 9/\pi(1-\pi)$	$\approx N\left(\pi;\sqrt{\pi(1-\pi)/n}\right)$
P	0 – 1 - kodierte Realisationen	beliebig	$B(n;\pi)\cdot 1/n$
S^2	$N(\mu;\sigma)$	beliebig	$\chi^2 \cdot \sigma^2/\nu,\quad \nu = n-1$
$\overline{X}_1 - \overline{X}_2$	beliebige Verteilung	$n_1 > 30,\ n_2 > 30$	$\approx N\left(\mu_1-\mu_2;\sqrt{\sigma_1^2/n_1+\sigma_2^2/n_2}\right)$
$\overline{X}_1 - \overline{X}_2$	$N(\mu_1;\sigma_1)$, $N(\mu_2;\sigma_2)$	beliebig	$N\left(\mu_1-\mu_2;\sqrt{\sigma_1^2/n_1+\sigma_2^2/n_2}\right)$
$P_1 - P_2$	0 – 1 - kodierte Realisationen	$n_1 \geq 9/\pi_1(1-\pi_1)$, $n_2 \geq 9/\pi_2(1-\pi_2)$	$\approx N\left(\pi_1-\pi_2;\sqrt{\pi_1(1-\pi_1)/n_1+\pi_2(1-\pi_2)/n_2}\right)$
$\dfrac{\overline{X}-\mu}{S/\sqrt{n}}$	$N(\mu;\sigma)$	beliebig	t -Verteilung, $\nu = n-1$
$\dfrac{S_1^2/\sigma_1^2}{S_2^2/\sigma_2^2}$	$N(\mu_1;\sigma_1)$, $N(\mu_2;\sigma_2)$	beliebig	F -Verteilung, $\nu_1 = n_1-1, \nu_2 = n_2-1$

5.5 Softwarelösungen

Wahrscheinlichkeiten, die Stichprobenverteilungen betreffen, können wieder softwaregestützt erzeugt werden, wenn man dazu das Tabellenkalkulationsprogramm Excel verwendet. Wir gehen vom Beispiel im Abschnitt 5.4 aus, das wie folgt angelegt worden war:

In einer Region beträgt die durchschnittliche Anfahrtszeit zur Arbeit 40 Minuten, wobei die Standardabweichung den Wert 20 Minuten hat. 36 Personen werden zufällig ausgewählt und bezüglich ihrer Anfahrtszeit befragt. Wie groß ist die Wahrscheinlichkeit, daß die durchschnittliche Anfahrtszeit dieser Personen im Bereich zwischen 35 und 45 Minuten liegt?

Gesucht ist $P\left(35 \leq \overline{X} \leq 45\right)$.

$\overline{X}$ ist verteilt nach $N\left(\mu;\sigma/\sqrt{n}\right) = N\left(40;20/\sqrt{36}\right) = N(40;3{,}3)$.

Die gesuchte Wahrscheinlichkeit ergibt sich wie folgt:

1. In die Zelle A1 eines Excel-Arbeitsblattes ist der Wert 35, in die Zelle A2 der Wert 45 einzugeben.
2. Dann ist Zelle B1 anzuklicken.
3. Anwählen der Menüposition EINFÜGEN/FUNKTION.
4. Anklicken der Kategorie STATISTIK.

5. Anklicken der Funktion NORMVERT im rechten Teil des Dialogfensters (nach Blättern mit dem Laufpfeil am rechten Fensterrand.
6. Anklicken von WEITER.
7. Eingabe der folgenden Argumente
   - bei x: A1
   - MITTELWERT: 40
   - bei STANDARDABW.: 3,3
   - bei KUMULIERT: 1
8. Anklicken von ENDE.

Excel erzeugt in der Zelle B1 jetzt den Wert 0,065. Dies ist die Wahrscheinlichkeit dafür, daß der Wert 35 nicht überschritten wird. Zieht man nach Anpacken des „Anfassers" an der rechten unteren Ecke der Zelle bei gedrückter linker Maustaste nach unten zur Zelle B2, erscheint dort der Wert 0,935. Dies ist die Wahrscheinlichkeit dafür, daß der Wert 45 nicht überschritten wird. Rechnet man schließlich in Zelle B3 durch Eingabe von

=B2-B1

die Differenz der beiden Werte, ergibt sich mit 0,870 die gesuchte Wahrscheinlichkeit.

6 Das Testen von Hypothesen

6.1 Statistische Hypothesen

Unter einer statistischen Hypothese wird eine Behauptung über eine oder mehrere Zufallsvariablen verstanden, die einen interessierenden Sachverhalt bzw. ein zu lösendes reales Problem betreffen. Derartige Zufallsvariablen werden auch Untersuchungsvariablen genannt. Eine statistische Hypothese ist somit eine Behauptung über die Charakteristik von Untersuchungsvariablen. Dieses begriffliche Konzept ist umfassend. Hierunter läßt sich auch eine Hypothese über Daten oder über Koeffizienten in einem stochastischen Modell subsumieren, weil sich diese unter Verwendung des Konzeptes der Stichprobenvariablen als Zufallsvariablen interpretieren lassen.

Beispielsweise wird die Hypothese formuliert, daß das Merkmal Y statistisch nicht von den Merkmalen X_i, $i = 1, \ldots, r$, abhängt.

Oder die Hypothese besagt, daß der mittlere Wert des Merkmales Y in der Grundgesamtheit nicht größer ist als der Wert μ.

Eine andere Hypothese könnte sein, daß eine Stichprobe aus einer Grundgesamtheit stammt, die eine bestimmte Verteilung besitzt.

Falls zwei Stichproben vorliegen, könnte die Hypothese lauten, daß beide Stichproben aus der gleichen Grundgesamtheit gezogen worden sind.

Bezieht sich die Hypothese auf eine die Untersuchungsvariable betreffende statistische Maßzahl in der Grundgesamtheit, so wird sie als Parameterhypothese bezeichnet. Der Begriff des Parameters wird hier als unbekannter Zustand einer statistischen Maßzahl in einer Grundgesamtheit festgelegt. Er wird nicht im Sinne des Funktionalparameters, einer festen Größe in einer Verteilungsfunktion, verwendet[1].

Beispielsweise kann die Hypothese, daß der Anteil der in einem Land geborenen Bürger, die einer bestimmten ethnischen Minderheit angehören, nicht größer als 15% ist, als Parameterhypothese angesehen werden.

Ebenso ist die Hypothese, daß die durchschnittliche Wirksamkeit eines bestimmten Medikamentes der eines anderen Medikamentes entspricht, eine Parameterhypothese.

[1] Häufig wird eine Parameterhypothese als Festlegung von bestimmten unbekannten Parametern der Verteilung einer Zufallsvariablen definiert.

Bezieht sich eine Hypothese auf die Verteilung eines Merkmales oder einer Zufallsvariablen, so wird sie Verteilungshypothese genannt. Falls die Verteilung einer Variablen durch einen expliziten Parameter festgelegt wird, der zugleich als statistische Maßzahl dient, wie etwa der Anteilswert in der Binomialverteilung, kann zwischen einer Parameter- und Verteilungshypothese nicht klar differenziert werden.

Die Behauptung z.B., daß die Verdienste der Metallarbeiter unimodal und linkssteil ist, stellt eine Verteilungshypothese dar.

Die Annahme, daß eine Fehlervariable im Rahmen eines Modells normalverteilt ist, ist eine Verteilungshypothese.

Betrifft eine Hypothese die Unabhängigkeit von Variablen, wird sie Unabhängigkeitshypothese genannt. Diese Hypothesenart kann auch als Verteilungshypothese aufgefaßt werden; sie wird aber wegen ihrer relativ großen Bedeutung häufig als besondere Hypothesenart hervorgehoben.

Die Behauptung beispielsweise, daß das Merkmal Y statistisch nicht von den Merkmalen Nr. $i = 1,2$ der $X_i, i = 1, \ldots, r$, abhängt, ist eine Unabhängigkeitshypothese.

Besteht eine Parameterhypothese lediglich aus einem einzigen Wert, liegt eine einfache Hypothese bzw. Punkthypothese vor. Betrifft die Hypothese einen Wertebereich der statistischen Maßzahl in der Grundgesamtheit, wird sie als zusammengesetzte Hypothese oder Bereichshypothese bezeichnet.

Wenn behauptet wird, daß das Durchschnittseinkommen der Angestellten so groß ist wie μ, liegt eine einfache Hypothese vor. Wird behauptet, das Durchschnittseinkommen ist größer als μ, so ist die Hypothese zusammengesetzt.

Die mit einem geeigneten Verfahren zu prüfende Hypothese ist die sog. Nullhypothese. Sie behauptet, daß der zwischen der Hypothese und dem entsprechenden Befund in der Stichprobe festgestellte Unterschied nur zufallsbedingt aufgetreten ist. Die Bezeichnung „Null“ deutet darauf hin, daß im Falle einer in Wahrheit zutreffenden Hypothese, die geprüft wird, erwartet werden kann, daß zwischen ihr und dem entsprechenden Befund in der Stichprobe kein wesentlicher Unterschied besteht. Die Behauptung, die keine Nullhypothese ist, wird als Alternativhypothese bzw. Gegenhypothese bezeichnet.

Wird die einfache Hypothese statistisch geprüft, daß das Durchschnittseinkommen der Angestellten so groß ist wie μ, so ist diese einfache

Hypothese die Nullhypothese. Die Prüfung könnte gegen die zusammengesetzte Hypothese erfolgen, daß das Durchschnittseinkommen größer als μ ist. Letztere Hypothese ist eine Alternativhypothese.

6.2 Muster des Hypothesentestes

Eine Hypothese sollte sich in der Erfahrungswelt bewähren. Deshalb besteht die Notwendigkeit der Überprüfung einer statistischen Hypothese im Lichte eines hierfür geeignet erhobenen empirischen Befundes. Das technische Verfahren, das darüber entscheidet, ob eine statistische Hypothese auf Grund von Stichprobenergebnissen akzeptiert werden kann oder verworfen werden sollte, ist der statistische Test.

Die große Zahl der in der statistischen Praxis verwendeten statistischen Tests besitzt ein Grundmuster, das für alle Tests im wesentlichen gleich ist. Der dort angelegten leitenden Idee folgen die Parametertests, die eine Beurteilung der Parameterhypothese ermöglichen, die Anpassungstests, deren Gegenstand die Verteilungshypothese ist, und auch die Unabhängigkeitstests, die die Unabhängigkeitshypothese prüfen.

Im folgenden stellen wir zunächst einige Äußerlichkeiten bzw. technische Details des Hypothesentests bzw. Signifikanztests[2] in den Vordergrund. Auf vertiefende Details gehen wir erst später im Abschnitt 6.3 ein.

Das für die einzelnen Tests gleiche Muster kann durch fünf Stufen beschrieben werden, die bei jedem Test beschritten werden müssen.

1. Schritt: Formulierung der Hypothesen. Zunächst sind die Hypothesen zu formulieren, die es zu beurteilen gilt. Insbesondere ist die Nullhypothese festzulegen, die in einem Signifikanztest die einzige Hypothese ist.

Beispielsweise wird als Nullhypothese H_0 für den arithmetischen Mittelwert einer Grundgesamtheit μ_0 der Wert 8 gesetzt, und als Alternativhypothese H_a Werte für den Mittelwert, die größer als 8 sind, $\mu_a > 8$. Hierfür wird abkürzend häufig

$$H_0 : \mu_0 = 8,$$
$$H_a : \mu_a > 8$$

geschrieben.

[2] Unter einem Signifikanztest wird ein Prüfverfahren verstanden, durch das entschieden wird, ob die Nullhypothese gestützt oder widerlegt werden kann. Die Alternativhypothese wird hier zumeist nicht explizit angegeben. Wird sie angegeben, so meist nur als Gegenteil der Nullhypothese und nicht in spezifischer Weise.

2. Schritt: Aufstellung einer geeigneten Prüfvariablen. In einem zweiten Schritt wird eine sog. Prüfvariable (Prüfgröße, Teststatistik) ausgewählt oder konstruiert. Die Prüfvariable ist ein Konstrukt, mit dem die Prüfung der Nullhypothese durchgeführt wird. Äußerlich ist die Prüfvariable eine Zufallsvariable. Grundsätzlich eignet sich eine Zufallsvariable als Prüfvariable, wenn sie zwei Bedingungen erfüllt:

Die Werte, die eine Prüfvariable realisieren kann, müssen mit der Fragestellung korrespondieren, die in der formulierten Hypothese zum Ausdruck gebracht wird – eine wie selbstverständlich anmutende Bedingung, deren Bedeutung erst im Zusammenhang einiger nicht elementarer Prüfverfahren klarer erkennbar hervortritt.

> Beispielsweise ist die Zufallsvariable $\overline{X}$ offensichtlich als Prüfvariable geeignet, wenn die Hypothese das arithmetische Mittel der Grundgesamtheit betrifft. Den möglichen realisierten Werten von $\overline{X}$ kann ja unmittelbar entnommen werden, ob sie sich erheblich oder weniger stark vom Hypothesenwert unterscheiden.
>
> Gleichermaßen ist P als Prüfvariable geeignet, wenn eine Hypothese bezüglich eines Anteilswertes zu beurteilen ist.
>
> Hingegen eignen sich diese zwei Zufallsvariablen natürlich nicht als Prüfvariablen, wenn die zu prüfende Hypothese beispielsweise behauptet, daß ein Merkmal eine u-förmige Verteilung besitzt. Für die Behandlung dieser Fragestellung bedarf es erst der Konstruktion einer Prüfvariablen, deren Eigenschaften mit der zu behandelnden Fragestellung in Einklang stehen müssen. Hierfür werden in späteren Kapiteln zahlreiche Konstruktionspläne erläutert werden. Beispielsweise ist die bekannte *Pearson*sche Prüfvariable, die bei vielen χ^2-Tests verwendet wird, ein derartiges Konstrukt.

Als zweite Bedingung für die Eignung einer Zufallsvariablen als Prüfvariable gilt, daß die Verteilungsfunktion der Prüfvariablen bekannt sein muß für den Fall, daß die Nullhypothese in Wahrheit zutrifft. Man sagt auch, die Verteilung der Prüfvariablen muß „unter der Nullhypothese“ bekannt sein. Diese Bedingung ist von außerordentlich großer Bedeutung. Sie kann wie folgt begründet werden:

Für die Beurteilung einer Hypothese wird ein möglichst objektives Verfahren benötigt, das feststellt, ob der Unterschied zwischen der Nullhypothese und dem entsprechenden Befund in der Stichprobe entweder als vernachlässigbar klein oder als signifikant angesehen werden kann. Bei einem Signifikanztest wird deshalb der Wertebereich der Prüfvariablen in zwei Klassen getrennt, in den Annahmebereich für die Nullhypothese und den Rückweisungsbereich für die Nullhypothese. Der Annahmebereich umfaßt die Werte für die Prüfvariable, die zur Annahme der Nullhypothese führen, sofern einer dieser Werte in der Stichprobe realisiert wird. Er enthält Werte für die Prüfvariable, die eine relativ geringe Verschiedenheit zwischen der Nullhypothese und dem Befund in der Stichprobe wiedergeben. Demgegenüber umfaßt der Rückweisungsbereich jene Werte für die Prüfvariable, die relativ deutlich dagegen sprechen, daß der wahre und nicht bekannte Zustand der Realität zutreffend durch die Nullhypothese angegeben ist.

Die Abbildung 6.1 zeigt die Beispiele eines einseitigen und eines zweiseitigen Rückweisungsbereiches für eine Nullhypothese.

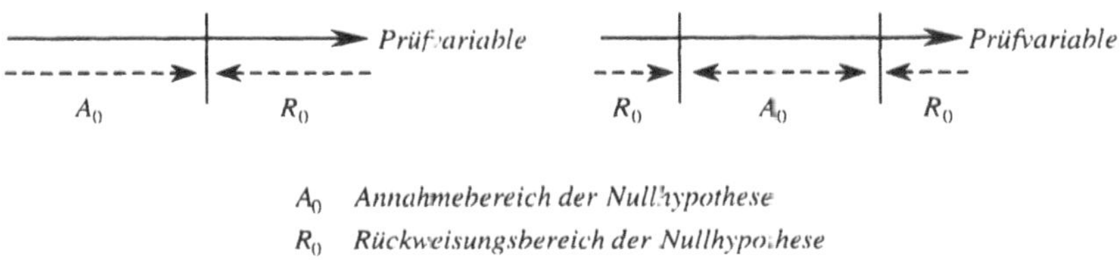

Abb. 6.1: Beispiele für den Annahme- und Rückweisungsbereich der Nullhypothese

Wenn nun der in der Stichprobe realisierte Wert der Prüfvariablen in den Rückweisungsbereich fällt und somit die Rückweisung der Nullhypothese als Testentscheidung feststeht, kann diese Entscheidung ein Fehler sein; denn es ist ja nicht ausgeschlossen, daß der realisierte Wert der Prüfvariablen nur durch eine Verkettung zufälliger Gründe so liegt, daß er dem Rückweisungsbereich angehört, obwohl die Nullhypothese in Wahrheit zutreffend formuliert ist.

Deshalb ist die Festlegung der Grenze für die zu trennenden zwei Wertebereiche ein Problem. Klar ist, daß die Festlegung ohne Kenntnis der Wahrscheinlichkeitsverteilung der Prüfvariablen unter der Nullhypothese kaum objektiv durchführbar ist; denn dann könnte ja beispielsweise keine Aussage über die Wahrscheinlichkeit für die oben beschriebene mögliche Fehlentscheidung getroffen werden.

Bei Kenntnis der Verteilung der Prüfvariablen hingegen kann eine wahrscheinlichkeitstheoretisch gestützte Fehlerrechnung durchgeführt werden. Beispielsweise kann dann angegeben werden, wie groß die Wahrscheinlichkeit ist, daß ein in der Stichprobe realisierter Wert der Prüfvariablen in den Rückweisungsbereich fällt, was ja zur Rückweisung der Nullhypothese führt, obwohl die Nullhypothese in Wahrheit zutrifft. Oder es kann beispielsweise berechnet werden, in welchem Punkt oder in welchen Punkten die Grenze zwischen dem Annahme- und Rückweisungsbereich der Nullhypothese verläuft, wenn die Höhe der Wahrscheinlichkeit vorgegeben wird, daß die Nullhypothese zu Unrecht verworfen wird.

Beispielsweise besagen langjährige Erfahrungen, daß in einer bestimmten Bevölkerungsgruppe der durchschnittliche Zigarettenverbrauch pro Kopf und Tag acht Zigaretten beträgt; die Standardabweichung hat einen Betrag von vier Zigaretten. Behauptet wird, daß sich die durchschnittliche Verbrauchsgewohnheit nicht verändert hat. Diese Behauptung soll im Rahmen einer Stichprobe vom Umfang 100 überprüft werden.

Für die Grundgesamtheit galt somit, daß $\mu = 8$ und $\sigma = 4$. Zu prüfen ist hier die Hypothese, daß der Durchschnittswert unverändert ist, $H_0 : \mu_0 = 8$. Von der Stichprobe, die gezogen werden muß, ist bekannt, daß $n = 100$ sein wird.

Als Prüfvariable eignet sich die Stichprobenvariable $\overline{X}$; denn falls sich der später erhobene Mittelwert der Stichprobe $\overline{x}$ nur relativ wenig vom Wert $\mu_0 = 8$ unterscheidet, stützt dies die Behauptung, daß der Zigarettenverbrauch unverändert im Durchschnitt bei acht Zigaretten liegt. Bei einem relativ großen Unterschied zwischen $\overline{x}$ und $\mu_0 = 8$ könnte die Behauptung hingegen als widerlegt angesehen werden. Die Stichprobenvariable $\overline{X}$ ist für das vorliegende Problem als Prüfvariable des weiteren geeignet, weil ihre Wahrscheinlichkeitsverteilung unter der Nullhypothese bekannt ist. Wie unter Kap. 5.4 dargelegt ist, folgt $\overline{X}$ approximativ der Verteilung $N\left(\mu;\sigma/\sqrt{n}\right)$, so daß für den Fall, daß die Nullhypothese in Wahrheit zutrifft, für den Fall also, daß $\mu = \mu_0$ gilt, $\overline{X}$ approximativ der Verteilung $N\left(\mu_0;\sigma/\sqrt{n}\right)$ folgt.

Nunmehr könnte beispielsweise bei vorgegebener Wahrscheinlichkeit, daß der Stichprobenwert der Prüfvariablen in den Rückweisungsbereich fällt, der Wert der Prüfvariablen bestimmt werden, der den Annahme- vom Rückweisungsbereich trennt. Hierauf wird später in zahlreichen Beispielen ausführlich zurückzukommen sein.

3. Schritt: Festlegung des Annahme- und Rückweisungsbereiches der Nullhypothese. Vor Ziehung einer oder mehrerer Stichproben sollte klar sein, bei welcher Stichprobenrealisation der Prüfvariablen die Nullhypothese angenommen oder verworfen wird. Anderenfalls besteht u.U. die Möglichkeit, den Annahme- und Rückweisungsbereich so zu positionieren, daß ein von vornherein angestrebtes Testergebnis erzeugt wird.

Eine Möglichkeit für die Festlegung des Annahme- und Rückweisungsbereiches besteht in der Vorgabe eines - gewöhnlich nicht großen - Wertes für die Wahrscheinlichkeit, später bei der Testentscheidung den Fehler zu begehen, die in Wahrheit zutreffende Nullhypothese zu verwerfen. Dies ist die Wahrscheinlichkeit, daß die Stichprobenrealisation der Prüfvariablen in den Rückweisungsbereich fällt. Bei unter der Nullhypothese bekannter Wahrscheinlichkeitsverteilung der Prüfvariablen kann dann der Grenzpunkt bzw. können die Grenzpunkte zwischen dem Annahme- und Rückweisungsbereich bestimmt werden. Der Grenzpunkt wird als Rückweisungspunkt oder „kritischer Wert" bezeichnet. Er ist ein zum Rückweisungsbereich zählender Wert der Prüfvariablen.

Des weiteren wird der Fehler, eine in Wahrheit zutreffende Nullhypothese zu verwerfen, als α-Fehler oder Fehler 1. Art bezeichnet. Die eingangs vorgegebene Wahrscheinlichkeit, daß dieser Fehler begangen wird, ist das Signifikanzniveau oder die Irrtumswahrscheinlichkeit. Die Abbildung 6.2 verdeutlicht die eingeführten Begriffe am Beispiel eines einseitigen Rückweisungsbereiches.

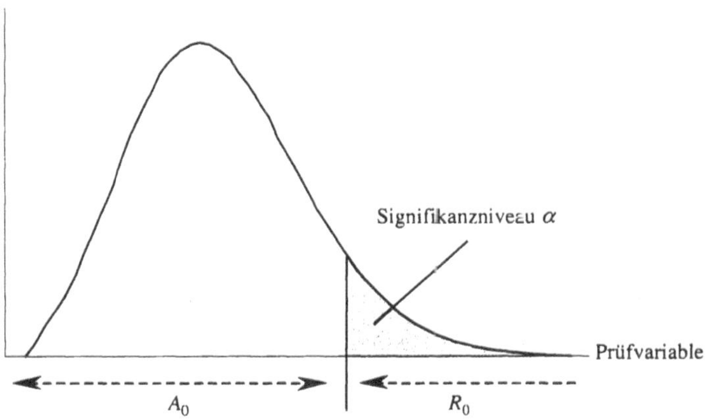

Abb. 6.2: Annahme- und Rückweisungsbereich der Nullhypothese beim Signifikanzniveau α.

Im etwas weiter oben gewählten Beispiel des durchschnittlichen Zigarettenverbrauchs mit

$$\mu = 8,\ \sigma = 4,\ H_0 : \mu_0 = 8 \text{ und } n = 100$$

folgt die Prüfvariable $\overline{X}$ approximativ der Verteilung

$$N\left(\mu_0; \sigma/\sqrt{n}\right) = N(8;0,4).$$

Wenn für das Signifikanzniveau beispielsweise der Wert 5% gesetzt wird, gilt die folgende Ungleichung, durch die der Rückweisungspunkt $\bar{x}_r$ festgelegt ist (wir wählen hier einen einseitigen Rückweisungsbereich, um die Darlegung möglichst gut durchschaubar anzulegen):

$$P\left(\overline{X} \geq \bar{x}_r\right) = 0{,}05 = P\left(K \geq k_r\right) = P\left(K \geq 1{,}645\right).$$

Zwischen $\bar{x}_r$ und k_r besteht wegen $k_r = \dfrac{\bar{x}_r - \mu_0}{\sigma/\sqrt{n}}$ die Beziehung

$$\bar{x}_r = \mu_0 + k_r \cdot \sigma/\sqrt{n},$$

so daß der Rückweisungspunkt im Wert

$$\bar{x}_r = 8 + 1{,}645 \cdot 0{,}4 = 8{,}658$$

liegt. Sollte also in der Stichprobe der Zigarettenverbrauch im Durchschnitt 8,658 oder größer sein, wäre die Hypothese, daß Verbrauch im Durchschnitt bei 8 Zigaretten liegt, widerlegt.

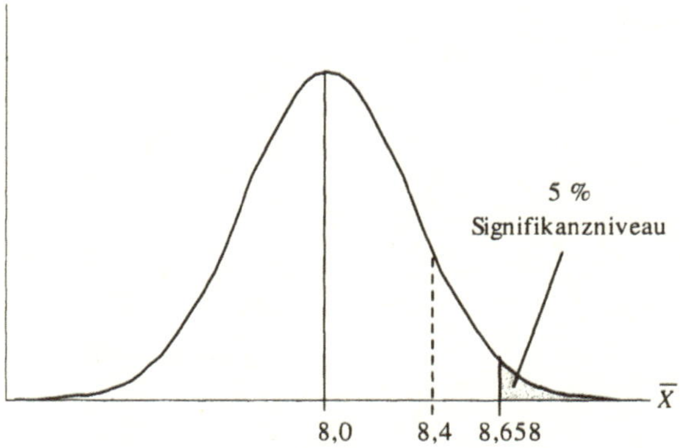

Abb. 6.3: Beispiel eines einfachen Hypothesentestes mit vorgegebenem Signifikanzniveau

Eine andere Möglichkeit für die Festlegung des Annahme- und Rückweisungsbereiches besteht darin, die Stichprobenrealisation der Prüfvariablen als Rückweisungspunkt festzulegen und das hiermit kompatible Signifikanzniveau zu berechnen. Sollte sich ergeben, daß das rechnerische bzw., wie es auch genannt wird, empirische Signifikanzniveau sehr klein ist, so bedeutet dies, daß bei Rückweisung der Nullhypothese eine nur sehr kleine Wahrscheinlichkeit besteht, den Fehler 1. Art zu begehen. In Fällen dieser Art gilt das Resultat der Stichprobe als hoch signifikant.

Falls also ein vorgegebenes Signifikanzniveau größer ist als das rechnerische, ist die Nullhypothese zu verwerfen; denn in diesem Falle liegt der Wert der Prüfvariablen im - indirekt vorgegebenen - Rückweisungsbereich der Nullhypothese.

Ergibt sich beispielsweise im betrachteten Beispiel zum Zigarettenverbrauch in der Stichprobe der Wert $\bar{x} = 9$, so hat das rechnerische Signifikanzniveau wegen

$$P(\overline{X} \geq 9) = P\left(K \geq \frac{9-8}{0,4}\right) = P(K \geq 2,5) = 0,006$$

den Wert 0,6%. Die Rückweisung der Nullhypothese wäre mit einer relativ geringen Irrtumswahrscheinlichkeit verbunden.

4. Schritt: Ziehung der Stichprobe(n). Um feststellen zu können, ob die Stichprobenrealisation der Prüfvariablen im Annahme- oder Rückweisungsbereich liegt, müssen – je nach Problemlage – eine oder mehrere hierfür geeignete Stichproben gezogen werden. Dies sollte natürlich nicht zu Beginn des Hypothesentestes erfolgen, weil in diesem Fall die Gefahr besteht, die Hypothesen unter dem Eindruck der Datenlage so zu formulieren, daß eine Entscheidung über die Annahme oder Zurückweisung vorweggenommen wird.

5. Schritt: Annahme oder Ablehnung der Nullhypothese. Der Höhepunkt des Tests, die Testentscheidung, ist vergleichsweise rasch durchgeführt: Fällt der Stichprobenwert der Prüfvariablen in den Annahmebereich, wird die Hypothese angenommen, d.h. das Resultat in der Stichprobe wird nicht als Widerspruch zur Nullhypothese aufgefaßt. Die zumeist bestehende Unterschiedlichkeit zum Befund in der Stichprobe wird als zufällig zustande gekommen bzw. als „nicht signifikant" bewertet. Fällt der Wert hingegen in den Rückweisungsbereich, wird die Nullhypothese verworfen; d.h. sie wird als empirisch widerlegt angesehen. Der Unterschied zwischen der Nullhypothese und dem entsprechenden Befund in der Stichprobe wird als nicht mehr durch den Zufall allein erklärbar und damit als „signifikant" beurteilt.

Technisch kann diese Entscheidung, wie bereits erläutert, über den Vergleich eines vorgegebenen mit einem rechnerischen Signifikanzniveau durchgeführt werden. Falls ein vorgegebenes Signifikanzniveau größer ist als das rechnerische, ist die Nullhypothese zu verwerfen.

6.3 Hintergründe für richtige und fehlerhafte Testentscheidungen

Richtige und fehlerhafte Testentscheidungen. Wird eine zutreffende Nullhypothese abgelehnt, so wird eine Fehlentscheidung begangen. Dieser Fehler wird Fehler 1. Art oder α-Fehler genannt.

Mit der Annahme einer unzutreffenden Nullhypothese wird ebenfalls ein Fehler begangen. Dieser Fehler ist der Fehler 2. Art oder β-Fehler.

Kein Fehler wird begangen, wenn eine zutreffende Nullhypothese angenommen oder eine unzutreffende Nullhypothese verworfen wird. Diese Fälle sind in der folgenden Übersicht zusammengefaßt.

Unbekannte Wirklichkeit / Testentscheidung	Nullhypothese trifft zu	Nullhypothese trifft nicht zu
Annahme der Nullhypothese	Richtige Testentscheidung	Fehler 2. Art (β -Fehler)
Ablehnung der Nullhypothese	Fehler 1. Art (α -Fehler)	Richtige Testentscheidung

Die Wahrscheinlichkeiten für die einzelnen fehlerhaften bzw. richtigen Testentscheidungen können in der folgenden Weise angegeben werden.

Die Wahrscheinlichkeit für den Fehler 1. Art oder α-Fehler ist eine bedingte Wahrscheinlichkeit. Sie ist die Wahrscheinlichkeit, die Nullhypothese abzulehnen unter der Bedingung, daß die Nullhypothese die unbekannte Wirklichkeit zutreffend beschreibt,

$$P(R_0|H_0)=\alpha .$$

R_0	*Rückweisung der* H_0
H_0	*Nullhypothese*
α	*Wahrscheinlichkeit für den* α *-Fehler, Signifikanzniveau*

Die Wahrscheinlichkeit für die richtige Testentscheidung, eine zutreffende Nullhypothese anzunehmen, ist offensichtlich die zum Signifikanzniveau α komplementäre Wahrscheinlichkeit $1-\alpha$,

$$P(A_0|H_0)=1-\alpha .$$

A_0	*Annahme der* H_0

Die Wahrscheinlichkeit, daß ein Fehler 2. Art oder β-Fehler begangen wird, ist ebenfalls eine bedingte Wahrscheinlichkeit. Sie ist die Wahrscheinlichkeit, die Nullhypothese anzunehmen unter der Bedingung, daß nicht die Nullhypothese, sondern die Alternativhypothese die unbekannte Wirklichkeit zutreffend beschreibt,

$$P(A_0|H_a)=\beta .$$

H_a	*Alternativhypothese*
β	*Wahrscheinlichkeit für den* β *-Fehler*

Die Wahrscheinlichkeit für diesen Fehler kann nur bestimmt werden, wenn die Wahrscheinlichkeitsverteilung der Prüfvariablen „unter der Alternativhypothese" - d.h. für den Fall, daß die Alternativhypothese in Wahrheit zutrifft – bekannt ist. Wenn die Alternativhypothese beispielsweise in einem Parametertest als Bereichshypothese formuliert ist, wie es bei einem

Signifikanztest der Fall ist, findet eine Erörterung des β-Fehlers gewöhnlich nicht statt.

Und schließlich ist die Wahrscheinlichkeit für die richtige Testentscheidung, eine unzutreffende Nullhypothese abzulehnen und somit den Fehler 2. Art zu vermeiden, die zur Wahrscheinlichkeit für den Fehler 2. Art komplementäre Wahrscheinlichkeit $1-\beta$,

$$P(R_0|H_a)=1-\beta.$$

Die Wahrscheinlichkeiten für die fehlerhaften und richtigen Testentscheidungen werden in der folgenden Übersicht zusammengefaßt.

Unbekannte Wirklichkeit / Testentscheidung	Nullhypothese trifft zu	Nullhypothese trifft nicht zu
Annahme der Nullhypothese	$P(A_0\|H_0)=1-\alpha$	$P(A_0\|H_a)=\beta$
Ablehnung der Nullhypothese	$P(R_0\|H_0)=\alpha$	$P(R_0\|H_a)=1-\beta$

In der Abb. 6.4 sind die Wahrscheinlichkeiten für die Fehler 1. und 2. Art beispielhaft dargestellt. Als Prüfvariable ist $\overline{X}$ ausgewählt. Für $\overline{X}$ liegen zwei deckungsgleiche Verteilungen vor, $N(\mu_0;\sigma/\sqrt{n})$ und $N(\mu_a;\sigma/\sqrt{n})$, die sich nur im Erwartungswert voneinander unterscheiden. Für R_0 ist ein zweigeteilter Bereich gewählt.

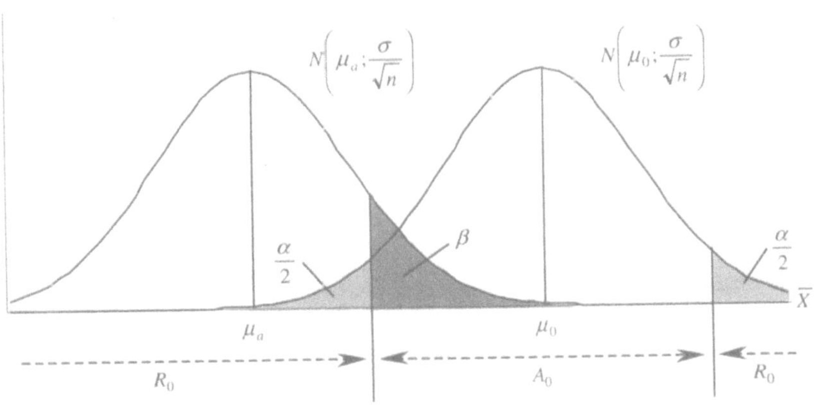

Abb. 6.4: Wahrscheinlichkeiten für den Fehler 1. und 2. Art

An der Abb. 6.4 kann leicht nachvollzogen werden, daß die Wahrscheinlichkeit für den Fehler 2. Art größer wird, wenn μ_a näher an μ_0 heranrückt – und alles andere gleich bleibt. Ferner kann erkannt werden, daß β sinkt, wenn α erhöht wird. Und β sinkt auch, wenn n erhöht wird; denn dann wird $\sigma/\sqrt{n}$ kleiner, so daß die Normalverteilungen schlanker werden und die Rückweisungspunkte näher an μ_0 heranrücken.

Wir befassen uns mit der Aufgabe, die Wahrscheinlichkeit für den Fehler 2. Art zu bestimmen, wenn $\overline{X}$ nach $N(\mu_0;\sigma/\sqrt{n}) = N(8;0{,}4)$ und alternativ nach $N(\mu_a;\sigma/\sqrt{n}) = N(7{,}4;0{,}4)$ verteilt ist.

Bei einem Signifikanzniveau von $\alpha = 5\%$ und einem – wie in der Abb. 6.4 skizzierten - zweiseitigen Rückweisungsbereich für die Nullhypothese liegen die für die Verteilung $N(\mu_0;\sigma/\sqrt{n}) = N(8;0{,}4)$ geltenden Rückweisungspunkte $\bar{x}_{r_1}$ und $\bar{x}_{r_2}$ wegen

$$P(\overline{X} \le \bar{x}_{r_1}, \overline{X} \ge \bar{x}_{r_{21}}) = 5\% = P(K \le -1{,}96, K \ge 1{,}96)$$

in den Werten $\bar{x}_{r_1} = 8 - 1{,}96 \cdot 0{,}4 = 7{,}216$ und $\bar{x}_{r_2} = 8 + 1{,}96 \cdot 0{,}4 = 8{,}784$.

Gesucht ist β, die Wahrscheinlichkeit $P(\bar{x}_{r_1} \le \overline{X} \le \bar{x}_{r_2})$ für die Verteilung $N(\mu_a;\sigma/\sqrt{n}) = N(7{,}4;0{,}4)$. Diese ergibt sich über

$$\begin{aligned} P(7{,}216 \le \overline{X} \le 8{,}784) &= P\left(\frac{7{,}216 - 7{,}4}{0{,}4} \le K \le \frac{8{,}784 - 7{,}4}{0{,}4}\right) = \\ &= P(-0{,}46 \le K \le 3{,}46) \end{aligned}$$

als $\beta = 0{,}677$, wobei die tabellierte Verteilungsfunktion der Standardnormalverteilung genutzt wird.

Falls also in Wahrheit $\mu_a = 7{,}4$ der wahre Mittelwert ist, besteht unter den gegebenen Umständen eine $67{,}7\%$-ige Chance, den Fehler 2. Art zu begehen.

Widerlegung und Bestätigung. Bei einem Hypothesentest gilt die zu prüfende Nullhypothese als widerlegt, wenn der Stichprobenwert der Prüfvariablen in den Rückweisungsbereich der Nullhypothese fällt. Ein empirischer Befund genügt also, eine Nullhypothese zu verwerfen. Gewöhnlich scheidet diese zurückgewiesene Hypothese aus dem Forschungsprozeß aus - obwohl nicht sicher ist, daß kein α-Fehler begangen wird. Wenn die Nullhypothese verworfen wird, gilt die Alternativhypothese als angenommen und indirekt als empirisch gesichert.

Fällt der Stichprobenwert der Prüfvariablen in den Annahmebereich der Nullhypothese, so wird die Nullhypothese angenommen; sie gilt als nicht widerlegt. Damit ist natürlich nicht nachgewiesen, daß die Nullhypothese in Wahrheit zutrifft, weil ja der Stichprobenwert der Prüfvariablen nicht in Widerspruch zu einer anderen Hypothese stehen muß.

Vor diesem Hintergrund betrachten wir die folgende Problematik: Das Anliegen eines Forschers kann sein, eine begründete Vermutung empirisch abzusichern. Wir setzen für alles weitere den Fall, daß seine Vermutung in Wahrheit zutrifft. Sollte er nun die im Zentrum seines Interesses stehende Vermutung im Rahmen eines Testes als Null- oder als Alternativhypothese formulieren?

Falls er seine Vermutung als Nullhypothese formuliert, sollte er bedenken: Widerlegt der Befund der Stichprobe seine Vermutung nicht, so wird sie angenommen; sie scheidet nicht aus dem Forschungsprozeß aus – sie ist aber auch nicht empirisch dagegen abgesichert, daß eine andere Vermutung möglicherweise die bessere Vermutung ist.

Formuliert er seine Vermutung jedoch als Alternativhypothese und das Gegenteil seiner Vermutung als zu prüfende Nullhypothese, so wird die Nullhypothese abgelehnt und scheidet aus dem Forschungsprozeß aus. Das Gegenteil seiner Vermutung ist also widerlegt, so daß seine Vermutung als indirekt bestätigt gelten kann[3].

> Wird beispielsweise vermutet, daß der Anteil der Raucher in der Altersgruppe 15 bis unter 20 Jahren größer ist als der Anteil der Raucher in der Altersgruppe 20 bis unter 25, wird man als Nullhypothese setzen, daß der Anteil in beiden Altersgruppen gleich groß ist. Sollte der statistische Test zur Ablehnung der Nullhypothese führen, wäre damit die Vermutung indirekt bestätigt.

Höhe des β-Fehlers. Wird die Nullhypothese angenommen, scheidet sie nicht aus dem Forschungsprozeß aus. Ein β-Fehler wird hierbei mit der Wahrscheinlichkeit

$$P(A_0|H_a)=\beta$$

[3] Wird andererseits der Fall gesetzt, daß die Vermutung in Wahrheit nicht zutrifft, so ist der Forscher gut beraten, auch in diesem – für ihn natürlich nicht so günstigen - Falle die im Zentrum seines Interesses stehende Vermutung als Alternativhypothese zu formulieren. Denn falls er seine Vermutung als Nullhypothese formuliert, wird sie abgelehnt und scheidet aus dem Forschungsprozeß aus. Formuliert er seine Vermutung jedoch als Alternativhypothese und das Gegenteil seiner Vermutung als zu prüfende Nullhypothese, so wird die Nullhypothese angenommen, was ja immerhin nicht bedeutet, daß sich das Gegenteil seiner Vermutung als richtig erwiesen hat Es besteht immer noch die Möglichkeit, daß auch eine andere Vermutung nicht zurückgewiesen wird.

begangen, wenn die Nullhypothese in Wahrheit nicht zutrifft. Positiv gesagt: Der β-Fehler ist vermieden, wenn eine unzutreffende Nullhypothese als falsch erkannt wird, wofür die Wahrscheinlichkeit

$$P(R_0|H_a) = 1 - \beta$$

spricht.

Falls ein Testverfahren die Eigenschaft besitzt, daß die Wahrscheinlichkeiten für den β-Fehler unter variierenden Alternativhypothesen klein sind, so stellt dies eine positiv hervorzuhebende Eigenschaft dar.

Doch wie kann ein Testergebnis verwendet werden, bei dem die Nullhypothese angenommen wird und unter den Alternativen eine hohe Wahrscheinlichkeit für den β-Fehler besteht? Bei dieser Konstellation ist die Wahrscheinlichkeit ja gering, daß die tatsächlich unzutreffende Nullhypothese als falsch erkannt wird.

Ein Blick auf die Abb. 6.4 zeigt für das Beispiel eines Parametertests, daß die Wahrscheinlichkeit für den β-Fehler bei Konstanz aller übrigen Größen wächst, wenn μ_a näher an μ_0 heranrückt. Wenn die Wahrscheinlichkeit für den β-Fehler jedoch nur deshalb groß ist, weil der Unterschied zwischen μ_a und μ_0 klein ist, spricht dies dann nicht gegen den Einsatz des Testverfahrens, wenn dieser Unterschied für die gestellte Forschungsfrage belanglos ist. Man könnte in Fällen dieser Art sogar der Ansicht sein, daß irrelevante Unterschiede zwischen der Null- und Alternativhypothese „zur Nullhypothese gehören", so daß einige rechnerisch große β-Fehler kein Grund zur Besorgnis sind.

Das „hoch signifikante" Resultat. Wenn trotz eines sehr kleinen Signifikanzniveaus die Nullhypothese abgelehnt wird, so wird diesem „hoch signifikantem" Befund gewöhnlich ein großes Vertrauen entgegen gebracht. Das Signifikanzniveau wird in diesem Zusammenhang fälschlicherweise als eine Art Vertrauensmaß interpretiert: Je kleiner das Signifikanzniveau ist, so wird wohl gedacht, desto höher darf das Vertrauen darin sein, eine Nullhypothese zu Recht verworfen zu haben, desto sicherer ist somit, daß in Wahrheit die Alternativhypothese zutrifft.

Bei dieser Fehlinterpretation besteht also die Vorstellung, daß mit alternativ sinkenden Signifikanzniveaus $P(R_0|H_0) = \alpha$ die Wahrscheinlichkeit steigt, daß die Testentscheidung richtig ist. Richtig ist bei einem „hoch signifikanten" Befund die Testentscheidung, wenn eine unzutreffende Nullhypothese abgelehnt wird. Die Wahrscheinlichkeit hierfür ist die Wahrscheinlichkeit für die Rückweisung der Nullhypothese unter der Bedingung, daß die Alternativhypothese in Wahrheit zutrifft. Dies ist die Wahrscheinlichkeit für die Vermeidung des β -Fehlers, $P(R_0|H_a)=1-\beta$.

Ein Blick auf die Abb. 6.4 entlarvt obige Fehlinterpretation: Mit alternativ sinkenden Signifikanzniveaus sinkt auch die Wahrscheinlichkeit $1-\beta$. Je kleiner das Signifikanzniveau ist, desto unsicherer ist es also, den β -Fehler zu vermeiden, d.h. desto kleiner ist die Wahrscheinlichkeit für die Rückweisung der Nullhypothese unter der Bedingung, daß die Alternativhypothese in Wahrheit zutrifft:

$P(R_0|H_0)=\alpha$ ist als relativ klein gewählt,

$P(R_0|H_a)=1-\beta$ ist dann ebenfalls relativ klein.

Oder mit anderen Worten: Je kleiner das Signifikanzniveau ist, je kleiner also die Wahrscheinlichkeit ist, eine zutreffende Nullhypothese abzulehnen, desto kleiner ist auch die Wahrscheinlichkeit, eine zutreffende Alternativhypothese anzunehmen.

Diese Eigenschaft des Hypothesentestes bedeutet auch, daß die Reproduzierbarkeit eines Effektes bei alternativ sinkendem Signifikanzniveau ebenfalls gemindert wird.

Beispielsweise ist von Interesse, ob ein Merkmal X ein Merkmal Y beeinflußt. Als Nullhypothese wird die Abwesenheit eines Effektes gesetzt, die Unabhängigkeit des Merkmales Y von X, und als Alternativhypothese die Anwesenheit eines Effektes,

H_0: X beeinflußt Y nicht,

H_a: X beeinflußt Y in spezifischer Weise.

Das gewählte Signifikanzniveau ist klein. Dennoch wird die Nullhypothese verworfen. Es besteht die Versuchung, als Testergebnis zu präsentieren, daß die Hypothese der Abwesenheit des Effektes verworfen wird, mithin in „hoch signifikanter Weise" ein Effekt vorliegt.

Tatsächlich gilt aber: Die Wahrscheinlichkeit ist klein, daß die Nullhypothese über die Abwesenheit des Effektes verworfen wird, falls dieser Effekt nicht besteht,

$P(R_0|H_0)=\alpha$ ist als relativ klein gewählt.

Die Wahrscheinlichkeit ist dann aber auch relativ gering, daß in Wahrheit der in der Alternativhypothese festgelegte spezifische Effekt besteht,

$$P(R_0|H_a)=1-\beta$$

ist dann ebenfalls relativ klein.

Einseitiger und zweiseitiger Test. Der Wertebereich der Prüfvariablen kann bei einigen Tests zweigeteilt sein und bei einigen Tests nicht. Manche Signifikanztests, wie etwa die später zu betrachtenden χ^2-Tests, sind stets einseitige Tests, während andere Tests ein- oder zweiseitig verwendet werden können. Manche Tests sind nur für die zweiseitige Fragestellung geeignet, wie etwa Tests für bestimmte Zusammenhangsmaße. Wir werden im jeweiligen Kontext begründen, ob der betrachtete Test ein- bzw. zweiseitig verwendet wird.

Grundsätzlich gilt für den Parametertest folgendes. Wird für einen Parameter, wie etwa für den arithmetischen Mittelwert μ, als Null- und Alternativhypothese

$H_0: \mu = \mu_0$ sowie

$H_a: \mu \neq \mu_0$

gesetzt, so wird die Nullhypothese einfach genannt, weil sie durch einen einzelnen Wert festgelegt ist. Die Alternativhypothese wird hier als zusammengesetzt bezeichnet, weil sie aus mehr als einem Wert besteht. Im vorliegenden Beispiel ist eine Hypothese, hier die Alternativhypothese, zweiseitig angegeben, d.h. sie umfaßt Werte, die auf der linken und rechten Seite von μ_0 liegen. Eine Alternativhypothese der Form

$H_a: \mu_a > \mu_0$ oder der Form $H_a: \mu_a < \mu_0$

stellt demgegenüber jeweils eine einseitige Alternativhypothese dar.

Bei einer einseitigen Nullhypothese sprechen in der Stichprobe nur Abweichungen nach einer Seite für die Alternativhypothese. Deshalb hängt die Frage, ob der Wertebereich von jenen Prüfvariablen, bei denen dies grundsätzlich sinnvoll ist, ungeteilt oder zweigeteilt zu verwenden ist, auch von der Art der Formulierung der Hypothesen ab. Nach Möglichkeit sollten die Hypothesen so formuliert werden, daß sie einseitig getestet werden können, weil das Signifikanzniveau des einseitigen Tests im Vergleich zum Signifikanzniveau α des zweiseitigen Tests bei gleicher Testgüte gewöhnlich nur $\alpha/2$ betragen muß.

Ein einseitiger Test enthält also beispielsweise die Hypothesen

$H_0: \mu \leq \mu_0$ und $H_a: \mu_a > \mu_0$ bzw.

$H_0: \mu \geq \mu_0$ und $H_a: \mu_a < \mu_0$.

Festsetzung der Höhe des Signifikanzniveaus. Die Höhe des Signifikanzniveaus sollte inhaltlich begründet sein, was in der statistischen Praxis nur relativ selten möglich ist. Es hat sich eingebürgert, als Signifikanzniveau den Wert 5% zu wählen, sozusagen aus „Erfahrung und Überzeugung". Des weiteren hat sich durchgesetzt, für das angestrebte „hoch signifikante" Resultat ein Signifikanzniveau von unter 1% zu wählen und sodann das Resultat in der etwas weiter oben erläuterten Art fehlzuinterpretieren.

Für eine durchdachte Festsetzung der Höhe des Signifikanzniveaus sollte beachtet werden: Bei der Wahl eines sehr geringen Signifikanzniveaus, das in der Größenordnung von 1% oder darunter liegt, ist die Wahrscheinlichkeit sehr gering, eine zutreffende Nullhypothese abzulehnen und damit eine unzutreffende Alternativhypothese für wahr zu halten. Relativ hoch ist demgegenüber die Chance für den β-Fehler, mithin die Chance, eine unzutreffende Nullhypothese für wahr zu halten und damit eine zutreffende Alternativhypothese abzulehnen. Nun kommt es ganz darauf an, welche Kosten für den Entscheidenden entstehen, wenn eine der möglichen Fehlentscheidungen getroffen wird.

Falls beispielsweise ein erfolgreich vermarktetes Arzneimittel bezüglich einer bestimmten unerwünschten Nebenwirkung geprüft wird, wobei als Nullhypothese die Abwesenheit der Nebenwirkung formuliert ist, wird vermutlich ein sehr geringes Signifikanzniveau gewählt. Das Begehen eines α-Fehlers würde ja bedeuten, daß sich als Testergebnis ergibt, daß das Medikament eine bestimmte unerwünschte Nebenwirkung hat. Dies ist ein Fehler und kann für den Produzenten teuer werden, wenn er das in Wahrheit vorzügliche Medikament aus den Markt nimmt und durch ein anderes ersetzt. Deshalb kann das Risiko, in Beispielen dieser Art den α-Fehler zu begehen, als Produzentenrisiko aufgefaßt werden.

Das relativ kleine Signifikanzniveau führt aber zugleich dazu, daß im vorliegenden Beispiel die Chance relativ hoch ist, als Testergebnis die Abwesenheit der Nebenwirkung zu erhalten, obwohl das Medikament tatsächlich die fragliche Nebenwirkung hat. Letzteres wäre für den Konsumenten des Medikamentes ein besonderes Risiko, das in Beispielen der vorliegenden Art zu Recht als Konsumentenrisiko interpretiert werden kann.

Effizienz des Tests. Wird, wie bei einem Hypothesentest üblich, das Signifikanzniveau vorgegeben, kann u.U. berechnet werden, wie groß für diesen Hypothesentest die Wahrscheinlichkeiten sind, unter variierenden Alternativhypothesen den β-Fehler zu vermeiden. Jeder Hypothesentest, von denen in den späteren Kapiteln zahlreiche betrachtet werden, besitzt nun wegen seiner spezifischen Modellkonstruktion eine für ihn eigentümliche Wahrscheinlichkeit, den β -Fehler zu vermeiden. Ein Vergleich bezüglich der Qualität von Tests kann sich hieran orientieren: Ein Testverfahren T_1 ist besser als ein Testverfahren T_2, wenn es unter gleichen Bedingungen eine größere Wahrscheinlichkeit für die Vermeidung des β -Fehlers verbürgt.

Für den qualitativen Vergleich zweier Tests wird häufiger das Kriterium der Effizienz eines Tests verwendet, von denen einige Varianten existieren. Als relative Effizienz wird der Quotient zweier Stichprobenumfänge n_1/n_2 bezeichnet, wobei n_1 der für das Prüfverfahren 1 nötige Stichprobenumfang ist, um mit gleicher Wahrscheinlichkeit den β -Fehler zu vermeiden wie das Prüfverfahren 2, für das ein Stichprobenumfang der Größe n_2 vorliegt, wobei dieselbe Alternativhypothese und dasselbe Signifikanzniveau zugrunde gelegt sind. Beträgt der Quotient n_1/n_2 aus den beiden Stichprobenumfängen beispielsweise 0,9 bzw. 90% , so bedeutet dies, daß beide Tests mit gleich großer Wahrscheinlichkeit den β -Fehler vermeiden, wenn das Prüfverfahren 2 bei einem Stichprobenumfang von 100 und das Prüfverfahren 1 bei einem Stichprobenumfang von 90 eingesetzt werden. Das Prüfverfahren 1 ist im Vergleich zum Prüfverfahren 2 also effizienter, weil es mit 90% des Stichprobenumfangs ein gleich gutes Testergebnis erzeugt. Üblicherweise wird das in diesem Sinne effizientere Prüfverfahren mit der 1 numeriert.

Nicht sicher ist, daß der Quotient der Stichprobenumfänge n_1/n_2 eine feste Zahl ist bezüglich alternativer Werte für den Stichprobenumfang und für das Signifikanzniveau. Widrigenfalls werden wir später bei Vergleichen einzelner Prüfverfahren hierauf besonders hinweisen.

Allgemein kann jedoch festgestellt werden, daß Tests für metrisch skalierte Untersuchungsvariablen effizienter sind als Tests für ordinal- oder nominalskalierte Variablen.

6.4 Softwarelösungen

In diesem Kapitel wurde als Muster eines Signifikanztests ein Mittelwerttest vorgeführt (siehe Abschnitt 6.2). Ein solcher Test kann sehr gut mit dem Statistikprogramm SPSS durchgeführt werden, wobei die entsprechende SPSS-Prozedur allerdings voraussetzt, daß die Standardabweichung der Grundgesamtheit nicht bekannt ist, was dem praktischen Anwendungsfall in der Regel entspricht. Im obigen Demonstrationsbeispiel war aber diese Standardabweichung mit $\sigma = 4$ bekannt. Deshalb setzen wir

SPSS nicht ein, sondern nutzen wieder die Funktion NORMVERT des Excel-Funktionsassistenten (siehe Kapitel 4.6).

Es soll die Hypothese getestet werden, der tagesdurchschnittliche Zigarettenkonsum liege bei 8 Zigaretten. Die Standardabweichung der Grundgesamtheit beträgt $\sigma = 4$ Zigaretten. Das Signifikanzniveau sei $\alpha = 10\%$ beidseitig. Es wird eine Zufallsstichprobe vom Umfang $n = 100$ gezogen, in der sich ein arithmetisches Mittel von $\bar{x} = 9$ ergibt. Die einzusetzende Stichprobenverteilung ist approximativ eine Normalverteilung mit dem Mittelwert 8 und der Standardabweichung 0,4.

Gibt man jetzt in eine freie Zelle einer Excel-Tabelle ein:

=NORMVERT(9;8;0,4;1),

so ergibt sich der Wert 0,9938. Die von Excel berechnete Wahrscheinlichkeit gilt dafür, daß der Stichprobenmittelwert 9 nicht überschritten wird. Die gesuchte Wahrscheinlichkeit ist die Komplementärwahrscheinlichkeit, also $1 - 0{,}9938 = 0{,}0062$. Es besteht somit eine geringe Wahrscheinlichkeit dafür, daß ein Stichprobenmittelwert von 9 oder ein noch weiter von der Nullhypothese abweichender Wert auftritt. Diese Wahrscheinlichkeit ist kleiner als das vorgegebene Signifikanzniveau, so daß die zu prüfende Hypothese verworfen wird.

7 Das Schätzen von Parametern der Grundgesamtheit

7.1 Punktschätzung

Häufig liegt keine Information über die Parameter bzw. statistischen Maßzahlen oder Einzelwerte der Grundgesamtheit vor. Eine mehr oder weniger präzise Vorstellung über ihre Größenordnung kann nur über Merkmalswerte gewonnen werden, die in der Stichprobe gemessen worden sind. Versucht wird nun, die wahren und nicht bekannten Werte für die Parameter bzw. statistischen Maßzahlen unter Verwendung des Befundes in der Stichprobe auf einem gangbaren Weg möglichst gut abzuschätzen.

Das Verfahren, das für den Parameter der Grundgesamtheit einen geeigneten Schätzwert bestimmt, wird als Schätzverfahren bezeichnet. Wird ein Grundgesamtheitsparameter lediglich durch einen einzelnen Wert geschätzt, wird die Schätzung als Punktschätzung bezeichnet. Wird der Parameter durch mehrere Werte geschätzt, ist die Schätzung eine Intervallschätzung.

Intuitiv naheliegende Schätzung. Plausibel erscheint das Schätzverfahren, einen unbekannten Grundgesamtheitsparameter bzw. eine unbekannte statistische Maßzahl der Grundgesamtheit durch die entsprechende Maßzahl der Stichprobe abzuschätzen. Als mögliche Begründung hierfür kann - mit Blick auf die Übersicht am Ende des Kapitels 5.4 - die folgende Argumentation dienen: Für einige Stichprobenverteilungen, wie die für das arithmetische Mittel, den Anteilswert oder für die Differenz zweier Mittelwerte, kann festgestellt werden, daß ihr Durchschnittswert jeweils mit dem Wert für den entsprechenden Parameter in der Grundgesamtheit übereinstimmt.

So gilt beispielsweise $E(\overline{X}) = \mu$, $E(P) = \pi$, $E(\overline{X}_1 - \overline{X}_2) = \mu_1 - \mu_2$.

> In einer Universitätsstadt soll die unbekannte Durchschnittsmiete der Studierenden ermittelt werden. In der Zufallsstichprobe liegt der Wert bei 600.– DM. Naheliegend ist die Verallgemeinerung, daß ungefähr dieser Wert für alle Studierenden gültig ist.

> Von Interesse kann sein, wie stark sich die Anteile der Wähler einer bestimmten Partei in zwei Bundesländern voneinander unterscheiden. Die Wähleranteile in zwei Wahlbezirken der Bundesländer unterscheiden sich um 9%. Plausibel ist die Schätzung, daß dies ungefähr auch für die beiden Länder insgesamt gilt, sofern natürlich die Wahlbezirke

so ausgewählt sind, daß sie als für das jeweilige Bundesland repräsentativ angesehen werden können.

Derartige intuitiv naheliegende Schätzungen[1] haben den Vorteil, daß sie äußerst einfach durchgeführt werden können und insbesondere keine Voraussetzung bezüglich der Verteilung in der Grundgesamtheit bedingen. Was von den Schätzungen zu halten ist, wird im nächsten Abschnitt 7.2 unter „Güte der Punktschätzung“ erörtert.

Maximum-Likelihood-Schätzung. Die leitende Idee eines Punktschätzverfahrens, das auf *R.A. Fisher* (1922) zurückgeht und unter der kaum übersetzbaren Bezeichnung „Maximum-Likelihood-Schätzung“[2] bekannt ist, erscheint klar und einfach: Man sollte einen Parameter der Grundgesamtheit so schätzen, daß der entsprechende Wert, der in der Stichprobe beobachtet worden ist, unter allen anderen möglichen Werten, die ebenfalls hätten beobachtet werden können, die größte Chance hatte, realisiert zu werden. Gemäß dieser einleuchtenden Idee wird also davon ausgegangen, daß in der vorliegenden Zufallsstichprobe nichts Außerordentliches beobachtet wird, sondern das, was eine maximale Chance hatte, beobachtet zu werden. Die gegenteilige Position ist im Grunde nicht zu rechtfertigen; denn wie könnte begründet werden, daß eine Zufallsstichprobe nicht das Übliche, Normale oder Verbreitete zeigt, sondern das Ungewöhnliche oder Seltene?

Die leitende Idee der Maximum-Likelihood-Schätzung wird auf dem folgenden Weg gewahrt. Betrachtet wird zunächst eine diskrete Zufallsvariable X, von der bekannt ist, welchem Verteilungstyp sie folgt. Die entsprechende Wahrscheinlichkeitsverteilung ist festgelegt, wenn der Wert des expliziten Parameters θ vorliegt.

$$P(x_i|\theta),\ i=1,\ldots,n,$$

bezeichnet die Wahrscheinlichkeit, daß der einzelne Wert $x_i, i=1,\ldots,n$, in einer einfachen Zufallsstichprobe realisiert wird, wobei die Bedingung besteht, daß der explizite Parameter der Verteilung von X den Wert θ hat. Dann entspricht die Wahrscheinlichkeit, daß die n Werte $\{x_1,\ldots,x_n\}$ in der Stichprobe realisiert werden, dem Produkt der Einzelwahrscheinlichkeiten[3],

---

[1] Hierzu zählt auch die sog. Momentenmethode, die wir nicht gesondert betrachten, weil sie sich im wesentlichen nicht vom intuitiv plausiblen Ansatz unterscheidet.

[2] „Methode der maximalen Mutmaßlichkeit“.

[3] Für $P(\{x_1,\ldots,x_n\}|\theta)$ wird häufig kürzer $P(\{x_1,\ldots,x_n\})$ geschrieben.

$$P(\{x_1,\dots,x_n\}|\theta) = P(x_1|\theta)\cdot\ldots\cdot P(x_n|\theta).$$

In der vorliegenden Schätzsituation sind die Werte in der Stichprobe sowie der Verteilungstyp von X bekannt. Unbekannt ist der Parameter θ, so daß auch die Wahrscheinlichkeit für die Realisation der n Werte $\{x_1,\ldots,x_n\}$ nicht bekannt ist. Wenn nun alternative Werte $\hat{\theta}$ für den unbekannten Parameter θ vorgegeben werden, kann diese Wahrscheinlichkeit entsprechend alternativ bestimmt werden, was algebraisch geschrieben werden könnte als

$$P(\{x_1,\dots,x_n\}|\hat{\theta}) = P(x_1|\hat{\theta})\cdot\ldots\cdot P(x_n|\hat{\theta}) \quad \text{für alternative } \hat{\theta},$$

was jedoch unüblich ist.

Seit *Fisher* wird die Funktion, die die Beziehung zwischen den Wahrscheinlichkeiten für die Realisation der n Stichprobenwerte $\{x_1,\ldots,x_n\}$ und den alternativen Werten $\hat{\theta}$ für θ beschreibt, als Likelihood-Funktion des Parameters θ bezeichnet und in ausführlicher Notation[4] durch

$$L(\hat{\theta}|\{x_1,\ldots,x_n\})$$

kenntlich gemacht. Sie bringt zum Ausdruck, daß $\{x_1,\ldots,x_n\}$ vorgegeben bzw. konstant ist und die Likelihood für $\hat{\theta}$ hiervon abhängt. Faktisch stellt die Likelihood eine Wahrscheinlichkeit dar, die jedoch aus einer neuen Perspektive gesehen wird.

Der Begriff Wahrscheinlichkeit, der im Kontext von $P(\{x_1,\dots,x_n\}|\hat{\theta})$ sinnvoll verwendet werden kann, wird bei $L(\hat{\theta}|\{x_1,\ldots,x_n\})$ in den Begriff Likelihood (Mutmaßlichkeit) geändert, weil einem Parameter streng genommen keine Wahrscheinlichkeit zugeordnet werden kann; denn sein Wert ist nicht durch den Zufall bestimmt. Für oder gegen einzelne alternative Werte $\hat{\theta}$ als bester Schätzwert für θ sprechen nur die jeweiligen Wahrscheinlichkeiten für die Stichprobenrealisation $\{x_1,\ldots,x_n\}$. Likelihoods sind somit Beträge[5], die die Stärke der Plausibilität zum Ausdruck bringen, daß $\hat{\theta}$ der unbekannte Parameter θ ist.

---

[4] Für $L(\hat{\theta}|\{x_1,\ldots,x_n\})$ wird häufig kürzer $L(\hat{\theta})$ oder $L(\theta)$ geschrieben. Die Schreibweise $L(\theta)$ verdient im Grunde den Vorzug, weil sich die Höhe der Likelihood auf den unbekannten Parameter bezieht. Die Abkürzung $L(\hat{\theta})$ betont, daß es nicht eine, sondern in Abhängigkeit alternativer Werte für $\hat{\theta}$ unterschiedliche Likelihoods für θ gibt.

[5] Im Falle der stetigen Zufallsvariablen stellen die Beträge Dichten dar.

Für eine Schätzung von θ, die das Ziel verfolgt, diesen Parameter so zu bestimmen, daß die Realisation der Stichprobenwerte $\{x_1, \ldots, x_n\}$ eine maximale Chance hatte, muß die Likelihood-Funktion maximiert werden[6]. Der Wert $\hat{\theta}$, bei dem die Likelihood-Funktion ihr Maximum hat, ist der Maximum-Likelihood-Schätzwert für den unbekannten Parameter θ. Er wird auch kurz ML-Schätzwert für θ genannt.

Beispielsweise ist eine binomialverteilte Zufallsvariable für ein zu lösendes Problem von Wichtigkeit. Eine Stichprobe vom Umfang $n = 500$ ergibt, daß der Anteilswert dort

$p = x/n = 377/500 = 0{,}754$ ist.

Man schätze den entsprechenden Grundgesamtheitsparameter π.

Die Likelihood-Funktion, die faktisch die Wahrscheinlichkeit angibt, daß in der Stichprobe die Anteilswertvariable P den Wert $p = 0{,}754$ realisiert bzw. die Variable $X = nP$ den Wert $x = 377$, wobei für π alternative Werte $\hat{\pi}$ zu setzen sind, ist

$$L(\hat{\pi}) = \binom{500}{377} \hat{\pi}^{377} (1 - \hat{\pi})^{123} \quad \text{bzw. logarithmiert}$$

$$\ln L(\hat{\pi}) = \ln \binom{500}{377} + 377 \ln \hat{\pi} + 123 \ln(1 - \hat{\pi}).$$

Als Maximum ergibt sich nach Differenzieren und Nullsetzen

$$\frac{\delta \ln L}{\delta \hat{\pi}} = \frac{377}{\hat{\pi}} - \frac{123}{1 - \hat{\pi}} = 0, \qquad (1 - \hat{\pi})377 = 123\hat{\pi}, \qquad \hat{\pi} = 0{,}754.$$

Der ML-Schätzwert $\hat{\pi}$ für den unbekannten Anteilswert π in der Grundgesamtheit ist, wie obiges Beispiel zeigt, der Anteilswert p in der Stichprobe,

$$\pi \approx \hat{\pi} = p.$$

Im Vergleich zur intuitiv naheliegenden Schätzung besteht also kein Unterschied. Dies gilt auch, wenn die beiden expliziten Parameter μ und σ einer normalverteilten Grundgesamtheit zu schätzen sind. Wie sich zeigen

---

[6] Oft ist es einfacher, die logarithmierte Likelihood-Funktion $\ln L$ zu maximieren. $\ln L$ hat beim gleichen Wert $\hat{\theta}$ das Maximum wie die nichtlogarithmierte Funktion L, da $\ln L$ eine monotone Transformation von L ist.

läßt[7], ergeben sich als ML-Schätzwerte $\hat{\mu}$ und $\hat{\sigma}$ die entsprechenden Maßzahlen $\bar{x}$ und s der Stichprobe,

$$\mu \approx \hat{\mu} = \bar{x}, \qquad \sigma \approx \hat{\sigma} = s.$$

Die Verwendung der Maximum-Likelihood-Methode ist teilweise mit erheblichen mathematischen Schwierigkeiten verbunden. In einigen Fällen, wie beispielsweise bei der Schätzung des Logit-Modells, mit dem sich Kapitel 16.2 befaßt, muß ein nichtlineares Gleichungssystem gelöst werden. Für dessen iterative Lösung können verschiedene Verfahren eingesetzt werden, über die der Verwender der entsprechenden statistischen Software zumeist im unklaren gelassen wird.

Gegen die Verwendung der Maximum-Likelihood-Methode spricht, daß sie die Kenntnis über das Verteilungsgesetz in der Grundgesamtheit voraussetzt, was nicht immer gerechtfertigt ist.

Die Methode der kleinsten Quadrate ist eine weitere Schätzmethode, deren bedeutendste Verwendungsrichtung im Bereich der Regressionsmodelle liegt. Sie wird im Rahmen des Kapitels 15.1 erläutert

Allgemein gilt, daß - bei aller Verschiedenheit der Schätzverfahren - festgestellt werden kann, daß ihre Ergebnisse zumindest in einfachen Fällen weitgehend übereinstimmen.

7.2 Güte der Punktschätzung

Wann ist eine Punktschätzung eine gute Schätzung? Für die Beantwortung der Frage nach der Qualität oder Güte einer Punktschätzung bedarf es der Vorgabe eines geeigneten Kriteriums bzw. mehrerer Kriterien, falls es keines gibt, das allen Wünschen gerecht wird.

Die hierfür verwendeten Kriterien beziehen sich auf die Schätzfunktion bzw. den Schätzer

---

7 $L(\hat{\mu},\hat{\sigma}) = f(x_1)\cdot\ldots\cdot f(x_n) = \prod_{i=1}^{n} \frac{1}{\hat{\sigma}\sqrt{2\pi}} e^{-\frac{1}{2}\left(\frac{x_i-\hat{\mu}}{\hat{\sigma}}\right)^2} = \left(\frac{1}{2\pi\hat{\sigma}^2}\right)^{\frac{n}{2}} e^{-\frac{1}{2\hat{\sigma}^2}\sum_i (x_i-\hat{\mu})^2}$,

$$\ln L = \frac{n}{2}\ln\left(2\pi\hat{\sigma}^2\right) - \frac{1}{2\hat{\sigma}^2}\sum_i (x_i-\hat{\mu})^2 .$$

$\frac{\delta \ln L}{\delta\hat{\mu}} = \frac{1}{2\hat{\sigma}^2}2(-1)\sum_i (x_i-\hat{\mu}) = \frac{1}{\hat{\sigma}^2}\sum_i (x_i-\hat{\mu})$, $\qquad \frac{\delta \ln L}{\delta\hat{\sigma}^2} = -\frac{n}{2}\cdot\frac{1}{\hat{\sigma}^2} + \frac{1}{2\hat{\sigma}^4}\sum_i (x_i-\hat{\mu})^2$.

$\frac{1}{\hat{\sigma}^2}\sum_i (x_i-\hat{\mu}) = 0$, $\qquad \sum_i (x_i-\hat{\mu}) = 0$. $\quad$ Diese Summe ist null, falls gilt, daß $\hat{\mu} = \bar{x}$.

$-\frac{n}{2}\cdot\frac{1}{\hat{\sigma}^2} - \frac{1}{2\hat{\sigma}^4}\sum_i (x_i-\hat{\mu})^2 = 0$, $\qquad \hat{\sigma}^2 = \frac{1}{n}\sum_i (x_i-\hat{\mu})^2 = \frac{1}{n}\sum_i (x_i-\bar{x})^2 = s^2$.

$$\hat{\theta} = \hat{\theta}(X_1, \ldots, X_n).$$

Die Schätzfunktion ist eine Stichprobenfunktion (zur Stichprobenfunktion siehe Kap. 5.3). Sie gibt an, wie die Punktschätzung $\hat{\theta}$ für den unbekannten Grundgesamtheitsparameter θ unter Verwendung der Stichprobenvariablen $\{X_1, \ldots, X_n\}$ bestimmt wird[8]. Formal besitzt $\hat{\theta}$ die Eigenschaften einer Zufallsvariablen, weil die Stichprobenvariablen bekanntlich unabhängige Zufallsvariablen mit gleichen Verteilungen sind.

Ob eine Schätzung gut ist oder weniger gut, läßt sich daran messen, ob die verwendete Schätzfunktion wünschenswerte Eigenschaften besitzt.

Im folgenden gehen wir auf eine wünschenswerte Eigenschaft, die Erwartungstreue, relativ ausführlich ein und erwähnen anschließend nur kurz ein weiteres, nicht minder wichtiges Kriterium, das der Effizienz, nur am Rande. Eine eingehende Betrachtung dieses Kriteriums sowie das der Konsistenz würde den Rahmen des vorliegenden einführenden Textes sprengen.

Erwartungstreue. In anschaulicher Interpretation läßt sich die Forderung, daß die Punktschätzung, die ein Schätzverfahren liefert, erwartungstreu sein sollte, wie folgt darlegen. Wird eine Zufallsstichprobe gezogen, so läßt sich unter Beachtung der entsprechenden Vorschrift des verwendeten Schätzverfahrens aus den Stichprobenwerten ein Schätzwert $\hat{\theta}$ für den unbekannten Grundgesamtheitsparameter θ bestimmen. Wird nun erneut eine Zufallsstichprobe des gleichen Umfanges gezogen, so läßt sich erneut ein Schätzwert $\hat{\theta}$ bestimmen. Diese Prozedur läßt sich gedanklich sehr häufig fortsetzen. Falls nun der Durchschnittswert, der sich aus den sehr vielen und zumeist unterschiedlich großen Schätzwerten $\hat{\theta}$ berechnen läßt, dem Wert θ des unbekannten Grundgesamtheitsparameters entspricht, so ist die Schätzung im Durchschnitt eine gute Schätzung; denn sie weicht im Durchschnitt nicht vom wahren und unbekannten Wert des Parameters der Grundgesamtheit ab. Eine Schätzfunktion mit dieser Eigenschaft ist erwartungstreu oder unverzerrt, d.h. sie besitzt keinen „bias" (systematischen Fehler).

Eine Schätzfunktion $\hat{\theta} = \hat{\theta}(X_1, \ldots, X_n)$ ist also erwartungstreu, wenn sie der Forderung

$$E(\hat{\theta}) = \theta$$

---

[8] Wird die Punktschätzung auf die Stichprobenwerte $\{x_1, \ldots, x_n\}$ bezogen, bezeichnet $\hat{\theta} = \hat{\theta}(x_1, \ldots, x_n)$ nicht die Schätzfunktion, sondern den einzelnen Schätzwert.

genügt.

Asymptotisch erwartungstreu ist eine Schätzfunktion, wenn sie diese Bedingung nur bei $n \to \infty$ erfüllt.

Wird das arithmetische Mittel der Grundgesamtheit durch das arithmetische Mittel der Stichprobe geschätzt, was sowohl intuitiv naheliegend wie auch ein Ergebnis der Maximum-Likelihood-Schätzung bei normalverteilter Grundgesamtheit ist,

$$\mu \approx \hat{\mu} = \bar{x},$$

so ist diese Art der Schätzung erwartungstreu[9]:

$$E(\hat{\mu}) = E(\bar{X}) = \mu .$$

Da ein Anteilswert als spezielles arithmetisches Mittel interpretiert werden kann (siehe Kap. 5.4), ist auch die Schätzung

$$\pi \approx \hat{\pi} = p$$

erwartungstreu.

Hingegen ist die intuitiv naheliegende und durch die Maximum-Likelihood-Schätzung gestützte Schätzung der Varianz gemäß

$$\sigma^2 \approx \hat{\sigma}^2 = s^2$$

nicht erwartungstreu[10]. Es ergibt sich für den Erwartungswert der Schätzfunktion nicht σ^2, sondern ein etwas kleinerer Wert,

---

[9] $E(\hat{\mu}) = E(\bar{X}) = E(1/n \sum X_i) = 1/n \sum E(X_i) = 1/n \cdot n\mu = \mu$

[10] $E(\hat{\sigma}^2) = E(s^2) = E\left[1/n \sum (X_i - \bar{X})^2\right] = E\left\{1/n \cdot \sum \left[(X_i - \mu) - (\bar{X} - \mu)\right]^2\right\}$

$$= E\left[1/n \cdot \sum (X_i - \mu)^2 - 2(\bar{X} - \mu) 1/n \cdot \sum (X_i - \mu) + (\bar{X} - \mu)^2\right]$$

$$E(\hat{\sigma}^2) = 1/n \cdot E\left[\sum (X_i - \mu)^2\right] - 2E\left[(\bar{X} - \mu) 1/n \cdot \sum (X_i - \mu)\right] + E\left[(\bar{X} - \mu)^2\right]$$

Der zweite Summand in der obigen Gleichung kann umgeformt werden,

$$-2E\left[(\bar{X} - \mu) 1/n \cdot \sum (X_i - \mu)\right] = -2E\left[(\bar{X} - \mu) 1/n \cdot \left(\sum X_i - n\mu\right)\right]$$
$$= -2E\left[(\bar{X} - \mu)(\bar{X} - \mu)\right] = -2E\left[(\bar{X} - \mu)^2\right],$$

so daß sich ergibt:

$$E(\hat{\sigma}^2) = 1/n \cdot E\left[\sum (X_i - \mu)^2\right] - 2E\left[(\bar{X} - \mu)^2\right] + E\left[(\bar{X} - \mu)^2\right]$$
$$= 1/n \cdot \sum E\left[(X_i - \mu)^2\right] - E\left[(\bar{X} - \mu)^2\right],$$

$$E(\hat{\sigma}^2) = 1/n \cdot \sum \sigma^2 - \sigma^2/n = \sigma^2 - \sigma^2/n = \frac{n-1}{n}\sigma^2 .$$

$$E(\hat{\sigma}^2) = E(S^2) = \frac{n-1}{n}\sigma^2,$$

so daß die unbekannte Varianz der Grundgesamtheit etwas unterschätzt wird. Dem Ergebnis kann entnommen werden, wie eine erwartungstreue Schätzfunktion $\hat{\sigma}_1{}^2$ konstruiert werden muß:

$$\hat{\sigma}_1{}^2 = \frac{1}{n-1}\sum(X_i - \overline{X})^2 .$$

Für die geänderte Schätzfunktion $\hat{\sigma}_1{}^2$ gilt die Erwartungstreue[11]:

$$E(\hat{\sigma}_1{}^2) = E(S_1{}^2) = \sigma^2 .$$

Dies ist der Grund, daß man die Stichprobenvarianz bei kleineren Stichprobenumfängen häufig so bestimmt, daß die Summe der Quadrate durch $n-1$ und nicht durch n dividiert wird.

Effizienz. Zwei Schätzfunktionen $\hat{\theta}_1$ und $\hat{\theta}_2$ für denselben Grundgesamtheitsparameter θ können sich darin unterscheiden, daß ihr jeweiliger durchschnittlicher quadratischer Abstand zum Parameter θ,

$$E\left[(\hat{\theta}_1 - \theta)^2\right] \text{ bzw. } E\left[(\hat{\theta}_2 - \theta)^2\right]$$

verschieden groß ist. Wenn für alle θ gilt, daß

$$E\left[(\hat{\theta}_1 - \theta)^2\right] \leq E\left[(\hat{\theta}_2 - \theta)^2\right],$$

so wird $\hat{\theta}_1$ im Vergleich zu $\hat{\theta}_2$ als effizienter (wirksamer) angesehen.

Selbstverständlich ist die effizientere Schätzfunktion vorzuziehen, weil die einzelnen Schätzungen im Durchschnitt näher am wahren Grundgesamtheitsparameter liegen. Besondere Probleme ergeben sich, wenn $\hat{\theta}_1$ die effizientere Schätzfunktion ist, aber im Gegensatz zu $\hat{\theta}_2$ nicht erwartungstreu ist.

---

[11] $E(\hat{\sigma}^2) = \frac{n-1}{n}\sigma^2, \quad \frac{n}{n-1}E(\hat{\sigma}^2) = \sigma^2, \quad \frac{n}{n-1}E\left(\frac{n-1}{n}\hat{\sigma}_1{}^2\right) = \sigma^2, \quad E(\hat{\sigma}_1{}^2) = \sigma^2 .$

7.3 Intervallschätzung

Die Punktschätzung allein hat nur eine begrenzte Bedeutung, selbst wenn sie noch so viele Gütesiegel trägt; denn im Unklaren bleibt, wie sicher man sein kann, daß sie eine akzeptable Nähe zum wahren Grundgesamtheitsparameter aufweist. Wünschenswert ist deshalb eine Information über das Intervall, innerhalb dessen Grenzen der Parameter der Grundgesamtheit mit vorgegebener Sicherheit liegt.

Die Konstruktion eines derartigen Intervalls soll im folgenden nicht in allgemeiner Form, sondern am Beispiel des arithmetischen Mittels bei großem Stichprobenumfang vorgenommen werden, weil das Konstruktionsverfahren für den Ungeübten auf diesem Weg leichter verstehbar ist.

Ausgangspunkt ist eine einfache Zufallsstichprobe, deren Umfang relativ groß ist. Die Stichprobenverteilung des arithmetischen Mittels $\overline{X}$ folgt somit (siehe Kap. 5.4) approximativ der Verteilung $N(\mu;\sigma/\sqrt{n})$. σ soll bekannt sein bzw. ohne großen Fehler durch s, die Standardabweichung in der Stichprobe, geschätzt werden können.

Bevor die Stichprobe gezogen wird, läßt sich bei bekanntem μ und vorgegebener Wahrscheinlichkeit[12] $1-\alpha$ berechnen, in welchem Bereich $[\overline{x}_1;\overline{x}_2]$ der Stichprobenmittelwert $\overline{x}$ liegen wird,

$$P(\overline{x}_1 \le \overline{X} \le \overline{x}_2) = 1-\alpha .$$

Wird für $\overline{x}_1$ und $\overline{x}_2$ gemäß der Standardisierungsformel $k = \dfrac{\overline{x}-\mu}{\sigma/\sqrt{n}}$ bzw. $\overline{x} = \mu + k\,\sigma/\sqrt{n}$ eingesetzt, ändert sich die algebraische Form des Bereichs in $[\mu + k_1\,\sigma/\sqrt{n}\,;\mu + k_2\,\sigma/\sqrt{n}]$, so daß gilt:

$$P(\mu + k_1\,\sigma/\sqrt{n} \le \overline{X} \le \mu + k_2\,\sigma/\sqrt{n}) = 1-\alpha .$$

Hierbei sollte beachtet werden, daß k_1 ein negatives Vorzeichen hat.

Die in der Klammer stehende Ungleichung läßt sich nun so umformen[13], daß zwischen den Ungleichheitszeichen μ steht:

---

[12] In der Literatur wird diese Wahrscheinlichkeit überwiegend mit $1-\alpha$ abgekürzt, was zu einem Mißverständnis führen kann. $1-\alpha$ bezeichnet selbstverständlich nicht die Wahrscheinlichkeit, daß der α-Fehler vermieden wird. Im vorliegenden Kontext des Schätzens wird die Verteilung $N(\mu;\sigma/\sqrt{n})$ betrachtet und nicht etwa $N(\mu_0;\sigma/\sqrt{n})$, die Verteilung unter der Nullhypothese, die im Kontext des Testens bedeutsam ist.

[13] $P(\mu + k_1\,\sigma/\sqrt{n} \le \overline{X} \le \mu + k_2\,\sigma/\sqrt{n}) = 1-\alpha$.

$$P\left(\overline{X}-k_2\,\sigma/\sqrt{n}\le\mu\le\overline{X}-k_1\,\sigma/\sqrt{n}\right)=1-\alpha\,.$$

Das durch die zwei Zufallsvariablen $\overline{X}-k_2\,\sigma/\sqrt{n}$ sowie $\overline{X}-k_1\,\sigma/\sqrt{n}$ gebildete Intervall

$$\left[\overline{X}-k_2\,\sigma/\sqrt{n}\,;\overline{X}-k_1\,\sigma/\sqrt{n}\right]$$

wird Zufallsintervall genannt. Ein konkretes Intervall, dessen Endpunkte feste Werte sind, kann natürlich erst nach Ziehung der Stichprobe angeben werden.

Das Zufallsintervall kann auf die folgende aufschlußreiche Weise interpretiert werden: Die Wahrscheinlichkeit beträgt $1-\alpha$, daß $\overline{X}$ in der Stichprobe einen Wert realisiert, der zu einem realisierten Intervall

$$\left[\overline{x}-k_2\,\sigma/\sqrt{n}\,;\overline{x}-k_1\,\sigma/\sqrt{n}\right]$$

führt, das μ einschließt[14]. Diese Interpretation hat auch für die Stichprobenrealisation des Zufallsintervalls Bedeutung.

Nach Ziehung der Stichprobe liegt $\overline{x}$ vor und somit auch eine Stichprobenrealisation des Zufallsintervalls. Einer einzelnen Stichprobenrealisation läßt sich natürlich keine Wahrscheinlichkeit $1-\alpha$ mehr zuordnen, wie es für das Zufallsintervall vor Ziehung der Stichprobe noch möglich war. Der Wert $1-\alpha$ kann nach Ziehung der Stichprobe aber als Maß des Vertrauens dienen, daß das realisierte Intervall Grenzen hat, die μ einschließen. Die Stichprobenrealisation des Zufallsintervalls wird deshalb Vertrauensbereich oder Konfidenzintervall genannt und die Höhe des Vertrauens Vertrauensniveau oder Konfidenzniveau.

Als abkürzende Notation für die untere (Index u) und obere Grenze (Index o) des Vertrauensbereiches hat sich für den vorliegenden Fall des arithmetischen Mittels

$$\left[\overline{x}-k_2\,\sigma/\sqrt{n}\,;\overline{x}-k_1\,\sigma/\sqrt{n}\right]=\left[\hat{\mu}_u;\hat{\mu}_o\right]$$

durchgesetzt, und als Notation für die gesamte Ungleichung

In der Ungleichung wird $-\mu-\overline{X}$ addiert:

$$P\left(-\overline{X}+k_1\,\sigma/\sqrt{n}\le-\mu\le-\overline{X}+k_2\,\sigma/\sqrt{n}\right)=1-\alpha\,.$$

Nach Multiplikation mit (-1) ergibt sich:

$$P\left(\overline{X}-k_1\,\sigma/\sqrt{n}\ge-\mu\ge\overline{X}-k_2\,\sigma/\sqrt{n}\right)=1-\alpha\,,$$

$$P\left(\overline{X}-k_2\,\sigma/\sqrt{n}\le\mu\le\overline{X}-k_1\,\sigma/\sqrt{n}\right)=1-\alpha\,.$$

[14] Auch hier sollte beachtet werden, daß k_1 ein negatives Vorzeichen hat.

$Konf.(\hat{\mu}_u \leq \mu \leq \hat{\mu}_o) = 1 - \alpha$.

Sie ist so zu lesen: „Mit einem Vertrauen von $1-\alpha$ liegt μ im Bereich $[\hat{\mu}_u ; \hat{\mu}_o]$" oder „Der unbekannte Parameter μ wird mit einem Vertrauen von $1-\alpha$ durch den Bereich $[\hat{\mu}_u ; \hat{\mu}_o]$ überdeckt."

Die verwendeten und für den Ungeübten etwas unübersichtlichen Ungleichungen sowie deren verbale Interpretationen sind in der folgenden Übersicht zusammengestellt.

Algebraische Aussage	Verbale Aussage
$P(\mu + k_1 \sigma/\sqrt{n} \leq \overline{X} \leq \mu + k_2 \sigma/\sqrt{n}) = 1-\alpha$ (vor der Ziehung der Stichprobe)	Mit der Wahrscheinlichkeit $1-\alpha$ wird $\overline{X}$ einen Wert $\bar{x}$ realisieren, der im Intervall $[\mu + k_1 \sigma/\sqrt{n} ; \mu + k_2 \sigma/\sqrt{n}]$ liegt. Oder: Für $(1-\alpha)\cdot 100\%$ aller Stichproben gilt, daß $\bar{x}$ im Intervall $[\mu + k_1 \sigma/\sqrt{n} ; \mu + k_2 \sigma/\sqrt{n}]$ liegt.
$P(\overline{X} - k_2 \sigma/\sqrt{n} \leq \mu \leq \overline{X} - k_1 \sigma/\sqrt{n}) = 1-\alpha$ (vor der Ziehung der Stichprobe)	Mit der Wahrscheinlichkeit $1-\alpha$ wird $\overline{X}$ einen Wert $\bar{x}$ realisieren, der zu einem realisierten Intervall $[\bar{x} - k_2 \sigma/\sqrt{n} ; \bar{x} - k_1 \sigma/\sqrt{n}]$ führt, das μ einschließt. Oder: Für $(1-\alpha)\cdot 100\%$ aller Stichproben gilt, daß $\bar{x}$ zu einem realisierten Intervall $[\bar{x} - k_2 \sigma/\sqrt{n} ; \bar{x} - k_1 \sigma/\sqrt{n}]$ führt, das μ einschließt.
$Konf.(\hat{\mu}_u \leq \mu \leq \hat{\mu}_o) = 1-\alpha$ (nach der Ziehung der Stichprobe)	Mit einem Vertrauen von $1-\alpha$ liegt μ im Bereich $[\bar{x} - k_2 \sigma/\sqrt{n} ; \bar{x} - k_1 \sigma/\sqrt{n}] = [\hat{\mu}_u ; \hat{\mu}_o]$. Oder: Für $(1-\alpha)\cdot 100\%$ aller Konfidenzbereiche gilt, daß sie μ überdecken.

Den Formeln können unmittelbar auch die folgenden Einsichten entnommen werden:

Wird der Stichprobenumfang n erhöht, während alles übrige gleich bleibt, so wird der Vertrauensbereich enger und damit die Aussage über den Grundgesamtheitsparameter schärfer.

Wird unter sonst unveränderten Daten das Vertrauensniveau verringert, was durch eine Verkleinerung der absoluten Werte für $k_{1,2}$ zum Ausdruck kommt, so wird der Vertrauensbereich ebenfalls enger.

Man kann also zu Lasten des Vertrauens eine für den Parameter der Grundgesamtheit schärfere Aussage formulieren. Andererseits verbreitert sich mit einem alternativ wachsenden Maß für das Vertrauen, das in die

Intervallschätzung gelegt werden kann, der Bereich, der den unbekannten Grundgesamtheitsparameter überdeckt.

Und schließlich wird deutlich, welche Bedeutung die Streuung σ der Grundgesamtheit für das Konfidenzintervall besitzt. Je größer diese ist, desto breiter ist auch das Konfidenzintervall.

> Beispielsweise haben 100 zufällig ausgewählte Studenten ein mittleres Körpergewicht von $65kg$ bei einer Standardabweichung von $10kg$. In welchem Bereich liegt bei einem Vertrauen von 0,95 das Durchschnittsgewicht aller Studenten?
>
> $n = 100, \quad \bar{x} = 65, \quad s = 10.$
>
> $\hat{\mu}_u = 65 - 1{,}96 \cdot 10/\sqrt{100} = 63{,}04, \quad \hat{\mu}_o = 65 + 1{,}96 \cdot 10/\sqrt{100} = 66{,}96,$
>
> $Konf.(63{,}04 \le \mu \le 66{,}96) = 0{,}95.$
>
> Bei einem Vertrauensniveau von 0,95 schließt also das Intervall $[63{,}04; 66{,}96]$ das unbekannte Durchschnittsgewicht der Studenten ein.
>
> Wenn sich für das obige Beispiel ein anderer Wert für das Durchschnittsgewicht ergeben hätte, etwa der Wert $\bar{x} = 64kg$ oder der Wert $\bar{x} = 68kg$, sind unter sonst gleichen Umständen die Konfidenzintervalle $[62{,}04; 65{,}96]$ und $[66{,}04; 69{,}96]$.

Das für das arithmetische Mittel dargestellte Konstruktionsverfahren für ein Konfidenzintervall kann bei großen Stichprobenumfängen, die zu normalverteilten Schätzfunktionen führen, auch für andere statistische Maßzahlen verwendet werden. Fast immer sind jedoch einige Besonderheiten zu beachten, deren Details wir erst in den folgenden Kapiteln berücksichtigen. Bei kleinen Stichprobenumfängen müssen häufig andersartige Konstruktionsverfahren entwickelt werden.

8 Testen und Schätzen einer nominalen Untersuchungsvariablen im Falle einer Stichprobe

Im Kapitel 8 behandeln wir die wichtigsten Tests und Schätzungen einer nominalskalierten Untersuchungsvariablen, deren Werte in einer einfachen Zufallsstichprobe erhoben sind. Der Zwei-Stichproben-Fall und einige Aspekte des Falles von mehr als zwei Stichproben werden im darauffolgenden Kapitel 9 erörtert.

Die einzelnen Tests werden hier und in allen folgenden Kapiteln unter Verwendung eines einheitlichen Schemas abgehandelt, was unserer Erfahrung nach die Überschaubarkeit der einzelnen Modelle wesentlich verbessert.

Wir beginnen jedes Mal mit einer präzisen Umschreibung der

① Situation,

für die das Testverfahren adäquat ist. Es werden zunächst also die idealen Voraussetzungen umrissen, die erfüllt sein sollten, um das jeweilige Testverfahren sinnvoll einsetzen zu können. Hieran schließt sich die Formulierung der

② Hypothesen

an, die zu prüfen sind. Anschließend wird das

③ Problem

hervorgehoben, das später unter Nutzung des Testverfahrens gelöst werden kann. Schließlich wird die

④ Lösung

des Problems durch die Auswahl oder Konstruktion einer hierfür geeigneten Prüfvariablen und deren Verwendung im Rahmen des Signifikanz- oder des Hypothesentestes durchgeführt.

8.1 Test des Anteilswertes

Die wichtigste statistische Maßzahl, die für eine nominalskalierte Untersuchungsvariable gebildet werden kann, ist der Anteilswert. Für alles folgende sind die Ausführungen zur Stichprobenverteilung des Anteilswertes im Kap. 5.4 grundlegend.

Binomialtest. Der Binomialtest stellt ein exaktes Prüfverfahren für einen Anteilswert dar, wobei der Stichprobenumfang beliebig ist. Bei großem Stichprobenumfang kann ein approximativer Test durchgeführt werden, auf den etwas später eingegangen wird.

① Situation: Eine Untersuchungsvariable X, die nur zwei unterschiedliche Werte 0 bzw. 1 realisieren kann, wird in einer einfachen Zufallsstichprobe des Umfanges n erhoben. Für den mit 1 kodierten Wert wird die absolute Häufigkeit x oder die relative Häufigkeit $p = x/n$ ausgezählt. Hierbei ist p der Anteilswert des mit 1 kodierten Wertes von X.

② Hypothesen: Die Nullhypothese betrifft den Anteilswert π in der Grundgesamtheit.[1]

Beispielsweise könnte für den Grundgesamtheitsparameter gesetzt werden:

$$H_0 : \pi = \pi_0, \qquad H_a : \pi \neq \pi_0.$$

③ Problem: Zwischen dem Anteilswert p in der Stichprobe und dem[2] durch die Nullhypothese festgelegten Wert π_0 besteht gewöhnlich eine mehr oder weniger große Ungleichheit, die zu beurteilen ist.

④ Lösung: Als Prüfvariable eignet sich die Anteilswertvariable P, weil ihre Stichprobenrealisation p die Nullhypothese stützen oder widerlegen kann. Zudem ist die Verteilung von P bekannt. Sie folgt unter der Nullhypothese der Binomialverteilung $1/n \cdot B(n;\pi_0)$. Deshalb wird dieser Test Binomialtest genannt.

Der Binomialtest betrifft einen Anteilswert, mithin eine relative Häufigkeit. Er kann auch unter Verwendung der entsprechenden absoluten Häufigkeiten formuliert und durchgeführt werden. Hierfür müssen die relevanten Ausdrücke lediglich jeweils mit n multipliziert werden. An die Stelle der relativen Häufigkeit $p = x/n$ tritt dann die absolute Häufigkeit x, und an die Stelle der Nullhypothese $H_0 : \pi = \pi_0$ tritt $H_0 : n\pi = n\pi_0$.[3] Während P nach $1/n \cdot B(n;\pi_0)$ verteilt ist, folgt X der Verteilung $B(n;\pi_0)$.

Da die Prüfvariable P bzw. X beim Binomialtest vom diskreten Typ ist, gibt es für ein vorgegebenes Signifikanzniveau α gewöhnlich keinen Rückweisungspunkt p_r bzw. x_r, der (beim einseitigen Test) die Glei-

---

[1] Da sich die Hypothesen auf einen Grundgesamtheitsparameter beziehen, ist der Binomialtest ein Parametertest. Er kann mit gleicher Berechtigung jedoch als Anpassungstest aufgefaßt werden, weil die Verteilungsfunktion der Binomialverteilung bei festem n festgelegt ist, wenn für π ein Hypothesenwert vorgegeben ist.

[2] Wegen der Klarheit der Formulierung beziehen wir uns hier und später nur auf den Fall der einfachen Hypothese.

[3] Hierfür wird auch die Abkürzung $H_0 : x = x_0$ verwendet.

chung $P(P \geq p_r) = \alpha$ bzw. $P(X \geq x_r) = \alpha$ erfüllt. In diesem Falle wird im sog. konservativen Test als Rückweisungspunkt ein Wert gesetzt, der zu einem Signifikanzniveau von höchstens α führt,

$$P(P \geq p_r) \leq \alpha \quad \text{bzw.} \quad P(X \geq x_r) \leq \alpha .$$

Das tatsächliche Signifikanzniveau kann dabei praktisch u.U. erheblich unterschritten werden, was die Annahmewahrscheinlichkeit für die Nullhypothese deutlich erhöht[4].

Ein Hotelier behauptet in einem Prospekt, daß während des Sommers höchstens an 5% der Tage das Baden wegen zu schlechten Wetters nicht möglich ist. Herr Krause bucht einen 20 tägigen Urlaub und kann an 3 Tagen nicht baden, weil das Wetter zu schlecht ist. Hat der Hotelier in seinem Prospekt die Unwahrheit gesagt (10% Signifikanzniveau)?

Der Stichprobe kann entnommen werden, daß $p = 3/20 = 0{,}15 = 15\%$ bzw. $x = 3$. Der Binomialtest soll nun alternativ unter Verwendung der relativen bzw. absoluten Häufigkeit durchgeführt werden.

Anteilswert	absolute Häufigkeit
$H_0 : \pi_0 \leq 0{,}05$	$H_0 : 20 \cdot \pi_0 = x_0 \leq 1$
$H_a : \pi_a > 0{,}05$	$H_a : 20 \cdot \pi_a = x_a > 1$
Prüfvariable P folgt der Verteilung $1/20 \cdot B(20;0{,}05)$	Prüfvariable X folgt der Verteilung $B(20;0{,}05)$
Vorgegebenes Signifikanzniveau: $P(P \geq p_r) \leq 0{,}1$	Vorgegebenes Signifikanzniveau: $P(X \geq x_r) \leq 0{,}1$
Tatsächliches Signifikanzniveau bei alternativen Werten für p_r :	Tatsächliches Signifikanzniveau bei alternativen Werten für x_r :
$P(P \geq 0{,}20) = 0{,}016$,	$P(X \geq 4) = 0{,}016$,
$P(P \geq 0{,}15) = 0{,}075$,	$P(X \geq 3) = 0{,}075$,
$P(P \geq 0{,}10) = 0{,}264$,	$P(X \geq 2) = 0{,}264$,
somit ist $p_r = 0{,}15$.	somit ist $x_r = 3$.

Da die Stichprobenrealisation der Prüfvariablen mit dem Rückweisungspunkt übereinstimmt und ein Rückweisungspunkt zum Rückweisungsbereich zählt, wird die Nullhypothese, die behauptet, daß der Hotelier die Wahrheit sagt, zurückgewiesen. Zu beachten ist: Falls $H_0 : \pi_0 = 0{,}05$ verworfen wird, gilt dies auch für jede andere Punkthy-

[4] Wird als Nullhypothese generell der „alte Zustand" gesetzt, so wird im vorliegenden Kontext dessen Annahmewahrscheinlichkeit begünstigt, was die Bezeichnung des „konservativen" Testes begründen mag.

pothese aus der Bereichshypothese $H_0: \pi_0 \leq 0{,}05$, mithin für jede Behauptung des Hoteliers auf weniger als 5% schlechte Tage.

Test des Anteilswertes bei großem Stichprobenumfang. Bei großem Stichprobenumfang, d.h. bei $n \geq 9/\pi_0(1-\pi_0)$, kann die Verteilung der Prüfvariablen P des Binomialtests approximiert werden durch die Normalverteilung $N\left(\pi_0; \sqrt{\pi_0(1-\pi_0)/n}\right)$ (siehe Kap. 5.4), was die praktische Durchführung des Tests erleichtert.

Die Rückweisungspunkte können nunmehr über

$$p_{r_{1,2}} = \pi_0 + k_{r_{1,2}} \sqrt{\pi_0(1-\pi_0)/n},$$

wobei $P\left(K \leq k_{r_1}\right) = \alpha/2$ und $P\left(K \geq k_{r_2}\right) = \alpha/2$,

in unproblematischer Weise bestimmt werden (siehe Kapitel 6.2, 3. Schritt).

40% der Gastarbeiter im Baugewerbe einer Großstadt leben in Wohnheimen. Eine Stichprobe bei 50 türkischen Gastarbeitern im Baugewerbe ergibt, daß 50% der Personen in Wohnheimen leben. Unterscheiden sich die türkischen Bauarbeiter diesbezüglich vom Durchschnitt der Gastarbeiter?

$$\pi = 0{,}4, \quad n = 50, \quad p = 0{,}5, \quad H_0: \pi_0 = 0{,}4, \quad H_a: \pi_a > 0{,}4.$$

P folgt angenähert der Verteilung

$$N\left(\pi_0; \sqrt{\pi_0(1-\pi_0)/n}\right) = N(0{,}4; 0{,}07).$$

Bei 5% Signifikanzniveau liegt der Rückweisungspunkt im Wert

$$p_r = \pi_0 + k_r \sqrt{\pi_0(1-\pi_0)/n} = 0{,}4 + 1{,}645 \cdot 0{,}07 = 0{,}515.$$

Da $p < p_r$, liegt p beim rechtsseitigen Test im Annahmebereich, so daß die Hypothese, türkische Bauarbeitern unterscheiden sich nicht von den anderen bezüglich des Wohnens in Wohnheimen, durch den empirischen Befund gestützt wird.

8.2 Intervallschätzung des Anteilswertes

Vertrauensbereich für den Anteilswert bei sehr großem Stichprobenumfang $(n > 100)$. Für den Anteilswert π in einer Grundgesamtheit läßt sich eine Intervallschätzung durchführen, die dem in Kap. 7.3 dargelegten Konstruktionsverfahren für das arithmetische Mittel entspricht. Vorausgesetzt werden muß jedoch, wie etwas später begründet wird, daß der Umfang der Stichprobe relativ groß ist, d.h. mehr als ca. 100 Werte umfaßt.

Analog zum Kapitel 7.3 und unter Beachtung von Kapitel 5.4 gilt vor Ziehung der Stichprobe:

$$P(p_1 \le P \le p_2) = 1 - \alpha ,$$

$$P\left(\pi + k_1 \sqrt{\pi(1-\pi)/n} \le P \le \pi + k_2 \sqrt{\pi(1-\pi)/n}\right) = 1 - \alpha ,$$

$$P\left(P - k_2 \sqrt{\pi(1-\pi)/n} \le \pi \le P - k_1 \sqrt{\pi(1-\pi)/n}\right) = 1 - \alpha .$$

Im Gegensatz zum Vorgehen im Kap. 7.3 für das arithmetische Mittel ergibt sich jetzt für den Anteilswert, daß das Zufallsintervall

$$\left[P - k_2 \sqrt{\pi(1-\pi)/n}; P - k_1 \sqrt{\pi(1-\pi)/n}\right]$$

Grenzen hat, die vom unbekannten Parameter π der Grundgesamtheit abhängen. Somit hängt die Breite des Zufallsintervalls von π ab[5], was nach Ziehung der Stichprobe auch für den Konfidenzbereich in

$$Konf.\left(p - k_2 \sqrt{\pi(1-\pi)/n} \le \pi \le p - k_1 \sqrt{\pi(1-\pi)/n}\right) = 1 - \alpha$$

gilt.

Wir werden weiter unten zeigen, wie das vorliegende Problem gelöst werden kann. Ein Behelf ist, den unbekannten Wert für π an den Intervallgrenzen durch p abzuschätzen, was allerdings nur bei recht großem Stichprobenumfang gerechtfertigt ist. Auf diese Weise läßt sich immerhin eine erste Vorstellung vom gesuchten Konfidenzbereich $[\hat{\pi}_u ; \hat{\pi}_o]$ gewinnen. Man setzt also

$$\hat{\pi}_u = p - k_2 \sqrt{p(1-p)/n} \quad \text{und} \quad \hat{\pi}_o = p - k_1 \sqrt{p(1-p)/n} ,$$

---

[5] Für $\overline{X}$ hängt die Streuung wegen $\sigma/\sqrt{n}$ nicht von μ ab;
für P hängt die Streuung wegen $\sqrt{\pi(1-\pi)/n}$ von π ab.

wobei $P(k_1 \le K \le k_2) = 1 - \alpha$.

Etwas weiter unter werden wir an einem Beispiel zeigen, daß die in Kauf genommene Ungenauigkeit nicht sehr groß sein muß.

Eine andere Möglichkeit ist, π sehr vorsichtig so zu schätzen, daß bei vorgegebenem Vertrauensniveau ein maximaler Vertrauensbereich entsteht. Dies wird erreicht, wenn für $\pi(1-\pi)$ der maximale Wert $\pi(1-\pi) = 1/2 \cdot 1/2 = 1/4$ gesetzt wird[6]. Der Vertrauensbereich ist dann natürlich gewöhnlich größer, als er sein müßte.

Dieser Vorgehensweise entspricht die Lösung des folgenden Problems. In der statistischen Praxis ist häufig unklar, wie groß der Umfang einer Stichprobe sein muß, damit später im Rahmen einer Intervallschätzung für einen Anteilswert eine Aussage in vorgegebener Präzision möglich ist. Beispielsweise sind die Breite des Vertrauensbereiches,

$$\hat{\pi}_o - \hat{\pi}_u = -k_1\sqrt{p(1-p)/n} + k_2\sqrt{p(1-p)/n} = 2k\sqrt{p(1-p)/n}\,,$$

wobei $k = |k_1| = |k_2|$,

sowie das Vertrauensniveau vorgegeben, und man möchte den erforderlichen Stichprobenumfang bestimmen. Hierzu wird nach n aufgelöst,

$$n = \frac{4k^2 p(1-p)}{(\hat{\pi}_o - \hat{\pi}_u)^2}.$$

Offenbar kann der Stichprobenumfang noch nicht berechnet werden, weil die Stichprobenrealisation p nicht vorliegt. Man kann nun für p den Wert wählen, der bei jeder denkbaren Stichprobenrealisation garantiert, daß das vorgegebene Vertrauensniveau mindestens eingehalten wird oder daß die vorgegebene Ausdehnung des Vertrauensbereiches höchstens erreicht wird. Hierzu muß für $p(1-p)$ der maximale Wert gesetzt werden. Er liegt dort bekanntlich dort, wo p die Größe $1/2$ hat. Der Stichprobenumfang kann also gemäß

$$n = \frac{4k^2 p(1-p)}{(\hat{\pi}_o - \hat{\pi}_u)^2} = \frac{k^2}{(\hat{\pi}_o - \hat{\pi}_u)^2}$$

festgelegt werden.

Vertrauensbereich für den Anteilswert bei großem Stichprobenumfang $[n \geq 9/\pi(1-\pi)]$. Die Festlegung des Vertrauensbereiches für den Anteilswert wird weiter oben nur in einer relativ groben Annäherung durchgeführt. Das algebraische Problem besteht darin, die Ungleichung im Ausdruck

$$P\left(\pi + k_1\sqrt{\pi(1-\pi)/n} \leq P \leq \pi + k_2\sqrt{\pi(1-\pi)/n}\right) = 1-\alpha \quad \text{bzw.}$$

$$P\left(k_1 \leq \frac{P-\pi}{\sqrt{\pi(1-\pi)/n}} \leq k_2\right) = 1-\alpha$$

so umzuformen, daß π nur noch zwischen den Ungleichheitszeichen steht und insbesondere nicht mehr in den Grenzen des Zufallsintervalls, wie es weiter oben noch der Fall ist. Dies ist mathematisch aufwendig und führt erst nach zahlreichen Umformungen[7] zum Konfidenzintervall $[\hat{\pi}_u ; \hat{\pi}_o]$ mit

---

[7] Ausgangspunkt ist $P\left(k_1 \leq \frac{P-\pi}{\sqrt{\pi(1-\pi)/n}} \leq k_2\right) = P\left(\frac{(P-\pi)^2}{\pi(1-\pi)/n} \leq k^2\right) = 1-\alpha$.

In der letzten Klammer erhält man

$$n(P-\pi)^2 \leq k^2\pi(1-\pi),$$

$$nP^2 - 2nP\pi + n\pi^2 \leq k^2\pi - k^2\pi^2,$$

$$\pi^2(n+k^2) - 2\pi(nP + k^2/2) \leq -nP^2,$$

$$\pi^2(1+k^2/n) - 2\pi(P + k^2/2n) \leq -P^2,$$

$$\pi^2 - 2\pi\frac{P+k^2/2n}{1+k^2/n} \leq -\frac{P^2}{1+k^2/n}.$$

Durch quadratische Ergänzung ergibt sich:

$$\left(\pi - \frac{P+k^2/2n}{1+k^2/n}\right)^2 \leq \frac{(P+k^2/2n)^2 - P^2(1+k^2/n)}{(1+k^2/n)^2},$$

$$\left(\pi - \frac{P+k^2/2n}{1+k^2/n}\right)^2 \leq \frac{k^2\left[k^2/4n^2 + P(1-P)/n\right]}{(1+k^2/n)^2},$$

$$\left|\pi - \frac{P+k^2/2n}{1+k^2/n}\right|^2 \leq \frac{k\sqrt{k^2/4n^2 + P(1-P)/n}}{1+k^2/n}.$$

Nunmehr kann erreicht werden, daß π allein zwischen den Ungleichheitszeichen steht:

$$P\left(\frac{P+k^2/2n - k_2\sqrt{k^2/4n^2 + P(1-P)/n}}{1+k^2/n} \leq \pi \leq \frac{P+k^2/2n - k_1\sqrt{k^2/4n^2 + P(1-P)/n}}{1+k^2/n}\right) = 1-\alpha.$$

Durch Erweitern mit n im Zähler und Nenner ergibt sich der im Haupttext angegebene untere und obere Grenzpunkt des Vertrauensbereiches.

$$\hat{\pi}_u = \frac{np + 0{,}5k^2 - k_2\sqrt{0{,}25k^2 + np(1-p)}}{n + k^2} \quad \text{und}$$

$$\hat{\pi}_o = \frac{np + 0{,}5k^2 - k_1\sqrt{0{,}25k^2 + np(1-p)}}{n + k^2},$$

wobei $P(k_1 \leq K \leq k_2) = 1 - \alpha$ und $k^2 = k_1{}^2 = k_2{}^2$.

Während langwieriger Tarifverhandlungen sprechen sich 80 von 100 zufällig ausgewählten Mitgliedern einer Gewerkschaft für einen Streik aus. In welchen Grenzen liegt bei einem Vertrauensniveau von 95% der Anteil der streikwilligen Gewerkschaftsmitglieder?

Gegeben sind die Werte $p = 0{,}8$, $n = 100$, $n \cdot p = 80$, $k_{2,1} = \pm 1{,}96$. Gesucht ist der Vertrauensbereich $[\hat{\pi}_u ; \hat{\pi}_o]$. Beim vorliegenden Stichprobenumfang können die Grenzpunkte des Bereichs, wie unter dem Punkt „Vertrauensbereich für den Anteilswert bei sehr großem Stichprobenumfang“ erläutert, auf sehr einfache Weise bestimmt werden:

$$\hat{\pi}_u = p - k_2\sqrt{p(1-p)/n} = 0{,}8 - 1{,}96\sqrt{0{,}8 \cdot 0{,}2/100} = 0{,}7216,$$

$$\hat{\pi}_o = p - k_1\sqrt{p(1-p)/n} = 0{,}8 + 1{,}96\sqrt{0{,}8 \cdot 0{,}2/100} = 0{,}8784.$$

72,16% bis 87,84% der Gewerkschaftler sind demnach also streikwillig. Die Sicherheit der Aussage ist 95%.

Präziser ist die unter dem Punkt „Vertrauensbereich für den Anteilswert bei großem Stichprobenumfang“ entwickelte approximativ gültige Intervallschätzung. Demnach ergibt sich für den Vertrauensbereich $[\hat{\pi}_u ; \hat{\pi}_o]$:

$$\hat{\pi}_u = \frac{np + 0{,}5k^2 - k_2\sqrt{0{,}25k^2 + np(1-p)}}{n + k^2}$$

$$= \frac{80 + 0{,}5 \cdot 1{,}96^2 - 1{,}96\sqrt{0{,}25 \cdot 1{,}96^2 + 80 \cdot 0{,}2}}{100 + 1{,}96^2} = 0{,}7112$$

$$\hat{\pi}_o = \frac{np + 0{,}5k^2 - k_1\sqrt{0{,}25k^2 + np(1-p)}}{n + k^2}$$

$$= \frac{80 + 0{,}5 \cdot 1{,}96^2 + 1{,}96\sqrt{0{,}25 \cdot 1{,}96^2 + 80 \cdot 0{,}2}}{100 + 1{,}96^2} = 0{,}8666$$

Dieser Vertrauensbereich $[71{,}12\%;86{,}66\%]$ ist im Vergleich zur gröberen ersten Schätzung $[72{,}16\%;87{,}84\%]$ in nur geringem Maße anders positioniert.

Vertrauensbereich für den Anteilswert bei beliebigem Stichprobenumfang. Bei kleinem Stichprobenumfang kann das weiter oben verwendete Konstruktionsverfahren für den Vertrauensbereich nicht mehr genutzt werden, weil die Anteilswertvariable P nach $1/n \cdot B(n;\pi)$ verteilt ist und nicht durch eine Normalverteilung approximiert werden kann. Bei beliebigem und somit insbesondere auch bei kleinem Stichprobenumfang kann nun ein Konstruktionsverfahren eingesetzt werden, das auf dem folgenden einfachen Gedanken basiert:

Der unbekannte Anteilswert π der Grundgesamtheit wird am besten durch den entsprechenden Anteilswert p der Stichprobe geschätzt, $\pi \approx \hat{\pi} = p$. Eine andere Schätzung ist, wenn π beispielsweise durch einen kleineren Wert $\hat{\pi}_u$ geschätzt wird, $\pi \approx \hat{\pi}_u < p$. Diese Schätzung ist bekanntlich schlechter, jedoch ist natürlich nicht ausgeschlossen, daß $\hat{\pi}_u$ tatsächlich den unbekannten Parameter zutreffend schätzt. In diesem Falle gilt: Je größer der Unterschied zwischen $\hat{\pi}_u$ und p ist, desto kleiner ist die Wahrscheinlichkeit, daß in der Stichprobe der Wert p oder ein noch größerer Wert beobachtet wird. Um einen unteren Wert $\hat{\pi}_u$ für π festzulegen, der gerade noch als akzeptabler Schätzwert für π in Betracht kommt, muß nun lediglich die Höhe dieser relativ kleinen Wahrscheinlichkeit, die wir mit $\alpha/2$ bezeichnen, vorgegeben werden, $P(P \geq p | \pi = \hat{\pi}_u) = \alpha/2$.

Diese Regel zur Bestimmung einer unteren Grenze des Schätzbereiches bedeutet also, daß der Wert $\hat{\pi}_u$ als kleinster bzw. unterster Schätzwert für π angesehen werden kann, weil dann die Stichprobenrealisation p oder ein noch größerer Wert gerade noch mit der relativ geringen Wahrscheinlichkeit $\alpha/2$ auftritt.

Leider tritt für die statistische Praktikabilität des Verfahrens erschwerend hinzu, daß P einer Binomialverteilung folgt, die im Grunde bezüglich π grenzenlos fein tabelliert sein müßte, um den Wert für π feststellen zu können, der die Gleichung $P(P \geq p | \pi = \hat{\pi}_u) = \alpha/2$ erfüllt. Diese Tabellierung liegt natürlich nicht vor, so daß die Wahrscheinlichkeiten links und rechts vom Gleichheitszeichen generell nicht gleich groß sind. Zu klären ist nun, ob eine eher vorsichtige Schätzung beabsichtigt ist oder nicht. Gewöhnlich wird „vorsichtig geschätzt"; d.h. man gibt als Schätzergebnis lieber einen breiteren Vertrauensbereich unter einem größeren Vertrauensniveau an als einen sehr engen Bereich unter einem relativ kleinen Vertrauensniveau, – falls zwischen dieser Alternativen zu wählen ist. Deshalb wird $\hat{\pi}_u$ so festgelegt, daß die Gleichung insofern möglichst gut erfüllt ist, als daß $P(P \geq p | \pi = \hat{\pi}_u)$ kleiner ist als $\alpha/2$, diesem Wert aber möglichst nahe kommt. Als Regel zur Bestimmung einer unteren Grenze des Schätzbereiches wird somit verwendet:

$$P(P \geq p | \pi = \hat{\pi}_u) \leq \alpha/2 .$$

Entsprechend ist die Regel für die Festlegung der oberen Grenze $\hat{\pi}_o$ des Schätzbereiches:

$$P(P \leq p | \pi = \hat{\pi}_o) \leq \alpha/2 .$$

Falls also $\hat{\pi}_o$ den unbekannten Anteilswert zutreffend schätzt, besteht eine Höchstwahrscheinlichkeit der Größe $\alpha/2$, daß p oder ein noch kleinerer Wert in der Stichprobe beobachtet wird.
Als Maß für das Vertrauen, das dem Konfidenzintervall $[\hat{\pi}_u ; \hat{\pi}_o]$ zukommt, dient die Wahrscheinlichkeit $1-\alpha$ (Mindestwahrscheinlichkeit).

Die praktische Verwendung dieses Verfahrens setzt voraus, daß eine bezüglich des Parameters π relativ fein gegliederte Tabellierung der Binomialverteilung vorliegt bzw. eine geeignete Software zur Verfügung steht.

Gesucht ist das 90%-Konfidenzintervall für den Anteilswert der Grundgesamtheit, wenn in einer kleinen Stichprobe vom Umfang $n = 20$ ein Anteilswert der Größe $p = 7/20 = 0{,}35$ beobachtet wird.

Zur Bestimmung von $\hat{\pi}_u$ müssen Binomialverteilungen herangezogen werden, bei denen der eine Parameter mit $n = 20$ festliegt und der andere Parameter $\pi = \hat{\pi}_u$ solange verändert werden muß, bis $P(P \geq 0{,}35 | \pi = \hat{\pi}_u) \leq 0{,}05$ am besten eingehalten ist. Hierbei muß natürlich $\pi = \hat{\pi}_u$ kleiner als 0,35 sein.

Für absolute Häufigkeiten $x = np = 7$ gilt die Ungleichung

$$P(X \geq 7 | \pi = \hat{\pi}_u) \leq 0{,}05 .$$

In der folgenden Übersicht sind einige Binomialverteilungen ausgewählt und bezüglich der Wahrscheinlichkeit $P(X \geq 7)$ ausgewertet:

Ausgewählte Binomialverteilung	$P(X \geq 7)$
$B(20;0{,}10)$	0,002
$B(20;0{,}17)$	0,041
$B(20;0{,}18)$	0,054
$B(20;0{,}19)$	0,069
$B(20;0{,}20)$	0,087

Offensichtlich erfüllt von den ausgewählten Verteilungen die Binomialverteilung mit dem Parameter $\pi = \hat{\pi}_u = 0{,}17$ die Ungleichung $P(X \geq 7 | \pi = \hat{\pi}_u) \leq 0{,}05$ am besten. Der Wert von ca. 0,177 würde die Ungleichung vermutlich noch besser erfüllen. Je feiner die Tabellierung der Binomialverteilung ist, desto besser kann die vorgegebene Wahrscheinlichkeit 0,05 eingehalten werden.

Für die Festlegung der oberen Grenze des Konfidenzbereiches wird für das vorliegende Beispiel $P(X \leq 7 | \pi = \hat{\pi}_o) \leq 0{,}05$ herangezogen. Hierfür sind wiederum einige Binomialverteilungen ausgewählt und bezüglich der Wahrscheinlichkeit $P(X \leq 7)$ ausgewertet:

Ausgewählte Binomialverteilung	$P(X \leq 7)$
$B(20;0{,}70)$	0,001
$B(20;0{,}56)$	0,048
$B(20;0{,}55)$	0,058
$B(20;0{,}54)$	0,069
$B(20;0{,}50)$	0,132

Von den ausgewählten Verteilungen erfüllt die Binomialverteilung mit dem Parameter $\pi = \hat{\pi}_o = 0{,}56$ die Ungleichung $P(X \leq 7 | \pi = \hat{\pi}_o) \leq 0{,}05$ am besten.

Somit überdeckt der Konfidenzbereich $[0{,}17;0{,}56]$ den Anteilswert der Grundgesamtheit mit einer Sicherheit von mindestens 90% - oder genauer: mit einer Sicherheit von $100\% - (4{,}1\% + 4{,}8\%) = 91{,}1\%$.

Für eine Verwendung des dargestellten Verfahrens muß eine Tabellierung der Binomialverteilung vorliegen, die bezüglich π möglichst fein gegliedert ist. Eine weitere Behinderung liegt darin, daß ein Resultat nicht abgeleitet, sondern nur durch eine mehr oder minder geschickt durchgeführte Suche gefunden wird. Im Grunde handelt es sich um ein Probierverfahren, das für unsere Zwecke jedoch völlig ausreicht.

Eine für den Anfänger sicherlich entbehrliche Lösung, die mit einem relativ hohen Aufwand verbunden ist, nutzt einen Zusammenhang aus, der zwischen der F-Verteilung und der Binomialverteilung besteht. Man kann mit einigen subtilen Überlegungen, die wir verkürzt lediglich in einer Fußnote ansprechen[8], zeigen, daß die Grenzpunkte des Konfidenzbereiches exakt unter Verwendung der F-Verteilung bestimmbar sind. Allerdings gerät man insofern vom Regen in die Traufe, als nunmehr zwar keine aufwendig tabellierte Binomialverteilung mehr benötigt wird, dafür jedoch eine gute Tabellierung der F-Verteilung zur Verfügung stehen muß. Im Vergleich zum dargestellten Probierverfahren kann jedoch eine präzise Lösung hergeleitet werden.

8.3 Chi-Quadrat-Anpassungstest

① Situation: Eine Untersuchungsvariable X mit $r \geq 2$ möglichen unterschiedlichen Werten wird in einer einfachen Zufallsstichprobe des Umfan-

---

[8] Zwischen der F-Verteilung mit geradzahligen Freiheitsgraden ν_1 und ν_2 und der Binomialverteilung $B[(\nu_1+\nu_2-2)/2; F_{w'}/(\nu_2/\nu_1+F_{w'})]$ besteht eine Beziehung, die auch in der spezielleren Literatur nur selten erwähnt wird,

$P(F \leq F_{w'}) = 1-\Phi[(\nu_1-2)/2]$,

F	F-Variable mit ν_1 und ν_2 Freiheitsgraden, jeweils geradzahlig,
$F_{w'}$	Wert der F-Variablen,
Φ	Verteilungsfunktion der Binomialverteilung mit der Summationsobergrenze $x=(\nu_1-2)/2$. Die zum Kap. 3.2 abweichende Notation ist wegen des bereits vergebenen Symbols F zweckmäßig.

Für die Bestimmung des oberen Grenzpunktes des Konfidenzbereiches sind bekannt $n=(\nu_1+\nu_2-2)/2$, die Summationsobergrenze $x=(\nu_1-2)/2$ sowie die vorgegebene kleine Wahrscheinlichkeit $P(F \leq F_{w'}) = 1-\Phi[(\nu_1-2)/2]$. Gesucht ist $\hat{\pi}_o = F_{w'}/(\nu_2/\nu_1+F_{w'})$. Aus n und x können ν_1 und ν_2 bestimmt werden, so daß aus der Tabellierung der F-Verteilung der Wert $F_{w'}$ entnommen werden kann. Somit kann $\hat{\pi}_o$ berechnet werden.

Für die Bestimmung des unteren Grenzpunktes des Konfidenzbereiches wird die Summationsobergrenze durch das Komplement zu n und $\hat{\pi}_o$ durch das Komplement von $\hat{\pi}_u$ zu eins ersetzt. Die neue Summationsobergrenze ist also $n-x=(\nu_1-2)/2$. Die Parameter der Binomialverteilung sind $n=(\nu_1+\nu_2-2)/2$ und $1-\hat{\pi}_u = F_{w'}/(\nu_2/\nu_1+F_{w'})$. Der Wert $F_{w'}$ muß bei neuen Werten für ν_1 und ν_2 neu bestimmt werden. Somit kann $\hat{\pi}_u$ berechnet werden.

Für die Werte des im Haupttextes verwendeten Beispiels ergibt sich für den oberen Grenzpunkt: $\nu_1=16$, $\nu_2=26$, $F_{w'}=2{,}0518$,
$\hat{\pi}_o = 2{,}0518/(26/16+2{,}0518) = 0{,}5580$.

Für den unteren Grenzpunkt ergibt sich:
$\nu_1=28$, $\nu_2=14$, $F_{w'}=2{,}3199$, $1-\hat{\pi}_u = 2{,}3199/(28/14+2{,}3199) = 0{,}8227$, $\hat{\pi}_u = 0{,}1773$.

Mit einem Vertrauen von 90% überdeckt also der Bereich $[0{,}1773;0{,}5580]$ den unbekannten Anteilswert der Grundgesamtheit.

ges n erhoben. Es werden die beobachteten absoluten Häufigkeiten $b_i, i=1,\ldots,r$, der Werte ausgezählt[9] und die entsprechenden relativen Häufigkeiten $p_i = b_i/n$ gebildet. Letztere stellen die empirische Häufigkeitsverteilung dar. Die absoluten Häufigkeiten dürfen nicht zu klein sein, was erst etwas später präzisiert werden kann.

Im Vergleich zur Situation beim Binomialtest liegt nunmehr also eine polytome und keine dichotome Untersuchungsvariable vor.

② Hypothesen: Die Nullhypothese behauptet, daß X einer bestimmten Verteilung folgt.

Die Nullhypothese läßt sich algebraisch über die Verteilungsfunktion[10] von X formulieren: Von der unbekannten Verteilungsfunktion $F(x)$ wird behauptet, daß sie für alle x der Verteilungsfunktion $F_0(x)$ entspricht,

$$H_0 : F(x) = F_0(x) \quad \text{für alle } x .$$

Die Nullhypothese läßt sich anschaulicher - und für das nominale Meßniveau einer Untersuchungsvariablen angemessen - über die Wahrscheinlichkeitsverteilung zum Ausdruck bringen. In diesem Falle wird behauptet, daß der Wert i der Untersuchungsvariablen bei einer Beobachtung mit der Wahrscheinlichkeit π_{0i} auftritt,

$$H_0 : \pi_i = \pi_{0i}, \quad i = 1,\ldots,r .$$

Von der unbekannten Wahrscheinlichkeit π_i, daß bei einer Beobachtung die Kategorie i der Untersuchungsvariablen auftritt, wird also behauptet, daß sie den Wert π_{0i} hat.

③ Problem: Die empirische Häufigkeitsverteilung in der Stichprobe wird sich von der entsprechenden, durch die Nullhypothese festgelegten Häufigkeitsverteilung mehr oder weniger stark unterscheiden. Zu beurteilen ist, ob die Verschiedenheit dieser zwei Verteilungen unerheblich oder wesentlich ist.

④ Lösung: Als Prüfvariable wird ein Konstrukt verwendet, das auf *Pearson* zurückgeht und ihm zu Ehren die Bezeichnung *Pearson*sche Statistik trägt,

$$U = \sum_{i=1}^{r} \frac{(B_i - n\pi_{0i})^2}{n\pi_{0i}} .$$

---

[9] Für b_i wird häufig die Notation f_i verwendet.

[10] Zur Notation der Verteilungsfunktion siehe den Hinweis im Kap. 13.2.

Hierbei ist B_i die Stichprobenvariable von b_i (zum allgemeinen Konzept der Stichprobenvariablen siehe Kap. 5.2).

B_i ist die Anzahl der Werte, die bei einer Stichprobe in der Kategorie i der Untersuchungsvariablen beobachtet wird. Unter der Nullhypothese ist zu erwarten, die relative Häufigkeit π_{0i} bzw. die absolute Häufigkeit $n\pi_{0i}$ zu beobachten. Der Ausdruck $n\pi_{0i}$ stellt die erwartete absolute Häufigkeit für die Kategorie i der Untersuchungsvariablen dar. Deshalb wird hierfür auch die Notation

$$e_i = n\pi_{0i}$$

verwendet, so daß die *Pearson*sche Statistik häufig geschrieben wird als

$$U = \sum_{i=1}^{r} \frac{(B_i - e_i)^2}{e_i}.$$

Die Prüfvariable U ist ein spezifischer summarischer Ausdruck für Differenzen zwischen den beobachteten und erwarteten Häufigkeiten in den Kategorien einer Untersuchungsvariablen. Stimmt die empirische Häufigkeitsverteilung mit der unter der Nullhypothese erwarteten relativ gut überein, so ist der Wert für U relativ klein. Je stärker sich jedoch die Häufigkeiten der beiden Verteilungen insgesamt voneinander unterscheiden, je stärker also der empirische Befund dem widerspricht, der unter der Nullhypothese erwartet wird, desto größer ist der Wert für U. Relativ kleine Werte für U stützen also die Nullhypothese, relativ große Werte für U widerlegen sie. Insoweit eignet sich U für eine Beurteilung der Nullhypothese.

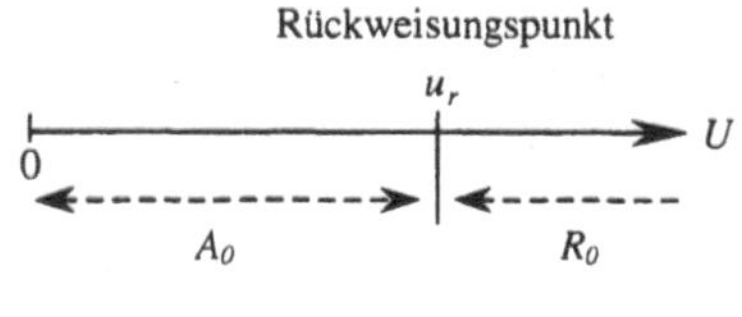

Abb. 8.1: Annahme- und Rückweisungsbereich der Prüfvariablen beim χ^2 -Anpassungstest

Man kann nun zeigen: Die Verteilung für U folgt unter der Nullhypothese einer χ^2-Verteilung[11],

---

[11] Dies wird für den Fall $r = 2$ gezeigt, was als Ausgangspunkt für weitergehende Überlegungen dienlich ist.

B_1 ist verteilt nach $B(n;\pi_{01})$, B_2 ist verteilt nach $B(n;\pi_{02})$. Bei nur zwei Klassen gilt: $B_1 = B$ ist verteilt nach $B(n;\pi_0)$, $B_2 = n - B$ ist verteilt nach $B(n;1-\pi_0)$. Ihre Erwartungswerte sind $E(B) = n\pi_0$ und $E(n-B) = n(1-\pi_0)$.

$$\lim_{n\to\infty} U = \chi^2, \quad \nu = r-1.$$

Hierzu sind zwei Anmerkungen erforderlich.

Die Verteilung für U unter der Nullhypothese kann exakt nur bei unendlich großem Stichprobenumfang angegeben werden. Der Fehler ist jedoch nicht groß, wenn bereits bei endlich großem Stichprobenumfang davon ausgegangen wird, daß U einer χ^2-Verteilung folgt. Als Faustregel gilt, daß die unter der Nullhypothese erwartete Häufigkeit bei jeder Kategorie der Untersuchungsvariablen mindestens die Größe 5 haben sollte. Dies kann in praktischen Fällen u.U. erst durch eine Zusammenlegung von Kategorien erreicht werden. Gewährleistet sollte also sein:

$$e_i = n\pi_{0i} \geq 5 \text{ für jedes } i = 1,\ldots,r.$$

Falls für die Verteilungsfunktion, die Gegenstand der Nullhypothese ist, ein oder mehrere explizite Parameter geschätzt werden müssen, so ist die Anzahl der Freiheitsgrade um die Anzahl γ der geschätzten Parameter geringer,

$$\nu = r-1-\gamma.$$

Der spezielleren Literatur kann entnommen werden, daß in Fällen dieser Art die Verwendung des χ^2-Anpassungstests u.U. nicht empfehlenswert ist, weil die Prüfvariable nicht mehr asymptotisch χ^2-verteilt ist.

Behauptet wird, daß die Studierenden in einer Fakultät für die dort unterschiedenen fünf Prüfungsfächer eine gleich große Zuneigung besit-

---

Beide Stichprobenvariablen werden nun in spezieller Weise normiert:

$$\frac{B-n\pi_0}{\sqrt{n\pi_0}}, \quad \frac{n-B-n(1-\pi_0)}{\sqrt{n(1-\pi_0)}} = -\frac{B-n\pi_0}{\sqrt{n(1-\pi_0)}}.$$

Eine neue Zufallsvariable U wird als Summe der zwei quadrierten normierten Stichprobenvariablen definiert:

$$U = \left(\frac{B-n\pi_0}{\sqrt{n\pi_0}}\right)^2 + \left(-\frac{B-n\pi_0}{\sqrt{n(1-\pi_0)}}\right)^2 = \frac{(1-\pi_0)(B-n\pi_0)^2 + \pi_0(B-n\pi_0)^2}{n\pi_0(1-\pi_0)}$$

$$= \frac{(B-n\pi_0)^2}{n\pi_0(1-\pi_0)} = \left(\frac{B-n\pi_0}{\sqrt{n\pi_0(1-\pi_0)}}\right)^2 = \left(\frac{B-E(B)}{\sqrt{Var(B)}}\right)^2$$

Die Verteilung von U kann wie folgt angegeben werden:

U ist eine quadrierte standardisierte binomialverteilte Zufallsvariable. Für $n \to \infty$ folgt U einer quadrierten Standardnormalverteilung (siehe Kap. 5.4, Stichprobenverteilung des Anteilswertes), zugleich also einer χ^2-Verteilung mit $\nu = 2-1 = 1$ Freiheitsgrad (siehe Kap. 4.3).

zen. 200 Studierende werden nach dem Fach befragt, das sie am sympathischsten finden.

Prüfungsfach	b_i	e_i	$(b_i - e_i)^2/e_i$
Volkswirtschaftslehre	45	40	0,625
Betriebswirtschaftslehre	37	40	0,225
Wirtschaftspolitik	48	40	1,600
Finanzwissenschaft	31	40	2,025
Statistik	39	40	0,025
	200	200	4,5

Unter der formulierten Hypothese müßte sich ergeben, daß jeweils 1/5 der Studierenden eines der fünf Fächer bevorzugt,

$$H_0 : \pi_i = 0{,}2, \quad i = 1, \ldots, 5.$$

Bei einem 5%-igen Signifikanzniveau liegt der Rückweisungspunkt im Wert $\chi_r^2 = 9{,}49$ der χ^2-Variablen mit $\nu = 5 - 1 = 4$ Freiheitsgraden. Als Wert für die Prüfvariable ergibt sich $u = 4{,}5$. Dieser Wert liegt links vom Rückweisungspunkt, so daß die Nullhypothese angenommen wird. Der empirische Befund stützt die Hypothese, daß jedes Prüfungsfach von den Studierenden als gleich sympathisch angesehen wird.

8.4 Softwarelösungen

Test des Anteilswertes. Es wurde im Abschnitt 8.1 gezeigt, daß ein Anteilswerttest bei großem Stichprobenumfang unter Verwendung der Normalverteilung durchgeführt werden kann. In diesem Fall kann die Excel-Funktion NORMVERT eingesetzt werden, was im Einzelnen im Abschnitt 4.6 beschrieben ist.

Der exakte Binomialtest kann mit SPSS durchgeführt werden. Für das im Kapitel 8.1 erläuterte Beispiel gilt:

Nullhypothese:	Der Anteilswert der Tage mit schlechtem Wetter liegt bei $\leq 0{,}05$,
Stichprobenumfang:	$n = 20$
Stichprobenanteilswert:	$p = 0{,}15$
Signifikanzniveau:	$\alpha = 0{,}1$

Um den Test mit SPSS durchzuführen, müssen in einer SPSS-Tabelle die Ausgangsdaten für die 20 Tage eingegeben werden, indem beispielsweise Tage mit schlechtem Wetter mit 0, diejenigen mit gutem Wetter mit 1 kodiert werden. Eine Alternative, die sich insbesondere beim Zugriff auf sekundärstatistisches Datenmaterial anbietet, besteht darin, nur die beiden

Merkmalswerte 0 und 1 in die erste Spalte einer SPSS-Tabelle und die zugehörigen Häufigkeiten der Stichprobe (3 und 17) in die zweite Spalte einzugeben, um dann zunächst die Fälle zu gewichten (siehe Datei K0801.SAV).

1. Öffnen der Datei K0801.SAV.
2. Wählen von DATEN/FÄLLE GEWICHTEN.
3. Anklicken von FÄLLE GEWICHTEN MIT.
4. Übertragen der Variablen anzahl in das Feld HÄUFIGKEITSVARIABLE.
5. ANALYSIEREN/NICHTPARAMETRISCHE TESTS/BINOMIAL wählen.
6. Übertragen der Variablen wetter in den Bereich TESTVARIABLEN.
7. Bei TESTANTEIL ist der Wert 0,05 einzugeben (behaupteter Anteil der Tage mit schlechtem Wetter)
8. Anklicken von OK.

SPSS gibt jetzt unter dem Stichwort EXAKTE SIGNIFIKANZ den Wert 0,075 aus. Da dieser Wert kleiner ist als das vorgegebene Signifikanzniveau, wird die Nullhypothese verworfen.

Intervallschätzung des Anteilswertes

Vertrauensbereich bei großem Stichprobenumfang. In diesem Fall kann, wie im Abschnitt 8.2 ausgeführt wird, die Normalverteilung verwendet werden. Wegen der einfachen arithmetischen Operationen kann auf Software-Lösungen verzichtet werden.

Vertrauensbereich bei beliebigem Stichprobenumfang. Bei kleinem Stichprobenumfang ist die Binomialverteilung zu verwenden. Für das Beispiel im Abschnitt 8.2 gilt:

Es soll das 90%-Konfidenzintervall für den Anteilswert bestimmt werden, nachdem sich in einer Stichprobe vom Umfang 20 der Wert 0,35 ergeben hat. Unter Nutzung des Programms Excel geht man zur Bestimmung des unteren Grenzpunktes des Vertrauensintervalls wie folgt vor:

Man erzeugt die folgende Arbeitstabelle:

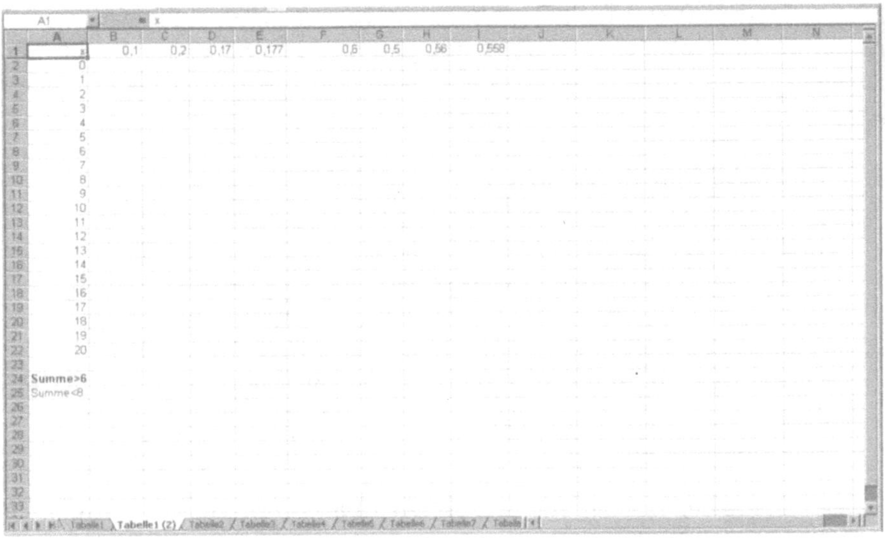

In der ersten Spalte wurden zunächst unter dem Symbol x die Werte 0 bis 20 eingegeben, in die erste Zeile alternative Anteilswerte der Grundgesamtheit. Die weiteren Arbeitsschritte sind die folgenden:

1. Anklicken der Zelle B2 und Eingabe der folgenden Berechnung:

   =BINOMVERT($A2;20;B$1;0)

Mit dieser Funktion wird die Wahrscheinlichkeit der Binomialverteilung mit den Parametern $n = 20$ und $\pi = 0{,}1$ für den Wert $x = 0$ berechnet. Es ergibt sich der Wert 0,122.

2. Dieses Ergebnis ist nach unten zu ziehen (Ansteuern des schwarzen Markierungsquadrats an der rechten unteren Ecke der Zelle B2 und Ziehen nach unten bei gedrückter linker Maustaste bis zur Zelle B22). Man erhält die entsprechenden Wahrscheinlichkeiten für $x = 1$ bis $x = 20$.
3. Es ist nun die Zelle B24 anzuklicken und folgende Berechnung einzugeben:

   =SUMME(B9:B22)

Man erhält jetzt die Wahrscheinlichkeit für $X \geq 7$. Es ergibt sich der Wert 0,002.

4. Führt man die entsprechenden Berechnungen in Spalte C (für $\hat{\pi}_u = 0{,}2$) durch, erhält man den Summenwert 0,087.

Der gesuchte untere Grenzpunkt des Vertrauensbereiches für den Anteilswert der Grundgesamtheit muß also zwischen 0,1 und 0,2 liegen.

Wenn man nun einen alternativen Wert erprobt (z.B. 0,17), erhält man den Wert 0,041. Indem man andere Werte in Zeile B einträgt, kann man sich dem gewünschten Summenwert 0,05 beliebig genau nähern (siehe 0,177 in der folgenden Tabelle; Spalte E).

In entsprechender Weise erhält man den oberen Grenzpunkt des Vertrauensbereiches, wenn man beispielsweise die Werte 0,6, 0,5, 0,56 und 0,568 erprobt, dabei aber (in Zeile 25) jeweils die Summe von Zeile 2 bis Zeile 9 ($X = 0$ bis $X = 7$) erzeugt.

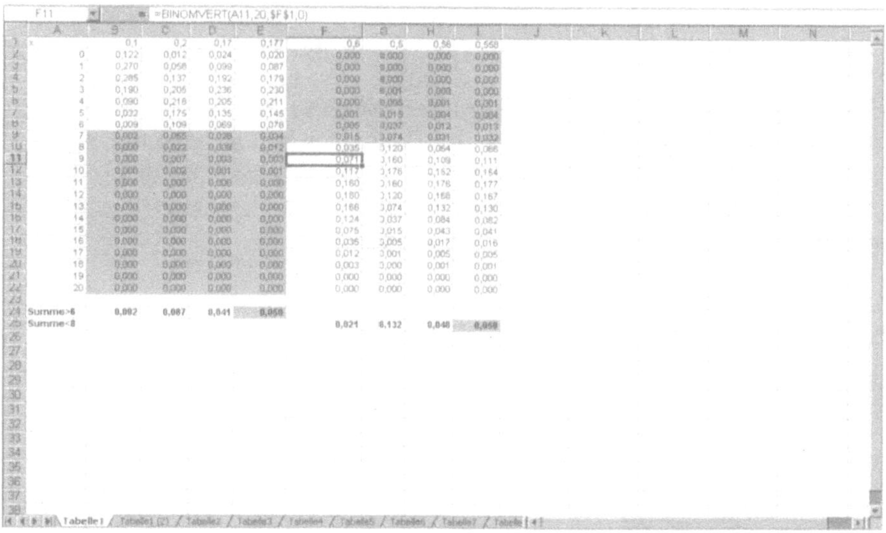

F11 =BINOMVERT(A11,20,F1,0)

	A		B	C	D	E	F	G	H	I
1	x		0,1	0,2	0,17	0,177	0,6	0,5	0,56	0,568
2		0	0,122	0,012	0,024	0,020	0,000	0,000	0,000	0,000
3		1	0,270	0,058	0,099	0,087	0,000	0,000	0,000	0,000
4		2	0,285	0,137	0,192	0,179	0,000	0,000	0,000	0,000
5		3	0,190	0,205	0,236	0,230	0,000	0,001	0,000	0,000
6		4	0,090	0,218	0,205	0,211	0,000	0,005	0,001	0,001
7		5	0,032	0,175	0,135	0,145	0,001	0,015	0,004	0,004
8		6	0,009	0,109	0,069	0,078	0,005	0,037	0,012	0,013
9		7	0,002	0,055	0,028	0,034	0,015	0,074	0,031	0,032
10		8	0,000	0,022	0,008	0,012	0,035	0,120	0,064	0,066
11		9	0,000	0,007	0,003	0,003	0,071	0,160	0,109	0,111
12		10	0,000	0,002	0,001	0,001	0,117	0,176	0,152	0,154
13		11	0,000	0,000	0,000	0,000	0,160	0,160	0,176	0,177
14		12	0,000	0,000	0,000	0,000	0,180	0,120	0,168	0,167
15		13	0,000	0,000	0,000	0,000	0,166	0,074	0,132	0,130
16		14	0,000	0,000	0,000	0,000	0,124	0,037	0,084	0,082
17		15	0,000	0,000	0,000	0,000	0,075	0,015	0,043	0,041
18		16	0,000	0,000	0,000	0,000	0,035	0,005	0,017	0,016
19		17	0,000	0,000	0,000	0,000	0,012	0,001	0,005	0,005
20		18	0,000	0,000	0,000	0,000	0,003	0,000	0,001	0,001
21		19	0,000	0,000	0,000	0,000	0,000	0,000	0,000	0,000
22		20	0,000	0,000	0,000	0,000	0,000	0,000	0,000	0,000
23										
24	Summe>6		0,002	0,087	0,041	0,050				
25	Summe<8						0,021	0,132	0,048	0,050

χ^2-Quadrat-Anpassungstest. Bei der Durchführung eines χ^2-Quadrat-Anpassungstests wird das Programm SPSS verwendet. In der Datei K0802.SAV finden sich in der ersten Spalte die Codeziffern für die fünf Fächer, in der zweiten Spalte die beobachteten Häufigkeiten.

1. Wenn man sich die Arbeit der Dateneingabe sparen will, öffnet man nach dem Start von SPSS die Datei K0802.SAV.
2. Wählen von DATEN/FÄLLE GEWICHTEN.
3. Anklicken bei FÄLLE GEWICHTEN MIT.
4. Übertragen der Variablen anzahl in das Feld HÄUFIGKEITSVARIABLE.
5. Anwählen von ANALYSIEREN/NICHTPARAMETRISCHE/TESTS/CHI-QUADRAT...
6. Übertragen der Variablen fach in den Bereich TESTVARIABLEN:
7. Im Bereich ERWARTETE WERTE muß die Option ALLE KATEGORIEN GLEICH markiert sein (es ist übrigens zu erkennen, daß auch bei unterschiedlichen Erwartungswerten mit dieser Prozedur gearbeitet

werden kann; dann aber müssen die einzelnen Werte unter Nutzung der Schaltfläche HINZUFÜGEN angegeben werden).

8. Anklicken von OK.

SPSS erzeugt jetzt u.a. die folgende Ausgabe:

Statistik für Test

	FACH
Chi-Quadrat[a]	4,500
df	4
Asymptotische Signifikanz	,343

a. Bei 0 Zellen (,0%) werden weniger als 5 Häufigkeiten erwartet. Die kleinste erwartete Zellenhäufigkeit ist 40,0.

Beim Stichwort CHI-QUADRAT wird der Wert der Prüfvariablen, $u = 4{,}5$, ausgewiesen. DF gibt die Anzahl der Freiheitsgrade an und bei ASYMPTOTISCHE SIGNIFIKANZ findet man mit 0,343 das rechnerische Signifikanzniveau. Da dieser Wert größer ist als das vorgegebene Signifikanzniveau, wird die Nullhypothese angenommen.

9 Testen einer nominalen Untersuchungsvariablen im Falle mehrerer Stichproben

Eingangs werden Fälle betrachtet, in denen eine nominalskalierte Untersuchungsvariable, die nur zwei unterschiedliche Werte realisieren kann, in zwei Stichproben erhoben ist. Zu unterscheiden sind verbundene (abhängige) von unabhängigen Stichproben. Von Interesse ist jeweils, ob sich die in den zwei Stichproben beobachteten Ausprägungen des Anteilswert wesentlich voneinander unterscheiden.

9.1 *McNemar*-Test für zwei Anteilswerte aus zwei verbundenen Stichproben

Der Zweck der Prüfung der Differenz zweier Anteilswerte bei verbundenen Stichproben kann durch das folgende Beispiel verdeutlicht werden: Man befragt eine Anzahl von Personen vor und nach einer Wahlveranstaltung über ihre Wahlabsicht bezüglich einer Partei. Als Antwort ist jeweils „ja“ oder „nein“ möglich. Der Anteil der Personen, die sich vor der Wahlveranstaltung für die Partei aussprechen wird sich vom Anteil der Personen, die sich nach der Veranstaltung für die Partei aussprechen, mehr oder weniger stark unterscheiden. Sollten sich die zwei Anteilswerte wesentlich voneinander unterscheiden, so deutet dies auf die Werbewirksamkeit der Wahlveranstaltung hin.

① Situation: Eine Untersuchungsvariable X, die nur zwei unterschiedliche Werte 0 bzw. 1 realisieren kann, wird in zwei verbundenen Stichproben erhoben, die jeweils den Umfang n haben. Für den mit 1 kodierten Wert wird in der ersten Stichprobe die absolute Häufigkeit x_1 und in der zweiten Stichprobe die absolute Häufigkeit x_2 ausgezählt. Die entsprechenden relativen Häufigkeiten sind $p_1 = x_1/n$ und $p_2 = x_2/n$. Sie stellen zugleich in der jeweiligen Stichprobe den Anteilswert des mit 1 kodierten Wertes von X dar.

Des weiteren werden die sog. Wechsler gezählt. Wechsler sind Merkmalsträger, bei denen die Realisation der Untersuchungsvariablen von Stichprobe zu Stichprobe wechselt. Dies ist die Anzahl b der Merkmalsträger, bei denen X in der ersten Stichprobe den Wert 1 und in der zweiten Stichprobe den Wert 0 realisiert, sowie die Anzahl c der Merkmalsträger, bei denen zunächst der Wert 0 und dann der Wert 1 realisiert ist.

Wert von X in Stichprobe 2 / Wert von X in Stichprobe 1	1	0	Summe
1	a	b	x_1
0	c	d	$n-x_1$
Summe	x_2	$n-x_2$	n

② Hypothesen: Die Nullhypothese behauptet, daß die den Stichprobenwerten p_1 und p_2 entsprechenden Anteilswerte π_1 und π_2 der Grundgesamtheiten gleich groß sind,

$$H_0 : \pi_1 = \pi_2 .$$

Die Alternativhypothese behauptet, daß sie sich voneinander unterscheiden.

③ Problem: Die Anteilswerte p_1 und p_2 sind gewöhnlich nicht gleich groß, was ein Widerspruch zur Nullhypothese sein kann.

④ Lösung: Ein Blick auf die zwei Anteilswerte

$$p_1 = \frac{x_1}{n} = \frac{a+b}{n} = \frac{a}{n} + \frac{b}{n} \quad \text{und} \quad p_2 = \frac{x_2}{n} = \frac{a+c}{n} = \frac{a}{n} + \frac{c}{n}$$

zeigt, daß sie über die Wechsler b und c miteinander verglichen werden können. p_1 und p_2 sind gleich groß, wenn b und c gleich groß sind.

Als Prüfvariable B kann die Anzahl der Wechsler verwendet werden, bei denen die Untersuchungsvariable in der Stichprobe 1 den Wert 1 realisiert und in der Stichprobe 2 den Wert 0. Alternativ hierzu könnte auch als Prüfvariable C die Anzahl der Wechsler dienen, bei denen der Wert von X in die andere Richtung wechselt.

B eignet sich als Prüfvariable, wie die folgende Überlegung erweist. Wenn b ungefähr so groß ist wie c, sind p_1 und p_2 ungefähr gleich groß, was die Nullhypothese stützt. Wenn b im Vergleich zu c relativ klein oder relativ groß ist, unterscheiden sich p_1 und p_2 relativ deutlich, was gegen die Nullhypothese spricht. Somit läßt sich der Wertebereich für B in zwei Teile trennen, wie die Abbildung 9.1 verdeutlicht.

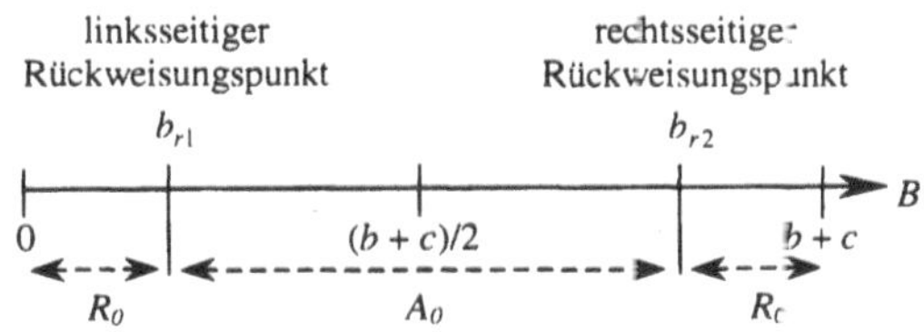

Abb. 9.1: Annahme- und Rückweisungsbereich der Prüfvariablen beim McNemar-Test

Ein Vergleich der voneinander abhängigen Anteilswerte p_1 und p_2 kann also über einen Vergleich der Häufigkeiten b und c, die voneinander unabhängig sind, durchgeführt werden.

Unter der Nullhypothese ist B nach $B(b+c;0{,}5)$ verteilt, weil das *Bernoulli*-Versuchsschema für die Wechsler gilt:

Bei einem Wechsel kann vom Wert 1 der Untersuchungsvariablen zum Wert 0 gewechselt werden oder vom Wert 0 zum Wert 1; d.h. im Sinne des *Bernoulli*-Versuchsschemas liegt eine Ergebnisalternative vor.

Unter der Nullhypothese ist die Wahrscheinlichkeit für einen Wechsel vom Wert 1 der Untersuchungsvariablen zum Wert 0 stets gleich 0,5.

Die Binomialverteilung $B(b+c;0{,}5)$ gibt die Wahrscheinlichkeiten für die Anzahl der Wechsler vom Wert 1 der Untersuchungsvariablen zum Wert 0 an, falls die Nullhypothese zutrifft. Unter der Nullhypothese gilt somit wegen $E(B)=(b+c)/2$, daß im Durchschnitt bei der Hälfte aller Wechsler vom Wert 1 der Untersuchungsvariablen zum Wert 0 gewechselt wird.

Das Problem läßt sich also mit einem einfachen Binomialtest (siehe Kap. 8.1) lösen. Die eingangs formulierte Nullhypothese beim *McNemar*-Test,

$$H_0: \pi_1 = \pi_2,$$

kann, wie begründet worden ist, in eine spezifische Nullhypothese des Binomialtests,

$$H_0: \pi = \pi_0 = 0{,}5,$$

transformiert werden. Der Binomialtest reduziert das beschriebene Problem auf die einfache Frage, ob sich der Anteilswert $b/(b+c)$ signifikant von 0,5 unterscheidet bzw. ob sich b signifikant von $(b+c)/2$ unterscheidet.

Die praktische Durchführung des Tests ist außergewöhnlich einfach; es gibt nichts zu rechnen. Man entnimmt der Stichprobe den Wert für b (oder für c) und prüft, ob er bei der Binomialverteilung $B(b+c;0{,}5)$ im Annahme- oder Rückweisungsbereich liegt. Die entsprechenden Rückweisungspunkte sind für unterschiedliche Signifikanzniveaus und für den konservativen Test im Anhang in der Tabelle Nr. 7 enthalten.

Vor und nach einer Wahlveranstaltung werden 60 zufällig ausgewählte Personen über die Wahlabsicht bezüglich der veranstaltenden Partei befragt.

Wahlabsicht nachher / Wahlabsicht vorher	Partei wird gewählt	Partei wird nicht gewählt	Summe
Partei wird gewählt	25	5	30
Partei wird nicht gewählt	10	20	30
Summe	35	25	60

Vor der Veranstaltung ist der Anteil jener, die die Partei wählen möchten, $p_1 = 30/60 = 0{,}5$, nach der Veranstaltung hingegen liegt er bei $p_2 = 35/60 = 0{,}583$. Die Unterschiedlichkeit der zwei Anteilswerte ist zu beurteilen. Behauptet wird, daß sich die Werte nur zufällig unterscheiden. Der aufbereiteten Stichprobe kann entnommen werden: $b = 5$. Bei 5% Signifikanzniveau liegen die Rückweisungspunkte gemäß Tabelle Nr. 7 des Anhanges in den Werten $b_{r1} = 3$ und $b_{r2} = 12$. $b = 5$ liegt also im Annahmebereich der Nullhypothese. Die Behauptung, daß die Wahlveranstaltung die Chancen der Partei nicht beeinflußt, ist somit nicht widerlegt.

Bei großen Stichprobenumfängen kann der *McNemar*-Test, wie jeder andere Binomialtest auch, approximativ unter Verwendung der Normalverteilung durchgeführt werden (siehe Kap. 8.1). Des weiteren besteht die Möglichkeit, einen (ebenfalls nur approximativ gültigen) χ^2-Anpassungstest (siehe Kap. 8.3) durchzuführen, bei dem lediglich zwei Klassen, die Wechsler der einen und die der anderen Richtung, zu unterscheiden sind[1].

[1] Die beobachteten Häufigkeiten sind hier b und c. Die unter der Nullhypothese erwarteten Häufigkeiten sind jeweils $(b+c)/2$. Um die Approximation zu verbessern, wird in diesem Zusammenhang häufig die *Yates*sche Kontinuitätsberichtigung empfohlen, worauf wir nicht eingehen, weil der *McNemar*-Test in unproblematischer Weise exakt als Binomialtest durchführbar ist.

9.2 *Fisher*-Test für zwei Anteilswerte aus zwei unabhängigen Stichproben

Dieser Test kann auf unterschiedliche und zumeist auf Anhieb nur schwer nachvollziehbare Arten dargestellt werden. Die folgende Version ist hiervon nicht frei, sie kommt jedoch mit der Binomialverteilung und einigen elementaren Sätzen der Wahrscheinlichkeitsalgebra aus.

Bei großen Stichproben empfiehlt sich ein approximativ gültiger Test, der wesentlich einfacher ist, insbesondere was die praktische Durchführung angeht (siehe Kap. 9.3).

① Situation: Eine Untersuchungsvariable X, die zwei unterschiedliche Werte 0 bzw. 1 realisieren kann, wird in zwei unabhängigen Zufallsstichproben der Umfänge n_1 bzw. n_2 erhoben. Für den mit 1 kodierten Wert wird in der ersten Stichprobe die absolute Häufigkeit x_1 und in der zweiten Stichprobe die absolute Häufigkeit x_2 ausgezählt Die entsprechenden relativen Häufigkeiten sind $p_1 = x_1/n_1$ und $p_2 = x_2/n_2$. Sie stellen zugleich in der jeweiligen Stichprobe den Anteilswert des mit 1 kodierten Wertes von X dar.

Wert von X / Stichprobe Nr.	1	0	Summe
1	x_1	$n_1 - x_1$	n_1
2	x_2	$n_2 - x_2$	n_2
Summe	x	$n - x$	n

Hierbei sollen die Stichproben bzw. die Werte von X so numeriert bzw. kodiert sein, daß x_1 nicht größer als die anderen Häufigkeiten ist. Diese Vereinbarung läßt offen, ob gilt, daß $p_1 < p_2$ oder $p_1 > p_2$.

② Hypothesen: Die Nullhypothese behauptet, daß die den Stichprobenwerten p_1 und p_2 entsprechenden Anteilswerte π_1 und π_2 der Grundgesamtheiten gleich groß sind,

$$H_0 : \pi_1 = \pi_2 .$$

Die Alternativhypothese behauptet, daß ein Anteilswert in Wahrheit größer als der andere ist[2],

$$H_a : \pi_1 < \pi_2 \text{ bzw. } H_a : \pi_1 > \pi_2 .$$

[2] Betrachtet wird somit der einseitige Test.

③ Problem: Falls die zwei Anteilswerte in den beiden Stichproben nicht gleich groß sind, könnte dies bedeuten, daß die Nullhypothese in Wahrheit nicht zutrifft.

④ Lösung: Auf *Fisher* geht die Idee zurück, als Prüfvariable die Häufigkeit X_1 zu verwenden, wobei die Gesamthäufigkeit x dieser Realisation der Untersuchungsvariablen in beiden Stichproben eine feste Größe ist. Die Prüfvariable ist also eine bedingte Veränderliche $X_1|x$, die aus dem Grunde der Einfachheit zumeist mit X_1 abgekürzt wird.

Einige Überlegungen erweisen, daß sich $X_1|x$ als Prüfvariable eignet:

$p_1 < p_2$ wird größer, wenn $X_1|x$ alternativ kleiner werdende Werte realisiert. Dieser Zusammenhang besteht, weil bei alternativ kleiner werdenden Werten für x_1 die Werte für $p_1 = x_1/n_1$ ebenfalls kleiner werden, während sich zugleich die Werte für $p_2 = x_2/n_2 = (x - x_1)/n_2$ vergrößern - bei festem Wert für x.

Umgekehrt wird $p_1 < p_2$ kleiner, wenn $X_1|x$ alternativ größer werdende Werte realisiert.

Somit kann der Wertebereich für $X_1|x$ in zwei Teile getrennt werden: Relativ kleine Werte sprechen gegen die Nullhypothese, relativ große Werte stützen die Nullhypothese. Für eine Ungleichung der Richtung $p_1 < p_2$ eignet sich also die Stichprobenvariable $X_1|x$ für einen linksseitigen Test, dem die Alternativhypothese $H_a : \pi_1 < \pi_2$ zu Grunde liegt. Die Charakteristik des Wertebereiches der Prüfvariablen ist in der Abbildung 9.2 skizziert.

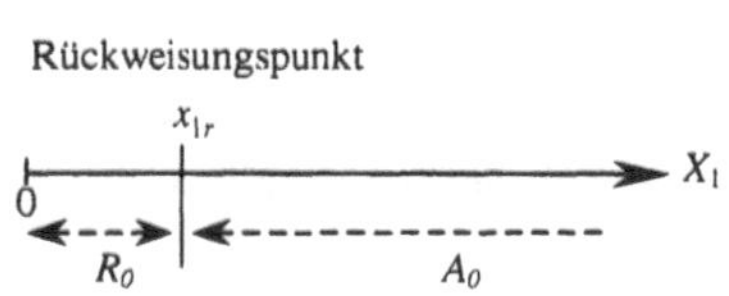

Abb. 9.2: Linksseitiger Fisher-Test ; Alternativhypothese $H_a : \pi_1 < \pi_2$

Eine analoge Überlegung für den Fall $p_1 > p_2$ führt zum Resultat, daß sich $X_1|x$ dann für den rechtsseitigen Test eignet. Dies ist in der Abbildung 9.3 illustriert.

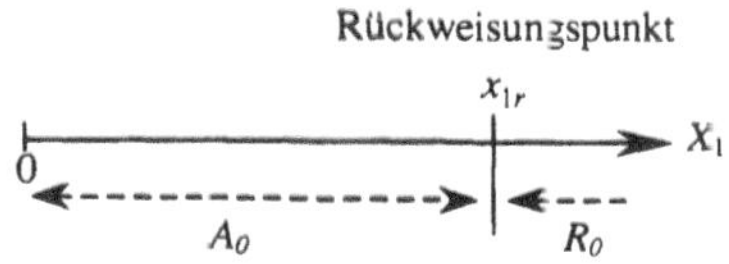

Abb. 9.3: Rechtsseitiger Fisher-Test ; Alternativhypothese $H_a : \pi_1 > \pi_2$

Zu klären ist, welcher Verteilung die Prüfvariable $X_1|x$ unter der Nullhypothese folgt. Die Überlegungen hierzu sind zwar noch elementar, jedoch leider nicht mehr sehr übersichtlich. Man kann zeigen[3], daß $X_1|x$ unter der Nullhypothese verteilt ist wie

$$\frac{B(n_1;\pi)B(n_2;\pi)}{B(n;\pi)}.$$

Die interessierenden Wahrscheinlichkeiten $P(x_1|x)$ für einzelne Werte $x_1|x$ lassen sich also durch Multiplikation und Division von drei Wahrscheinlichkeiten ermitteln, die aus drei Binomialverteilungen stammen. Nach algebraischen Umformungen erhält man eine alternative Möglichkeit zur Bestimmung von $P(x_1|x)$,

---

[3] $X_1|x$ ist verteilt wie $X_1 \cap X_2|x$, weil bei festem x und jedem gegebenem Wert x_1 die Anzahl x_2 über $x_2 = x - x_1$ festgelegt ist. Aus der Definition einer bedingten Wahrscheinlichkeit ergibt sich, daß $P(x_1 \cap x_2|x) = P(x_1 \cap x_2 \cap x)/P(x)$. Die Wahrscheinlichkeit im Zähler entspricht offensichtlich $P(x_1 \cap x_2)$. Somit gilt: $P(x_1|x) = P(x_1 \cap x_2)/P(x)$.

Bei unabhängigen Stichproben gilt: $P(x_1 \cap x_2) = P(x_1)P(x_2)$. $P(x_1)$ bzw. $P(x_2)$ erhält man aus der Verteilung $B(n_1;\pi)$ bzw. $B(n_2;\pi)$, die unter der Nullhypothese den gleichen *Bernoulli*-Parameter π haben.

$P(x)$ wird unter der Nullhypothese durch die Binomialverteilung $B(n\ \pi)$ angegeben.

Die gesuchte Verteilung für $X_1|x$ entspricht somit unter der Nullhypothese dem Quotienten aus $B(n_1;\pi)\cdot B(n_2;\pi)$ und $B(n;\pi)$. Nach Einsetzen der entsprechenden Wahrscheinlichkeitsfunktionen und geeignetem Kürzen ergibt sich:

$$P(x_1|x) = \frac{B(n_1;\pi)B(n_2;\pi)}{B(n;\pi)} = \frac{\binom{n_1}{x_1}\binom{n_2}{x_2}}{\binom{n}{x}} = \frac{n_1!n_2!x!(n-x)!}{x_1!x_2!(n_1-x_1)!(n_2-x_2)!n!}.$$

Dies ist aber gerade eine hypergeometrische Verteilung, mit der wir uns nicht befaßt haben. Im vorliegenden Kontext kann auf sie verzichtet werden, weil wir ja mit der Binomialverteilung auskommen.

$$P(x_1|x) = \frac{\binom{n_1}{x_1}\binom{n_2}{x_2}}{\binom{n}{x}} = \frac{n_1!n_2!x!(n-x)!}{x_1!x_2!(n_1-x_1)!(n_2-x_2)!n!}.$$

Beim linksseitigen Test mit $H_a: \pi_1 < \pi_2$ wird der Rückweisungspunkt unter Verwendung von $P(X_1 \le x_{1r}) \le \alpha\,\%$ festgelegt.

Für die Alternativhypothese $H_a: \pi_1 > \pi_2$ wird der Rückweisungspunkt beim rechtsseitigen Test gemäß $P(X_1 \ge x_{1r}) \le \alpha\ \%$ bestimmt.

Während einer Industrieausstellung werden fünf Vertreter inländischer Unternehmen über ihren Eindruck vom Geschäftsklima befragt. Einer hält das Geschäftsklima für schlechter als im Vorjahr, vier für besser. Bei einer entsprechenden Befragung bei sechs ausländischen Unternehmensvertretern beurteilen fünf das Klima als verschlechtert. Zu prüfen ist, ob die Unterschiede in der Antwortverteilung wesentlich sind (5% Signifikanzniveau einseitig).

Änderung des Geschäftsklimas / Herkunft des Unternehmens	Verschlechterung	Verbesserung	Summe
Inland	1	4	5
Ausland	5	1	6
Summe	6	5	11

In den zwei unabhängigen Stichproben der Umfänge $n_1 = 5$ bzw. $n_2 = 6$ bewerten

$p_1 = x_1/n_1 = 1/5 = 20\%$ bzw. $p_2 = x_2/n_2 = 5/6 = 83\%$

das Geschäftsklima als verschlechtert, was ein wesentlicher Unterschied zur Nullhypothese sein könnte, die behauptet, daß inländische und ausländische Unternehmen das Geschäftsklima gleich bewerten. Als Alternative gilt, daß der Anteil der inländischen Unternehmen, die eine Verschlechterung des Geschäftsklimas feststellen, kleiner ist als der Anteil bei den ausländischen Unternehmen, $H_a: \pi_1 < \pi_2$.

Prüfvariable ist die Häufigkeit $X_1|x$, mit der bei inländischen Unternehmen eine Verschlechterung des Geschäftsklimas angegeben wird, wobei bei inländischen und ausländischen Unternehmensvertretern insgesamt $x = 6$ mal eine Verschlechterung genannt wird. Die Prüfvariable realisiert den Wert $x_1|x = 1$. Beim vorliegenden linksseitigen Test hat der Rückweisungspunkt x_{1r} eine Größe, die beim konservativen Test die Ungleichung $P(X_1 \leq x_{1r}) \leq 5\%$ am besten erfüllt.

Von Interesse ist, ob der Rückweisungspunkt größer als der Stichprobenwert der Prüfvariablen ist bzw. ihm entspricht, was zur Zurückweisung der Nullhypothese führen würde, oder ob der Rückweisungspunkt kleiner ist, was zur Annahme der Nullhypothese führen würde (vgl. Abb. 9.2).

Um unnötige Rechnereien zu vermeiden, empfiehlt sich zunächst die Berechnung der Wahrscheinlichkeit für den Stichprobenwert der Prüfvariablen, im vorliegenden Beispiel also $P(1)$. Wenn diese Wahrscheinlichkeit größer als 5% sein sollte, liegt der Rückweisungspunkt - falls er existiert - links vom Wert 1, weil ja die obige Ungleichung verletzt ist; der Wert 1 liegt in diesem Falle nicht im Rückweisungsbereich.

$$P(x_1|x) = \frac{n_1!n_2!x!(n-x)!}{x_1!x_2!(n_1-x_1)!(n_2-x_2)!n!}$$
$$= \frac{5!6!6!5!}{1!5!(5-1)!(6-5)!11!} = \frac{5}{7 \cdot 11} = 0{,}0649$$

Die Nullhypothese wird also nicht verworfen; d.h. der empirische Befund widerspricht nicht der Behauptung, daß sich inländische und ausländische Unternehmen bezüglich der Bewertung der Änderung des Geschäftsklimas nicht voneinander unterscheiden.

Der Wert 0,0649 sollte sich auch ergeben, wenn vom Quotienten

$$\frac{B(n_1;\pi)B(n_2;\pi)}{B(n;\pi)}$$

ausgegangen und tabellierte Binomialverteilungen genutzt werden.

Für $P(1)$ der Verteilung $B(5;6/11) = B(5;0{,}55)$ erhält man 0,113,
für $P(5)$ der Verteilung $B(6;6/11) = B(6;0{,}55)$ den Wert 0,136 und
für $P(6)$ der Verteilung $B(11;6/11) = B(11{,}0{,}55)$ den Wert 0,236.

Somit ergibt sich mit $0{,}133 \cdot 0{,}136/0{,}236 = 0{,}065$ fast genau der obige Wert 0,0649. Je feiner die Tabellierung der Binomialverteilung bezüglich π ist, desto präziser kann die gewünschte Wahrscheinlichkeit berechnet werden.

9.3 Test für zwei Anteilswerte aus zwei unabhängigen großen Stichproben

Der *Fisher*-Test (siehe Kap. 9.2) ist bei größeren Stichprobenumfängen kein Test, der leicht zu handhaben ist. Deshalb wird bei nicht zu kleinen Stichprobenumfängen gewöhnlich auf ein anderes Testverfahren ausgewichen, das auf einer angenähert normalverteilten Prüfvariablen basiert.

① Situation: Die Situation, für die sich das Testverfahren eignet, entspricht der Situation beim *Fisher*-Test. Die Stichprobenumfänge dürfen jedoch nicht beliebig groß sein, sondern sollten die Faustregel

$$n_1 \geq 9/\pi_1(1-\pi_1) \text{ und } n_2 \geq 9/\pi_2(1-\pi_2)$$

einhalten.

② Hypothesen: Die Nullhypothese betrifft wiederum die den Stichprobenwerten p_1 und p_2 entsprechenden Anteilswerte π_1 und π_2 der Grundgesamtheiten. Allgemein ist Gegenstand der Nullhypothese die Behauptung, daß die Differenz zwischen π_1 und π_2 einen bestimmten Betrag δ_0 aufweist,

$$H_0 : \pi_1 - \pi_2 = \delta_0 .$$

Im Falle der Homogenitätshypothese, die behauptet, daß π_1 und π_2 gleich groß sind, $H_0 : \delta_0 = 0$, deckt sich die Nullhypothese mit der beim *Fisher*-Test.

Für die Alternativhypothese bestehen vielfältige Möglichkeiten.

③ Problem: Falls sich die Differenz zwischen den zwei Anteilswerten der beiden Stichproben von der in der Nullhypothese für die Grundgesamtheiten behaupteten Differenz merklich unterscheidet, könnte dies bedeuten, daß die Nullhypothese in Wahrheit nicht zutrifft.

④ Lösung: Als Prüfvariable dient die Differenz zwischen den zwei Anteilswerten, $D_P = P_1 - P_2$. Unterscheidet sich die Differenz der entsprechenden Stichprobenwerte relativ deutlich von der in der Nullhypothese festgelegten Differenz, so spricht dies gegen die Nullhypothese. Bei einem relativ geringen Unterschied wird die Nullhypothese gestützt.

Des weiteren eignet sich die Differenz D_P als Prüfvariable, weil ihre Verteilung bekannt ist (siehe Kap. 5.4). Bei großen Stichprobenumfängen ist D_P approximativ verteilt nach

$$N\left(\pi_1 - \pi_2; \sqrt{\pi_1(1-\pi_1)/n_1 + \pi_2(1-\pi_2)/n_2}\right).$$

Nicht bekannt sind die Werte für π_1 und π_2. Die Nullhypothese legt diese Werte nicht fest, sondern lediglich ihre Differenz $\pi_1 - \pi_2 = \delta_0$, den Erwartungswert der normalverteilten Prüfvariablen. Unbekannt bleibt hingegen die Streuung von D_P. Man behilft sich nun gewöhnlich so, daß die Werte für π_1 und π_2 unter dem Wurzelzeichen durch p_1 und p_2, die entsprechenden Werte in den Stichproben, abgeschätzt werden, was bei großen Stichprobenumfängen akzeptabel sein mag[4].

Die Rückweisungspunkte können jetzt über

$$d_{pr_{1,2}} = \delta_0 + k_{r_{1,2}} \sqrt{p_1(1-p_1)/n_1 + p_2(1-p_2)/n_2}\ \text{, wobei}$$

$$P\left(K \le k_{r_1}\right) = \alpha/2 \text{ und } P\left(K \ge k_{r_2}\right) = \alpha/2,$$

in unproblematischer Weise bestimmt werden (siehe Kap. 6.2, 3. Schritt).

Im Falle der Homogenitätshypothese, die behauptet, daß π_1 und π_2 gleich groß sind, $H_0: \delta_0 = 0$, vereinfachen sich die Parameter in der Verteilung für D_P. Der Erwartungswert von D_P ist jetzt gleich null. Die Streuung von D_P ist unbekannt, weil π_1 und π_2 unbekannt sind. Die Homogenitätshypothese behauptet jedoch, daß sie gleich groß sind, daß also beide Stichproben aus einer einzigen Grundgesamtheit stammen, $\pi_1 = \pi_2 = \pi$. Der unbekannte Anteilswert π in dieser Grundgesamtheit läßt sich durch p schätzen, den Anteilswert in der zusammengefaßten („gepoolten“) Stichprobe. Dabei kann p auch bestimmt werden, indem der Mittelwert aus p_1 und p_2 gebildet wird,

$$\pi \approx p = \frac{n_1 p_1 + n_2 p_2}{n_1 + n_2}.$$

Die Rückweisungspunkte können im Falle der Homogenitätshypothese nunmehr bestimmt werden (siehe Kap. 6.2, 3. Schritt) über

$$d_{pr_{1,2}} = k_{r_{1,2}} \sqrt{p(1-p)(1/n_1 + 1/n_2)}\ ,$$

wobei $P\left(K \le k_{r_1}\right) = \alpha/2$ und $P\left(K \ge k_{r_2}\right) = \alpha/2$.

[4] Widersprüchlich und deshalb unbefriedigend ist bei dieser Vorgehensweise, daß die Differenz der zwei Anteilswerte unter dem Wurzelzeichen einen anderen Wert hat als im Erwartungswert der Normalverteilung.

Eine Statistik der Geburten in einer bayrischen Kleinstadt ergibt, daß bei 225 Geburten 120 Knabengeburten auftreten. Eine entsprechende Zählung in Hamburg ergibt bei 900 Geburten 442 Knabengeburten. Bei 10% Signifikanzniveau (zweiseitig) soll geprüft werden, ob der Unterschied in den Anteilen der Knabengeburten auf den Zufall zurückgeführt werden kann.

$H_0 : \pi_1 - \pi_2 = 0$, $p_1 = 120/225 = 0{,}5333$, $p_2 = 442/900 = 0{,}4911$,

$d_p = 0{,}5333 - 0{,}4911 = 0{,}0422$, $p = (120 + 442)/(225 + 900) = 0{,}4996$.

$d_{pr_{1,2}} = \mp 1{,}645\sqrt{0{,}4996(1 - 0{,}4996)(1/225 + 1/900)} = \mp 1{,}645 \cdot 0{,}0373$.

$d_{pr_1} = -0{,}061$, $d_{pr_2} = 0{,}061$.

Der Stichprobenwert $d_p = 0{,}0422$ liegt im Annahmebereich von D_P; d.h. bezüglich der Sexualproportion der Neugeborenen besteht zwischen der bayrischen Kleinstadt und Hamburg kein wesentlicher Unterschied.

9.4 Chi-Quadrat-Homogenitätstest für mehrere unabhängige Stichproben

Dieser Test prüft die Frage, ob mehrere unabhängige Stichproben aus einer Grundgesamtheit stammen. Über deren Verteilung muß im einzelnen nichts bekannt sein.

Ausführlicher gesagt: Die im Kap. 9.2 und 9.3 analysierte Untersuchungsvariable kann nur zwei Werte realisieren und wird in zwei unabhängigen Stichproben erhoben. Im folgenden wird eine Untersuchungsvariable betrachtet, die mehr als zwei Werte realisieren kann und in mehr als zwei unabhängigen Stichproben erhoben wird. Allerdings müssen die Stichproben groß sein. Das zu behandelnde Testverfahren prüft die Frage, ob sich die Stichproben wesentlich voneinander unterscheiden oder ob sie nur in den vom Zufall gesetzten Grenzen verschieden sind, so daß der Faktor, der die Stichproben differenziert, für die Untersuchungsvariable bedeutungslos wäre. Diese Fragestellung wird später im Kontext der Varianzanalyse, die allerdings eine metrisch skalierte Untersuchungsvariable voraussetzt, konsequent weiterverfolgt.

① Situation: Eine Untersuchungsvariable X, die $s \geq 2$ unterschiedliche Werte realisieren kann, wird an n statistischen Einheiten in $r \geq 2$ unabhängigen Stichproben erhoben. Ausgezählt werden die Häufigkeiten b_{ij}, mit denen in der i-ten Stichprobe, $i = 1, \ldots, r$, der j-te Wert von X, $j = 1, \ldots, s$, realisiert ist.

Wert Nr. / Stichprobe Nr.	1	...	j	...	s	$\sum_{j=1}^{s} b_{ij}$
1						$b_{1.}$
⋮						⋮
i			b_{ij}			$b_{i.}$
⋮						⋮
r						$b_{r.}$
$\sum_{i=1}^{r} b_{ij}$	$b_{.1}$	...	$b_{.j}$	...	$b_{.s}$	n

② Hypothesen: Die Nullhypothese behauptet, daß die r Stichproben nicht aus r unterschiedlichen, sondern aus einer Grundgesamtheit stammen.

Dann müssen die Verteilungen in den r Grundgesamtheiten übereinstimmen. Hiermit gleichbedeutend ist, daß für jeden Wert von X gilt, daß seine Realisationswahrscheinlichkeit in den Stichproben jeweils gleich groß ist. Dies kann wie folgt zum Ausdruck gebracht werden:

$H_0 : \pi_{j|i} = \pi_{.j}$, für alle i; $j = 1, \ldots, s$.

$\pi_{j|i}$ Wert in der Grundgesamtheit für $p_{j|i} = \dfrac{b_{ij}}{b_{i.}}$

$\pi_{.j}$ Wert in der Grundgesamtheit für $p_{.j} = \dfrac{b_{.j}}{n}$

③ Problem: Die Häufigkeitsverteilungen in den einzelnen Stichproben decken sich gewöhnlich nicht in allen Details, was gegen die Hypothese sprechen kann, daß die Verteilungen übereinstimmen.

④ Lösung: Als Prüfvariable eignet sich die *Pearson*sche Statistik (siehe Kap. 8.3) in der Form

$$U = \sum_{j=1}^{s} \sum_{i=1}^{r} \frac{\left(B_{ij} - e_{ij}\right)^2}{e_{ij}} .$$

Hierbei ist B_{ij} die Stichprobenvariable von b_{ij}. Der Ausdruck e_{ij} stellt die unter der Nullhypothese in der i-ten Stichprobe zu erwartende absolute Häufigkeit für den j-ten Wert von X dar. e_{ij} kann bestimmt werden, wenn $b_{.j}/n$ als Schätzwert für $\pi_{.j}$ verwendet wird,

$$e_{ij} = b_{i.}\pi_{.j} \approx \frac{b_{i.}b_{.j}}{n} .$$

Die Verteilung für U folgt unter der Nullhypothese einer χ^2-Verteilung,

$$\lim_{n\to\infty} U = \chi^2, \quad \nu = (r-1)(s-1).$$

Die erwarteten Häufigkeiten sollten, wie bei jedem χ^2-Test, jeweils nicht kleiner als 5 sein.

Aus fünf Fakultäten zufällig ausgewählte Studierende beurteilen die Anforderungen im Studium wie folgt:

Anforderung / Fakultät	zu hoch	kann bewältigt werden	gering	Summe
Philologie	10 (15,1)	58 (62,3)	47 (37,6)	115
Rechtswissenschaft	6 (15,8)	69 (65,0)	45 (39,3)	120
Wirtschaftswissenschaft	18 (11,4)	53 (47,1)	16 (28,5)	87
Sozialwissenschaft	3 (7,5)	25 (30,9)	29 (18,6)	57
Maschinenbau	20 (7,2)	30 (29,8)	5 (18,0)	55
Summe	57	235	142	434

Zu beurteilen ist bei 10% Signifikanzniveau, ob sich die Antworten über die Studienanforderungen zwischen den ausgewählten Fakultäten wesentlich unterscheiden. Behauptet wird, dies sei nicht so. Die Berechnung der unter der Nullhypothese erwarteten Häufigkeiten führt zu den in der Tabelle eingeklammerten Werten. Als Wert für die Prüfvariable errechnet man $u = 63{,}3$. Die entsprechende χ^2-Variable besitzt $\nu = (r-1)(s-1) = (5-1)(3-1) = 8$ Freiheitsgrade. Ein Vergleich zwischen dem Rückweisungspunkt $\chi_r^2 = 13{,}4$ und dem Stichprobenergebnis $u = 63{,}3$ führt zur Zurückweisung der Nullhypothese. Die fünf Stichproben stammen nicht aus einer einzigen Grundgesamtheit. Die Fakultäten unterscheiden sich also im Urteil der Studierenden bezüglich der Studienanforderungen.

Der χ^2-Homogenitätstest unterscheidet sich vom χ^2-Unabhängigkeitstest, der im Kapitel 10.1 behandelt wird, äußerlich nur wenig. Der Faktor, nach denen die unterschiedlichen Stichproben differenziert sind, die bei der Verwendung eines χ^2-Homogenitätstestes vorliegen müssen, kann im Kontext des χ^2-Unabhängigkeitstestes u.U. als zweite Untersuchungsvariable interpretiert werden. Gleichwohl bestehen gewöhnlich weiterhin

Unterschiede bei der Art der Datengewinnung. So ist die Situation beim χ^2-Unabhängigkeitstest in der Weise beschrieben, daß die statistischen Einheiten zufällig ausgewählt und an ihnen die Werte bzw. Kategorien von zwei Untersuchungsvariablen simultan festgestellt werden. Bei der Situation hingegen, die für den χ^2-Homogenitätstest angemessen ist, wird eine Untersuchungsvariable in einer Stichprobe erhoben, und an anderen statistischen Einheiten erneut in weiteren anderen Stichproben.

9.5 Softwarelösungen

***McNemar*-Test.** Für den *McNemar*-Test müssen die Ausgangsdaten aus Abschnitt 9.1 in eine SPSS-Tabelle eingegeben werden: In Spalte 1 und 2 werden die Wertepaare 1,1; 1,0; 0,1 und 0,0 ein (es steht 1 für „ja"=wählen, 0 für „nein"=nicht wählen) eingegeben, in Spalte 3 die Häufigkeiten 25, 5, 10 und 20. Die weiteren Arbeitsschritte sind:

1. Wenn man sich die Dateneingabe ersparen will, ist nach dem Start von SPSS die Datei K0901.SAV zu öffnen.
2. Wählen von DATEN/FÄLLE GEWICHTEN.
3. Anklicken von FÄLLE GEWICHTEN MIT.
4. Übertragen der Variablen anzahl in das Feld HÄUFIGKEITSVARIABLE und Anklicken von OK.
5. Wählen von ANALYSIEREN/NICHTPARAMETRISCHE TESTS/ZWEI VERBUNDENE STICHPROBEN...
6. Übertragen der beiden Variablen vorher und nachher (nach gemeinsamer Markierung) in den Bereich AUSGEWÄHLTE WERTEPAARE:
7. Wegklicken des Häkchens im Bereich WELCHE TESTS DURCHFÜHREN? bei WILCOXON und Anklicken statt dessen bei MCNEMAR.
8. Anklicken von OK.

SPSS erzeugt jetzt die folgende Ausgabe:

	NACHHER	
VORHER	0	1
0	20	10
1	5	25

Statistik für Test[b]

	· & 2
N	60
Exakte Signifikanz (2-seitig)	,302[a]

a. Verwendetete Binomialverteilung.

b. McNemar-Test

Man erkennt, daß als EXAKTE SIGNIFIKANZ der Wert 0,302 angegeben wird. Die Nullhypothese kann somit nicht verworfen werden.

***Fisher*-Test.** Um den *Fisher*-Test mit SPSS für das Beispiel aus Abschnitt 9.2 durchzuführen, müssen zunächst die Ausgangsdaten in eine SPSS-Tabelle eingegeben werden: In Spalte 1 und 2 sind die Wertepaare 1,1; 1,2; 2,1 und 2,2 einzugeben, in Spalte 3 die Häufigkeiten 1, 5, 4 und 1. Anschließend sind die folgenden Arbeitsschritte erforderlich:

1. Öffnen der Datei K0902.SAV, falls die Daten nicht selbst eingegeben werden.
2. Wählen von DATEN/FÄLLE GEWICHTEN.
3. Anklicken von FÄLLE GEWICHTEN MIT.
4. Übertragen der Variablen anzahl in das Feld HÄUFIGKEITSVARIABLE.
5. Wählen von ANALYSIEREN/DESKRIPTIVE STATISTIKEN/KREUZTABELLEN... und Anklicken von OK.
6. Übertragen der Variablen land in den Bereich ZEILEN:, der Variablen klima in den Bereich SPALTEN:
7. Anklicken der Schaltfläche STATISTIK.
8. Anklicken bei CHI-QUADRAT.
9. Anklicken der Schaltfläche WEITER.
10. Anklicken von OK.

SPSS erzeugt jetzt ausschnittsweise die folgende Ausgabe:

LAND * KLIMA Kreuztabelle

Anzahl

		KLIMA		
		Verschlechterung	Verbesserung	Gesamt
LAND	Inalnd	1	4	5
	Ausland	5	1	6
Gesamt		6	5	11

Chi-Quadrat-Tests

	Wert	Exakte Signifikanz (2-seitig)	Exakte Signifikanz (1-seitig)
Exakter Test nach Fisher		,080	,067
Anzahl der gültigen Fälle	11		

In der ersten Tabelle befinden sich die Häufigkeiten, die schon aus Abschnitt 9.2 bekannt sind.

Die Überschrift der zweiten SPSS-Ausgabetabelle weist darauf hin, daß der Test über die SPSS-Prozedur CHI-QUADRAT... bereitgestellt wird; in der Tabelle steht aber EXAKTER TEST NACH FISHER. SPSS greift auf diesen automatisch bei der gegebenen Datenlage zu – und genau das wollen wir auch.

Man erkennt an den Angaben zur Signifikanz, daß bei einem Signifikanzniveau von 5% die Nullhypothese nicht verworfen werden kann. Dabei wird zwischen zweiseitiger und einseitiger Signifikanz unterschieden (siehe dazu Fußnote 2). Für den einseitigen Fall, der weiter oben in Abschnitt 9.2 angesprochen wird, ergibt sich als rechnerische Signifikanz der Wert 0,067, während sich in obigem Beispiel der Wert 0,0649 ergibt. Zu bedenken ist aber, daß dort nur $P(1)$ berechnet wird, während die Testentscheidung genau genommen über $P(0)+P(1)=0{,}067$ zustande kommt. Da aber allein schon $P(1)$ größer als das Signifikanzniveau ist, haben wir uns oben die (etwas umständliche) zusätzliche Berechnung von $P(0)$ erspart.

χ^2-Quadrat-Homogenitätstest. Man kann Excel benutzen, um die erforderlichen Berechnungen durchzuführen. Geht man vom Beispiel im Abschnitt 9.4 aus, können die beobachteten Häufigkeiten in den Bereich A1:C5 einer Excel-Arbeitstabelle eingegeben werden. In Spalte D und Zeile 6 können dann unter Nutzung der Excel-Funktion SUMME die Randsummen berechnet werden.

Im Bereich F1:H5 können die Erwartungswerte berechnet werden (Produkt der Randsummen geteilt durch die Gesamtzahl der Beobachtungen). Dies führt zu dem Bild auf der folgenden Seite.

Zur Durchführung des Tests kann die Excel-Funktion CHITEST eingesetzt werden. Gibt man also in einer freien Tabellenzelle ein

=CHITEST(A1:C5;F1:H5),

so erhält man als rechnerische Signifikanz einen Wert, der deutlich kleiner ist als das vorgegebene Signifikanzniveau. Die zu prüfende Nullhypothese wird deshalb verworfen (siehe Zelle H8 in der Excel-Tabelle auf der folgenden Seite).

Eine Problemlösung mit SPSS wird im folgenden Kapitel unter der Überschrift χ^2-Quadrat-Unabhängigkeitstest durchgeführt.

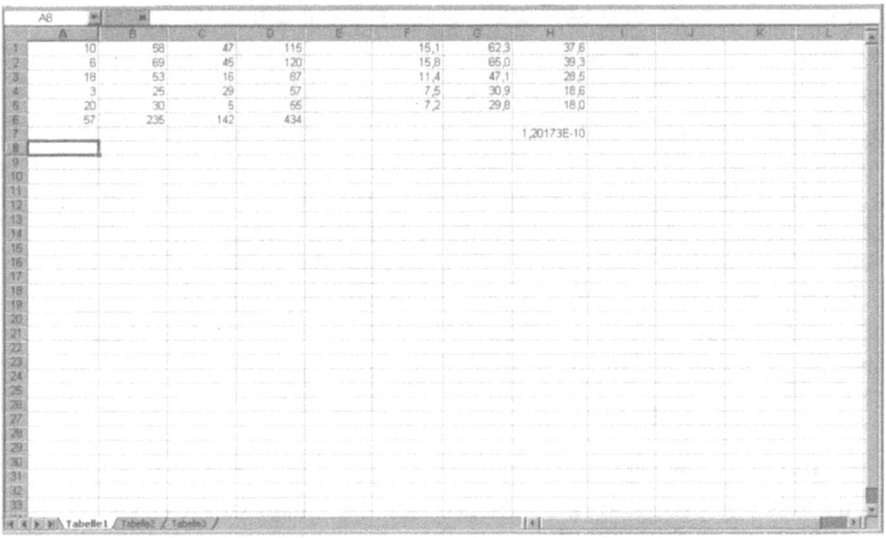

	A	B	C	D	E	F	G	H
1	10	58	47	115		15,1	62,3	37,6
2	6	69	45	120		15,8	65,0	39,3
3	18	53	16	87		11,4	47,1	28,5
4	3	25	29	57		7,5	30,9	18,6
5	20	30	5	55		7,2	29,8	18,0
6	57	235	142	434				
7								1,20173E-10

10 Test des wechselseitigen Zusammenhanges zwischen zwei Untersuchungsvariablen

Der statistische Zusammenhang zwischen Merkmalen bzw. Untersuchungsvariablen kann auf unterschiedliche Arten modelliert, bemessen und beurteilt werden. Das vorliegende Kapitel bezieht sich auf das Interdependenzmodell (Korrelationsmodell), das Merkmale enthält, die in wechselseitigem Zusammenhang stehen. Spätere Kapitel, insbesondere die Kapitel 15 und 16, beziehen sich auf das Dependenzmodell (Regressionsmodell), bei dem Merkmale auf andere Merkmale einen einseitig gerichteten Einfluß ausüben.

Im vorliegenden Kapitel wird des weiteren der Fall betrachtet, daß nur zwei Untersuchungsvariablen vorliegen. Ist ihr Meßniveau nominal, kann u.U. der in Kap. 10.1 erläuterte χ^2-Unabhängigkeitstest verwendet werden. Sind beide Variablen ordinal- bzw. beide Variablen metrisch skaliert, können die hier am häufigsten verwendeten Zusammenhangsmaße, der Rangkorrelationskoeffizient nach *Spearman* bzw. der Korrelationskoeffizient nach *Bravais/Pearson*, getestet werden, was in Kap. 10.2 erfolgt. Der Test, der sich auf das Quadrat des Korrelationskoeffizienten von *Bravais/Pearson*, den Determinationskoeffizienten bezieht, ist im Kap. 15 dargestellt.

10.1 Chi-Quadrat-Unabhängigkeitstest

Dieser Test unterscheidet sich nicht fundamental vom χ^2-Homogenitätstest, der im Kap. 9.4 behandelt ist. Der χ^2-Homogenitätstest prüft die Frage, ob mehrere unabhängige Stichproben aus einer Grundgesamtheit stammen. Demgegenüber prüft der χ^2-Unabhängigkeitstest die Frage, ob zwei Merkmale voneinander unabhängig sind. Wir werden weiter unten begründen, daß beide Fragestellungen im Grunde auf das gleiche hinauslaufen.[1]

① <u>Situation:</u> Zwei diskrete Untersuchungsvariablen X und Y, die $r \geq 2$ bzw. $s \geq 2$ unterschiedliche Werte realisieren können, werden in einer Stichprobe an n statistischen Einheiten erhoben. Ausgezählt werden die Häufigkeiten b_{ij}, $i = 1, \ldots, r$, $j = 1, \ldots, s$, für die kombinierten Realisationen der i-ten Kategorie von X mit der j-ten Kategorie von Y.

[1] Hierzu siehe den Hinweis am Ende von Kap. 9.4.

Wert von Y / Wert von X	1	...	j	...	s	$\sum_{j=1}^{s} b_{ij}$
1						$b_{1.}$
⋮						⋮
i			b_{ij}			$b_{i.}$
⋮						⋮
r						$b_{r.}$
$\sum_{i=1}^{r} b_{ij}$	$b_{.1}$	...	$b_{.j}$	...	$b_{.s}$	n

② Hypothesen: Die Nullhypothese behauptet, daß sich die zwei Merkmale nicht wechselseitig beeinflussen, somit voneinander unabhängig sind.

Allgemein gilt bei Unabhängigkeit eines Ereignisses B vom Ereignis A der Multiplikationssatz $P(A \cap B) = P(A)P(B)$, was im Kap. 2.5 erläutert ist. Wenn also die zwei Merkmale X und Y voneinander unabhängig sind, so ist die Wahrscheinlichkeit, daß eine statistische Einheit sowohl die i-te Ausprägung von X als auch die j-te von Y trägt, so groß wie des Produkt aus den einzelnen Wahrscheinlichkeiten für die beiden Ausprägungen,

$$P(X = i, Y = j) = P(X = i)P(Y = j).$$

Häufig wird die Behauptung der Unabhängigkeit, die sich auf Wahrscheinlichkeiten in der Grundgesamtheit bezieht, analytisch geschrieben als

$$H_0 : \pi_{ij} = \pi_{i.}\, \pi_{.j}\ ,\ i = 1, \ldots, r\ ,\ j = 1, \ldots, s\ ,$$

π_{ij} Wert in der Grundgesamtheit für $\dfrac{e_{ij}}{n}$,

e_{ij} bei Unabhängigkeit erwartete absolute Häufigkeit für $X = i, Y = j$,

$\pi_{i.}$ Wert in der Grundgesamtheit für $\dfrac{b_{i.}}{n}$,

$\pi_{.j}$ Wert in der Grundgesamtheit für $\dfrac{b_{.j}}{n}$.

Obige Wahrscheinlichkeiten sind nicht bekannt. Sie lassen sich aus den Randverteilungen der weiter oben stehenden Tabelle abschätzen. Vor diesem Hintergrund kann als Nullhypothese auch formuliert werden, daß bei Unabhängigkeit der zwei Untersuchungsvariablen X und Y zu erwarten ist, daß die Kombinationen der Kategorien von X und Y in den relativen Häufigkeiten

$$\frac{e_{ij}}{n} = \frac{b_{i.}}{n}\frac{b_{.j}}{n}$$

bzw. absoluten Häufigkeiten

$$e_{ij} = \frac{b_{i.}b_{.j}}{n}$$

gezählt werden.

③ <u>Problem:</u> Die beobachteten Häufigkeiten b_{ij} in der Stichprobe unterscheiden sich gewöhnlich mehr oder weniger stark von den Häufigkeiten e_{ij}, die zu erwarten sind, wenn sich die Untersuchungsvariablen nicht wechselseitig beeinflussen.

④ <u>Lösung</u>: Als Prüfvariable eignet sich, wie beim Homogenitätstest, die *Pearson*sche Statistik in der Form

$$U = \sum_{j=1}^{s}\sum_{i=1}^{r}\frac{\left(B_{ij} - e_{ij}\right)^2}{e_{ij}}.$$

Hierbei ist B_{ij} die Stichprobenvariable von b_{ij}.

Die Verteilung für U folgt unter der Nullhypothese einer χ^2-Verteilung,

$$\lim_{n\to\infty} U = \chi^2, \quad v = (r-1)(s-1).$$

Die erwarteten Häufigkeiten sollten, wie bei jedem χ^2-Test, jeweils nicht kleiner als 5 sein.

> Angesichts der Parallelität zum χ^2-Homogenitätstest (siehe Kap. 9.4) scheint uns die Erörterung eines zusätzlichen Rechenbeispiels entbehrlich. Man betrachte das dort verwendete Beispiel und stelle sich nur vor, daß nicht fünf einzelne Stichproben aus den fünf Fakultäten gezogen sind, sondern daß lediglich eine Stichprobe aus der Studentenschaft gezogen wird, wobei jetzt jede Person zwei Merkmale trägt. Ein Merkmal ist, wie zuvor auch, die Beurteilung der Studienanforderungen. Ein zweites Merkmal ist jetzt die Zugehörigkeit zu einer Fakultät. Letzteres ergibt sich nunmehr erst in der Stichprobe und wird nicht mehr von außen vorgegeben.

Das im Kap. 9.4 behandelte Beispiel lautet jetzt: Zufällig ausgewählte Studierende einer Universität beurteilen die Anforderungen im Studium wie folgt:

Fakultät / Anforderung	zu hoch	kann bewältigt werden	gering	Summe
Philologie	10 (15,1)	58 (62,3)	47 (37,6)	115
Rechtswissenschaft	6 (15,8)	69 (65,0)	45 (39,3)	120
Wirtschaftswissenschaft	18 (11,4)	53 (47,1)	16 (28,5)	87
Sozialwissenschaft	3 (7,5)	25 (30,9)	29 (18,6)	57
Maschinenbau	20 (7,2)	30 (29,8)	5 (18,0)	55
Summe	57	235	142	434

Während zuvor die Frage zu prüfen war, ob sich die Antworten bezüglich der Studienanforderungen zwischen den fünf Fakultäten wesentlich unterscheiden, ist jetzt zu beurteilen, ob die Hypothese der Unabhängigkeit zwischen der Zugehörigkeit zu einer Fakultät und der Studienanforderung gestützt oder widerlegt werden kann – Fragestellungen, die sich praktisch nicht voneinander unterscheiden. Man erhält als Ergebnis erneut: Der Wert der Prüfvariablen ist $u = 63{,}3$. Die entsprechende χ^2-Variable besitzt $v = (r-1)(s-1) = (5-1)(3-1) = 8$ Freiheitsgrade. Ein Vergleich zwischen dem Rückweisungspunkt $\chi_r^2 = 13{,}4$ und dem Stichprobenergebnis $u = 63{,}3$ führt zur Zurückweisung der Nullhypothese. Die zwei Merkmale besitzen eine wechselseitige Abhängigkeit. Im Urteil der Studierenden sind die Studienanforderungen in den verschiedenen Fakultäten also unterschiedlich hoch.

Für die Messung des Zusammenhanges von zwei Merkmalen existieren einige konkurrierende Maßzahlen. Wenn beide Merkmale nominalskaliert sind, wird für die Messung der Abweichung von der Unabhängigkeit häufig ein sog. χ^2-basiertes Maß verwendet, etwa der Kontingenzkoeffizient nach *Pearson,*

$$c = \sqrt{\frac{u}{u+n}},$$

oder dessen Normierung[2]. Falls nun in der Stichprobe für eine derartige Maßzahl ein Wert ermittelt wird, der sich von null unterscheidet, was auf

[2] Zwar ist c bei vollkommener Unabhängigkeit der zwei Merkmale null, jedoch nicht eins bei vollkommenen linearer Abhängigkeit. Deshalb wird c häufig über $c/c_{\max}$ normiert, wobei

eine wechselseitige Abhängigkeit der zwei Merkmale hinweist, kann die Frage, ob sich dieser Unterschied nur zufällig ergeben hat, unter Einsatz des χ^2-Unabhängigkeitstestes überprüft werden.

Im oben verwendeten Beispiel mit $u = 63{,}3$ ergibt sich für das Zusammenhangsmaß

$$c = \sqrt{63{,}3/(63{,}3 + 434)} = 0{,}36.$$

Die Frage, ob sich die ausgewiesene Kontingenzstärke nur zufällig ergeben hat oder sich wesentlich von null unterscheidet, ist bereits beantwortet. Der χ^2-Unabhängigkeitstest führt zur Rückweisung der Unabhängigkeitshypothese. $c = 0{,}36$ ist also signifikant von $c = 0$ verschieden[3].

Gleiches gilt für den relativ bekannten ϕ -Koeffizienten[4],

$$\phi = \sqrt{\frac{u}{n}},$$

ein ebenfalls χ^2-basiertes Zusammenhangsmaß, das für zwei dichotome nominalskalierte Merkmale konzipiert ist.

Sind die Werte für c bzw. ϕ sowie n bekannt, kann der Wert für die *Person*sche Statistik u in unproblematischer Weise ermittelt werden, so daß der χ^2-Unabhängigkeitstest ohne besonderen Aufwand durchführbar ist.

$c_{mac} = \sqrt{(r-1)/r}$ bei $r = s$ und $c_{\max} \approx 0{,}5\left(\sqrt{(r-1)/r} + \sqrt{(s-1)/s}\right)$ bei $r \neq s$.
$c/c_{\max}$ kann einen Wert in den Grenzen null und eins realisieren.

[3] Ebenso ist $c/c_{\max} = 0{,}36/0{,}86 = 0{,}42$ signifikant von null verschieden.

[4] Wird der Korrelationskoeffizient von *Bravais/Pearson* nicht für metrisch skalierte Wertepaare (x_i, y_i), $i = 1,\ldots,n$, bestimmt, sondern wird lediglich die Zugehörigkeit der Werte zu einer von zwei Klassen berücksichtigt, was einzeln für die x-Werte und einzeln für die y-Werte mit 0 bzw. 1 kodiert wird, so ergibt sich als spezieller „Abkömmling" des Korrelationskoeffizienten die unter der Bezeichnung ϕ-Koeffizient bekannte statistische Maßzahl.

10.2 Test des Rangkorrelationskoeffizienten

Wird der Korrelationskoeffizient von *Bravais/Pearson* nicht für metrisch skalierte Wertepaare (x_i, y_i), $i = 1, \ldots, n$, bestimmt, sondern für die entsprechenden Rangwertpaare $[Rg(x_i), Rg(y_i)]$, $i = 1, \ldots, n$, so ergibt sich bekanntermaßen ein spezieller „Abkömmling" des Korrelationskoeffizienten, der in der Statistik auch unter der Bezeichnung Rangkorrelationskoeffizient von *Spearman* eingeführt ist[5]. Nach algebraischen Umformungen ergibt sich für den Rangkorrelationskoeffizienten r_{SP} die einfache Form

$$r_{SP} = 1 - \frac{6\sum_{i=1}^{n}[Rg(x_i) - Rg(y_i)]^2}{n^3 - n}.$$

① Situation: Zwei ordinalskalierte Merkmale X und Y werden in einer Stichprobe an n statistischen Einheiten erhoben. An jeder Einheit wird ein Wertpaar (x_i, y_i), $i = 1, \ldots, n$, bestimmt, wobei alle Werte x_i und alle Werte y_i unterschiedlich groß sind[6]. Jedem der Werte x_i wird eine Rangzahl $Rg(x_i)$, $i = 1, \ldots, n$, zugeordnet, wobei die Rangzahl 1 dem kleinsten der x_i-Werte zugewiesen wird. Entsprechend wird jedem der Werte y_i eine Rangzahl $Rg(y_i)$, $i = 1, \ldots, n$, zugeordnet.

② Hypothesen: Zu prüfen ist die Hypothese, daß die zwei Merkmale nicht miteinander korrelieren. Der Rangkorrelationskoeffizient in der Grundgesamtheit, ρ_{SP}, ist dann null,

$$H_0: \rho_{SP} = 0, \quad H_a: \rho_{SP} \neq 0.$$

③ Problem: In der Stichprobe unterscheidet sich der Rangkorrelationskoeffizient gewöhnlich von null, was bedeuten kann, daß die zwei Merkmale in Wahrheit wechselseitig verbunden sind[7].

---

[5] Mit den Rangplätzen wird also gerechnet wie mit den metrischen Werten. Angenommen wird somit, daß die vergebenen Rangplätze metrisch skaliert sind. Nicht angenommen wird, daß die Werte der zu korrelierenden zwei Merkmale metrisch skaliert sind.

[6] Bei zum Teil gleich großen Werten, sog. Verbundwerten (ties), müssen im weiteren Verlauf des Testes u.U. Korrekturen vorgenommen werden, die der spezielleren Literatur entnommen werden können.

[7] Hierbei sollte bedacht werden, daß der Rangkorrelationskoeffizient in der Stichprobe unter bestimmten Umständen niemals null sein kann, obwohl die zwei Merkmale tatsächlich unkorreliert sind.

④ Lösung: Als Prüfvariable eignet sich der Rangkorrelationskoeffizient R_{SP}, weil die Stichprobenrealisation r_{SP} dieser Stichprobenvariablen die Nullhypothese stützen oder widerlegen kann. Zudem ist die Verteilung von R_{SP} unter der Gültigkeit der Nullhypothese bekannt, was eine einfache Überlegung erweist[8]. Die mit gewissem Aufwand berechenbare Verteilung ist vom diskreten Typ und symmetrisch zum Erwartungswert $E(R_{SP})=0$. Die Varianz ist $Var(R_{SP})=1/(n-1)$.

Im Anhang sind in der Tabelle Nr. 8 in Abhängigkeit vom Stichprobenumfang und dem Signifikanzniveau einige Rückweisungspunkte tabelliert.

Für Stichprobenumfänge $n>10$ ist die Prüfvariable

$$R_{SP}\sqrt{\frac{n-2}{1-R_{SP}{}^2}}$$

approximativ t-verteilt mit $\nu=n-2$, was im Kontext der mathematischen Statistik gezeigt werden kann und worauf auch im Kap. 10.3 kurz eingegangen wird.

Ab $n>20$ folgt

$$R_{SP}\sqrt{n-1}$$

angenähert einer Standardnormalverteilung.

Zehn Jahre nach Abschluß der Schulzeit findet ein Treffen ehemaliger Schüler eines Gymnasiums statt. Jeder der zehn Teilnehmer nennt die Durchschnittszensur seines Abiturzeugnisses sowie sein aktuelles Jahreseinkommen. Die entsprechenden Rangzahlen und ihre quadrierten Differenzen stehen in der folgenden Übersicht:

---

[8] Ausgangspunkt hierfür ist die Reihe der Rangwerte $Rg(x_i)$, $i=1,\ldots,n$, des Merkmales X. Diese Werte werden der Größe nach geordnet. Dabei ergibt sich eine Reihe der Rangwerte $Rg(y_i)$, $i=1,\ldots,n$, des Merkmales Y. Falls die Nullhypothese zutrifft, ist jede der $n!$ verschiedenen Reihen der Rangwerte $Rg(y_i)$ gleichwahrscheinlich. Die einzelnen Korrelationen dieser Reihen mit der Reihe der Rangwerte $Rg(x_i)$ lassen sich durch insgesamt $n!$ Rangkorrelationskoeffizienten zum Ausdruck bringen, wobei einige dieser Koeffizienten gleiche Werte aufweisen. Die den verschiedenen Koeffizienten zugeordneten Wahrscheinlichkeiten bilden die Stichprobenverteilung von R_{SP} unter der Gültigkeit der Nullhypothese.

Rangzahl $Rg(x_i)$ für das Abiturzeugnis	1	2	3	4	5	6	7	8	9	10	
Rangzahl $Rg(y_i)$ für das Einkommen	3	2	6	4	7	5	9	1	8	10	
$[Rg(x_i)-Rg(y_i)]^2$	4	0	9	0	4	1	4	49	1	0	Σ=72

$$r_{SP} = 1 - \frac{6 \cdot 72}{10^3 - 10} = 0{,}564 .$$

Bei 5% Signifikanzniveau (einseitig) liegt der Rückweisungspunkt im Wert 0,564. Der Stichprobenbefund und der Rückweisungspunkt stimmen somit überein, so daß die Behauptung der Nullhypothese, daß zwischen der Zensur im Abiturzeugnis und dem später erreichten Einkommen kein Zusammenhang besteht, als widerlegt angesehen werden kann.[9]

10.3 Test des Korrelationskoeffizienten

Der für zwei metrisch skalierte Untersuchungsvariablen X und Y mit den Wertepaaren (x_i, y_i), $i = 1,\ldots,n$, konzipierte Korrelationskoeffizient r von *Bravais/Pearson* bemißt als normierte Kovarianz bekanntermaßen den linearen wechselseitigen Zusammenhang zwischen X und Y,

$$r = \frac{Cov(X,Y)}{\sqrt{Var(X)Var(Y)}},$$

$$Cov(X,Y) = 1/n \sum_{i=1}^{n} (x_i - \bar{x})(y_i - \bar{y}),$$

$$Var(X) = 1/n \sum_{i=1}^{n} (x_i - \bar{x})^2,$$

$$Var(Y) = 1/n \sum_{i=1}^{n} (y_i - \bar{y})^2.$$

Im Kapitel 15.1 wird im Rahmen der Regressionsanalyse mit dem Determinationskoeffizienten ein statistisches Maß eingeführt, das zum Ausdruck bringt, in welchem Umfang ein Merkmal durch ein anderes Merkmal statistisch erklärt ist. Dieses Maß kann algebraisch mit dem Korrelationskoeffizienten verknüpft werden; der Determinationskoeffizient entspricht dem Quadrat des Korrelationskoeffizienten.[10] Deshalb kann der im Kapitel 15.1

---

[9] In diesem Beispiel liegt ersichtlich ein einseitig gerichteter Zusammenhang vor, so daß die Verwendung des Interdependenzmodelles streng genommen nicht angemessen ist. Hierüber setzt man sich in der statistischen Praxis jedoch häufig hinweg, wobei als Begründung dienen mag, daß der einseitig gerichtete Zusammenhang Teil des wechselseitigen ist.

[10] In Vorgriff auf die näheren Erläuterungen im Kap. 15.1 kann festgestellt werden: Der Determinationskoeffizient r^2 ist definiert als

begründete Test des Determinationskoeffizienten, der dort äquivalent als „Test des Regressionskoeffizienten" behandelt wird. auch als Test des Korrelationskoeffizienten angesehen werden. Auch in Vorgriff auf einige dort erläuterte algebraische Beziehungen kann für den Test des Korrelationskoeffizienten festgestellt werden:

① <u>Situation:</u> Zwei metrisch skalierte Merkmale X und Y werden in einer Stichprobe an n statistischen Einheiten erhoben. An jeder Einheit wird ein Wertpaar (x_i, y_i), $i = 1, \ldots, n$, bestimmt.

② <u>Hypothesen:</u> Zu prüfen ist die Hypothese, daß die zwei Merkmale nicht miteinander korrelieren. Der Korrelationskoeffizient ρ in der Grundgesamtheit ist dann null,

$$H_0 : \rho = 0, \quad H_a : \rho \neq 0.$$

③ <u>Problem:</u> In der Stichprobe unterscheidet sich der Korrelationskoeffizient gewöhnlich von null, was bedeuten kann, daß die zwei Merkmale in Wahrheit wechselseitig verbunden sind.

④ <u>Lösung:</u> Als Prüfvariable eignet sich das Konstrukt

$$R\sqrt{\frac{n-2}{1-R^2}} .$$

Dieser Ausdruck nimmt einen relativ kleinen Wert an, wenn die Korrelation relativ schwach ist und einen relativ großen Wert, wenn sie relativ stark ist. Relativ große Werte des Konstruktes sprechen also gegen die Nullhypothese. Des weiteren ist die Verteilung bei Gültigkeit der Nullhypothese bekannt. Unter der Nullhypothese ist die Prüfvariable t-verteilt mit $\nu = n - 2$.[11]

$$r^2 = \frac{Var(\hat{Y})}{Var(Y)} \qquad \text{mit}$$

$$Var(\hat{Y}) = 1/n \sum_{i=1}^{n} (\hat{y}_i - \bar{y})^2 = 1/n \sum_{i=1}^{n} (b_0 + b_1 x_i - b_0 - b_1 \bar{x})^2$$

$$= b_1^2 / n \sum_{i=1}^{n} (x_i - \bar{x})^2 = b_1^2 Var(X) = \frac{Cov^2(X,Y)}{Var(X)}.$$

Somit entspricht der Determinationskoeffizient dem Quadrat des Korrelationskoeffizienten:

$$\frac{Var(\hat{Y})}{Var(Y)} = \frac{Cov^2(X,Y)}{Var(X)Var(Y)} = r^2 .$$

[11] Der varianzanalytischen Prüfung der Unabhängigkeitshypothese, die im Kap. 15.1 erläutert ist, kann entnommen werden:

Auf ein Beispiel hierzu werden wir erst im Kapitel 15.1 eingehen.

Weitergehende Ansätze, etwa der Anpassungstest vom Korrelationstyp, können der spezielleren Literatur entnommen werden.

10.4 Softwarelösungen

χ^2-Quadrat-Unabhängigkeitstest. Dieser Test kann mit Excel durchgeführt werden, wobei genauso zu verfahren ist wie im Kapitel 9.5 beim χ^2-Quadrat-Homogenitätstest. Eine Problemlösung mit SPSS, ausgehend vom Beispiel in Abschnitt 10.1, sieht folgendermaßen aus: Zunächst sind die Ausgangsdaten als Wertepaare (Spalte 1 und Spalte 2) in eine SPSS-Tabelle einzugeben, daneben in Spalte 3 die Häufigkeiten. Die Testdurchführung erfordert die folgenden Arbeitsschritte:

1. Öffnen der Datei K1001.SAV, falls die Daten nicht selbst eingegeben werden.
2. Wählen von DATEN/FÄLLE GEWICHTEN.
3. Anklicken bei FÄLLE GEWICHTEN MIT.
4. Übertragen der Variablen anzahl in das Feld HÄUFIGKEITSVARIABLE und Anklicken von OK.
5. Wählen von ANALYSIEREN/DESKRIPTIVE STATISTIKEN/KREUZTABELLEN...
6. Übertragen der Variablen fach in den Bereich ZEILEN: und der Variablen anford in den Bereich SPALTEN:
7. Anklicken der Schaltfläche STATISTIK.
8. Anklicken bei CHI-QUADRAT und bei KONTINGENZKOEFFIZIENT.
9. Anklicken von WEITER.
10. Anklicken von OK.

SPSS erzeugt jetzt ausschnittsweise die folgende Ausgabe:

$$r^2 = \frac{Var(\hat{Y})}{Var(Y)} = 1 - \frac{Var(D)}{Var(Y)} = 1 - \frac{q_2}{q}, \qquad q_2 = q(1-r^2).$$

$$q_1 = q - q_2 = q - q(1-r^2) = qr^2 .$$

$$t^2 = \frac{q_1}{q_2/(n-2)} = \frac{qr^2}{q(1-r^2)/(n-2)} = \frac{r^2}{(1-r^2)/(n-2)} = \frac{r^2(n-2)}{1-r^2}, \qquad t = r\sqrt{\frac{n-2}{1-r^2}} .$$

FACH * Anforderung Kreuztabelle

Anzahl

		Anforderung			Gesamt
		zu hoch	kann bewältigt werden	gering	
FACH	Phil	10	58	47	115
	Recht	6	69	45	120
	WiWi	18	53	16	87
	SoWi	3	25	29	57
	Mbau	20	30	5	55
Gesamt		57	235	142	434

Chi-Quadrat-Tests

	Wert	df	Asymptotische Signifikanz (2-seitig)
Chi-Quadrat nach Pearson	62,993[a]	8	,000
Anzahl der gültigen Fälle	434		

a. 0 Zellen (,0%) haben eine erwartete Häufigkeit kleiner 5. Die minimale erwartete Häufigkeit ist 7,22.

Man erkennt, daß die ASYMPTOTISCHE SIGNIFIKANZ kleiner ist als das vorgegebene Signifikanzniveau, so daß die zu prüfende Hypothese der Unabhängigkeit verworfen wird. Zu beachten ist, daß SPSS für Chi-Quadrat den Wert 62,993 ausgibt, während im Zahlenbeispiel des Abschnitts 10.1 der Wert 63,3 errechnet wurde. Dieser Unterschied ist auf Rundungsprobleme zurückzuführen, die bei der Berechnung der Pearsonschen Prüfgröße, in der u.a. quadrierte Abweichungen zwischen beobachteten und erwarteten Häufigkeiten auftauchen, nicht zu vermeiden sind.

Test des Rangkorrelationskoeffizienten. Der Test mit SPSS erfordert die folgenden Arbeitsschritte:

1. Eingeben der Ausgangsdaten des Beispiels aus Abschnitt 10.2 in eine SPSS-Tabelle (oder Öffnen der Datei K1002.SAV).
2. Wählen von ANALYSIEREN/KORRELATION/BIVARIAT...
3. Übertragen der beiden Variablen (Abitur und Einkommen) in den Bereich VARIABLEN:
4. Anklicken bei SPEARMAN im Bereich KORRELATIONSKOEFFIZIENTEN.
5. Anklicken von EINSEITIG im Bereich TEST AUF SIGNIFIKANZ.
6. Anklicken von OK.

SPSS berechnet den Wert 0,564 bei einer rechnerischen Signifikanz von 0,045. Deshalb ist beim vorgegebenen Signifikanzniveau von 5% die Hypothese der Unabhängigkeit zu verwerfen. Zu beachten ist, daß im Abschnitt 10.2 festgestellt wird, daß Stichprobenwert und Rückweisungspunkt übereinstimmen (weshalb auch dort die zu prüfende Hypothese verworfen wird), was aber keinen Widerspruch zur SPSS-Berechnung darstellt.

Test des Korrelationskoeffizienten. Hier ist so zu verfahren wie bei der vorangegangenen Aufgabenstellung, mit dem Unterschied, daß im 4. Arbeitsschritt die Option PEARSON anzuklicken ist. Ein Beispiel dürfte deshalb entbehrlich sein.

11 Testen einer ordinalen Untersuchungsvariablen im Falle einer Stichprobe

Im Kapitel 11 wird ein Merkmal betrachtet, das den Anforderungen einer Ordinalskala genügt. Die Erörterungen beziehen sich auf den Fall einer Stichprobe aus einer Grundgesamtheit. Sie bereiten auf das Kapitel 12 vor, in dessen Rahmen die für die Praxis bedeutsamen Tests für den Fall mehrerer Stichproben behandelt werden.

11.1 Vorzeichentest

Der Vorzeichentest wird auch Mediantest genannt, weil eine mögliche Anwendung dieses Prüfverfahrens in der Beurteilung einer Hypothese über den Median liegt. Im folgenden entwickeln wir den Vorzeichentest an diesem Beispiel.

Im Kontext der deskriptiven Statistik werden für die Angabe der Mitte von Daten bekanntlich verschiedenartige Maßzahlen erläutert, von denen der Median die Mitte als zentrale Lage definiert. Im Einzelnen wird hier bei Merkmalswerten, die der Größe nach geordnet sind, die Mitte so definiert, daß ein gleich großer Anteil der Werte unterhalb und oberhalb dieser Position aufgereiht ist. Die Mitte wird gemäß dieser Konzeption somit als Lage in einer größenmäßig geordneten Datenmenge definiert. Diese Mitte, der Median, trennt die Werte also in zwei Hälften - was man sich gut merken kann, was aber unpräzise ist.[1]

---

[1] Widerspruchsfrei ist die folgende Definition. Die n Merkmalswerte x_i sind der Größe nach geordnet, wobei dem kleinsten Wert die Ordnungsnummer $[\nu]=1$ zugewiesen ist, $x_{[\nu]}, \nu=1,\dots,n$. Der Median $x_{0.5}$ ist ein Wert, für den gilt, daß mindestens die Hälfte aller Werte kleiner oder gleich und mindestens die Hälfte aller Werte größer oder gleich diesem Wert ist:

$x_{0.5}=x_{[\nu]}$ mit $n/2<\nu<n/2+1$, wobei ν eine natürliche Zahl ist und $n/2$ nicht zur Menge der natürlichen Zahlen gehört.

Diese Mittendefinition führt allerdings nur zu einem einzigen Medianwert, falls n (und damit auch $n/2$) eine ungerade Zahl ist. Anderenfalls kann jeder Wert zwischen dem $n/2$-ten und dem ($n/2+1$)-ten Wert der Medianwert sein. Gewöhnlich wird vereinbart, daß dann der Wert, der „genau in der Mitte" zwischen diesen beiden Werten liegt, der Median ist. Gemeint ist in diesem Falle das arithmetische Mittel der zwei Werte:

$$x_{0.5}=\begin{cases} x_{[0,5n+0,5]} & \text{für } n \text{ ungerade} \\ 0,5\left(x_{[0,5n]}+x_{[0,5n+1]}\right) & \text{für } n \text{ gerade} \end{cases}.$$

① Situation: Eine ordinalskalierte Untersuchungsvariable X wird in einer einfachen Zufallsstichprobe des beliebigen Umfanges n erhoben. Für die n verschieden großen Einzelwerte[2] x_i wird der Median $x_{0.5}$ bestimmt.

② Hypothesen: Die Nullhypothese betrifft den Median $\mu_{0,5}$ der Grundgesamtheit, von dem behauptet wird, daß er so groß ist wie der Wert c,

$$H_0 : \mu_{0,5} = c .$$

Die Alternativhypothese kann das Gegenteil behaupten, was dann zu einem zweiseitigen Test führt.

③ Problem: In der Stichprobe ergibt sich gewöhnlich ein Wert für die Mitte, der sich vom Hypothesenwert unterscheidet, was bedeuten kann, daß die Nullhypothese den wahren Sachverhalt unzutreffend zum Ausdruck bringt.

④ Lösung: Als Prüfvariable wird beim Vorzeichentest eine Variable V verwendet, die als Summe von n Indikatorvariablen A_i definiert ist,

$$V = \sum_{i=1}^{n} A_i .$$

Jedem Einzelwert x_i der Untersuchungsvariablen[3] wird eine Indikatorvariable A_i zugeordnet. A_i ist so festgelegt, daß jeweils nur der Wert 0 oder der Wert 1 realisiert werden kann. A_i ist 1, falls der Wert x_i der Untersuchungsvariablen größer ist als der Hypothesenwert c für den Median und 0, falls x_i kleiner ist als c,

$$A_i = \begin{cases} 1 & \textit{falls} \quad x_i > c \\ 0 & \textit{anderenfalls.} \end{cases}$$

Im Grunde wird also jeder Stichprobenwert x_i der Untersuchungsvariablen mit dem Hypothesenwert c für den Median verglichen, und die Fälle werden addiert, in denen x_i größer als c ist.

[2] Statt dessen kann auch vorausgesetzt werden, daß die Verteilungsfunktion der Untersuchungsvariablen stetig ist. Die gleichzeitige Forderung, daß die Untersuchungsvariable stetig und ordinalskaliert ist, muß kein Widerspruch sein. Die Stetigkeit schließt zwar theoretisch ein, daß die Variable metrisch skaliert ist, praktisch muß wegen der Fehlerhaftigkeit fast jedes Meßinstrumentes jedoch häufig davon ausgegangen werden, daß die Daten nur ordinalskaliert sind. Im übrigen wird die Voraussetzung der Stetigkeit bei den Verfahren, die in den Kapiteln 11 und 12 erörtert werden, zunächst nur erhoben, um sicher zu sein, daß theoretisch keine zum Teil gleich großen Werte auftreten können. Später wird im Verlaufe der Entwicklung der Prüfvariablen deutlich, daß ansonsten nur vorausgesetzt werden muß, die Untersuchungsvariable mindestens ordinalskaliert ist.

[3] Im vorliegenden Kontext wird das Konzept der Stichprobenvariablen gewöhnlich vernachlässigt.

Die sich ergebende Summe v entspricht zugleich der Anzahl der Fälle, in denen die Differenz $x_i - c, i = 1, \ldots, n$, ein positives Vorzeichen hat. Deshalb wird der vorliegende Test Vorzeichentest genannt.

Das Konstrukt V eignet sich aus den folgenden Gründen als Prüfvariable. Ist ungefähr die Hälfte der Stichprobenwerte der Untersuchungsvariablen größer als der Hypothesenwert für den Median, so spricht dies für die Nullhypothese. Sind nur relativ wenige Stichprobenwerte des interessierenden Merkmales größer oder nur relativ wenige kleiner als der Hypothesenwert, so steht dies in Widerspruch zur Nullhypothese. Der Wertebereich der Prüfvariablen hat deshalb die in der Abbildung 11.1 skizzierte Charakteristik.

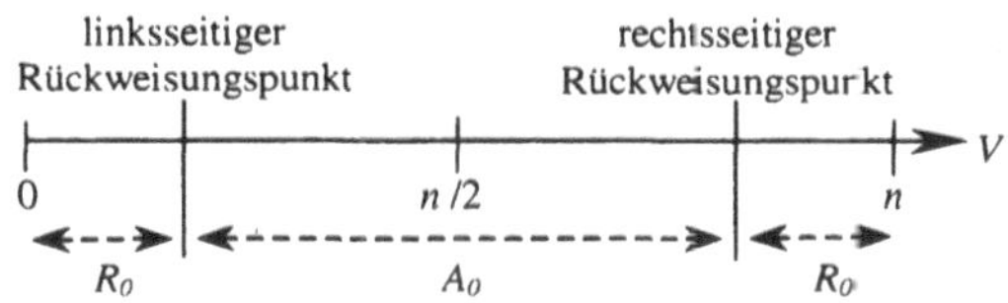

Abb. 11.1: Annahme- und Rückweisungsbereich der Prüfvariablen beim Vorzeichentest

Unter der Gültigkeit der Nullhypothese folgt V der Binomialverteilung $B(n;0{,}5)$, wie ein Vergleich der vorliegenden Situation mit der Versuchsanordnung nach *Bernoulli* erweist:

Jeder Stichprobenwert x_i ist entweder kleiner oder größer als der Hypothesenwert c; mithin besteht für jede Einzelziehung ein dichotomer Ausgang. Falls die Nullhypothese zutrifft, besteht stets eine 50% -ige Chance, daß ein Stichprobenwert größer als c ist; d.h. der *Bernoulli*-Paramter ist $\pi = 0{,}5$. Des weiteren liegen bei der Zufallsstichprobe n unabhängige Einzelziehungen vor.

Somit entspricht der Vorzeichen- oder Mediantest einem besonderen Binomialtest. Eine nach $B(n;0{,}5)$ verteilte Prüfvariable ist uns bereits im Zusammenhang mit dem *McNemar*-Test begegnet, der im Kap. 9.1 behandelt ist. Offensichtlich kann die für den *McNemar*-Test geeignete Tabellierung der Rückweisungspunkte auch für den Mediantest verwendet werden. Sie ist im Anhang als Tabelle Nr. 7 enthalten.

Beispielsweise wird in einer Stichprobe festgestellt, daß sieben von acht Werten über einem Hypothesenwert für den Median in der Grundgesamtheit liegen. Die Frage ist, ob dieser Befund bei 5% Signifikanzniveau als Widerlegung der Nullhypothese bewertet werden kann.

Der Tabelle 7 im Anhang kann entnommen werden, daß der linksseitige Rückweisungspunkt der Wert 0 und der rechtsseitige der Wert 8 ist. Somit liegt der Stichprobenwert der Prüfvariablen, $v=7$, im Annahmebereich, was überraschen mag.

Bislang wird davon ausgegangen, daß die n in der Stichprobe erhobenen Einzelwerte x_i unterschiedlich groß sind und daß kein x_i so groß ist wie der Hypothesenwert c. Gelegentlich fallen bei einer Erhebung aber zum Teil gleich große Werte x_i an. In diesem Falle kann der Vorzeichentest ohne weiteres durchgeführt werden, sofern kein x_i so groß ist wie c, weil der Wert v der Prüfvariablen in diesem Falle ja in unproblematischer Weise bestimmt werden kann. Falls jedoch ein oder mehrere x_i mit c übereinstimmen, kann bei diesen x_i nicht angegeben werden, welchen Wert die jeweilige Indikatorvariable A_i annimmt. Ein möglicher Behelf besteht darin, derartige Werte per Losentscheid als über oder unter c liegend einzuteilen. Oder man verdeutlicht in Alternativrechnungen die möglichen Testentscheidungen.

Der Vorzeichentest ist für eine Situation entwickelt, in der keine Voraussetzung für die Verteilung der Untersuchungsvariablen in der Grundgesamtheit eingehalten werden muß. Falls nun die Untersuchungsvariable metrisch skaliert und in der Grundgesamtheit symmetrisch verteilt ist, so stimmen der Median und das arithmetische Mittel der Grundgesamtheit überein. In diesem Falle unterscheidet sich die für den Median formulierte Nullhypothese nicht von der Nullhypothese für das arithmetische Mittel. Dies hat den Vorteil, daß der Vorzeichentest in diesem Falle zugleich auch bei kleinem Stichprobenumfang ein exakter Test für das arithmetische Mittel ist. Von Nachteil ist jedoch, daß der Vorzeichentest nicht sämtliche Informationen der Stichprobe verwendet und deshalb weniger effizient ist als seine Konkurrenten. Später wird im Kapitel 13.1 gezeigt, daß ein exakter Test für das arithmetische Mittel an die Voraussetzung einer normalverteilten Grundgesamtheit gebunden ist.

11.2 *Wilcoxon*-Vorzeichen-Rangtest für den Median

Die im Zusammenhang des Vorzeichentestes formulierte Hypothese läßt sich mit einem effizienteren Test prüfen, der allgemein unter der Bezeichnung *Wilcoxon*-Vorzeichen-Rangtest eingeführt ist. Vorausgesetzt werden muß allerdings, daß die Grundgesamtheit symmetrisch zum Median verteilt ist, was bei praktischen Problemen häufig ungeprüft bleibt. Dieser Test hat zwei Hauptanwendungsfälle; einer wird im vorliegenden Abschnitt 11.2 behandelt und ein weiterer Anwendungsfall unter dem Titel *Wilcoxon*-Vorzeichen-Rangtest für verbundene Paare im Kapitel 12.1.

① Situation: Eine stetige[4] Untersuchungsvariable X wird in einer einfachen Zufallsstichprobe des beliebigen Umfanges n erhoben. Für die n verschieden großen Einzelwerte x_i, die aus einer symmetrisch zum Median verteilten Grundgesamtheit stammen, wird der Median $x_{0.5}$ bestimmt.

② Hypothesen: Die Nullhypothese[5] betrifft den Median $\mu_{0,5}$ der Grundgesamtheit, von dem behauptet wird, daß er so groß ist wie der Wert c,

$$H_0 : \mu_{0,5} = c .$$

Die Alternativhypothese kann beispielsweise das Gegenteil behaupten, was zu einem zweiseitigen Test führt.

③ Problem: In der Stichprobe ergibt sich gewöhnlich ein Wert für die Mitte, der sich vom Hypothesenwert unterscheidet. Dies könnte bedeuten, daß die Nullhypothese den wahren Sachverhalt unzutreffend angibt.

④ Lösung: Als Prüfvariable wird eine Variable W konstruiert, die als Summe von n in besonderer Weise gewogener Indikatorvariablen A_i definiert ist,

$$W = \sum_{i=1}^{n} A_i Rg(|x_i - c|).$$

Wie beim Vorzeichentest wird jedem Einzelwert x_i der Untersuchungsvariablen[6] zunächst eine Indikatorvariable A_i zugeordnet,

$$A_i = \begin{cases} 1 & falls \quad x_i > c \\ 0 & anderenfalls, \end{cases}$$

deren Wert zum Ausdruck bringt, ob x_i größer als c ist oder nicht. Wenn gilt, daß x_i größer als c ist und somit A_i den Wert 1 realisiert, wird der Größenunterschied in Form des Rangplatzes Rg von $|x_i - c|$ festgestellt und als Gewicht für den Wert 1 verwendet. $Rg(|x_i - c|)$ bedeutet, daß jeder absoluten Differenz zwischen x_i und c eine Rangzahl zugeordnet wird, wobei die kleinste absolute Differenz die Rangzahl 1 erhält.

---

[4] Hierzu siehe Fußnote 2.

[5] Wenn vorausgesetzt werden kann, daß der Median in der Stichprobe so groß ist wie der Median in der Grundgesamtheit, kann als Nullhypothese formuliert werden daß die Untersuchungsvariable symmetrisch zum Median verteilt ist.

[6] Auch hier wird das Konzept der Stichprobenvariablen gewöhnlich vernachlässigt.

Es wird mit anderen Worten die Anzahl der positiven Vorzeichen für alle Differenzen $x_i - c$ festgestellt, wobei jedes positive Vorzeichen vor der Summierung gewichtet wird. Als Gewicht dient die Rangzahl für den absoluten Größenunterschied des jeweiligen Wertes x_i zum Hypothesenwert c.

Im Vergleich mit der beim Vorzeichentest verwendeten Prüfvariablen wird von den Stichprobenwerten nunmehr nicht nur die Information verwendet, ob gilt, daß $x_i > c$, sondern zusätzlich, ob $|x_i - c|$ größer oder kleiner ist als $|x_{i+1} - c|, i = 1, \ldots, n-1$. Es wird also nicht nur die Information verwendet, ob das Vorzeichen der Differenz zwischen x_i und c positiv ist, sondern auch die Information über die in Rängen zum Ausdruck gebrachte absolute Größe des Unterschiedes zwischen x_i und c.

An der Definition der Prüfvariablen kann erkannt werden, daß der entsprechende Test keine metrisch skalierte Untersuchungsvariable voraussetzt, sondern bereits für eine ordinalskalierte geeignet ist.

> Falls beispielsweise lediglich ein Wert x_i von $n = 10$ Werten größer als c ist, so ergibt sich für die Prüfvariable W der Wert eins, falls dieser eine Wert zum Hypothesenwert c den geringsten Unterschied aufweist. Für W ergibt sich hingegen der Wert zehn, falls dieser eine Wert zu c den größten aller Unterschiede aufweist.

Zu fragen ist, ob sich die Prüfvariable für die Problemlösung eignet. Hierzu kann zunächst festgestellt werden, daß – ähnlich wie bei der Prüfvariablen des Vorzeichentestes – relativ kleine und relativ große Werte der Prüfvariablen gegen die Nullhypothese sprechen. Ein mittelgroßer Wert ergibt sich für die Prüfvariable, wenn ungefähr die Hälfte der Stichprobenwerte der Untersuchungsvariablen größer als der Hypothesenwert für den Median ist und ihre in Rängen ausgedrückten Abstände zum Hypothesenwert weder relativ klein noch relativ groß sind.

Im Einzelnen kann für den Wertbereich der Prüfvariablen festgestellt werden, daß ihr kleinster Wert null ist. Diese untere Grenze wird nur erreicht, wenn kein x_i größer als c ist. Der größte Wert für W ist $n(n+1)/2$. Er tritt auf, wenn alle x_i größer als c sind, so daß in diesem Falle w so groß ist wie die Summe aller Rangzahlen $1, 2, \ldots, n$. Die Mitte des Intervalles $[0; n(n+1)/2]$ liegt im Wert $n(n+1)/4$. Der Wertbereich der Prüfvariablen hat deshalb die in der Abbildung 11.2 angegebene Charakteristik.

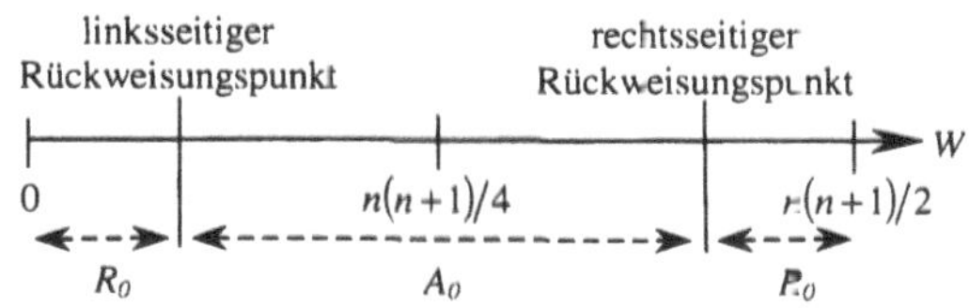

Abb. 11.2: Annahme- und Rückweisungsbereich der Prüfvariablen beim Wilcoxon-Vorzeichen-Rangtest für den Median

Unter der Gültigkeit der Nullhypothese ist die Verteilung für W bekannt. Sie läßt sich mit Mitteln der Kombinatorik für eine zum Median symmetrische Verteilung herleiten[7]. Sie ist vom diskreten Typ und symmetrisch um den Erwartungswert $E(W) = n(n+1)/4$.

Letzteres ist der Grund dafür, daß die Tabellierung der Rückweisungspunkte nur für eine Seite der Verteilung erforderlich ist. Im Anhang sind in der Tabelle Nr. 9 linksseitige Rückweisungspunkte w_r ausgewiesen für den konservativen einseitigen Test, $P(W \le w_r) \le \alpha$. Falls also der berechnete Wert für w links von der Mitte $E(W) = n(n+1)/4$ liegt und größer als der entsprechende in der Tabelle Nr. 9 enthaltene Rückweisungspunkt w_r ist, muß die Nullhypothese angenommen werden. Liegt w rechts von $E(W) = n(n+1)/4$, so ist w größer als w_r, was jedoch nicht in jedem Falle die Annahme der Nullhypothese rechtfertigt, weil ja w zugleich rechts vom nicht tabellierten rechtsseitigen Rückweisungspunkt liegen könnte. Für die Entscheidung dieses Falles empfiehlt sich eine Änderung der Definition der Indikatorvariablen gemäß

$$A_i = \begin{cases} 1 & \textit{falls} \quad x_i < c \\ 0 & \textit{anderenfalls}, \end{cases}$$

---

[7] $P(W)$ kann durch den Quotienten der im Sinne der Fragestellung günstigen zur Anzahl der gleich möglicher Fälle angegeben werden. Beispielsweise besitzt W für den Fall, daß $n = 5$, den Wertbereich $[0;15]$. $P(15)$ ergibt sich wie folgt. Nur in dem einen Falle, wenn alle fünf Werte x_i größer als c, ist $w = 15$. Gleich möglich ist unter der Nullhypothese die Gesamtzahl aller Fälle, die bei $n = 5$ so groß ist wie $2^5 = 32$, wie sich kombinatorisch begründen läßt. Somit gilt, daß $P(15) = 1/32$.

Für $P(12)$ gilt: Der Fall $w = 12$ kann sich nur ergeben, wenn drei Werte x_i größer als c sind, wobei diese den dritt-, viert- und fünftkleinsten absolute Abstand zu c besitzen müssen, $w = 3+4+5 = 12$, oder wenn vier Werte x_i größer als c sind, wobei diese den kleinsten, zweit-, viert- und fünftkleinsten Abstand zu c haben müssen, $w = 1+2+4+5 = 12$. Somit gilt, daß $P(12) = 2/32 = 1/16$.

Im übrigen kann von der Gleichwahrscheinlichkeit aller verschiedenen Fälle $2^5 = 32$ nur ausgegangen werden, wenn die Untersuchungsvariable in der Grundgesamtheit symmetrisch zum Median verteilt ist. In der Schreibweise der Verteilungsfunktion der Untersuchungsvariablen muß also gelten, daß $F(\mu_{0,5} - x) = 1 - F(\mu_{0,5} + x)$.

so daß W nunmehr die Summe der gewogenen negativen Vorzeichen darstellt.

Der *Wilcoxon*-Vorzeichen-Rangtest kann ab einem Stichprobenumfang von ungefähr $n > 20$ unter Verwendung der Normalverteilung

$$N\left[n(n+1)/4; \sqrt{n(n+1)(2n+1)/24}\right]$$

als approximativ gültige Verteilung für W durchgeführt werden. Dies erleichtert in vielen Fällen die praktische Durchführung des Testes.

Auch beim *Wilcoxon*-Vorzeichen-Rangtest für den Median wird davon ausgegangen, daß die n in der Stichprobe erhobenen Einzelwerte x_i unterschiedlich groß sind und daß kein x_i so groß ist wie der Hypothesenwert c. Dies kann bei einer Erhebung, u.U. wegen der Ungenauigkeit des Meßinstrumentes, möglicherweise nicht einzuhalten sein.

Falls ein Wert x_i oder mehrere Werte so groß sind wie c, besteht – wie beim Vorzeichentest im Abschnitt 11.1 – ein möglicher Behelf besteht, derartige Werte per Losentscheid als über oder unter c liegend einzuteilen, bzw. man verdeutlicht die möglichen Testentscheidungen in Alternativrechnungen.

Falls zum Teil gleich große Werte x_i auftreten, die sich von c unterscheiden, so kann zwar der Wert für die Indikatorvariable A_i angegeben werden, jedoch keine Rangzahl für $|x_i - c|$, weil diese absoluten Differenzen ja alle gleich groß sind. Man kann sich so behelfen, daß die jeweilige durchschnittliche Rangzahl allen derartigen absoluten Differenzen zugeordnet wird. Bei großem Stichprobenumfang sollte in diesem Falle eine Korrektur an der approximativ gültigen Verteilung von W vorgenommen werden[8].

Gemessen wird bei zwölf älteren Personen die Merkfähigkeit für bestimmte Wörter für eine bestimmte Zeit. Behauptet wird, daß sich rund die Hälfte aller älteren Personen nur 15 oder weniger dieser Wörter

---

[8] Werden Durchschnittsränge zugeordnet, ändert sich nicht $E(W)$, wohl aber die Varianz,

$$Var(W) = n(n+1)(2n+1)/24 - \sum_{j=1}^{m}\left(g_j^{\,3} - g_j\right)/48,$$

g_j	Anzahl der Merkmalsträger in der j-ten Gruppe,
m	Anzahl der Gruppen mit Bindungen.

Falls keine Bindungen vorliegen, gilt $m = n$ und $g_j = 1$ für alle j, so daß

$$\sum_{j=1}^{m}\left(g_j^{\,3} - g_j\right)/48 = 0.$$

merken können, was unter Verwendung der folgenden Daten bei 5% Signifikanzniveau zu prüfen ist.

Person Nr. i	1	2	3	4	5	6	7	8	9	10	11	12	
Merkfähigkeit x_i	10	8	15	17	3	14	18	19	13	13	11	15	
Wert für A_i	0	0	0	1	0	0	1	1	0	0	0	1	
$\lvert x_i - c\rvert$	5	7	0	2	12	1	3	4	2	2	4	0	
$Rg(\lvert x_i - c\rvert)$	10	11	1,5	5	12	3	7	8,5	5	5	8,5	1,5	
$A_i Rg(\lvert x_i - c\rvert)$	0	0	0	5	0	0	7	8,5	0	0	0	1,5	Σ=22

Einem der zwei Werte 15 wird für A_i der Wert 0 zugeordnet. Die durchschnittliche Rangzahl für beispielsweise die zwei absoluten Werte 0 ist 1,5.

$n = 12$, $c = 15$, $w = 22$, $w_r = 17$

bei 5% Signifikanzniveau (einseitig).

Der Stichprobenwert für die Prüfvariable liegt rechts vom linksseitigen Rückweisungspunkt und links von $E(W) = 12(12+1)/4 = 39$, also links vom Erwartungswert. Er liegt damit also im Annahmebereich der Nullhypothese, so daß die geäußerte Behauptung durch den vorliegenden Befund nicht widerlegt ist.

11.3 Softwarelösungen

Vorzeichentest. Im Beispiel des Abschnitts 11.1 liegen sieben von acht Werten über einem Hypothesenwert für den Median der Grundgesamtheit. Gibt man beispielsweise in Spalte 1 einer SPSS-Tabelle den Wert 3, darunter den Wert 1 ein und in Spalte 2 die Häufigkeiten 7 und 1, ist wie folgt zu verfahren, wenn der Hypothesenwert 2 geprüft werden soll:

1. Öffnen der Datei K1101.SAV, falls die Ausgangswerte nicht selbst eingegeben werden.
2. Wählen von DATEN/FÄLLE GEWICHTEN.
3. Anklicken von FÄLLE GEWICHTEN MIT.
4. Übertragen der Variablen anzahl in das Feld HÄUFIGKEITSVARIABLE und Anklicken von OK.
5. Wählen von ANALYSIEREN/NICHTPARAMETRISCHE TESTS/BINOMIAL...
6. Übertragen der Untersuchungsvariablen wert in den Bereich TESTVARIABLEN:
7. Anklicken von OK.

SPSS erzeugt jetzt die folgende Ausgabe:

Test auf Binomialverteilung

		Kategorie	N	Beobachteter Anteil	Testanteil	Exakte Signifikanz (2-seitig)
WERT	Gruppe 1	3	7	,88	,50	,070
	Gruppe 2	1	1	,13		
	Gesamt		8	1,00		

Man erkennt, daß bei EXAKTE SIGNIFIKANZ ein Wert ausgegeben wird, der größer als das vorgegebene Signifikanzniveau ist. Deshalb kann die Nulhypothese nicht verworfen werden. Zu beachten ist, daß in der obigen Tabelle unter dem Stichwort Testanteil der Wert 0,50 ausgewiesen wird. Damit ist der zu prüfende Anteilswert gemeint, d.h. es wird die Hypothese geprüft, die Hälfte der Werte liegt über dem Median der Grundgesamtheit, die Hälfte darunter.

***Wilcoxon*-Vorzeichen-Rangtest**. Für diesen Test steht keine SPSS-Prozedur zur Verfügung. Da aber nur einfache arithmetische Operationen erforderlich sind (siehe Beispiel in Abschnitt 11.2), ist dies auch entbehrlich.

12 Testen einer ordinalen Untersuchungsvariablen im Falle mehrerer Stichproben

Der *Wilcoxon*-Vorzeichen-Rangtest hat zwei Hauptanwendungsfälle. Einer betrifft die Prüfung einer Hypothese über den Median einer Untersuchungsvariablen, die in einer Stichprobe erhoben ist. Der entsprechende Test ist im Kapitel 11.2 behandelt. Ein zweiter Anwendungsfall betrifft die Prüfung einer Hypothese über den Unterschied zwischen den zwei Medianen einer Untersuchungsvariablen, die in zwei abhängigen Stichproben erhoben ist. Letzterer Test ist unter der Bezeichnung *Wilcoxon*-Vorzeichen-Rangtest für verbundene Paare eingeführt und wird im folgenden Abschnitt 12.1 erläutert. Hiervon zu unterscheiden ist der *Wilcoxon*-Rangsummentest, der äquivalent ist zum *Mann/Whitney*-Test und für zwei unabhängige Stichproben konzipiert ist. Er wird auch als *Wilcoxon/Mann/Whitney*-Test bezeichnet. Er wird im Abschnitt 12.2 angesprochen. Schließlich haben wir für dieses Kapitel noch die Verallgemeinerung des *Wilcoxon/Mann/Whitney*-Testes ausgewählt, den *Kruskal/Wallis*-Test für mehrere unabhängige Stichproben. Dieses im Abschnitt 12.3 enthaltene Prüfverfahren ist ein Konkurrent für die Varianzanalyse, die in späteren Kapiteln behandelt wird.

12.1 *Wilcoxon*-Vorzeichen-Rangtest für verbundene Paare

Der *Wilcoxon*-Vorzeichen-Rangtest ist ein konkurrierendes Prüfverfahren zum t-Test für zwei Mittelwerte aus zwei verbundenen Stichproben, der im Kapitel 14.2 behandelt wird. Der *Wilcoxon*-Test verdient den Vorzug, wenn Zweifel daran bestehen, daß die Untersuchungsvariable metrisch skaliert ist und Zweifel an den im Kap. 14.2 näher beschriebenen weiteren Annahmen bestehen; denn die Effizienz des *Wilcoxon*-Testes ist gegenüber dem t-Test i.a. sehr hoch (Größenordnung: 95%).

① <u>Situation:</u> Eine stetige[1] Untersuchungsvariable X wird in zwei verbundenen Stichproben erhoben. An jedem der n Merkmalsträger wird ein Meßwertpaar (x_{1i}, x_{2i}) erhoben. Aus den Meßwertpaaren werden n Paardifferenzen $d_i = x_{1i} - x_{2i}$ gebildet. Für diese wird vorausgesetzt, daß sie in der Grundgesamtheit symmetrisch um ihren Median verteilt sind[2]. Für die zwei Stichproben wird jeweils der Median ${}_1x_{0,5}$ bzw. ${}_2x_{0,5}$ ermittelt.

---

[1] Siehe Fußnote 2 im Kap. 11.1

[2] Dann sind auch die zwei Grundgesamtheiten symmetrisch jeweils um ihren Median verteilt.

② Hypothesen: Die Nullhypothese betrifft die Differenz zwischen dem Median ${}_1\mu_{0,5}$ der einen Grundgesamtheit und dem Median ${}_2\mu_{0,5}$ der anderen Grundgesamtheit[3]. In der Nullhypothese wird gewöhnlich behauptet, daß diese Differenz c null ist,

$$H_0 : {}_1\mu_{0,5} - {}_2\mu_{0,5} = c = 0 .$$

Somit wird behauptet, daß beide Stichproben aus Grundgesamtheiten stammen, die sich bezüglich ihres Medianwertes nicht voneinander unterscheiden.

③ Problem: In den Stichproben ergeben sich gewöhnlich ungleich große Mediane. Dies könnte bedeuten, daß die Nullhypothese den wahren Sachverhalt unzutreffend angibt.

④ Lösung: Als Prüfvariable wird die beim Mediantest im Kapitel 11.2 eingeführte Prüfvariable W verwendet. Während dort Differenzen $x_i - c$ gebildet werden, bestehen diese im vorliegenden Kontext[4] aus $d_i - c$, so daß nunmehr als Prüfvariable gilt:

$$W = \sum_{i=1}^{n} A_i Rg(|d_i - c|).$$

Für die üblicherweise formulierte Homogenitätshypothese, $H_0 : c = 0$, ergibt sich die Prüfvariable

$$W = \sum_{i=1}^{n} A_i Rg(|d_i|).$$

Jeder Paardifferenz $d_i = x_{1i} - x_{2i}$ wird also zunächst eine Indikatorvariable A_i zugeordnet,

$$A_i = \begin{cases} 1 & \textit{falls} \quad d_i > 0 \\ 0 & \textit{anderenfalls}, \end{cases}$$

deren Wert zum Ausdruck bringt, ob d_i größer als null ist oder nicht. Bei positivem Vorzeichen realisiert A_i den Wert 1. Sodann wird der Rangplatz Rg von $|d_i|$ festgestellt und als Gewicht für den Wert 1 verwendet. Die sonstigen Erwägungen unterscheiden sich nicht von den bereits im Kapitel 11.2 vorgetragenen Überlegungen. Insbesondere besitzt der Annahme- und Rückweisungsbereich von W beim zweiseitigen Test ebenfalls die in der Abbildung 11.2 skizzierte Charakteristik.

---

[3] Sie betrifft nicht, wie im Kap. 11.2, die Höhe eines Wertes für den Median in einer Grundgesamtheit.

[4] Auch hier wird das Konzept der Stichprobenvariablen gewöhnlich vernachlässigt.

Wir modifizieren das Beispiel aus dem Kapitel 11.2. Während dort bei zwölf älteren Personen in einer einzelnen Stichprobe die Merkfähigkeit festgestellt worden ist, wird nunmehr in einer weiteren Stichprobe die Merkfähigkeit erneut festgestellt, wobei die Personen in der Zwischenzeit durch Gedächtnisübungen geschult worden sind, was möglicherweise einen Einfluß auf die Merkfähigkeit hat. Dies gilt es zu untersuchen.

Person Nr. i	1	2	3	4	5	6	7	8	9	10	11	12	
Merkfähigkeit x_{i1}	10	8	15	17	3	14	18	19	13	13	11	15	
Merkfähigkeit x_{i2}	13	7	15	19	7	9	19	22	14	14	14	15	
Wert für A_i	0	0	0	1	0	0	1	1	0	0	0	1	
$\lvert x_i - c\rvert$	5	7	0	2	12	1	3	4	2	2	4	0	
$Rg(\lvert x_i - c\rvert)$	10	11	1,5	5	12	3	7	8,5	5	5	8,5	1,5	
$A_i Rg(\lvert x_i - c\rvert)$	0	0	0	5	0	0	7	8,5	0	0	0	1,5	$\Sigma=18$

$w=18$, $w_r=17$ bei 5% Signifikanzniveau (einseitig), $E(W)=39$.

Somit liegt $w=18$ im Annahmebereich der Nullhypothese. Die mittlere Merkfähigkeit hat sich also durch die Gedächtnisübungen nicht wesentlich verbessert.

Ein weiteres Beispiel: An acht unterschiedlichen und zufällig ausgewählten Standorten wird der Ertrag einer Kulturpflanze jeweils zweimal festgestellt. In die eine Erhebung geht der Ertrag einer Sorte A der Pflanze ein, in die andere Erhebung der Ertrag der Sorte B. Die Messung der Erträge ist nur ungenau möglich, so daß von den Daten lediglich die Größer-Kleiner-Relation verwendet werden kann. Behauptet wird, daß die mittleren Erträge der beiden Sorten gleich groß sind.

Standort Nr. i	1	2	3	4	5	6	7	8	
Ertrag Sorte A x_{i1}	117	136	83	150	99	114	103	122	
Ertrag Sorte B x_{i2}	121	108	88	130	82	111	94	109	
Wert für A_i	0	1	0	1	1	1	1	1	
$\lvert d_i\rvert$	4	28	5	20	17	3	9	13	
$Rg(\lvert d_i\rvert)$	2	8	3	7	6	1	4	5	
$A_i Rg(\lvert d_i\rvert)$	0	8	0	7	6	1	4	5	$\Sigma=31$

$w=31$, $w_r=5$ bei 5% Signifikanzniveau (einseitig),

$E(W)=8\cdot 9/4=18$.

Der Stichprobenwert von W liegt rechts vom linksseitigen Rückweisungspunkt und rechts vom Erwartungswert für W. Nach zweckmäßiger Änderung der Definition der Indikatorvariablen kann festgestellt werden, daß der Stichprobenwert $w = 5$ im Rückweisungsbereich liegt. Der mittlere Ertrag ${}_1x_{0,5} = 115{,}5$ der Sorte A unterscheidet sich also wesentlich vom mittleren Ertrag ${}_2x_{0,5} = 108{,}5$ der Sorte B.

12.2 Wilcoxon/Mann/Whitney-Test für zwei unabhängige Stichproben

Der *Mann/Whitney*-Test ist äquivalent zum *Wilcoxon*-Rangsummentest, so daß die Bezeichnung *Wilcoxon/Mann/Whitney*-Test angemessen wäre, zumal *Wilcoxon* den Kern des entsprechenden Verfahrens als Erster publiziert hat. Dieser Test steht in Konkurrenz zum t-Test für zwei Mittelwerte aus zwei unabhängigen Stichproben, der im Kapitel 14.1 erörtert wird. Der *Mann/Whitney*-Test sollte bevorzugt verwendet werden, wenn Zweifel daran bestehen, daß die Untersuchungsvariable metrisch skaliert ist und Zweifel an den im Kapitel 14.2 näher beschriebenen weiteren Annahmen bestehen. Die Effizienz des *Mann/Whitney*-Testes ist gegenüber dem t-Test i.a. sehr hoch (Größenordnung: 95%).

***Mann/Whitney*-Test.** Dieser Test ist sehr bekannt und hat dem entsprechenden t-Test teilweise den Rang abgelaufen.

① Situation: Für eine stetige[5] Untersuchungsvariable X werden zwei unabhängige Stichproben der Umfänge $n_1 \le n_2$ gezogen. In der Stichprobe Nr. 1 werden die Werte $x_{1i}, i = 1, \ldots, n_1$, erhoben, in der Stichprobe Nr. 2 die Werte $x_{2j}, j = 1, \ldots, n_2$. Vorausgesetzt wird, daß die Verteilung der Untersuchungsvariablen in beiden Grundgesamtheiten bis auf einen Lageparameter λ, der die Verschiebung der Verteilungen gegeneinander zum Ausdruck bringt, gleich ist. Ihre konkrete Form ist hierbei nicht wichtig. Dies verdeutlicht die Skizze in der Abb. 12.1.

[5] Siehe Fußnote 2 im Kap. 11.1

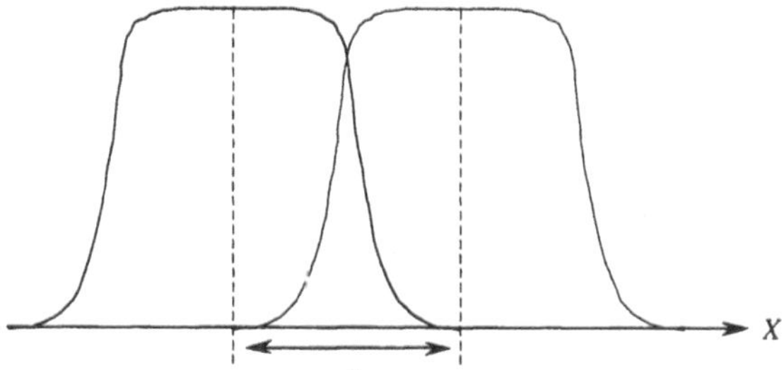

Abb. 12.1: Voraussetzung beim Mann/Whitney-Test: Gleiche, um λ gegeneinander verschobene Grundgesamtheitsverteilungen

② Hypothesen: Die Nullhypothese betrifft den Lageparameter λ. Wird als Nullhypothese

$$H_0 : \lambda = 0$$

gesetzt, so wird hierdurch behauptet, daß die zwei Stichproben aus Grundgesamtheiten mit gleichem Mittelwert stammen. Da vorausgesetzt ist, daß die Verteilungen der Untersuchungsvariablen ansonsten gleich sind, wird also zugleich behauptet, daß beide Stichproben aus einer einzigen Gesamtheit stammen.

Als Alternativhypothese kann

$$H_a : \lambda \neq 0$$

gesetzt werden, was zum zweiseitigen Test, oder

$H_a : \lambda > 0$ bzw. $H_a : \lambda < 0$,

was zum einseitigen Test führt.

③ Problem: In den Stichproben sind die Mediane gewöhnlich ungleich groß. Dies könnte bedeuten, daß die Stichproben aus zwei unterschiedlichen Grundgesamtheiten stammen.

④ Lösung: Als Prüfvariable wird eine Variable U konstruiert[6], die als Summe von insgesamt $n_1 n_2$ Indikatorvariablen A_{ij} definiert ist,

$$U = \sum_{i=1}^{n_1} \sum_{j=1}^{n_2} A_{ij} .$$

[6] Diese Variable sollte nicht mit der *Pearson*schen Stichprobenfunktion verwechselt werden, für die das gleiche Symbol verwendet wird.

Diese sind wie folgt erklärt: Jeder Wert[7] $x_{1i}, i=1,\ldots,n_1$, aus der 1. Stichprobe wird mit jedem Wert $x_{2j}, j=1,\ldots,n_2$, aus der 2. Stichprobe verglichen. Den n_1n_2 Größenvergleichen wird jeweils eine dichotome Indikatorvariable A_{ij} zugeordnet. A_{ij} realisiert den Wert 1, falls der Größenvergleich zugunsten des Wertes aus der 1. Stichprobe ausfällt, anderenfalls den Wert 0,

$$A_{ij} = \begin{cases} 1 & \textit{falls} \quad x_{1i} > x_{2j} \\ 0 & \textit{anderenfalls.} \end{cases}$$

Es wird mit anderen Worten die Anzahl der positiven Vorzeichen für alle Differenzen $x_{1i} - x_{2j}$, die gebildet werden können, festgestellt[8].

Daß sich die so konstruierte Prüfvariable zur Beurteilung der Nullhypothese eignet, kann leicht eingesehen werden. Wenn beide Stichproben aus einer Grundgesamtheit stammen, sollte bei ungefähr der Hälfte der insgesamt n_1n_2 Größenvergleiche x_{1i} größer als x_{2j} sein. Eine relativ geringe bzw. relativ große Anzahl positiver Vorzeichen steht in Widerspruch zur Nullhypothese. Deshalb läßt sich der Wertbereich der Prüfvariablen wie in der Abbildung 12.2 skizzieren.

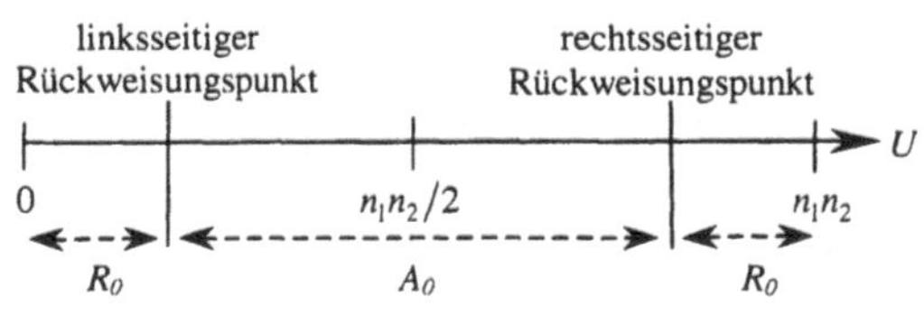

Abb. 12.2: Annahme- und Rückweisungsbereich der Prüfvariablen beim Mann/Whitney-Test

Des weiteren eignet sich die Prüfvariable U, weil ihre Verteilung unter der Nullhypothese bekannt ist. Auf die Herleitung kann verzichtet werden, weil etwas später eine lineare Beziehung zur *Wilcoxon*-Prüfvariablen W erwähnt wird, so daß U aus W berechnet werden kann. Die Verteilung für U ist vom diskreten Typ und symmetrisch um den Erwartungswert $E(U) = n_1n_2/2$.

Ähnlich wie bei der Verteilung von W sind im Anhang in der Tabelle Nr. 10 linksseitige Rückweisungspunkte u_r für den konservativen Test ausgewiesen, $P(U \le u_r) \le \alpha$. Falls also der berechnete Wert für u links von

[7] Wiederum wird das Konzept der Stichprobenvariablen vernachlässigt.

[8] Dies ist die Anzahl der Inversionen.

der Mitte $E(U) = n_1 n_2 / 2$ liegt und größer als u_r ist, muß die Nullhypothese angenommen werden. Liegt u rechts von $E(U) = n_1 n_2 / 2$, so ist u größer als u_r, was jedoch nicht in jedem Falle die Annahme der Nullhypothese rechtfertigt, weil ja u zugleich rechts vom nicht tabellierten rechtsseitigen Rückweisungspunkt liegen könnte. Für die Entscheidung dieses Falles empfiehlt sich eine Änderung der Definition der Indikatorvariablen gemäß

$$A_{ij} = \begin{cases} 1 & \textit{falls} \quad x_{1i} < x_{2j} \\ 0 & \textit{anderenfalls}, \end{cases}$$

so daß U nunmehr die Summe der negativen Vorzeichen darstellt und einen Wert realisiert, der links von $E(U) = n_1 n_2 / 2$ liegt.

Bei nicht zu kleinen Stichproben (n_1 oder n_2 sollte größer als zehn sein) kann die Verteilung von U durch die Normalverteilung

$$N\left(n_1 n_2 / 2; \sqrt{n_1 n_2 (n_1 + n_2 + 1)/12}\right)$$

approximiert werden, was die Testdurchführung erleichtern kann.

Beim *Mann/Whitney*-Test wird wegen der Annahme der Stetigkeit der Untersuchungsvariablen davon ausgegangen, daß die Einzelwerte x_{1i} und x_{2j} unterschiedlich groß sind. Dies könnte bei einer Erhebung u.U. nicht einzuhalten sein. Falls nun z.T. gleich große Werte lediglich innerhalb der Stichproben auftreten, so stellt dies kein Problem dar, weil die Werte der Indikatorvariablen eindeutig bestimmbar sind. Treten jedoch z.T. gleich große Werte zwischen den Stichproben auf, so kann nicht für alle Indikatorvariablen ein Wert angegeben werden. Ein möglicher Behelf besteht darin – wie bei ähnlich gelagerten Problemen, die bereits bei anderen Tests angesprochen sind –, in diesen Fällen die Werte Null bzw. Eins „gerecht" zuzuordnen, alternativ zuzuordnen bzw. auszulosen. Werden Durchschnittsränge zugeordnet, so sollte auch hier bei zahlreichen derartigen Zuordnungen und bei großen Stichproben die approximierende Verteilung von U korrigiert werden[9].

---

[9] Werden Durchschnittsränge zugeordnet, ändert sich nicht $E(U)$, wohl aber die Varianz,

$$Var(U) = \frac{n_1 n_2}{n(n-1)} \left(\frac{n^3 - n}{12} - \sum_{j=1}^{m} \frac{g_j^3 - g_j}{12} \right),$$

g_j Anzahl der Merkmalswerte in der j-ten Gruppe,

m Anzahl der Gruppen mit Bindungen,

$n = n_1 + n_2$.

Hierzu betrachten wir zunächst ein Beispiel, für das später im Kapitel 14.1 auch der t-Test für zwei Mittelwerte aus zwei unabhängigen Stichproben eingesetzt wird und im Kapitel 14.5 der *Kolmogoroff/ Smirnow*-Zwei-Stichproben-Anpassungstest.

Vier und fünf zufällig ausgewählte Schüler bilden zwei Gruppen, die jeweils durch eine unterschiedliche Unterrichtung auf die Lösung spezifischer Probleme vorbereitet werden. Nach Abschluß der Unterrichtung müssen alle Schüler jeweils 30 Probleme bearbeiten. In der folgenden Übersicht ist die Anzahl der Probleme enthalten, die von jedem Schüler gelöst worden ist.

Anzahl der gelösten Probleme in Gruppe 1	13	15	17	18	
Anzahl der gelösten Probleme in Gruppe 2	14	16	18	22	23

Die Frage ist, ob die verschiedenartige Unterrichtung in den beiden Gruppen der Grund dafür ist, daß in der zweiten Gruppe im Durchschnitt mehr Aufgaben gelöst werden konnten (5% Signifikanzniveau einseitig).

Durch Abzählen kann der Wert der Prüfvariablen bestimmt werden. Im vorliegenden Falle ergeben sich wegen des Wertes 18, der in beiden Stichproben vorkommt, die alternativen Werte $u = 0+1+2+2 = 5$ bzw. $u = 0+1+2+3 = 6$. Der Rückweisungspunkt liegt im Wert $u_r = 2$, so daß wegen $E(U) = 4 \cdot 5/2 = 10$ der Wert $u = 5$ bzw. $u = 6$ im Annahmebereich liegt. Die zwei Unterrichtsmethoden unterscheiden sich also in ihrer Wirksamkeit nicht wesentlich voneinander.

***Wilcoxon*-Rangsummentest**. Zum *Mann/Whitney-Test* ist der *Wilcoxon*-Rangsummentest äquivalent. Er betrifft die Situation des *Mann/Whitney*-Testes. Die Werte x_{1i} und x_{2j} der zwei Stichproben werden nun jedoch zusammengefügt, so daß insgesamt $n_1 + n_2 = n$ Werte x_i vorliegen[10]. Diese werden der Größe nach geordnet, und ihnen werden ihre Rangzahlen $Rg(x_i)$ zugeordnet. Beim *Wilcoxon*-Rangsummentest wird als Prüfvariable

$$W = \sum_{i=1}^{n} A_i Rg(x_i)$$

Falls keine Bindungen vorliegen, gilt $m = n$ und $g_j = 1$ für alle j, so daß

$$\sum_{j=1}^{m} \left(g_j^{\,3} - g_j\right)/48 = 0 .$$

[10] Wiederum wird das Konzept der Stichprobenvariablen vernachlässigt.

verwendet. Hierbei hat die Indikatorvariable die Bedeutung, daß

$$A_i = \begin{cases} 1 & \textit{falls } x_i \textit{ aus der Stichprobe } 1 \textit{ stammt} \\ 0 & \textit{anderenfalls.} \end{cases}$$

W stellt also die Summe der Rangzahlen der Stichprobenwerte dar, die aus der Stichprobe 1 stammen.
Der Wertebereich von W ist $[n_1(n_1+1)/2\,;n_1(n_1+2n_2+1)/2]$.[11]

Zwischen dieser Prüfvariablen und der des *Mann/Whitney*-Testes besteht eine lineare Beziehung[12],

$$W = U + n_1(n_1+1)/2\,,$$

so daß der teilweise arbeitsaufwendige *Mann/Whitney*-Test unter Verwendung der leicht bestimmbaren Prüfvariablen des *Wilcoxon*-Rangsummentestes durchgeführt werden kann.

Dies zeigt ein weiter oben bereits behandeltes Beispiel, bei dem in zwei Stichproben die Anzahlen gelöster Probleme erhoben worden sind:

Anzahl der gelösten Probleme in Gruppe 1	13	15	17	18						
Anzahl der gelösten Probleme in Gruppe 2	14	16	18	22	23					
x_i	13	14	15	16	17	18	18	22	23	
$Rg(x_i)$	1	2	3	4	5	6	7	8	9	
Wert von A_i	1	0	1	0	1	1	0	0	0	
$A_i Rg(x_i)$	1	0	3	0	5	6	0	0	0	$\Sigma = 15$

---

[11] Der Wert der unteren Grenze ergibt sich, wenn alle n_1 Werte der Stichprobe 1 kleiner sind als die Werte der anderen Stichprobe,

$$\sum_{i=1}^{n_1} Rg(x_i) = n_1(n_1+1)/2\,.$$

Der Wert der oberen Grenze ergibt sich, wenn alle n_1 Werte der Stichprobe 1 größer sind als die Werte der anderen Stichprobe,

$$\sum_{i=n_2+1}^{n} Rg(x_i) = n(n+1)/2 - n_2(n_2+1)/2 = n_1(n_1+2n_2+1)/2\,.$$

[12] Diese Beziehung ergibt sich für den Erwartungswert auf dem folgenden Weg: Die Summe der Rangwerte ist in der zusammengefügten Stichprobe $n(n+1)/2$. Unter der Nullhypothese ist für $n_1 = n_2$ in der Stichprobe 1 die Rangsumme $n(n+1)/4$ zu erwarten, für $n_1 \neq n_2$ die Rangsumme $n_1 n(n+1)/2n = n_1(n_1+n_2+1)/2$.
Somit gilt für die Erwartungswerte:

$$E(W) = n_1(n_1+n_2+1)/2 = n_1{}^2/2 + E(U) - n_1/2 = E(U) + n_1(n_1+1)/2\,.$$

$$w = 15, \qquad u = 15 - 4(4+1)/2 = 5.$$

Es ergibt sich also der gleiche Wert wie bereits zuvor. Auf den alternativen Wert $u = 6$ kommt man, wenn die Rangzahlen bei den Werten 18 gewechselt werden.

Übersicht für den *Mann/Whitney*-Test und einige Arten des *Wilcoxon*-Testes. Erfahrungsgemäß besteht die Gefahr, daß der Anfänger bei den verschiedenen im Kapitel 11 und 12 behandelten Prüfverfahren den Überblick verliert. Dem versucht die folgende Übersicht abzuhelfen, in der die behandelten Arten des *Wilcoxon*-Testes und der *Mann/Whitney*-Test zusammengefaßt sind.

Bezeichnung des Verfahrens / Kriterium	*Wilcoxon*-Vorzeichen-Rangtest für den Median (Kap. 11.2)	*Wilcoxon*-Vorzeichen-Rangtest für verbundene Paare (Kap. 12.1)
Nullhypothese	$H_0: \mu_{0.5} = c$	$H_0: {}_1\mu_{0.5} - {}_2\mu_{0.5} = c = 0$
Was die Nullhypothese behauptet	Der Median der Grundgesamtheit liegt im Wert c.	Die Stichproben stammen aus Grundgesamtheiten mit gleich großem Median.
Prüfvariable	$W = \sum_{i=1}^{n} A_i Rg(\|x_i - c\|)$ $A_i = \begin{cases} 1 & \text{falls } x_i > c \\ 0 & \text{anderenfalls} \end{cases}$ x_i : Wert in der Stichprobe n : Anzahl der Werte x_i	$W = \sum_{i=1}^{n} A_i Rg(\|d_i\|)$ $A_i = \begin{cases} 1 & \text{falls } d_i > 0 \\ 0 & \text{anderenfalls} \end{cases}$ $d_i = x_{1i} - x_{2i}$: Paardifferenz n : Anzahl der Paardifferenzen
Was die Prüfvariable zum Ausdruck bringt	Mit jeweils der Rangzahl für die absolute Größe der Differenz zwischen x_i und c gewogene Anzahl der Stichprobenwerte, die größer als c sind	Mit jeweils der Rangzahl für die absolute Paardifferenz gewogene Anzahl der Paardifferenzen mit positivem Vorzeichen
Wertbereich der Prüfvariablen	$[0; n(n+1)/2]$	$[0; n(n+1)/2]$

Bezeichnung des Verfahrens / Kriterium	*Wilcoxon*-Rangsummentest (Kap. 12.2)	*Mann/Whitney*-Test (Kap. 12.2)
Nullhypothese	$H_0 : \lambda = 0$	$H_0 : \lambda = 0$
Was die Nullhypothese behauptet	Die Stichproben stammen aus einer Grundgesamtheit.	Die Stichproben stammen aus einer Grundgesamtheit.
Prüfvariable	$W = \sum_{i=1}^{n} A_i Rg(x_i)$ $A_i = \begin{cases} 1 & falls\ x_i\ aus\ Sp\ 1 \\ 0 & anderenfalls \end{cases}$ x_i : Wert in der zusammengefügten Stichprobe n : Anzahl der Werte x_i in der zusammengefügten Stichprobe, $n = n_1 + n_2$	$U = \sum_{i=1}^{n_1} \sum_{j=1}^{n_2} A_{ij}$ $A_{ij} = \begin{cases} 1 & falls\quad x_{1i} > x_{2j} \\ 0 & anderenfalls \end{cases}$ n_1 : Anzahl der Werte x_{1i} in der Stichprobe 1 n_2 : Anzahl der Werte x_{2j} in der Stichprobe 2
Was die Prüfvariable zum Ausdruck bringt	Anzahl der Rangzahlen für jene Werte in der zusammengefügten Stichprobe, die aus der Stichprobe 1 stammen	Anzahl der positiven Vorzeichen für alle Differenzen, die zwischen den Werten aus beiden Stichproben gebildet werden können
Wertbereich der Prüfvariablen	$[n_1(n_1+1)/2; n_1(n_1+2n_2+1)/2]$	$[0; n_1 n_2]$

12.3 Kruskal/Wallis-Test für mehrere unabhängige Stichproben

Die beim *Mann/Whitney*-Test aufgeworfene Fragestellung kann auf mehr als zwei unabhängige Stichproben ausgedehnt werden. Das hierfür geeignete Prüfverfahren ist der *Kruskal/Wallis*-Test. Dieser Test steht in Konkurrenz zur Varianzanalyse, in deren Rahmen die Mittelwerte aus mehreren unabhängigen Stichproben beurteilt werden. Sie wird im Kapitel 14.4 dargestellt.

① Situation: Für eine stetige[13] Untersuchungsvariable X werden $r > 2$ unabhängige Stichproben der Umfänge $n_i, i = 1,\ldots,r$, gezogen. In den Stichproben werden die Werte $x_{ij}, i = 1,\ldots,r, j = 1,\ldots,n_i$, erhoben. Vorausgesetzt wird, daß die Verteilung der Untersuchungsvariablen in den r Grundgesamtheiten bis auf die Lage der Werte gleich ist. In der Lage unterscheiden sich die einzelnen Verteilungen um den Lageparameter λ_i, deren Anzahl bei r Grundgesamtheiten $r-1$ ist.

[13] Siehe Fußnote 2 im Kap. 11.1.

② Hypothesen: Die Nullhypothese betrifft die Lageparameter λ_i. Als Nullhypothese wird

$H_0 : \lambda_i = 0$ für alle Lageparameter

gesetzt. Behauptet wird also, daß die Stichproben aus einer einzigen Gesamtheit stammen.

Als Alternativhypothese wird

$H_a : \lambda_i \neq 0$ für mindestens einen Lageparameter

gesetzt.

③ Problem: In den Stichproben sind die Mediane gewöhnlich ungleich groß. Dies könnte bedeuten, daß eine oder mehrere Stichproben aus einer anderen oder mehreren anderen Grundgesamtheiten stammen.

④ Lösung: Als Prüfvariable wird eine Variable H konstruiert,

$$H = \frac{12}{n(n+1)} \sum_{i=1}^{r} 1/n_i \cdot \left[\sum_{j=1}^{n_i} Rg(x_{ij}) - n_i(n+1)/2 \right]^2$$
$$= \frac{12}{n(n+1)} \sum_{i=1}^{r} 1/n_i \cdot \sum_{j=1}^{n_i} Rg(x_{ij}) - 3(n+1).$$

Das Konstruktionsprinzip kann nicht sofort durchschaut werden, ist jedoch noch mit relativ einfachen Mitteln darstellbar.[14] Hierbei kann erkannt werden, daß relativ große Werte für H die Nullhypothese widerlegen können, so daß der Wertbereich von H die in der Abbildung 12.3 skizzierte Charakteristik aufweist.

[14] Zunächst werden die Stichprobenwerte x_{ij} zu einer einzigen Stichprobe des Umfanges $n = \sum_{i=1}^{r} n_i$ zusammengefügt und der Größe nach geordnet. Jedem Wert x_{ij} wird eine Rangzahl zugeordnet, beginnend mit der Zahl Eins für den kleinsten Wert. Alsdann wird für jede Stichprobe die Rangsumme $\sum_{j=1}^{n_i} Rg(x_{ij})$ gebildet. Die gesamte Rangsumme ist die Summe dieser r einzelnen Rangsummen und entspricht dem Wert $n(n+1)/2$. Unter der Gültigkeit der Nullhypothese und bei gleich großen Stichprobenumfängen sind für jede Stichprobe gleich große Rangsummen $\frac{n(n+1)}{2} \cdot \frac{1}{r}$ zu erwarten. Bei ungleich großen Stichprobenumfängen sind die Rangsummen $\frac{n(n+1)}{2} \cdot \frac{n_i}{n} = \frac{n_i(n+1)}{2}$ zu erwarten. So liegt es nahe, als Prüfvariable ein Konstrukt zu bilden, das einen Vergleich der beobachteten Rangsummen $\sum_{j=1}^{n_i} Rg(x_{ij})$ mit den unter der Nullhypothese erwarteten Rangsummen $n_i(n+1)/2$ beinhaltet. Dieses vergleichende Element ist ersichtlich im Konstrukt H enthalten.

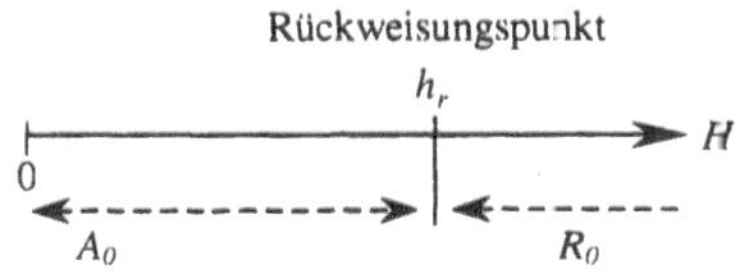

Abb. 12.3: Annahme- und Rückweisungsbereich der Prüfvariablen beim Kruskal/Wallis-Test

Die weiteren in H enthaltenen Elemente gewährleisten, daß die Verteilung von H, von der ein Teil im Anhang in der Tabelle Nr. 11 enthalten ist, bereits ab $r \geq 4$ und $n_i \geq 5$ durch eine χ^2-Verteilung mit $\nu = r-1$ Freiheitsgraden approximiert werden kann.

Treten in einer Erhebung z.T. gleich große Werte auf, so ist dies offenkundig nur beachtlich, wenn sie zwischen den Stichproben auftreten. Ein möglicher Behelf besteht darin – wie bei ähnlich gelagerten Problemen, die bereits bei anderen Tests angesprochen sind –, in diesen Fällen Durchschnittsränge zuzuordnen. Bei einer größeren Anzahl von Bindungen, wenn mehr als ungefähr 25% aller Rangzahlen verbundene Werte sind, sollte H korrigiert werden.[15]

Für eine geplante Befragung wird an zufällig ausgewählten Probanden festgestellt, wie zeitraubend die Beantwortung verschiedenartiger Fragebögen ist. Jede Person beantwortet einen Fragebogen, von denen es vier verschiedene Typen gibt. Die folgende Übersicht enthält in den ersten vier Zeilen den gemessenen Zeitaufwand (in Minuten). Zu prüfen ist, ob sich die Fragebogentypen hinsichtlich des Zeitaufwandes für die Beantwortung wesentlich voneinander unterscheiden (5% Signifikanzniveau).

Die approximativ χ^2-verteilte ($\nu = 3$) Prüfvariable realisiert den Wert $h = 8{,}76$, der bei 5% Signifikanzniveau rechts vom Rückweisungspunkt $h_r = 7{,}81$ liegt. Die Hypothese des gleich großen Zeitaufwandes für die Beantwortung der unterschiedlichen Fragebogentypen kann also als widerlegt angesehen werden; d.h. mindestens einer der Fragebogentypen unterscheidet sich wesentlich von den anderen Typen.

---

[15] In diesem Falle sollte für H gesetzt werden:

$H_{korr} = H/c$, $c = 1 - 1/(n^3 - n) \cdot \sum_{j=1}^{m} (g_j^3 - g_j)$,

g_j Anzahl der Merkmalswerte in der j-ten Gruppe,

m Anzahl der Gruppen mit Bindungen,

$n = \sum_{i=1}^{r} n_i$

Falls keine Bindungen vorliegen, gilt $m = n$ und $g_j = 1$ für alle j, so daß $c = 1$.

x_{1j}	11	14	16	19	27	29	30	31	40	41	42	
x_{2j}	15	17	18	25	26	32	33	33	42	43		
x_{3j}	20	21	30	32	35	38	45	50	55	56		
x_{4j}	8	10	12	13	22	28	28	28	32	33		
$Rg(x_{1j})$	3	6	8	11	17	21	22,5	24	33	34	35,5	$\Sigma = 215$
$Rg(x_{2j})$	7	9	10	15	16	26	29	29	35,5	37		$\Sigma = 213{,}5$
$Rg(x_{3j})$	12	13	22,5	26	31	32	38	39	40	41		$\Sigma = 294{,}5$
$Rg(x_{4j})$	1	2	4	5	14	19	19	19	26	29		$\Sigma = 138$

Der *Kruskal/Wallis*-Test prüft global, ob alle Stichproben zufällig voneinander verschieden sind. Eine Differenzierung nach einzelnen Vergleichen unter den Stichproben ist mit diesem Test nicht möglich. Die Frage, ob eine einzelne Stichprobe zufällig von einer anderen Stichprobe abweicht, ist ein Problem, dem der *Wilcoxon/Mann/Whitney*-Test angemessen ist.

Nun könnte jemand auf die Idee kommen, den globalen *Kruskal/Wallis*-Test durch die wiederholte Anwendung[16] von einzelnen *Wilcoxon/Mann/Whitney*-Tests zu ersetzen; denn auf diese Weise könnte ja beispielsweise nicht nur in Erfahrung gebracht werden, ob die Stichproben insgesamt wesentlich voneinander abweichen, sondern auch noch, welche der Stichproben sich von einer oder mehreren anderen wesentlich unterscheidet. Hiergegen kann grundsätzlich kein ernster Einwand geltend gemacht werden; es kommt eben ganz darauf an, worin die Forschungsfrage besteht.

Man sollte sich jedoch - als Resultat der Verfolgung einer etwas subtilen Überlegung, die wir sogleich anstellen werden - folgendes einprägen: Das Signifikanzniveau α des globalen Testes ist kleiner als das insgesamt bei allen Einzeltests verwendete Signifikanzniveau, falls bei jedem Einzeltest das Signifikanzniveau α des globalen Testes verwendet wird. Deshalb kann das Resultat des globalen Testes nicht ohne weiteres mit dem Resultat der wiederholten Anwendung eines Testes verglichen werden, der für den Fall von zwei Stichproben konzipiert ist. Erfolgt keine Anpassung des Signifikanzniveaus bei den Einzeltests, so werden durch die Einzeltests zu häufig signifikante Resultate ausgewiesen.

Für einen H-Test, den globalen Test, werde als Signifikanzniveau $\alpha = 5\%$ gewählt. Es besteht also ein Wahrscheinlichkeit von $\alpha = 5\%$, den Fehler zu begehen, die Nullhypothese zu verwerfen, obwohl sie in Wahr-

---

[16] Die wiederholte Anwendung wird auch als multipler Test bezeichnet. Eine ähnliche Problematik besteht im Kontext der Varianz- und Regressionsanalyse (Kap. 14-16), worauf dort nicht im Einzelnen eingegangen wird.

heit zutrifft. Anders gesagt: Mit einer Wahrscheinlichkeit von $\alpha = 5\%$ wird fälschlicherweise der Schluß gezogen, daß sich in mindestens einem Falle die Mittelwerte von zwei ansonsten gleich verteilten Grundgesamtheiten voneinander unterscheiden.

Gesetzt den Fall, es sind bei dem Problem, für das der H -Test verwendet worden ist, vier verschiedene unabhängige einzelne U -Tests möglich. Bei jedem Einzeltest könnte nun, wie dies verbreitet kritiklos geschieht, das Signifikanzniveau des globalen Testes, $\alpha = 5\%$, gewählt werden. Bei jedem Einzeltest wird nun mit einer Wahrscheinlichkeit von $\alpha = 5\%$ fälschlicherweise der Schluß gezogen, daß sich die jeweils betrachteten Mittelwerte von zwei ansonsten gleich verteilten Grundgesamtheiten voneinander unterscheiden. Die Wahrscheinlichkeit, daß dieser fälschliche Schluß bei den vier Einzeltests mindestens in einem Falle gezogen wird, beträgt – wie überlegt werden kann[17] - 18,55% und ist im vorliegenden Beispiel mehr als dreimal so hoch wie beim globalen Test.

Um zu einem insgesamt vergleichbaren Signifikanzniveau zu gelangen, müßte das Signifikanzniveau bei jedem Einzeltest verringert werden, im vorliegenden Falle auf 1,274%. Dies kann bedeuten, worauf bereits hingewiesen ist, daß sich dann bei den Einzeltests weniger häufig ein signifikantes Resultat einstellt.

12.4 Softwarelösungen

***Wilcoxon*-Vorzeichen-Rangtest für verbundene Paare.** Die Werte des Beispiels über den Ertrag einer Kulturpflanze im Abschnitt 12.1 finden sich in der SPSS-Tabelle der Datei K1201.SAV. In der ersten Spalte stehen die Werte der ersten, in der zweiten Spalte die der zweiten Stichprobe. Um den Test durchzuführen, ist wie folgt zu verfahren:

1. Öffnen der Datei K1201.SAV, falls die Daten nicht selbst eingegeben werden.
2. Wählen von ANALYSIEREN/NICHTPARAMETRISCHE TESTS/ZWEI VERBUNDENE STICHPROBEN...
3. Übertragen der beiden Variablen gemeinsam (sp1 und sp2) in den Bereich AUSGEWÄHLTE VARIABLENPAARE:

---

[17] Das vorliegende Problem entspricht einer Versuchsanordnung nach *Bernoulli*: Die Ergebnisalternative besteht bei jedem der Einzeltests darin, daß ein Fehler 1. Art begangen wird oder nicht begangen wird. Die Wahrscheinlichkeit für das Begehen dieses Fehlers beträgt $\pi = 0{,}05$. Bei vier unabhängigen Einzeltests wird die Wahrscheinlichkeit, den Fehler 1. Art in der Häufigkeit $x = 0,1,\ldots,4$ zu begehen, durch die Binomialverteilung $B(4;0{,}05)$ angegeben. Die Wahrscheinlichkeit dafür, den Fehler 1. Art mindestens einmal zu begehen, beträgt also $P(1)+P(2)+P(3)+P(4)=1-P(0)=1-0{,}95^4=0{,}1855$.

4. Anklicken bei WILCOXON im Bereich WELCHE TESTS DURCHFÜHREN?.
5. Anklicken von OK.

SPSS erzeugt ausschnittsweise die folgenden Ergebnisse:

Ränge

		N	Rangsumme
SP2 - SP1	Negative Ränge	6[a]	31,00
	Positive Ränge	2[b]	5,00
	Bindungen	0[c]	
	Gesamt	8	

a. SP2 < SP1

b. SP2 > SP1

c. SP1 = SP2

Statistik für Test[b]

	SP2 - SP1
Asymptotische Signifikanz (2-seitig)	,069

b. Wilcoxon-Test

Man erkennt, daß beim Stichwort ASYMPTOTISCHE SIGNIFIKANZ der Wert 0,069 ausgegeben wird. Dies entspricht einer einseitigen Wahrscheinlichkeit von 0,0345, so daß die zu prüfende Nullhypothese verworfen wird; die mittleren Erträge in den beiden Stichproben unterscheiden sich signifikant voneinander. Zu beachten ist, daß SPSS hier von asysmptotischer Signifikanz spricht, weil unterstellt werden muß, daß die Verteilung der Paardifferenzen symmetrisch ist[18].

***Mann-Whitney*-Test für zwei unabhängige Stichproben.** Die Werte des Beispiels im Abschnitt 12.2 finden sich in der SPSS-Tabelle der Datei K1202.SAV. In der ersten Spalte stehen die beobachteten Werte, in der zweiten die Kennziffer für die jeweilige Stichprobe.

1. Öffnen der Datei K1202.SAV, falls die Daten nicht selbst eingegeben werden.
2. Wählen von ANALYSIEREN/NICHTPARAMETRISCHE TESTS/ZWEI UNABHÄNGIGE STICHPROBEN...
3. Übertragen der Variablen anzahl in den Bereich TESTVARIABLEN:
4. Übertragen der Variablen sp (Stichprobe) in den Bereich GRUPPENVARIABLE:
5. Anklicken der Schaltfläche GRUPPEN DEFINIEREN.
6. Bei GRUPPE 1 ist der Wert 1, bei GRUPPE 2 der Wert 2 einzugeben.
7. Anklicken der Schaltfläche WEITER.

[18] SPSS Base 9.0, User's Guide, Seite 364.

8. Anklicken bei MANN-WHITNEY-U-TEST im Bereich WELCHE TESTS DURCHFÜHREN?.
9. Anklicken von OK.

SPSS erzeugt ausschnittsweise die folgenden Ergebnisse:

Ränge

	SP	N	Rangsumme
ANZAHL	1	4	15,50
	2	5	29,50
	Gesamt	9	

Statistik für Test[b]

	ANZAHL
Mann-Whitney-U	5,500
Asymptotische Signifikanz (2-seitig)	,268
Exakte Signifikanz [2*(1-seitig Sig.)]	,286[a]

a. Nicht für Bindungen korrigiert.

b. Gruppenvariable: SP

Man erkennt am Wert beim Stichwort EXAKTE SIGNIFIKANZ, daß die zu prüfende Nullhypothese nicht verworfen werden kann. Zu beachten ist, daß SPSS für die Prüfvariable den Wert 5,500 ausgibt, während im Zahlenbeispiel des Abschnitts 12.2 zwei Werte berechnet wurden, nämlich $u = 5$ und $u = 6$. SPSS nutzt also offensichtlich den Mittelwert dieser beiden Werte. Zusätzlich wird auch eine asymptotische Signifikanz ausgegeben, auf die dann zurückzugreifen ist, wenn aufgrund von Paarbindungen korrigiert werden muß.

***Kruskal-Wallis*-Test für mehrere unabhängige Stichproben.** Die Daten des Beispiels im Abschnitt 12.3 finden sich in der Datei K1203.SAV. Dabei sind die Zeitwerte untereinander in der ersten Spalte der SPSS-Tabelle eingegeben worden. In der zweiten Spalte finden sich die Kennziffern 1 bis 4 zur Indizierung der vier Stichproben.

1. Öffnen der Datei K1203.SAV, falls die Ausgangsdaten nicht selbst eingegeben werden.
2. Wählen von ANALYSIEREN/NICHTPARAMETRISCHE TESTS/K UNABHÄNGIGE STICHPROBEN...
3. Übertragen der Variablen zeit in den Bereich TESTVARIABLEN:
4. Übertragen der Variablen sp (Stichprobe) in den Bereich GRUPPENVARIABLE:
5. Anklicken der Schaltfläche BEREICH DEFINIEREN.
6. Bei MINIMUM ist der Wert 1, bei MAXIMUM der Wert 4 einzugeben und WEITER anzuklicken.
7. Anklicken von OK.

SPSS erzeugt jetzt die folgenden Ergebnisse:

Ränge

	SP	N	Mittlerer Rang
ZEIT	1	11	19,55
	2	10	21,35
	3	10	29,45
	4	10	13,80
	Gesamt	41	

Statistik für Test[a,b]

	ZEIT
Chi-Quadrat	8,770
df	3
Asymptotische Signifikanz	,033

a. Kruskal-Wallis-Test

b. Gruppenvariable: SP

Man sieht, daß in der ersten Ausgabetabelle, im Gegensatz zu anderen Testverfahren (siehe z.B. oben: *Mann-Whitney*-Test), statt der Rangsummen nun mittlere Ränge ausgegeben werden, was aber keinen inhaltlichen Unterschied macht (durch Multiplikation mit n kann man ja jederzeit die Rangsummen ermitteln).

In der zweiten Tabelle erkennt man am Wert 0,033 beim Stichwort ASYMPTOTISCHE SIGNIFIKANZ (dieser Test setzt voraus, daß die Verteilungen der Stichproben ähnliche Gestalt aufweisen[19]), daß die zu prüfende Nullhypothese verworfen werden muß.

[19] SPSS Base 9.0, User's Guide, Seite 361.

13 Testen und Schätzen einer metrischen Untersuchungsvariablen im Falle einer Stichprobe

Das Kapitel 13 betrifft eine metrisch skalierte Untersuchungsvariable, deren Werte in nur einer Stichprobe erhoben sind. Betrachtet werden Test- und Schätzverfahren für die zwei wichtigsten Maßzahlen, das arithmetische Mittel und die Varianz. Des weiteren wird ein Anpassungstest erläutert, der bekanntlich die gesamte Verteilung der Untersuchungsvariablen betrifft.

13.1 Testen und Schätzen des arithmetischen Mittels

Tests bezüglich des arithmetischen Mittelwertes werden zumeist danach differenziert, ob sie für große Stichprobenumfänge, $n > 30$, oder für beliebige Stichprobenumfänge geeignet sind. Der Vorteil der für große Stichproben geeigneten Verfahren liegt darin, daß sie ohne die Annahme auskommen, daß die Untersuchungsvariable in der Grundgesamtheit normalverteilt ist. Ihr Nachteil ist, daß ihre Resultate dann nur approximativ gültig sind.

Testen bei großem Stichprobenumfang. Der im folgenden dargestellte Test trägt keinen besonderen Namen. Wir bezeichnen ihn als „Test bei großem Stichprobenumfang". Er ist bei einer normalverteilten Untersuchungsvariablen, deren Varianz in der Grundgesamtheit bekannt ist, ein exaktes Testverfahren. Falls die Grundgesamtheit nicht normalverteilt ist, kann dieser Test ebenfalls verwendet werden; er ist dann allerdings nur approximativ gültig. Bei unbekannter Grundgesamtheitsvarianz und normalverteilter Grundgesamtheit führt der Test bei großem Stichprobenumfang zu einem approximativ gültigen Resultat. der etwas weiter unten erläuterte t-Test für das arithmetische Mittel ist jedoch vorzuziehen, weil er exakt ist. Dies faßt die folgende Tabelle zusammen.

Bei großem Stichprobenumfang gilt:

Varianz in der Grundgesamtheit / Verteilung in der Grundgesamtheit	bekannt	nicht bekannt
Normalverteilung	Test bei großem Stichprobenumfang ist exakt	Test bei großem Stichprobenumfang ist approximativ gültig t-Test für das arithmetische Mittel ist exakt
keine Normalverteilung	Test bei großem Stichprobenumfang ist approximativ gültig	

① Situation: Eine metrisch skalierte Untersuchungsvariable X wird in einer einfachen Zufallsstichprobe des Umfanges $n > 30$ erhoben. Aus den n Einzelwerten x_i wird das arithmetische Mittel $\bar{x}$ berechnet.

② Hypothesen: Die Null- und Alternativhypothese betreffen den arithmetischen Mittelwert μ in der Grundgesamtheit, etwa in der Form

$$H_0 : \mu = \mu_0, \quad H_a : \mu \neq \mu_0.$$

③ Problem: Zwischen $\bar{x}$ und μ_0 besteht gewöhnlich eine mehr oder weniger ausgeprägte Ungleichheit, die zu beurteilen ist.

④ Lösung: Als Prüfvariable eignet sich die Mittelwertvariable $\bar{X}$, weil ihre Stichprobenrealisation $\bar{x}$ die Nullhypothese stützen oder widerlegen kann. Des weiteren ist die Verteilung von $\bar{X}$ bekannt (siehe Kap. 5.4). Unter der Nullhypothese folgt $\bar{X}$ bei normalverteilter Grundgesamtheit exakt und ansonsten approximativ der Verteilung $N(\mu_0; \sigma/\sqrt{n})$. Falls σ unbekannt ist, sollte der Wert erwartungstreu gemäß

$$\sigma^2 \approx \hat{\sigma}^2 = 1/(n-1)\sum_{i=1}^{n}(x_i - \bar{x})^2$$

geschätzt werden.

Ein ausführliches Beispiel zum Testen bei großem Stichprobenumfang kann dem Kapitel 6 entnommen werden.

Schätzen bei großem Stichprobenumfang. Bei der Angabe eines Konfidenzintervalls für μ kann das im Kap. 7.3 erläuterte Verfahren verwendet werden. Demnach ergibt sich als Vertrauensbereich

$$[\bar{x} - k_2\,\sigma/\sqrt{n}; \bar{x} - k_1\,\sigma/\sqrt{n}] = [\hat{\mu}_u; \hat{\mu}_o],$$

wobei ein etwaig unbekanntes σ geeignet abzuschätzen ist. Gewöhnlich schreibt man

$$Konf.(\hat{\mu}_u \leq \mu \leq \hat{\mu}_o) = 1 - \alpha.$$

Mit einem Vertrauen von $1-\alpha$ liegt μ also im Bereich $[\hat{\mu}_u; \hat{\mu}_o]$.

Auch hier kann auf ein neues Beispiel verzichtet werden. Ein Beispiel ist in Kap. 7.3 enthalten.

t-Test bei kleinem[1] Stichprobenumfang. Bei kleinem Stichprobenumfang läßt sich das arithmetische Mittel einer Stichprobe nur exakt beurteilen, wenn die Grundgesamtheit normalverteilt ist. Bei nicht normalverteilter Grundgesamtheit sollte auf ein Verfahren ausgewichen werden, das diese Voraussetzung nicht benötigt (siehe Kap. 11). Wenn davon auszugehen ist, daß die Grundgesamtheit zwar normalverteilt, ihre Varianz jedoch nicht bekannt ist, kann der weiter oben dargestellte Test bei großem Stichprobenumfang nicht verwendet werden, weil die Verteilung der Prüfvariablen nicht genau genug angegeben werden kann. Der im folgenden darzustellende und für diese Situation geeignete t-Test ist bei einer normalverteilten Untersuchungsvariablen und unbekannter Grundgesamtheitsvarianz ein exakter Test. Dies faßt die folgende Tabelle zusammen.

Bei kleinem Stichprobenumfang gilt:

Varianz in der Grundgesamtheit / Verteilung in der Grundgesamtheit	bekannt	nicht bekannt
Normalverteilung	Test bei großem Stichprobenumfang ist exakt	t-Test für das arithmetische Mittel ist exakt
keine Normalverteilung	Ausweichen auf ein Verfahren, das die Voraussetzung der Normalverteilung nicht hat und auch für den kleinen Stichprobenumfang konzipiert ist	

① Situation: Eine metrisch skalierte Untersuchungsvariable X, die in der Grundgesamtheit nach $N(\mu;\sigma)$ verteilt ist, wird in einer einfachen Zufallsstichprobe beliebigen Umfanges erhoben. Aus den n Einzelwerten x_i wird das arithmetische Mittel $\bar{x}$ sowie die Streuung

$$s^2 = 1/(n-1)\sum_{i=1}^{n}(x_i - \bar{x})^2$$

berechnet.

② Hypothesen: Die Null- und Alternativhypothese betreffen den arithmetischen Mittelwert μ in der Grundgesamtheit, etwa in der Form

$$H_0: \mu = \mu_0, \quad H_a: \mu \neq \mu_0.$$

③ Problem: Zwischen $\bar{x}$ und μ_0 besteht gewöhnlich eine mehr oder weniger ausgeprägte Ungleichheit, die zu beurteilen ist.

[1] Der t-Test kann bei beliebig großem Stichprobenumfang verwendet werden. Häufig wird jedoch betont, daß er insbesondere bei kleinem Stichprobenumfang geeignet ist.

④ Lösung: Als Prüfvariable kann das Konstrukt

$$\frac{\overline{X} - \mu_0}{S/\sqrt{n}}$$

verwendet werden. Hierbei bezeichnet $\overline{X}$ wieder die Stichprobenvariable des arithmetischen Mittels, und S stellt die Stichprobenvariable der Standardabweichung dar.

Obiger algebraischer Ausdruck eignet sich als Prüfvariable, weil relativ große Unterschiede zwischen $\bar{x}$ und μ_0, die ja gegen die Nullhypothese sprechen, zu relativ großen absoluten Beträgen dieses Ausdrucks führen. Umgekehrt bewirken kleine Unterschiede zwischen $\bar{x}$ und μ_0, die die Nullhypothese stützen, daß der Ausdruck relativ kleine Absolutbeträge aufweist. Im Nenner steht die bekannte Standardabweichung der Stichprobe und nicht die unbekannte Streuung der Grundgesamtheit.

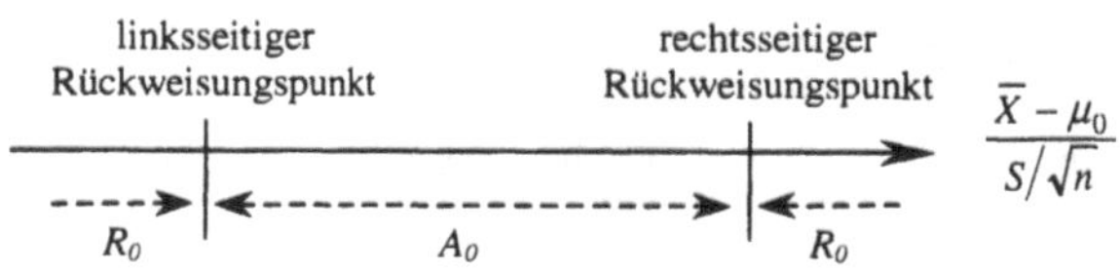

Abb. 13.1: Annahme- und Rückweisungsbereich der Prüfvariablen beim zweiseitigen t -Test

Des weiteren ist die Verteilung unter der Nullhypothese bekannt, wie die folgende Überlegung erweist.

Wir greifen auf einen im Kap. 5.4, Fußnote 15, bewiesenen Satz zurück, wonach bei normalverteilter Grundgesamtheit gilt, daß

$$\frac{S}{\sigma} = \sqrt{\frac{\chi^2}{\nu}}, \quad \nu = n - 1.$$

Des weiteren folgt $\overline{X}$ der Verteilung $N(\mu; \sigma/\sqrt{n})$, so daß sich eine Standardnormalvariable K,

$$K = \frac{\overline{X} - \mu}{\sigma/\sqrt{n}},$$

bilden läßt.

Die t-Variable (siehe Kap. 4.4) ist definiert als

$$t = \frac{K}{\sqrt{\frac{\chi^2}{\nu}}} .$$

Werden nun die obigen Beziehungen in den Zähler und Nenner der t-Variablen eingesetzt, so kann σ, die unbekannte Streuung in der Grundgesamtheit, gekürzt werden, und es ergibt sich

$$t = \frac{\frac{\bar{X} - \mu}{\sigma/\sqrt{n}}}{S/\sigma} = \frac{\bar{X} - \mu}{S/\sqrt{n}} ,$$

mithin die Prüfvariable. Sie folgt somit unter der Nullhypothese einer t-Verteilung mit $\nu = n - 1$ Freiheitsgraden. Obige Prozedur wird auch als „*Student*isierung" bezeichnet.

Die praktische Durchführung des t-Testes bei kleinem Stichprobenumfang ist außerordentlich einfach. Beispielsweise sind die $n = 7$ Stichprobenwerte

x_i	11,2	16,8	9,7	11,9	18,7	13,6	10,9

erhoben worden. Als Nullhypothese soll $\mu_0 = 12{,}0$ gelten. Man berechnet $\bar{x} = 13{,}26$ sowie $s = 3{,}33$. Die Prüfvariable realisiert den Wert

$$t = \frac{13{,}26 - 12}{3{,}33/\sqrt{7}} = 1{,}00 ,$$

der beim zweiseitigen Test und bei 5% Signifikanzniveau im Annahmebereich liegt. Rückweisungspunkte liegen in den Werten $\pm 2{,}45$, wie ein Blick in die Tabelle Nr. 5 des Anhanges ergibt.

Schätzen bei kleinem Stichprobenumfang. Bei der Angabe eines Konfidenzintervalls für μ kann das im Kap. 7.3 erläuterte Konstruktionsverfahren verwendet werden.

Bei kleiner[2] Stichprobe, normalverteilter Grundgesamtheit und unbekannter Grundgesamtheitsstreuung geht man von der Wahrscheinlichkeit $1 - \alpha$ aus, daß eine t-verteilte Zufallsvariable im Bereich $[t_1; t_2]$, in dessen Zentrum der Erwartungswert $E(t) = 0$ liegt, einen Wert realisiert,

[2] Genauer: Bei beliebigem Stichprobenumfang. Siehe auch Fußnote 1.

$$P(t_1 \leq t \leq t_2) = 1 - \alpha .$$

Hierbei sollte beachtet werden, daß t_1 ein negatives Vorzeichen hat.

Nun wird für die Variable t der Ausdruck

$$\frac{\overline{X} - \mu}{S/\sqrt{n}}$$

eingesetzt, der einer t-Verteilung mit $\nu = n - 1$ Freiheitsgraden folgt, wie weiter oben begründet worden ist,

$$P\left(t_1 \leq \frac{\overline{X} - \mu}{S/\sqrt{n}} \leq t_2 \right) = 1 - \alpha .$$

Die in der Klammer stehende Ungleichung läßt sich – analog zum Vorgehen in Kap. 7.3, Fußnote 13 - so umformen, daß zwischen den Ungleichheitszeichen μ steht:

$$P\left(\overline{X} - t_2\, S/\sqrt{n} \leq \mu \leq \overline{X} - t_1\, S/\sqrt{n}\right) = 1 - \alpha .$$

Nach Ziehung der Stichprobe gilt:

$Konf.(\hat{\mu}_u \leq \mu \leq \hat{\mu}_o) = 1 - \alpha$, wobei

$$[\hat{\mu}_u ; \hat{\mu}_o] = \left[\bar{x} - t_2\, s/\sqrt{n} \,; \bar{x} - t_1\, s/\sqrt{n}\right].$$

Mit einem Vertrauen von $1 - \alpha$ liegt μ also im Bereich $[\hat{\mu}_u ; \hat{\mu}_o]$.

Beispielsweise liegen die Daten vor, die weiter oben im Rahmen des t-Testes bei kleinem Stichprobenumfang verwendet worden sind,

x_i	11,2	16,8	9,7	11,9	18,7	13,6	10,9

$\bar{x} = 13{,}26$, $s = 3{,}33$.

Gesucht ist der 90% -Konfidenzbereich für das arithmetische Mittel.

$$[\hat{\mu}_u ; \hat{\mu}_o] = \left[13{,}26 - 1{,}94 \cdot 3{,}33/\sqrt{7} ; 13{,}26 + 1{,}94 \cdot 3{,}33/\sqrt{7}\right] = [10{,}8;15{,}7] .$$

13.2 Testen und Schätzen der Varianz

Tests und Schätzungen der Varianz einer metrisch skalierten Untersuchungsvariablen, die in nur einer Stichprobe erhoben worden ist, sind vergleichsweise unwichtig. Deshalb erwähnen wir lediglich kurz den klassischen Fall, daß die Grundgesamtheit normalverteilt und der Stichprobenumfang beliebig groß ist. In diesem Falle gilt der in Kap. 5.4, Fußnote 15 bewiesene Satz

$$\frac{S}{\sigma}=\sqrt{\frac{\chi^2}{\nu}}, \quad \nu=n-1.$$

Für das Testen der Hypothese

$$H_0: \sigma=\sigma_0$$

wird die Prüfvariable $\nu S^2/\sigma_0^2$ verwendet. Wenn s^2 deutlich kleiner oder deutlich größer als σ_0^2 ist, spricht dies gegen die Nullhypothese. Relativ große und relativ kleine Werte der Prüfvariablen führen somit beim zweiseitigen Test zur Ablehnung der Nullhypothese. Unter der Nullhypothese folgt $\nu S^2/\sigma_0^2$ einer χ^2-Verteilung mit $\nu=n-1$ Freiheitsgraden, was sich aus dem oben erwähnten Satz ergibt.

Für die Durchführung eines zweiseitigen Tests werden aus einer geeignet nach dem Freiheitsgrad $\nu=n-1$ und dem Signifikanzniveau tabellierten χ^2-Verteilung die Rückweisungspunkte entnommen und mit $\nu s^2/\sigma_0^2$, der Stichprobenrealisation der Prüfvariablen, verglichen. Liegt der Wert zwischen den Rückweisungspunkten, so wird die Nullhypothese angenommen.

Die Bestimmung des Konfidenzbereichs für die Varianz folgt dem in Kap. 7.3 erläuterten Konstruktionsverfahren. Im vorliegenden Falle wird von der Wahrscheinlichkeit $1-\alpha$ ausgegangen, daß eine χ^2-verteilte Zufallsvariable im Bereich $[\chi_1^2;\chi_2^2]$ einen Wert realisiert,

$$P(\chi_1^2 \le \chi^2 \le \chi_2^2)=1-\alpha.$$

Nun wird für die Variable χ^2 der Ausdruck

$$\nu S^2/\sigma^2$$

eingesetzt, der einer χ^2-Verteilung mit $\nu=n-1$ Freiheitsgraden folgt,

$$P\left(\chi_1^2 \le \nu S^2/\sigma^2 \le \chi_2^2\right) = 1 - \alpha .$$

Die in der Klammer stehende Ungleichung läßt sich – wiederum analog zum Vorgehen in Kap. 7.3, Fußnote 13 - so umformen, daß zwischen den Ungleichheitszeichen σ^2 steht:

$$P\left(\nu S^2/\chi_2^2 \le \sigma^2 \le \nu S^2/\chi_1^2\right) = 1 - \alpha .$$

Nach Ziehung der Stichprobe gilt:

$$Konf.\left(\hat{\sigma}_u^2 \le \sigma^2 \le \hat{\sigma}_o^2\right) = 1 - \alpha , \quad \text{wobei}$$

$$\left[\hat{\sigma}_u^2 ; \hat{\sigma}_o^2\right] = \left[\nu s^2/\chi_2^2 ; \nu s^2/\chi_1^2\right].$$

In einer Stichprobe des Umfanges $n = 21$, die aus einer normalverteilten Grundgesamtheit stammt, ergibt sich für die Varianz $s^2 = 9$. Man bestimme den 90%-Konfidenzbereich für die Varianz der Grundgesamtheit.

$$\left[\hat{\sigma}_u^2 ; \hat{\sigma}_o^2\right] = [20 \cdot 9/31{,}41 ; 20 \cdot 9/10{,}85] = [5{,}7 ; 16{,}6] .$$

Eine technische Schwierigkeit besteht darin, daß die Werte für χ^2 einem umfangreicheren Tabellenwerk entnommen werden müssen.

13.3 *Kolmogoroff/Smirnow*-Ein-Stichproben-Anpassungstest

Der im Kapitel 8.3 erläuterte χ^2-Anpassungstest ist grundsätzlich auch für ordinalskalierte oder metrisch skalierte Merkmale verwendbar. Er verwertet jedoch beispielsweise nicht die Größer-Kleiner-Relation, die zwischen den Stichprobenwerten besteht. Der nach *Kolmogoroff* und *Smirnow* benannte Test berücksichtigt derartige Relationen.

Der Test ist für zwei Problemstellungen anwendbar. Im vorliegenden Kontext wird die Hypothese geprüft, daß eine Stichprobe aus einer in bestimmter Weise verteilten Grundgesamtheit stammt. Im nächsten Kapitel, das den Fall mehrerer Stichproben berücksichtigt, wird die Hypothese geprüft, daß sich zwei unabhängige Stichproben nicht wesentlich unterscheiden und somit aus einer einzigen Grundgesamtheit stammen.

Der Ein-Stichproben-Anpassungstest nutzt einen Satz, der auf *Kolmogoroff* zurückgeht; der Zwei-Stichproben-Anpassungstest ist auf einen ähnlichen Satz gegründet, der von *Smirnow* stammt. Beide Tests setzen für die Entwicklung der Prüfvariablen eine stetige Untersuchungsvariable voraus. Sie sind jedoch, wenn auch mit erforderlichen zusätzlichen Überlegungen, ebenfalls für den diskreten Fall geeignet.[3]

① Situation: Eine metrisch skalierte stetige Untersuchungsvariable X wird in einer einfachen Zufallsstichprobe des Umfanges n erhoben. Aus den Werten $x_i, i=1,\ldots,n$, wird die beobachtete (empirische) Verteilungsfunktion $F_b(x)$ bestimmt[4]. $F_b(x)$ gibt für jeden Wert x_i an, wie groß der Anteil der Stichprobenwerte ist, die höchstens so groß wie x_i sind.

Der Stichprobenbefund besteht beispielsweise aus den - bereits der Größe nach geordneten - fünf Werten 1,21, 1,34. 1,81, 2,44 und 4,35. Die beobachtete Verteilungsfunktion ist in der folgenden Tabelle enthalten:

x	1,21	1,34	1,81	2,44	4,35
p_x	0,2	0,2	0,2	0,2	0,2
$F_b(x)$	0,2	0,4	0,6	0,8	1,0

p_x bezeichnet hier die relative Häufigkeit für den Wert x.

Beispielsweise besagt $F_b(1{,}81)=0{,}6$, daß 60% der Werte in der Stichprobe höchstens so groß wie 1,81 sind.

② Hypothesen: Die Nullhypothese behauptet, daß X einer Verteilung folgt, die als algebraische Funktion vorgegeben werden kann und dessen bzw. deren explizite Parameter bekannt sind. Letztere sollen nach Möglichkeit nicht aus der Stichprobe geschätzt werden.

[3] Bei der Herleitung der Verteilung der Prüfvariablen im Falle von zwei Stichproben (siehe *Büning, H./Trenkler, G.:* Nichtparametrische statistische Methoden. Berlin/New York 1978, S. 134) kann erkannt werden, daß nur die Kenntnis über die Ordnung der Stichprobenwerte in der zusammengefügten Stichprobe erforderlich ist, so daß die *Kolmogoroff/Smirnow*-Tests zu denen gehören, die nur ordinales Meßniveau der Untersuchungsvariablen voraussetzen. Dem steht nur die Annahme der Stetigkeit hinderlich im Wege. Vgl. hierzu die Fußnote 2 im Kapitel 11. Wir schließen uns bei der gewählten Zuordnung der *Kolmogoroff/Smirnow*-Tests im Rahmen des vorliegenden Buches der überwiegend praktizierten Zuordnung an. Eine Einordnung in die Kapitel 11 und 12 wäre auch vertretbar gewesen.

[4] In der deskriptiven Statistik wird die empirische Verteilungsfunktion eines diskreten Merkmals angegeben mit

$F(t)=\sum_{i=0}^{t} p_i$, $t=0,1,\ldots,n,n+1$, wobei $p_0=0$, $p_{n+1}=0$. p_i ist die relative Häufigkeit für x_i.

Die Verteilungsfunktion $F(t)$ hat hier als Argument t, die Summationsobergrenze für die relativen Häufigkeiten. Sie unterscheidet sich nicht von der im Haupttext eingeführten Verteilungsfunktion $F_b(x)$. Bei einer stetigen Untersuchungsvariablen sollten alle beobachteten Werte x_i unterschiedlich groß sein. Dann gilt: $p_i = 1/n$ für alle i.

Von der unbekannten Verteilungsfunktion $F(x)$ wird also behauptet, daß sie für alle x der Verteilungsfunktion $F_0(x)$ entspricht,

$$H_0 : F(x) = F_0(x) \quad \text{für alle } x.$$

Die Alternativhypothese lautet für einen zweiseitigen Test:

$$H_a : F(x) \neq F_0(x) \quad \text{für mindestens ein } x.$$

Des weiteren können zwei einseitige Tests gebildet werden, wobei die Nullhypothese $F(x) \geq F_0(x)$ bzw. $F(x) \leq F_0(x)$ ist und die Alternativhypothese $F(x) < F_0(x)$ bzw. $F(x) > F_0(x)$.

③ Problem: Ein Vergleich der beobachteten Verteilungsfunktion $F_b(x)$ mit der Verteilungsfunktion $F_e(x)$, die in der Stichprobe zu erwarteten ist, wenn die Nullhypothese zutrifft, führt gewöhnlich zur Feststellung, daß sich die zwei Verteilungsfunktionen mehr oder weniger stark voneinander unterscheiden. Zu beurteilen ist, ob die Verschiedenheit dieser zwei Verteilungen unerheblich oder wesentlich ist.

④ Lösung: Die Lösung des Problems beschränken wir der Einfachheit wegen auf den zweiseitigen Test, bei dem die Hypothesen

$$H_0 : F(x) = F_0(x) \text{ und } H_a : F(x) \neq F_0(x)$$

gelten.

Von *Kolmogoroff* stammt der Vorschlag, als Prüfvariable das Konstrukt

$$D = \max_{-\infty \leq x \leq \infty} \left| F_B(x) - F_e(x) \right|$$

zu verwenden. Hierbei bezeichnet $F_B(x)$ die Stichprobenvariable von $F_b(x)$ und $F_e(x)$ die unter der Nullhypothese in der Stichprobe erwartete Verteilungsfunktion. Als deren maximaler absoluter Abstand ist die Prüfvariable D definiert.

Man kann den Wertevorrat der Zufallsvariablen $F_B(x)$ als all jene beobachteten Verteilungen von X ansehen, die sich bilden lassen, wenn die Entnahme der Stichprobe grenzenlos oft wiederholt und jedes Mal die beobachtete Verteilungsfunktion gebildet wird. Diese werden sich nicht in allen Details überdecken, sondern sie werden zufällige Unterschiede aufweisen. All diesen beobachteten Verteilungen steht eine einzige rechnerisch bestimmbare Verteilung $F_e(x)$ gegenüber, die unter der Nullhypothese zu erwarten ist.

Wenn nun d , der größte maximale absolute Abstand zwischen einer einzelnen beobachteten Verteilungsfunktion $F_b(x)$ und $F_e(x)$, sehr klein oder gar null ist, so spricht dies offensichtlich dafür, daß die Nullhypothese in Wahrheit zutrifft. Umgekehrt weist ein relativ großer Wert für d darauf hin, daß die Unterschiedlichkeit der zwei Verteilungen $F_b(x)$ und $F_e(x)$ nicht allein durch den Zufall bedingt ist. Der Wertebereich für D läßt sich somit in zwei Teile trennen. Relativ kleine Werte stützen die Nullhypothese, relativ große Werte sprechen gegen sie. Dies ist in der Abbildung 13.2 illustriert.

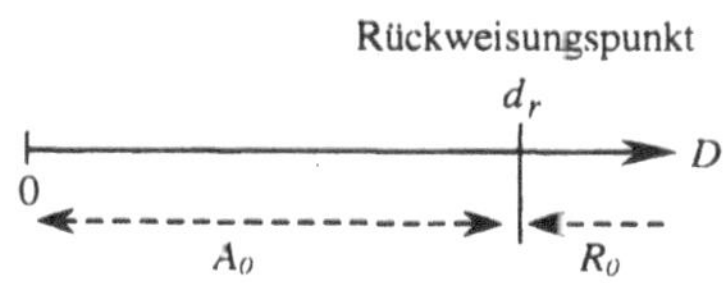

Abb. 13.2: Annahme- und Rückweisungsbereich der Prüfvariablen beim Kolmogoroff-Smirnow-Ein-Stichproben-Anpassungstest

Die Prüfvariable D vergleicht zwei Verteilungen durch die Angabe einer einzigen Zahl d . Man sollte bedenken, daß ein bestimmter Wert d mit verschiedenartigen Unterschieden zwischen den beiden Verteilungen vereinbar ist. So kann dem Wert d nicht entnommen werden, ob beide Verteilungen beispielsweise deckungsgleich und nur um eine Niveaukonstante gegeneinander verschoben sind oder ob das Niveau der Werte in beiden Verteilungen gleich ist, jedoch andere Unterschiede vorliegen, beispielsweise was die Streuung betrifft. Deshalb sollte die Anwendung des Testes mit einer visuellen Betrachtung der Befunde einher gehen.

Die praktische Bestimmung von d erfolgt so, daß für jeden realisierten Wert $x_i, i=1,\ldots,n$, der Untersuchungsvariablen die Differenz zwischen der beobachteten und der erwarteten Verteilungsfunktion festgestellt wird. Hierbei ist zu beachten, daß die beobachtete Verteilungsfunktion im Gegensatz zur theoretischen erwarteten Verteilungsfunktion, die keine Sprungstellen haben soll, wegen des endlichen Stichprobenumfanges einen Verlauf hat, der dem Bild einer Treppe ähnlich ist. Die auch für die Werte zwischen dem Stufenanfang und dem Stufenende definierte beobachtete Verteilungsfunktion hat zur theoretischen erwarteten Verteilungsfunktion gewöhnlich variierende Abstände, von denen jeweils der größte Abstand von Interesse ist. Von allen Abständen ist der absolut größte zu bestimmen. Dies ist der gesuchte Wert für d , worauf im Rahmen eines Beispiels zurückzukommen sein wird.

Der Abbildung 13.3 kann u.a. entnommen werden, daß in der Umgebung einer Sprungstelle der beobachteten Verteilungsfunktion zwei Abstände zu berechnen sind, von denen der größte u.U. der gesuchte Wert für d ist.

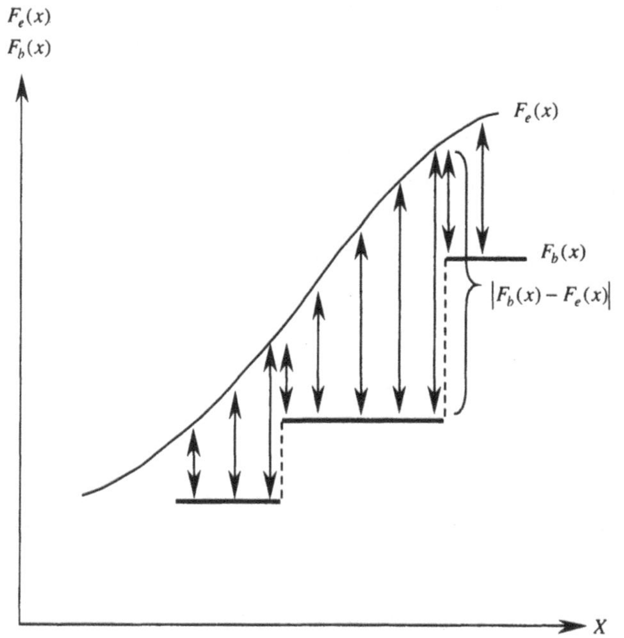

Abb. 13.3: Skizze zur praktischen Bestimmung des Wertes der Prüfvariablen beim Kolmogoroff-Smirnow-Ein-Stichproben-Anpassungstest.

Die Verteilung von D ist für eine stetige Untersuchungsvariable unter der Nullhypothese bekannt. Dies hat *Kolmogoroff* nachgewiesen, worauf wegen des aufwendigen formalen Aufwandes in einem einführenden Lehrbuch nicht eingegangen werden kann. Bemerkenswert ist die Tatsache, daß die Verteilung von D lediglich vom Stichprobenumfang n abhängt und nicht von der Verteilung der Untersuchungsvariablen. D ist also eine Prüfvariable, die nicht von der Verteilung der Grundgesamtheit geprägt ist. Sie wird deshalb als verteilungsfrei bezeichnet. In wichtigen Punkten ist die Verteilungsfunktion von D in der Tabelle Nr. 12 im Anhang tabelliert.

Zur Verwendbarkeit des Testes sind einige ergänzende Hinweise erforderlich.

Die Verteilung von D ist exakt bei einer stetigen Verteilung der Untersuchungsvariablen. Der Test kann auch bei gruppierten bzw. diskreten metrisch skalierten Werten verwendet werden, wenn der Stichprobenumfang nicht zu klein ist, $n > 20$, und die Anzahl der Klassen bzw. unterschiedlichen diskreten Werte größer als 5 ist. Gleichwohl besteht die Tendenz, daß der Test konservativ ist, also relativ häufig die Nullhypothese nicht verwirft.

Wenn die Nullhypothese nur teilweise spezifiziert ist, d.h. wenn nur der Verteilungstyp und nicht der bzw. die konkreten expliziten Parameter Gegenstand der Hypothese sind, sollte der Test nicht verwendet werden. Für den Fall, daß eine nicht vollständig spezifizierte Nullhypothese die Normalverteilung oder die Exponentialverteilung betrifft, werden die expliziten Parameter unter Verwendung der Stichprobenwerte geschätzt, und der Test sollte nur unter Berücksichtigung einer geeignet modifizierten Prüfvariablen durchgeführt werden, die der spezielleren Literatur entnommen werden kann.

In einer Untersuchung soll die Behauptung geprüft werden, daß Farbige keine Präferenz für bestimmte Helligkeitsabstufungen der Haut besitzen. Hierzu werden dreißig farbige Versuchspersonen ausgewählt, und von jeder Person werden sechs Photos angefertigt. Die Photos unterscheiden sich lediglich in den Helligkeitsabstufungen der Haut. Jede Person wird nun gebeten, von den eigenen sechs Photos das sympathischste auszuwählen. In der weiter unten stehenden Übersicht sind die Häufigkeiten enthalten, mit denen die dreißig Personen die verschiedenen Helligkeitsabstufungen auswählen. Die Klasse Nr. 1 enthält die Photos mit der am dunkelsten wirkenden Haut.

Da die Hypothese besagt, daß für die Helligkeitsabstufung keine besondere Präferenz besteht, müßten in der Grundgesamtheit die Wahrscheinlichkeitsdichten für die unterschiedlichen Helligkeitsabstufungen alle gleich groß sein, so daß die Untersuchungsvariable – idealisiert - einer Rechteckverteilung folgt. Der Graph der Verteilungsfunktion wird dann durch eine im Bereich 0 bis 6 mit positiver Steigung verlaufende Gerade dargestellt. Für die Klassenobergrenzen, die hier für die Bestimmung von d ausschlaggebend sind, kann die Nullhypothese formuliert werden als

$$H_0 : F(x) = \sum_{i=1}^{x} P(i), \quad P(i) = 1/6 = 0{,}167 \quad \text{für alle } i, \quad x = 1, \ldots, 6 .$$

In diesem Beispiel sind die sechs Klassen der Helligkeitsabstufungen durch das Symbol i numeriert, wobei die Summationsobergrenze x ist.

Als größter Wert der absoluten Differenz kann $d = 0{,}333$ bzw. $d = 0{,}334$ festgestellt werden. Bei einem Signifikanzniveau in Höhe von 10% zweiseitig liegt der Rückweisungspunkt im Wert $d_r = 0{,}218$, so daß die Nullhypothese zu verwerfen ist. Widerlegt ist also die Behauptung, daß Farbige keine Präferenz für die Helligkeit der Haut besitzen.

i	1	2	3	4	5	6
beobachtete absolute Häufigkeit	2	3	5	5	6	9
beobachtete relative Häufigkeit	0,067	0,1	0,167	0,167	0,2	0,3
$F_b(x)$	0,067	0,167	0,334	0,5	0,7	1
erwartete relative Häufigkeit	0,167	0,167	0,167	0,167	0,167	0,167
$F_e(x)$	0,167	0,334	0,5	0,667	0,834	1
$\|F_b(x)-F_e(x)\|$	0,1	0,167	0,167	0,167	0,134	0
$\|F_b(x-1)-F_e(x)\|$	0,167	0,267	0,333	0,333	0,334	0,3

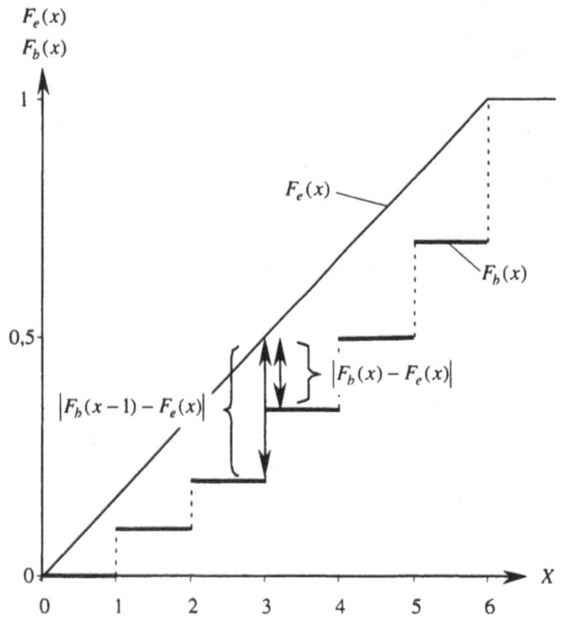

Abb. 13.4: Skizze zum Beispiel eines Kolmogoroff-Smirnow-Ein-Stichproben-Anpassungstestes

13.4 Softwarelösungen

Test und Schätzen des arithmetischen Mittels. Da beim Testen und Schätzen des arithmetischen Mittels (unabhängig vom Umfang der Stichprobe) nur einfache arithmetische Operationen erforderlich sind, ist der Software-Einsatz entbehrlich. Beim Testen ist bei der Berechnung der exakten Signifikanz eines beobachteten Stichprobenmitels allerdings die Excel-Funktion TVERT hilfreich, wie der Rückgriff auf das Beispiel aus Abschnitt 13.1 zeigt. Dort ergibt sich als Stichprobenmitelwert der Wert 13,26 bei einer Standardabweichung von 3,33 (t-Wert 1,00).

Die Nutzung der Excel-Funktion TVERT erlaubt, die Wahrscheinlichkeit dafür zu bestimmen, daß der Wert $t = 1$ überschritten wird. Der Vergleich mit dem vorgegebenen Signifikanzniveau ermöglicht dann die Testentscheidung. Gleichwohl kann für die Bestimmung des Schätzintervalls SPSS eingesetzt werden, wie das letzte Beispiel aus Abschnitt 13.1 zeigt

1. Öffnen der Datei K1301.SAV, in der sich die Ausgangsdaten in Spalte 1 befinden.
2. Wählen von ANALYSIEREN/MITTELWERTE VERGLEICHEN/T-TEST BEI EINER STICHPROBE...
3. Übertragen der Variablen var00001 in den Bereich TESTVARIABLE(N):
4. Anklicken der Schaltfläche OPTIONEN.
5. Eingabe des Wertes 90 bei KONFIDENZINTERVALL.
6. Anklicken von WEITER.
7. Anklicken von OK.

SPSS erzeugt jetzt die folgende Ausgabe:

Test bei einer Sichprobe

	Testwert = 0					
					90% Konfidenzintervall der Differenz	
	T	df	Sig. (2-seitig)	Mittlere Differenz	Untere	Obere
VAR00001	10,530	6	,000	13,2571	10,8106	15,7037

Man erkennt unter der Überschrift 90% Konfidenzintervall der Differenz die Grenzen des Vertrauensintervalls, die auch im Abschnitt 13.1 berechnet sind.

Testen und Schätzen der Varianz. Hier gilt entsprechendes wie im vorangegangenen Abschnitt mit dem Unterschied, daß nun gegebenenfalls auf die Excel-Funktion CHIVERT zurückgegriffen werden kann. SPSS-Prozeduren können für diese Aufgabe nicht zur Verfügung gestellt werden.

***Kolmogoroff/Smirnow*-Ein-Stichproben-Anpassungstest.** Dieser Test kann mit SPSS durchgeführt werden, wie der Rückgriff auf das zweite Beispiel aus Abschnitt 13.3 zeigt. Die Ausgangsdaten befinden sich in der SPSS-Datei K1302.SAV (in Spalte 1 stehen die Nummern der Helligkeitsabstufungen, in Spalte 2 die beobachteten Häufigkeiten). Die folgenden Arbeitsschritte sind nun erforderlich:

1. Öffnen der Datei K1302.SAV, falls die Ausgangsdaten nicht selbst eingegeben werden.
2. Wählen von DATEN/FÄLLE GEWICHTEN...
3. Anklicken bei FÄLLE GEWICHTEN MIT.

4. Übertragen der Variablen anzahl in den Bereich HÄUFIGKEITSVARIABLE: und Anklicken von OK.
5. Wählen von ANALYSIEREN/NICHTPARAMETRISCHE TESTS/K-S BEI EINER STICHPROBE...
6. Übertragen der Variablen klasse in den Bereich TESTVARIABLEN:
7. Anklicken bei GLEICHVERT im Bereich TESTVERTEILUNG und Entfernen des Häkchens bei NORMAL durch Anklicken.
8. Anklicken von OK.

SPSS erzeugt jetzt ausschnittsweise die folgenden Ergebnisse:

Kolmogorov-Smirnov-Anpassungstest

	KLASSE
N	30
Asymptotische Signifikanz (2-seitig)	,009

a. Die zu testende Verteilung ist eine Gleichverteilung.

Man erkennt, daß bei einem Signifikanzniveau von 10% die zu prüfende Nullhypothese verworfen werden muß.

14 Testen einer metrischen Untersuchungsvariablen im Falle mehrerer Stichproben

Im folgenden Kapitel werden zunächst Tests für eine metrisch skalierte Untersuchungsvariable erörtert, die in zwei unabhängigen oder auch verbundenen Stichproben erhoben ist. Die Tests betreffen erneut eine der wichtigsten Maßzahlen, das arithmetische Mittel. Der Varianzquotiententest für den Vergleich zweier Varianzen schließt sich an. Seine Bedeutung erweist sich bereits in diesem Kapitel im Kontext der Varianzanalyse, die sich mit dem Vergleich der Mittelwerte aus mehreren Stichproben auseinandersetzt. Der Varianzquotiententest wird später im Rahmen der Regressionsanalyse ebenfalls von Nutzen sein. Des weiteren enthält das vorliegende Kapitel den *Kolmogoroff/Smirnow*-Zwei-Stichproben-Anpassungstest, der dem Ein-Stichprobentest vom Kap. 13.3 äußerlich sehr ähnlich ist.

14.1 Test für zwei Mittelwerte aus zwei unabhängigen Stichproben

Bei Tests für zwei arithmetische Mittelwerte ist darauf zu achten, ob die Stichproben unabhängig voneinander sind oder nicht. Wir gehen zunächst davon aus, daß zwei unabhängige Stichproben vorliegen. Des weiteren werden die Tests danach differenziert, ob sie für zwei große Stichprobenumfänge gelten, bei denen jeweils mehr als 30 Werte erhoben sind. Der Vorteil der für große Stichproben geeigneten Verfahren liegt erneut darin, daß sie ohne die Annahme auskommen, daß die Untersuchungsvariable in den Grundgesamtheiten normalverteilt ist. Ihr Nachteil ist, daß ihre Resultate dann nur approximativ gültig sind.

Testen bei großem Stichprobenumfang. Den im folgenden dargestellten Test bezeichnen wir als „Test bei großem Stichprobenumfang“. Er ist bei einer normalverteilten Untersuchungsvariablen, deren Varianzen in den zwei Grundgesamtheiten bekannt sind, ein exaktes Testverfahren. Falls die Grundgesamtheiten nicht normalverteilt sind, kann dieser Test ebenfalls verwendet werden; er ist dann allerdings nur approximativ gültig. Bei unbekannten Grundgesamtheitsvarianzen und normalverteilten Grundgesamtheiten liefert dieser Test ebenfalls approximativ gültige Resultate. Wenn die Varianzen in den beiden normalverteilten Grundgesamtheiten zwar unbekannt, jedoch gleich groß sind, kann ein weiter unten erläuterter exakter t-Test verwendet werden. Dies faßt die folgende Tabelle zusammen.

Bei großem Stichprobenumfang gilt:

Varianzen in den zwei Grundgesamtheiten / Verteilungen in den zwei Grundgesamtheiten	bekannt	nicht bekannt
Normalverteilung	Test bei großem Stichprobenumfang ist exakt	Test bei großem Stichprobenumfang ist approximativ gültig t -Test für die Differenz von zwei arithmetischen Mitteln ist exakt; Gleichheit der Grundgesamtheitsvarianzen ist vorausgesetzt
keine Normalverteilung	Test bei großem Stichprobenumfang ist approximativ gültig	

① Situation: Eine metrisch skalierte Untersuchungsvariable X wird in zwei unabhängigen Zufallsstichproben der Umfänge $n_1 > 30$ und $n_2 > 30$ erhoben. Aus den n_1 bzw. n_2 Einzelwerten werden die arithmetischen Mittel $\bar{x}_1$ bzw. $\bar{x}_2$ berechnet. Die Werte für die Streuungen s_1 und s_2 müssen bestimmt werden, wenn die Grundgesamtheitsvarianzen nicht bekannt sind.

② Hypothesen: Die Null- und Alternativhypothese betreffen die Differenz δ zwischen den arithmetischen Mittelwerten μ_1 und μ_2 der Grundgesamtheiten, etwa in der Form

$$H_0 : \mu_1 - \mu_2 = \delta_0 , \quad H_a : \mu_1 - \mu_2 \neq \delta_0 .$$

③ Problem: Der Unterschied zwischen den zwei Mittelwerten der Stichproben, $d_{\bar{x}} = \bar{x}_1 - \bar{x}_2$, wird sich vom Unterschied δ_0, der in der Nullhypothese behauptet wird, unterscheiden. Die Frage ist, ob die Verschiedenheit der zwei Differenzen wesentlich ist oder in den Grenzen liegt, die durch den Zufall gesetzt sind.

④ Lösung: Als Prüfvariable eignet sich die Mittelwertdifferenzenvariable $D_{\bar{X}} = \bar{X}_1 - \bar{X}_2$, weil ihre Stichprobenrealisation $d_{\bar{x}} = \bar{x}_1 - \bar{x}_2$ die Nullhypothese stützen oder widerlegen kann. Geringe Unterschiede zwischen $d_{\bar{x}}$ und δ_0 stützen die Nullhypothese, große Unterschiede sprechen gegen sie. Der Wertebereich von $D_{\bar{X}}$ kann also in den Annahme- und Rückweisungsbereich getrennt werden.

Des weiteren ist die Verteilung von $D_{\bar{X}}$ bekannt (siehe auch die zusammenfassende Tabelle in Kap. 5.4). $D_{\bar{X}}$ folgt einer Normalverteilung, weil sämtliche Stichprobenvariablen bei zwei normalverteilten Grundgesamtheiten $N(\mu_1;\sigma_1)$ und $N(\mu_2;\sigma_2)$ normalverteilt sind. Deshalb sind die Verteilungen von $\overline{X}_1$ sowie $\overline{X}_2$ verteilt nach $N\left(\mu_1;\sigma_1/\sqrt{n_1}\right)$ bzw. $N\left(\mu_2;\sigma_2/\sqrt{n_2}\right)$. Somit ist die Mittelwertdifferenzenvariable $D_{\overline{X}}$ verteilt nach

$$N\left(\mu_1-\mu_2;\sqrt{\sigma_1{}^2/n_1+\sigma_2{}^2/n_2}\right).$$

Sie folgt unter der Nullhypothese also der Verteilung

$$N\left(\delta_0;\sqrt{\sigma_1{}^2/n_1+\sigma_2{}^2/n_2}\right).$$

Wenn die Grundgesamtheitsvarianzen nicht bekannt sind, müssen sie durch die Varianzen in den Stichproben erwartungstreu geschätzt werden.

Dem Vorgehen im Kap. 6.2, 3. Schritt entsprechend, können als Rückweisungspunkte festgestellt werden

$$d_{\bar{x}r_{1,2}}=\delta_0+k_{r_{1,2}}\sqrt{\sigma_1{}^2/n_1+\sigma_2{}^2/n_2}\ ,$$

wobei $P\left(K\le k_{r_1}\right)=\alpha/2$ und $P\left(K\ge k_{r_2}\right)=\alpha/2$.

In einem Betrieb ergibt eine Überprüfung bei 40 zufällig ausgewählten Mitarbeitern, daß sie im Durchschnitt an 6 Tagen pro Jahr fehlen. Die Standardabweichung beträgt 3 Tage. In einem anderen vergleichbaren Betrieb ergibt eine Überprüfung bei 50 ausgewählten Personen eine durchschnittliche Fehlzeit von 5 Tagen pro Jahr bei einer Standardabweichung von 2,5 Tagen. Läßt sich die beobachtete Differenz der durchschnittlichen Fehlzeiten auf zufällige Einflüsse zurückführen (Signifikanzniveau 10% zweiseitig)?

Zu prüfen ist die Homogenitätshypothese bezüglich der Mittelwerte, $H_0:\delta_0=0$. In den unabhängigen Stichproben wird festgestellt:

$$n_1=40,\quad \bar{x}_1=6,\quad s_1=3;\quad n_2=50,\quad \bar{x}_2=5,\quad s_2=2{,}5.$$

Die Frage ist, ob $d_{\bar{x}}=6-5=1$ im Annahme- oder Rückweisungsbereich von $D_{\overline{X}}$ liegt.

$$d_{\bar{x}r_{1,2}}=0\mp 1{,}645\sqrt{9/40+6{,}25/50}=\mp 0{,}974\ ,$$

so daß die Nullhypothese zu verwerfen ist.

t-Test bei kleinem Stichprobenumfang. Bei beliebigem Stichprobenumfang, somit insbesondere bei kleinem Stichprobenumfang, läßt sich die Differenz zwischen den arithmetischen Mitteln zweier Stichproben nur exakt beurteilen, wenn die Grundgesamtheiten normalverteilt sind und die Grundgesamtheitsvarianzen bekannt sind oder gleich groß sind. Bei bekannten Grundgesamtheitsvarianzen ist der weiter vorn dargestellte Test exakt. Bei gleich großen Grundgesamtheitsvarianzen kann ein t-Test verwendet werden, der Gegenstand der weiter unten folgenden Betrachtungen ist.

Bei kleinem Stichprobenumfang und nicht normalverteilten Grundgesamtheiten sollte auf ein Verfahren ausgewichen werden, das diese Voraussetzung nicht benötigt (siehe Kap. 12). Wenn davon auszugehen ist, daß die Grundgesamtheiten zwar normalverteilt, ihre Varianzen jedoch nicht bekannt und insbesondere nicht gleich groß sind ist, kann bei kleinem Stichprobenumfang weder der weiter oben behandelte noch der später folgende t-Test verwendet werden. Dies faßt die folgende Tabelle zusammen.

Bei kleinem Stichprobenumfang gilt:

Varianzen in den zwei Grundgesamtheiten / Verteilungen in den zwei Grundgesamtheiten	bekannt	nicht bekannt, Varianzen sind jedoch gleich groß	nicht bekannt
Normalverteilung	Test bei großem Stichprobenumfang ist exakt	t-Test für die Differenz von zwei arithmetischen Mitteln ist exakt	Es existiert kein exaktes Verfahren[1], das die vorliegende Information über zwei normalverteilte Grundgesamtheiten ausnutzt
keine Normalverteilung	Ausweichen auf ein Verfahren, das die Voraussetzung der Normalverteilung nicht hat und auch für den kleinen Stichprobenumfang konzipiert ist		

① <u>Situation</u>: Eine metrisch skalierte Untersuchungsvariable X wird in zwei unabhängigen und beliebig großen Zufallsstichproben erhoben, die den in den Streuungen gleichen normalverteilten Grundgesamtheiten $N(\mu_1;\sigma)$ und $N(\mu_2;\sigma)$ entnommen werden. Aus den n_1 bzw. n_2 Einzelwerten werden die arithmetischen Mittel $\bar{x}_1$ bzw. $\bar{x}_2$ berechnet sowie die erwartungstreuen Streuungen s_1 bzw. s_2.

[1] Ein approximatives Verfahren ist als *Welch*-Test bekannt und kann der spezielleren Literatur entnommen werden.

② Hypothesen: Die Null- und Alternativhypothese betreffen wieder die Differenz δ zwischen den arithmetischen Mittelwerten μ_1 und μ_2 der Grundgesamtheiten, etwa in der Form

$H_0 : \mu_1 - \mu_2 = \delta_0, \quad H_a : \mu_1 - \mu_2 \neq \delta_0.$

③ Problem: Der zwischen $d_{\bar{x}}$ und δ_0 festgestellte Unterschied ist zu beurteilen.

④ Lösung: Als Prüfvariable eignet sich das Konstrukt

$$\frac{D_{\bar{X}} - \delta_0}{\sqrt{(n_1 - 1)S_1^2 + (n_2 - 1)S_2^2}} \cdot \sqrt{\frac{n_1 n_2 (n_1 + n_2 - 2)}{n_1 + n_2}}.$$

$D_{\bar{X}} = \bar{X}_1 - \bar{X}_2$ ist die Mittelwertdifferenzenvariable und S_1^2 bzw. S_1^2 die zu den Varianzen in den Stichproben gehörenden Stichprobenvariablen.

Obiges Konstrukt realisiert einen verhältnismäßig großen Absolutwert, wenn der Befund in der Stichprobe gegen die Nullhypothese spricht. Umgekehrt weist ein relativ kleiner Wert darauf hin, daß die Nullhypothese zutreffen könnte.

Des weiteren ist die Verteilung des Konstruktes bekannt, wie eine zum Vorgehen im Kap.13.1 ähnliche „*Student*isierung" ergibt[2]. Die Prüfvariable ist unter der Nullhypothese t-verteilt mit $\nu = n_1 + n_2 - 2$ Freiheitsgraden.

---

[2] $D_{\bar{X}}$ folgt der Verteilung $N\left(\delta_0; \sigma\sqrt{1/n_1 + 1/n_2}\right)$, so daß sich die Standardnormalvariable

$K = \dfrac{D_{\bar{X}} - \delta_0}{\sigma\sqrt{1/n_1 + 1/n_2}}$ bilden läßt. Gemäß der Fußnote 15 im Kap. 5.4 gilt, daß

$\chi_1^2 = \nu_1 S_1^2 / \sigma^2, \quad \nu_1 = n_1 - 1,$ und daß $\chi_2^2 = \nu_2 S_2^2 / \sigma^2, \quad \nu_2 = n_2 - 1.$

Da $\chi_1^2 + \chi_1^2 = \chi^2, \nu = \nu_1 + \nu_2$, ergibt sich $\chi^2 = \left(\nu_1 S_1^2 + \nu_2 S_2^2\right)/\sigma^2, \nu = n_1 + n_2 - 2$, und somit

$\sqrt{\chi^2/\nu} = \dfrac{1}{\sigma}\sqrt{\left(\nu_1 S_1^2 + \nu_2 S_2^2\right)/\nu}, \; \nu = n_1 + n_2 - 2.$

Nach Einsetzen in den Zähler und Nenner der t-Variablen (siehe Kap. 4.4), $t = K\Big/\sqrt{\chi^2/\nu}$, ergibt sich

$$t = \frac{\dfrac{D_{\bar{X}} - \delta_0}{\sigma\sqrt{1/n_1 + 1/n_2}}}{\dfrac{1}{\sigma}\sqrt{\left(\nu_1 S_1^2 + \nu_2 S_2^2\right)/\nu}} = \frac{D_{\bar{X}} - \delta_0}{\sqrt{\left(\nu_1 S_1^2 + \nu_2 S_2^2\right)}}\sqrt{\frac{\nu}{1/n_1 + 1/n_2}}$$

$$= \frac{D_{\bar{X}} - \delta_0}{\sqrt{\left(\nu_1 S_1^2 + \nu_2 S_2^2\right)}}\sqrt{\frac{\nu}{\dfrac{n_1 + n_2}{n_1 n_2}}} = \frac{D_{\bar{X}} - \delta_0}{\sqrt{\left(\nu_1 S_1^2 + \nu_2 S_2^2\right)}}\sqrt{\frac{\nu n_1 n_2}{n_1 + n_2}},$$

was mit dem im Haupttext angegebenen Konstrukt übereinstimmt.

Vier und fünf zufällig ausgewählte Schüler bilden zwei Gruppen, die jeweils durch eine unterschiedliche Unterrichtung auf die Lösung spezifischer Probleme vorbereitet werden. Nach Abschluß der Unterrichtung müssen alle Schüler jeweils 30 Probleme bearbeiten. In der folgenden Übersicht ist die Anzahl der Probleme enthalten, die von jedem Schüler gelöst worden ist.

Anzahl der gelösten Probleme in Gruppe 1	13	15	17	18	
Anzahl der gelösten Probleme in Gruppe 2	14	16	18	22	23

Die Frage ist, ob die verschiedenartige Unterrichtung in den beiden Gruppen der Grund dafür ist, daß in der zweiten Gruppe im Durchschnitt mehr Aufgaben gelöst werden konnten (5% Signifikanzniveau einseitig).

Aus den Daten

$$n_1 = 4, \quad \bar{x}_1 = 15{,}75, \quad s_1^2 = 4{,}92; \quad n_2 = 5, \quad \bar{x}_2 = 18{,}6, \quad s_2^2 = 14{,}8$$

kann als Stichprobenrealisation der Prüfvariablen der Wert

$$t = \frac{18{,}6 - 15{,}75}{\sqrt{3 \cdot 4{,}92 + 4 \cdot 14{,}8}} \sqrt{\frac{(4+5-2)4 \cdot 5}{4+5}} = 1{,}31$$

berechnet werden. Der Rückweisungspunkt liegt bei 5% Signifikanzniveau einseitig und $\nu = 4 + 5 - 2 = 7$ Freiheitsgraden für die Prüfvariable im Wert $t_r = 1{,}89$, so daß die Nullhypothese angenommen wird. Die Beobachtung also, daß in der zweiten Gruppe im Durchschnitt pro Schüler fast drei Aufgaben mehr gelöst wurden als in der ersten Gruppe, widerlegt nicht die Behauptung, daß die Unterrichtsmethode zu keinem Unterschied in der durchschnittlichen Anzahl der gelösten Aufgaben führt.

14.2 Test für zwei Mittelwerte aus zwei verbundenen Stichproben

Im folgenden wird die interessierende Untersuchungsvariable X an n zufällig ausgewählten Einheiten jeweils zweimal erhoben, einmal unter den Bedingungen der Stichprobe Nr. 1 und einmal unter denen der Stichprobe Nr. 2. Für jede statistische Einheit liegt somit ein Meßwertpaar

$$(x_{1i}, x_{2i}), \quad i = 1, \ldots, n,$$

vor. Der erste Index von x bezeichnet die Nr. der Stichprobe, der zweite den Merkmalsträger.

Aus den Werten $x_{1i}, i=1,\ldots,n,$ wird das arithmetische Mittel $\bar{x}_1$ gebildet und aus den Werten $x_{2i}, i=1,\ldots,n,$ das arithmetische Mittel $\bar{x}_2$. Von Interesse ist die Differenz $\bar{x}_1 - \bar{x}_2$. Für einen Test dieser Differenz ist die Bildung einer Mittelwertdifferenzenvariablen nicht weiterführend, weil ihre Verteilung im Falle von zwei verbundenen Stichproben nicht ohne weiteres bestimmt werden kann.

Eine einfache Überlegung überwindet das Problem: Die n unabhängigen Meßwertpaare (x_{1i}, x_{2i}) können als eine einzige gezogene Zufallsstichprobe angesehen werden. Aus den Paaren (x_{1i}, x_{2i}) können n Paardifferenzen $d_i = x_{1i} - x_{2i}$ gebildet werden. Ihr arithmetischer Mittelwert ist $\bar{d} = 1/n \sum_{i=1}^{n} d_i$. Er entspricht gerade der interessierenden Differenz der Mittelwerte,

$$\bar{d} = 1/n \sum_{i=1}^{n} d_i = 1/n \sum_{i=1}^{n} (x_{1i} - x_{2i}) = 1/n \sum_{i=1}^{n} x_{1i} - 1/n \sum_{i=1}^{n} x_{2i} = \bar{x}_1 - \bar{x}_2 .$$

Somit kann das Problem der Prüfung des Unterschiedes von zwei arithmetischen Mittelwerten, die aus zwei verbundenen Stichproben stammen, als Problem des Ein-Stichproben-Falles des Kapitels 13.1 aufgefaßt werden. Grundsätzlich tritt lediglich an die Stelle von $\bar{X}$ die zu $\bar{d}$ gehörende Stichprobenvariable $\bar{D}$.

Testen bei großem Stichprobenumfang. Für die Entwicklung eines Testes bei großem Stichprobenumfang müssen die obigen Grundüberlegungen und die Ausführungen im Kapitel 13.1 nur noch kombiniert werden. An die Stelle der in Kap. 13.1 betrachteten Verteilung der Untersuchungsvariablen in der Grundgesamtheit tritt jetzt die Verteilung der Paardifferenzen der Untersuchungsvariablen in der Grundgesamtheit. Und an die Stelle der Varianz der Untersuchungsvariablen in der Grundgesamtheit tritt die Varianz der Paardifferenzen der Untersuchungsvariablen in der Grundgesamtheit. Insbesondere tritt an die Stelle des arithmetischen Mittelwertes der Untersuchungsvariablen das arithmetische Mittel von Paardifferenzen, das der interessierenden Differenz zwischen den zwei Mittelwerten aus den verbundenen Stichproben entspricht, wie weiter oben begründet ist. Aus dem Kap. 13.1 kann somit übernommen werden:

Bei großem Stichprobenumfang gilt:

Varianz in der Grundgesamtheit / Verteilung in der Grundgesamtheit	bekannt	nicht bekannt
Normalverteilung	Test bei großem Stichprobenumfang ist exakt	Test bei großem Stichprobenumfang ist approximativ gültig t -Test für das arithmetische Mittel ist exakt
keine Normalverteilung	Test bei großem Stichprobenumfang ist approximativ gültig	

Der Test für zwei Mittelwerte aus zwei verbundenen großen Stichproben kann wie folgt angegeben werden:

① <u>Situation</u>: In zwei verbundenen (abhängigen) Stichproben, deren gleich große Umfänge nicht kleiner als 30 sein sollten, werden die Meßwertpaare $(x_{1i}, x_{2i}), i = 1, \ldots, n,$ der metrisch skalierten Untersuchungsvariablen X erhoben. Hierbei bezeichnet x_{1i} den an der statistischen Einheit i in der Stichprobe Nr. 1 erhobenen Wert von X. Entsprechendes gilt für x_{2i}. Aus den Paardifferenzen $d_i = x_{1i} - x_{2i}, i = 1, \ldots, n,$ wird der Mittelwert

$\bar{d} = 1/n \sum_{i=1}^{n} d_i = \bar{x}_1 - \bar{x}_2$ berechnet sowie die Varianz

$$s_d{}^2 = 1/(n-1) \sum_{i=1}^{n} (d_i - \bar{d})^2 .$$

Letzteres ist entbehrlich, wenn die Varianz in der Grundgesamtheit bekannt ist.

② <u>Hypothesen</u>: Die Null- und Alternativhypothese betreffen den arithmetischen Mittelwert δ der Paardifferenzen in der Grundgesamtheit, etwa in der Form

$$H_0 : \delta = \delta_0, \quad H_a : \delta \neq \delta_0 .$$

③ <u>Problem</u>: Zwischen $\bar{d}$ und δ_0 besteht gewöhnlich eine mehr oder weniger ausgeprägte Ungleichheit, die zu beurteilen ist.

④ <u>Lösung</u>: Als Prüfvariable eignet sich der Mittelwert der Paardifferenzen $\bar{D}$, weil die Stichprobenrealisation $\bar{d}$ die Nullhypothese stützen oder widerlegen kann. Des weiteren ist die Verteilung von $\bar{D}$ bekannt. Wie jede andere Mittelwertvariable auch, folgt $\bar{D}$ unter der Nullhypothese bei normalverteilter Grundgesamtheit exakt und ansonsten approximativ der Verteilung $N(\delta_0;\sigma_d/\sqrt{n})$. Falls σ_d, die Standardabweichung der Paardifferenzen in der Grundgesamtheit, unbekannt ist, sollte der Wert erwartungstreu über $s_d{}^2$ geschätzt werden.

t-Test bei kleinem Stichprobenumfang. Aus dem Kap. 13.1 können die im Zusammenhang der Prüfung des arithmetischen Mittels bei kleinem Stichprobenumfang nötigen Überlegungen übernommen werden.

Bei kleinem Stichprobenumfang gilt:

Varianz in der Grundgesamtheit / Verteilung in der Grundgesamtheit	bekannt	nicht bekannt
Normalverteilung	Test bei großem Stichprobenumfang ist exakt	t-Test für das arithmetische Mittel ist exakt
keine Normalverteilung	Ausweichen auf ein Verfahren, das die Voraussetzung der Normalverteilung nicht hat und auch für den kleinen Stichprobenumfang konzipiert ist	

Der exakte t-Test hat das folgende Muster:

① Situation: In zwei verbundenen (abhängigen) Stichproben gleichen Umfanges werden die Meßwertpaare $(x_{1i}, x_{2i}), i = 1,\ldots,n,$ der metrisch skalierten Untersuchungsvariablen X erhoben. Hierbei bezeichnet x_{1i} den an der statistischen Einheit i in der Stichprobe Nr. 1 erhobenen Wert von X. Entsprechendes gilt für x_{2i}. Aus den Paardifferenzen

$d_i = x_{1i} - x_{2i}, i = 1,\ldots,n,$ wird der Mittelwert $\bar{d} = 1/n \sum_{i=1}^{n} d_i = \bar{x}_1 - \bar{x}_2$ berechnet sowie die Varianz $s_d{}^2 = 1/(n-1)\sum_{i=1}^{n}(d_i - \bar{d})^2$. Die Paardifferenzen stammen aus einer Grundgesamtheit, die nach $N(\delta;\sigma_d)$ verteilt ist.

② Hypothesen: Die Null- und Alternativhypothese betreffen den arithmetischen Mittelwert δ der Paardifferenzen in der Grundgesamtheit, etwa in der Form

$H_0 : \delta = \delta_0, \quad H_a : \delta \neq \delta_0.$

③ Problem: Zwischen $\bar{d}$ und δ_0 besteht gewöhnlich eine mehr oder weniger ausgeprägte Ungleichheit, die zu beurteilen ist.

④ Lösung: Als Prüfvariable eignet sich

$$\frac{\overline{D}-\delta_0}{S_d/\sqrt{n}},$$

was analog zum Kap. 13.1 begründet werden kann. S_d bezeichnet die Stichprobenvariable der Standardabweichung der Paardifferenzen.

Die Prüfvariable folgt unter der Nullhypothese einer t-Verteilung mit $\nu = n-1$ Freiheitsgraden.

Jedem der sechs Probanden wird ein Schlafmittel A gegeben. Gemessen wird die Schlafverlängerung. Nach einigen Tagen wird jedem Probanden ein anderes Schlafmittel B gegeben. Wiederum wird die Schlafverlängerung gemessen.

Proband i	1	2	3	4	5	6
Schlafverlängerung wegen A	1,0	1,5	0,5	0,9	1,2	1,7
Schlafverlängerung wegen B	1,5	1,8	0,9	0,1	1,1	2,1

Besteht zwischen der durchschnittlichen Wirkung der Schlafmittel ein wesentlicher Unterschied? (2,5% Signifikanzniveau, einseitig)

Den Daten kann entnommen werden:

$$n=6, \quad \overline{x}_1 = 1{,}13, \quad \overline{x}_2 = 1{,}25, \quad s_d = 0{,}497\,.$$

Zu prüfen ist die Nullhypothese, die behauptet, daß zwischen den Mitteln A und B kein Unterschied hinsichtlich der durchschnittlichen Schlafverlängerung besteht. In der Stichprobe hat sich ein Unterschied in Höhe von $\overline{d} = 1{,}25 - 1{,}13 = 0{,}12$ ergeben. Die Prüfvariable realisiert den Wert $\frac{0{,}12}{0{,}497/\sqrt{6}} = 0{,}59$. Dieser Wert liegt im Annahmebereich, da der Rückweisungspunkt im Wert $t_r = 2{,}57$ liegt. Die Unterschiede der Stichprobenmittelwerte können somit nicht als Begründung für die Behauptung herangezogen werden, daß das Mittel B tatsächlich wirksamer ist als das Mittel A.

14.3 Varianzquotiententest für zwei Varianzen aus zwei unabhängigen Stichproben

Die Prüfung des Unterschiedes zweier Varianzen aus zwei Stichproben begrenzen wir auf den Fall der unabhängigen Stichproben. Zumeist ist nicht sehr wichtig zu erfahren, ob ein derartiger Unterschied als zufällig zustande gekommen bewertet werden kann, oder ob es hierfür einen wesentlichen Grund gibt. Es wird sich aber erweisen, daß die Beurteilung des Unterschiedes zweier Varianzen aus zwei Stichproben im Zusammenhang eines sehr wichtigen Modells, dem der Varianzanalyse und der Regressionsanalyse, von ausschlaggebender Bedeutung ist.

① <u>Situation</u>: Eine metrisch skalierte Untersuchungsvariable X wird in zwei unabhängigen und beliebig großen Zufallsstichproben der Umfänge n_1 und n_2 aus normalverteilten Grundgesamtheiten $N(\mu_1;\sigma_1)$ und $N(\mu_2;\sigma_2)$ erhoben. Aus den n_1 bzw. n_2 Einzelwerten werden die erwartungstreuen Varianzen s_1^2 bzw. s_2^2 berechnet.

② <u>Hypothesen</u>: Die Null- und Alternativhypothese betreffen die Varianzen σ_1^2 und σ_2^2 der Grundgesamtheiten. Beispielsweise besagt die Nullhypothese, daß beide Grundgesamtheiten eine gleiche Streuung haben,

$$H_0 : \sigma_1^2 = \sigma_2^2 .$$

Eine mögliche Alternativhypothese ist

$$H_a : \sigma_1^2 > \sigma_2^2 .$$

③ <u>Problem</u>: Die zwei Stichprobenvarianzen unterscheiden sich gewöhnlich voneinander, so daß sich die Frage stellt, ob die beiden Varianzen in den Grundgesamtheiten tatsächlich gleich groß sind.

④ <u>Lösung</u>: Als Prüfvariable wird der Varianzquotient S_1^2/S_2^2 verwendet. Hierbei besteht die Vereinbarung, daß die Grundgesamtheiten so numeriert sind, daß im Zähler des Varianzquotienten die größere in der Stichprobe realisierte Varianz steht. Die Prüfvariable besitzt dann einen interessierenden Wertebereich, der bei der Eins beginnt und in Richtung größer werdender Werte verläuft. Relativ große Werte sprechen offensichtlich gegen die Nullhypothese, relativ kleine Werte, beginnend mit der Eins, stützen die Nullhypothese. Dies skizziert die Abbildung 14.1.

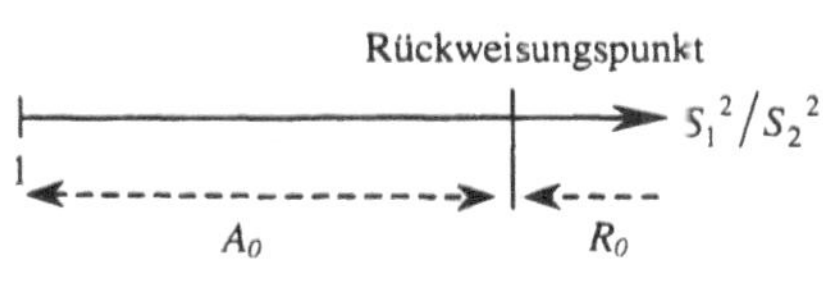

Abb. 14.1: Annahme- und Rückweisungsbereich der Prüfvariablen beim Varianzquotiententest

Die Verteilung der Prüfvariablen unter der Nullhypothese kann auf dem folgenden Wege festgestellt werden. Bei normalverteilten Grundgesamtheiten $N(\mu_1;\sigma_1)$ und $N(\mu_2;\sigma_2)$ gilt (siehe Kap. 5.4, Fußnote 15), daß

$$S_1/\sigma_1 = \sqrt{\chi_1^{\,2}/\nu_1}, \quad \nu_1 = n_1 - 1, \quad \text{und} \quad S_2/\sigma_2 = \sqrt{\chi_2^{\,2}/\nu_2}, \quad \nu_2 = n_2 - 1.$$

Im Kap. 4.5 ist die F-Verteilung definiert,

$$F_{\nu_2}^{\nu_1} = \frac{\chi_1^{\,2}/\nu_1}{\chi_2^{\,2}/\nu_2}.$$

In den Zähler und Nenner der F-Variablen werden die weiter oben stehenden Terme eingesetzt,

$$F_{\nu_2}^{\nu_1} = \frac{S_1^{\,2}/\sigma_1^{\,2}}{S_2^{\,2}/\sigma_2^{\,2}}.$$

Da die Nullhypothese behauptet, daß $\sigma_1^{\,2} = \sigma_2^{\,2}$, können die unbekannten Grundgesamtheitsvarianzen im obigen Ausdruck gekürzt werden. Somit besteht die Beziehung

$$F_{\nu_2}^{\nu_1} = \frac{S_1^{\,2}}{S_2^{\,2}}.$$

Die Prüfvariable folgt unter der Nullhypothese also einer F-Verteilung mit $\nu_1 = n_1 - 1$ und $\nu_2 = n_2 - 1$ Freiheitsgraden.

Im Beispiel zum t-Test für zwei Mittelwerte aus zwei unabhängigen Stichproben (Kap. 14.1) muß unterstellt werden, daß die Stichproben aus normalverteilten Grundgesamtheiten stammen, die eine gleich große Varianz haben. Diese Voraussetzung kann mit dem Varianzquotiententest überprüft werden. Den dort angegebenen Daten kann entnommen werden:

$$n_1 = 4, \quad s_1^{\,2} = 4{,}92; \quad n_2 = 5, \quad s_2^{\,2} = 14{,}8.$$

Die größere Varianz wird in den Zähler der Prüfvariablen gestellt; sie realisiert den Wert $14{,}8/4{,}92 = 3$. Bei 5% Signifikanzniveau liegt der Rückweisungspunkt im Wert 9,12, so daß die Hypothese der Gleichheit der Grundgesamtheitsvarianzen nicht zu verwerfen ist.

14.4 Varianzanalyse: Test für mehrere Mittelwerte aus mehreren Stichproben [3]

Die Bezeichnung Varianzanalyse ist irreführend. Der Name läßt vermuten, daß die Varianz einer Untersuchungsvariablen Gegenstand des Forschungsinteresses ist. Tatsächlich befassen sich Varianzanalysen mit der Frage, ob eine metrisch skalierte Untersuchungsvariable von einer nominalskalierten Variablen signifikant beeinflußt wird. Varianzanalytische Verfahren stellen insofern Dependenzmodelle dar.

Allen Varianzanalysen ist gemeinsam, daß die Variation der Meßwerte der Untersuchungsvariablen in Komponenten zerlegt wird, von denen vermutet wird, daß sie auf unterschiedliche Einflußgrößen zurückgeführt werden können. Die nominalskalierten Einflußgrößen werden im varianzanalytischen Kontext Faktoren genannt, was nicht zu einer Verwechslung mit dem Faktorenbegriff im Rahmen der Faktorenanalyse führen sollte.

Die Modelle zur Varianzanalyse lassen sich u.a. nach der Anzahl der Untersuchungsvariablen und der Zahl der Faktoren gliedern, die in einem Modell berücksichtigt werden. Bezieht sich das Modell auf nur eine Untersuchungsvariable, so ist die Varianzanalyse univariat, anderenfalls ist sie multivariat. Bei der einfaktoriellen Varianzanalyse wird nur ein Faktor ins Modell aufgenommen, bei der mehrfaktoriellen Analyse mehrere Faktoren. Werden die Kategorien des Faktors vor Ziehung einer Stichprobe vorgegeben, so wird das entsprechende Modell als Fix-Faktor-Modell bezeichnet. Ergeben sich die Faktorabstufungen erst in der Stichprobe, heißt das Modell Random-Faktor-Modell. Für eine detaillierte Gliederung der Varianzanalysen sind zusätzliche Differenzierungen erforderlich, auf die in einem einführenden Lehrbuch verzichtet werden muß.

Wir betrachten im folgenden lediglich die grundlegenden Fälle der univariaten einfaktoriellen sowie der zweifaktoriellen Varianzanalyse, jeweils in der Form des Fix-Faktor-Modells. Kompliziertere Analyseformen lassen sich bei Bedarf als natürliche Erweiterungen dieser Grundmodelle formulieren.

Einfaktorielle Varianzanalyse. Dieses klassische Verfahren zur Überprüfung von arithmetischen Mittelwerten aus mehreren unabhängigen Stichproben stellt eine Verallgemeinerung des t-Testes für den Zwei-Stichproben-Fall dar, der im Kap. 14.1 behandelt ist.

① Situation: Eine metrisch skalierte Untersuchungsvariable Y wird in $r \geq 2$ unabhängigen und beliebig großen Zufallsstichproben erhoben, die

---

[3] Der Abschnitt 14.4 ist stark gekürzt entnommen aus *Tiede, M.:* Statistik. Regressions- und Korrelationsanalyse. München/Wien 1987, Kap. II.

den nach $N(\mu_i;\sigma), i=1,\ldots,r,$ verteilten Grundgesamtheiten entnommen werden, deren Streuungen gleich groß sind. Es werden die arithmetischen Mittelwerte $\bar{y}_i$ $, i=1,\ldots,r,$ für die einzelnen Stichproben bestimmt. Dem unten stehenden Versuchsplan zur einfaktoriellen Varianzanalyse kann u.a. die gewählte Notation[4] entnommen werden.

Wert Nr. / Faktor	1 ... j ... m	$1/m \sum_{j=1}^{m} y_{ij}$
Stufe 1		$\bar{y}_1$
⋮		⋮
Stufe i	y_{ij}	$\bar{y}_i$
⋮		⋮
Stufe r		$\bar{y}_r$

y_{ij} j-ter Meßwert bei der i-ten Stufe des Faktors (in der i-ten Stichprobe).

Der Einfachheit wegen soll nicht nach unterschiedlich großen Stichprobenumfängen differenziert werden; in allen Stichproben wird ein gleich großer Stichprobenumfang m unterstellt. n ist die Gesamtzahl der Stichprobenwerte. An jeder der $r \cdot m = n$ statistischen Einheiten wird ein Wert y_{ij} ermittelt.

② Hypothesen: In der Nullhypothese wird behauptet, daß der Faktor[5] keinen Einfluß auf die Untersuchungsvariable ausübt. Dann müssen die Mittelwerte $\mu_i, i=1,\ldots,r,$ der Untersuchungsvariablen auf allen Faktorstufen gleich groß sein; denn welche Faktorabstufung auch immer vorliegt, der Durchschnittswert der Untersuchungsvariablen wird hiervon nicht tangiert. Als Nullhypothese kann deshalb formuliert werden

$H_0 : \mu_i = \mu$ für alle i

und als Alternativhypothese

$H_a : \mu_i \neq \mu$ für mindestens ein i.

Behauptet wird somit, daß die Stichprobenmittelwerte $\bar{y}_i$ nur zufällig untereinander abweichen. Da vorausgesetzt wird, daß die Stichproben aus Grundgesamtheiten stammen, deren Streuungen gleich groß sind, wird zugleich behauptet, daß alle Stichprobenwerte y_{ij} aus einer einzigen Grundgesamtheit stammen, die nach $N(\mu;\sigma)$ verteilt ist.

---

[4] Die Untersuchungsvariable wird hier nicht mit X sondern mit Y abgekürzt, weil für die endogene Variable im Regressionsmodell die Notation Y üblich ist und die Varianzanalyse später als besonderer Fall der Regressionsanalyse formuliert wird.

[5] Präzise gesagt: Behauptet wird, daß die unterschiedlichen Stufen des Faktors bedeutungslos sind für die Variation der Werte der Untersuchungsvariablen.

③ Problem: Die Mittelwerte $\bar{y}_i$ der einzelnen Stichproben werden nicht gleich groß sein, so daß sich die Frage stellt, ob dies auf den Faktor zurückgeführt werden kann.

④ Lösung: Die Entwicklung einer geeigneten Prüfvariablen basiert auf einer Quadratsummenzerlegung, wonach die gesamte Variation q der Stichprobenwerte y_{ij} in zwei additive Teile q_1 und q_2 getrennt werden kann[6],

$$\underbrace{\sum_{i=1}^{r}\sum_{j=1}^{m}\left(y_{ij}-\bar{y}\right)^2}_{q} = \underbrace{m\sum_{i=1}^{r}\left(\bar{y}_i-\bar{y}\right)^2}_{q_1} + \underbrace{\sum_{i=1}^{r}\sum_{j=1}^{m}\left(y_{ij}-\bar{y}_i\right)^2}_{q_2} .$$

Die gesamte Variation q wird hierbei als Summe der Quadrate der Abweichungen der Stichprobenwerte y_{ij} von ihrem Mittelwert $\bar{y}$ ausgedrückt. q_1 gibt die Variation der Mittelwerte der Stichproben an und q_2 die Variation der Stichprobenwerte innerhalb der Stichproben. Deshalb wird q_1 als Variation der Untersuchungsvariablen zwischen den Stufen des Faktors bezeichnet und q_2 als Variation der Untersuchungsvariablen innerhalb der Faktorstufen.

Von ausschlaggebender Bedeutung für die Entwicklung der Prüfvariablen und allgemein für das Verständnis der Varianzanalyse ist die Interpretation der Summanden q_1 und q_2. Die Quadratsumme q_1 ist gewöhnlich größer als null. Hierfür können zwei Gründe herangezogen werden, der Einfluß des Zufalls und der Einfluß des Faktors. Auch die Quadratsumme q_2 ist größer als null. Hierfür kann jedoch nur der Zufall als Begründung dienen,

---

[6] Ausgangspunkt der Quadratsummenzerlegung, die analog für andere Quadratsummenzerlegungen gilt, ist die Identität $y_{ij}-\bar{y}=\left(y_{ij}-\bar{y}_i\right)+\left(\bar{y}_i-\bar{y}\right), i=1,\ldots,r, j=1,\ldots,m$.

Beide Seiten werden quadriert und über j summiert,

$$\sum_{j=1}^{m}\left(y_{ij}-\bar{y}\right)^2=\sum_{j=1}^{m}\left[\left(y_{ij}-\bar{y}_i\right)+\left(\bar{y}_i-\bar{y}\right)\right]^2, i=1,\ldots,r .$$

Rechts vom Gleichheitszeichen wird ausquadriert und die Summe aufgelöst,

$$\sum_{j=1}^{m}\left(y_{ij}-\bar{y}\right)^2=\sum_{j=1}^{m}\left(y_{ij}-\bar{y}_i\right)^2+2\sum_{j=1}^{m}\left(y_{ij}-\bar{y}_i\right)\left(\bar{y}_i-\bar{y}\right)+\sum_{j=1}^{m}\left(\bar{y}_i-\bar{y}\right)^2, i=1,\ldots,r .$$

Der zweite Summand rechts vom Gleichheitszeichen ist wegen $\sum_{j=1}^{m}\left(y_{ij}-\bar{y}_i\right)=0$ insgesamt null.

Für den dritten Summanden rechts vom Gleichheitszeichen gilt, $\sum_{j=1}^{m}\left(\bar{y}_i-\bar{y}\right)^2=m\left(\bar{y}_i-\bar{y}\right)^2$.

Beide Seiten werden über i summiert, so daß sich die im Haupttext angegebene Quadratsummenzerlegung ergibt.

weil sich die Abstufungen des Faktors nicht innerhalb der Stichproben, sondern ausschließlich zwischen den Stichproben auswirken können. Die Höhe von q_2 wird also von der Stärke des Zufallseinflusses geprägt, während die Höhe von q_1 hiervon ebenfalls abhängt, zusätzlich jedoch noch von der Stärke der Einwirkung des Faktors.

Ein Vergleich zwischen q_1 und q_2 gibt allerdings noch keine Aufschlüsse über die Bedeutung des Faktors, da q_1 und q_2 unterschiedliche Freiheitsgrade besitzen und deshalb keine vergleichbaren Schätzungen für die tatsächliche Variation sind. Deshalb werden q_1 und q_2 durch ihre jeweiligen Freiheitsgrade $r-1$ und $n-r$ dividiert, was zu den Varianzen

$$s_1^{\,2} = \frac{q_1}{r-1} \qquad \text{und} \qquad s_2^{\,2} = \frac{q_2}{n-r}$$

führt, die unter der Nullhypothese erwartungstreue Schätzwerte für die Grundgesamtheitsvarianz σ^2 sind.[7]

---

[7] Unter der Nullhypothese und den Annahmen zur Varianzanalyse gilt, daß $E(S_1^{\,2}) = E(S_2^{\,2}) = \sigma^2$. Zunächst kann für $E(S_1^{\,2})$ entwickelt werden:

$$E(S_1^{\,2}) = E\left(\frac{Q_1}{r-1}\right) = \frac{m}{r-1} E\left[\sum_i (\bar{Y}_i - \bar{Y})^2\right] = \frac{m}{r-1} E\left[\sum_i [(\bar{Y}_i - \mu) - (\bar{Y} - \mu)]^2\right]$$

$$= \frac{m}{r-1}\left\{E\left[\sum_i (\bar{Y}_i - \mu)^2\right] - 2E\left[(\bar{Y} - \mu)\sum_i (\bar{Y}_i - \mu)\right] + E\left[\sum_i (\bar{Y} - \mu)^2\right]\right\},$$

$$E(S_1^{\,2}) = \frac{m}{r-1}\left\{\sum_i E\left[(\bar{Y}_i - \mu)^2\right] - 2E\left[(\bar{Y} - \mu)\left(\sum_i \bar{Y}_i - r\mu\right)\right] + E\left[r(\bar{Y} - \mu)^2\right]\right\}$$

$$= \frac{m}{r-1}\left\{\sum_i E\left[(\bar{Y}_i - \mu)^2\right] - 2E[(\bar{Y} - \mu)(r\bar{Y} - r\mu)] + rE\left[(\bar{Y} - \mu)^2\right]\right\},$$

$$E(S_1^{\,2}) = \frac{m}{r-1}\left\{\sum_i E\left[(\bar{Y}_i - \mu)^2\right] - 2rE\left[(\bar{Y} - \mu)^2\right] + rE\left[(\bar{Y} - \mu)^2\right]\right\}$$

$$= \frac{m}{r-1}\left\{\sum_i E\left[(\bar{Y}_i - \mu)^2\right] - rE\left[(\bar{Y} - \mu)^2\right]\right\}.$$

Da $Var(\bar{Y}) = E\left[(\bar{Y} - \mu)^2\right]$ und da unter der Nullhypothese gilt, daß $Var(\bar{Y}_i) = E\left[(\bar{Y}_i - \mu)^2\right]$, läßt sich für $E(S_1^{\,2})$ schreiben: $E(S_1^{\,2}) = \frac{m}{r-1}\left\{\sum_i Var(\bar{Y}_i) - rVar(\bar{Y})\right\}$.

Unter den getroffenen Annahmen und unter der Nullhypothese ist $\bar{Y}_i$ nach $N(\mu; \sigma/\sqrt{m})$ und $\bar{Y}$ nach $N(\mu; \sigma/\sqrt{n})$ verteilt. Somit ergibt sich:

$$E(S_1^{\,2}) = \frac{m}{r-1}\left\{\sum_i \sigma^2/m - r\sigma^2/n\right\} = \frac{m}{r-1}(r\sigma^2/m - r\sigma^2/n) = \frac{m}{r-1}\cdot\frac{rn - rm}{mn}\cdot\sigma^2 = \frac{rmr - rm}{(r-1)rm}\cdot\sigma^2 = \sigma^2$$

Für $E(S_2^{\,2})$ ist eine ähnliche Entwicklung möglich, die zum folgenden Zwischenergebnis führt:

Deren Vergleich ist aufschlußreich. Unter der Nullhypothese, die ja besagt, daß der Faktor nicht auf die Untersuchungsvariable einwirkt, dürfen sich die Varianzen s_1^2 und s_2^2 nämlich nur noch in den Grenzen unterscheiden, die zufälligen Einflüssen zuzubilligen sind. Dies läßt sich mit dem Varianzquotiententest prüfen, der in Kap. 14.3 behandelt ist. Die Prüfvariable

$$F_{\nu_2}^{\nu_1} = \frac{S_1^2}{S_2^2}$$

folgt unter der Nullhypothese also einer F-Verteilung mit $\nu_1 = r - 1$ und $\nu_2 = n - r$ Freiheitsgraden.

Für Anwendungen empfiehlt sich das folgende übersichtliche Schema:

Variationsgrund	Quadratsumme	Freiheitsgrad	Varianz
Faktor und Zufall	q_1	$r-1$	$s_1^2 = \frac{q_1}{r-1}$
Zufall	q_2	$n-r$	$s_2^2 = \frac{q_2}{n-r}$
Insgesamt	q	$n-1$	

Als Beispiel verwenden wir das bekannte klassische „Düngemittelbeispiel" von *Fisz, M.* (Wahrscheinlichkeitsrechnung und mathematische Statistik, 7. Aufl., Berlin 1973, S. 616), das den Vorzug einer kaum zu überbietenden Klarheit besitzt. Untersuchungsvariable ist der Ertrag einer Pflanze. Zu prüfen ist, ob unterschiedliche Düngungen den Ertrag beeinflussen. Hierzu wird ein Versuchsplan aufgestellt, wonach Düngungen in fünf Arten verwendet werden. Die entsprechenden Erträge werden jeweils viermal unabhängig voneinander ermittelt.

$$E(S_2^2) = E\left(\frac{Q_2}{n-r}\right) = \frac{1}{n-r} E\left[\sum_i \sum_j (Y_{ij} - \overline{Y}_i)^2\right] = \frac{1}{n-r}\left\{\sum_i \sum_j E(Y_{ij} - \mu)^2 - m \sum_i E(\overline{Y}_i - \mu)^2\right\}.$$

$\overline{Y}_i$ ist unter der Nullhypothese wieder nach $N(\mu; \sigma/\sqrt{m})$ verteilt und Y_{ij} folgt unter der Nullhypothese $N(\mu; \sigma)$. Somit ergibt sich für $E(S_2^2)$:

$$E(S_2^2) = \frac{1}{n-r}\left\{\sum_i \sum_j \sigma^2 - m \sum_i \sigma^2/m\right\} = \frac{1}{n-r}(n\sigma^2 - r\sigma^2) = \sigma^2 .$$

Wert Nr. / Düngungsart	1	2	3	4	Durchschnitts-ertrag
Stufe 1	67	67	55	42	57,75
Stufe 2	98	96	91	66	87,75
Stufe 3	60	69	50	35	53,50
Stufe 4	79	64	81	70	73,50
Stufe 5	90	70	79	88	81,75

Nach wenigen Rechnungen ergeben sich die folgenden Werte für die Quadratsummen, Freiheitsgrade und Varianzen:

Variationsgrund	Quadratsumme	Freiheitsgrad	Varianz
Düngung und Zufall	3 536,3	4	884,1
Zufall	2 162,3	15	144,2
Insgesamt	5 698,6	19	

Die Stichprobenrealisation des Varianzquotienten ist

$$884{,}1/144{,}2 = 6{,}13\,.$$

Bei 5% Signifikanzniveau liegt der Rückweisungspunkt der Prüfvariablen, die nach F_{15}^{4} verteilt ist, im Wert $3{,}06$. Die Nullhypothese, daß die Düngearten keinen unterschiedlichen Einfluß auf den Durchschnittsertrag haben, ist also zu verwerfen. Mindestens eine Düngeart hat einen wesentlich anderen Einfluß auf den Ertrag als die übrigen Düngearten.

Zweifaktorielle Varianzanalyse. Die zweifaktorielle Varianzanalyse ist für die Frage konzipiert, ob eine metrisch skalierte Untersuchungsvariable von zwei Faktoren beeinflußt wird. Die einfaktorielle Varianzanalyse kann als ein Bestandteil der zweifaktoriellen Analyse angesehen werden.

① Situation:

Ein Faktor A besitzt r Stufen, ein zweiter Faktor B besitzt t Stufen. Auf jeder der $r \cdot t$ Stufenkombinationen der Faktoren wird die metrisch skalierte Untersuchungsvariable Y in unabhängigen und - der Einfachheit wegen - gleich großen Zufallsstichproben erhoben. Vorausgesetzt ist, daß sie aus normalverteilten Grundgesamtheiten mit gleich großen Streuungen entnommen werden, $N(\mu_{ik};\sigma), i=1,\ldots,r\,, k=1,\ldots,t$. Für die einzelnen Stichproben werden die $r \cdot t$ arithmetischen Mittelwerte

$$\bar{y}_{ik}\ , i=1,\ldots,r\,, k=1,\ldots,t,$$

bestimmt. Die Notation wird durch den Stichprobenplan zur zweifaktoriellen Varianzanalyse verdeutlicht.

Faktor B / Faktor A	Stufe 1	...	Stufe k	...	Stufe t	$1/tm \sum_{k=1}^{t} \sum_{j=1}^{m} y_{ikj}$
Stufe 1						$\bar{y}_{1\cdot}$
⋮						⋮
Stufe i			Wert Nr. $1 \cdots j \cdots m$ y_{ikj}			$\bar{y}_{i\cdot}$
⋮						⋮
Stufe r						$\bar{y}_{r\cdot}$
$1/rm \sum_{i=1}^{r} \sum_{j=1}^{m} y_{ikj}$	$\bar{y}_{.1}$	...	$\bar{y}_{.k}$	...	$\bar{y}_{.t}$	

y_{ikj} j-ter Meßwert bei der i-ten Stufe von Faktor A und der k-ten Stufe von B.

In allen Stichproben wird ein gleich großer Stichprobenumfang m unterstellt. n ist die Gesamtzahl der Stichprobenwerte. An jeder der $r \cdot t \cdot m = n$ statistischen Einheiten wird ein Wert y_{ikj} ermittelt.

Die Mittelwerte $\bar{y}_{ik}$ für die Werte y_{ikj} in den Zellen der Tabelle ergeben sich gemäß $\bar{y}_{ik} = 1/m \sum_{j=1}^{m} y_{ikj}$.

Die den Stichprobenmittelwerten $\bar{y}$, $\bar{y}_{i\cdot}$, $\bar{y}_{.k}$ und $\bar{y}_{ik}$ entsprechenden Grundgesamtheitsmittelwerte sind μ, $\mu_{i.}$, $\mu_{.k}$ und μ_{ik} .

② Hypothesen: Es können mehr oder weniger umfassende Unabhängigkeitshypothesen formuliert werden. Die umfassendste Unabhängigkeitshypothese behauptet, daß die Untersuchungsvariable von den Faktoren nicht beeinflußt wird,

1.) $H_0 : \mu_{ik} = \mu$ für alle i und k .

Die Alternativhypothese behauptet, daß mindestens eine der Stufenkombinationen einen besonderen Einfluß auf die Untersuchungsvariable ausübt,

$H_a : \mu_{ik} \neq \mu$ für mindestens eine Kombination aus i und k .

Die folgenden zwei Hypothesen stimmen jeweils mit der Nullhypothese im Rahmen einer entsprechenden einfaktoriellen Varianzanalyse überein. Für den sog. Haupteffekt des Faktors A gilt die Nullhypothese

2.) $H_0 : \mu_{i.} = \mu$ für alle i

und für den Haupteffekt des Faktors B

3.) $H_0 : \mu_{.k} = \mu$ für alle k .

Hinzu tritt eine besondere Hypothese, die sich auf die Wechselwirkung zwischen den Faktoren A und B bezieht. Die Wechselwirkung reflektiert jene Einwirkung von A und B auf Y, die ausschließlich wegen einer speziellen Kombination ihrer Stufen besteht. Zur Wechselwirkung zählen nicht die einzelnen Hauptwirkungen der Faktoren[8].

> Beispielsweise ist die Straßenverkehrstauglichkeit von Personen die Untersuchungsvariable. Die Tauglichkeit beeinflussende Faktoren A und B können der Alkoholkonsum und ein spezielles Schmerzmittel sein. Bekanntlich wirkt ein Schmerzmittel auf die Tauglichkeit im Straßenverkehr unterschiedlich bei unterschiedlichen im Blut befindlichen Mengen an Alkohol. Deshalb kann die Wechselwirkung zwischen A und B als dritter, die Straßenverkehrstauglichkeit erklärender Grund angesehen werden.

Die Nullhypothese für die Wechselwirkung zwischen A und B ist

4.) $H_0 : \mu_{ik} - (\mu_{i.} - \mu) - (\mu_{.k} - \mu) = \mu$ für alle i und k.

Die Alternativhypothesen für obige Nullhypothesen behaupten jeweils, daß mindestens eine Stufe wesentlich ist.

③ Problem: Vor dem Hintergrund der unterschiedlichen Nullhypothesen können unterschiedliche zu lösende Probleme unterschieden werden:

Die Mittelwerte $\bar{y}_{ik}$ werden nicht gleich groß sein, so daß sich die Frage stellt, ob dies auf die Faktoren zurückgeführt werden kann.

Unterschiede zwischen den $\bar{y}_{i.}$ könnten durch die Einwirkung des Faktors A begründet sein.

Ungleich große $\bar{y}_{.k}$ könnten auf den Faktor B zurückgeführt werden.

Und schließlich könnten Unterschiede zwischen den Mittelwerten $\bar{y}_{ik}$, die um die Hauptwirkungen $\bar{y}_{i.} - \bar{y}$ und $\bar{y}_{.k} - \bar{y}$ der zwei Faktoren bereinigt sind, $\bar{y}_{ik} - (\bar{y}_{i.} - \bar{y}) - (\bar{y}_{.k} - \bar{y})$, auf die Wechselwirkung der Faktoren zurückgeführt werden.

④ Lösung: Analog zum Vorgehen bei der einfaktoriellen Varianzanalyse lassen sich für die Prüfungen der einzelnen Nullhypothesen Prüfvariablen entwickeln, die im vorliegenden Falle auf der folgenden Quadratsummenzerlegung basieren:

[8] Eine Wechselwirkung der Faktoren tritt nicht auf, falls diese voneinander unabhängig sind; denn bei unabhängigen Faktoren ist die Wirkung von A auf jeder Stufe von B gleich groß und die Wirkung von B auf jeder Stufe von A gleich groß. Die Wirkungen von A und B werden in diesem Falle als additiv bezeichnet.

$$\underbrace{\sum_{i=1}^{r}\sum_{k=1}^{t}\sum_{j=1}^{m}\left(y_{ikj}-\bar{y}\right)^2}_{q} = \underbrace{mt\sum_{i=1}^{r}\left(\bar{y}_{i.}-\bar{y}\right)^2}_{q_1} + \underbrace{mr\sum_{k=1}^{t}\left(\bar{y}_{.k}-\bar{y}\right)^2}_{q_2} +$$

$$\underbrace{m\sum_{i=1}^{r}\sum_{k=1}^{t}\left(\bar{y}_{ik}-\bar{y}_{i.}-\bar{y}_{.k}+\bar{y}\right)^2}_{q_3} + \underbrace{\sum_{i=1}^{r}\sum_{k=1}^{t}\sum_{j=1}^{m}\left(y_{ikj}-\bar{y}_{ik}\right)^2}_{q_4}$$

Die Interpretation von q_3 ist erleichtert durch die algebraische Form

$$q_3 = m\sum_{i=1}^{r}\sum_{k=1}^{t}\left[\left(\bar{y}_{ik}-\bar{y}\right)-\left(\bar{y}_{i.}-\bar{y}\right)-\left(\bar{y}_{.k}-\bar{y}\right)\right]^2 .$$

Die Quadratsummenzerlegung zeigt, daß die gesamte Variation q der Stichprobenwerte in vier additive Teile zerlegt werden kann. Die vier Komponenten sind gewöhnlich jeweils größer als null Hierfür können bei drei Komponenten jeweils zwei Gründe herangezogen werden, der Einfluß des Zufalls und der Einfluß eines anderen bestimmten Grundes. In q_1 kommt neben dem Zufall der Haupteffekt des Faktors A und in q_2 der des Faktors B zum Ausdruck, während q_3 - abgesehen vom Zufall - durch die Wechselwirkung von A und B geprägt ist. In q_4 hingegen wirkt sich ausschließlich der Zufall aus. Dies faßt das folgende Schema zusammen, das für Anwendungen wiederum die für die Quadratsummen benötigten Freiheitsgrade enthält.

Variationsgrund	Quadratsumme	Freiheitsgrad	Varianz
Faktor A und Zufall	q_1	$r-1$	$s_1^2 = \frac{q_1}{r-1}$
Faktor B und Zufall	q_2	$t-1$	$s_2^2 = \frac{q_2}{t-1}$
Wechselwirkung und Zufall	q_3	$(r-1)(t-1)$	$s_3^2 = \frac{q_3}{(r-1)(t-1)}$
Faktor A, B, Wechselwirkung und Zufall	$q_1+q_2+q_3$	$r\cdot t-1$	$s_{1+2+3}^2 = \frac{q_1+q_2+q_3}{r\cdot t-1}$
Zufall	q_4	$n-r\cdot t$	$s_4^2 = \frac{q_4}{n-r\cdot t}$
Insgesamt	q	$n-1$	

Für die Prüfung der Nullhypothesen 1.) bis 4.) läßt sich jeweils eine Prüfvariable bilden, die analog zum Vorgehen im Rahmen der einfaktoriellen Varianzanalyse begründet werden kann:

Nullhypothese		Prüfvariable	Verteilung der Prüfvariablen unter der Nullhypothese
$H_0 : \mu_{ik} = \mu$	für alle i und k	S_{1+2+3}^2 / S_4^2	$F_{n-r\cdot t}^{r\cdot t-1}$
$H_0 : \mu_{i.} = \mu$	für alle i	S_1^2 / S_4^2	$F_{n-r\cdot t}^{r-1}$
$H_0 : \mu_{.k} = \mu$	für alle k	S_2^2 / S_4^2	$F_{n-r\cdot t}^{t-1}$
$H_0 : \mu_{ik} - (\mu_{i.} - \mu) - (\mu_{.k} - \mu) = \mu$	für alle i und k	S_3^2 / S_4^2	$F_{n-r\cdot t}^{(r-1)(t-1)}$

Zu analysieren ist die Lesbarkeit eines kurzen Textes aus einem fahrenden PKW. Der Text soll für eine Partei werben und ist auf einen strukturierten Hintergrund gedruckt, der alternativ hellblau oder gelb gefärbt ist. Der Text ist auf unterschiedlichen Plakaten mit den Lettern Antiqua, Fraktur und Kapitälchen gedruckt. 24 Probanden werden zufällig ausgewählt und in sechs Gruppen gleicher Größe aufgeteilt. Die vier Mitglieder einer jeden Gruppe fahren einzeln mit einem PKW an einem Plakat vorbei und bewerten die Lesbarkeit des Textes auf einer Skala, die von 0 bis 10 reicht und von der angenommen werden darf, daß sie eine metrische Skala ist.

Art der Buchstaben / Farbe des Hintergrundes	Antiqua	Fraktur	Kapitälchen	Durchschnittliche Lesbarkeit bei der Farbe des Hintergrundes
Hellblau	6 4 7 5	4 2 3 5	2 2 1 3	$\bar{y}_{1.} = 3{,}667$
Gelb	5 4 3 4	2 1 3 4	5 4 3 3	$\bar{y}_{2.} = 3{,}417$
Durchschnittliche Lesbarkeit bei der Buchstabenart	$\bar{y}_{.1} = 4{,}75$	$\bar{y}_{.2} = 3{,}0$	$\bar{y}_{.3} = 2{,}875$	

Nach etwas Rechnerei ergeben sich die im folgenden Auswertungsschema zusammengefaßten Werte für die Quadratsummen und Varianzen.

Variationsgrund	Quadratsumme	Freiheitsgrad	Varianz
Farbe des Hintergrundes und Zufall	0,374	1	0,374
Art der Buchstaben und Zufall	17,583	2	8,792
Wechselwirkung und Zufall	12,251	2	6,126
Farbe des Hintergrundes, Art der Buchstaben, Wechselwirkung und Zufall	30,21	5	6,04
Zufall	21,75	18	1,208
Insgesamt	51,958	23	

Die für das vorliegende Beispiel in Aussicht genommenen vier Tests basieren auf Informationen, die der weiter unten folgenden Übersicht entnommen werden können. Demnach ist die umfassende Hypothese der Unabhängigkeit der Lesbarkeit sowohl von der Farbe des Hintergrundes, der Art der Buchstaben als auch von deren Wechselwirkung zu verwerfen; d.h. mindestens eine der Farb- oder Buchstabenkategorien oder der Kombinationen von ihnen ist für die Lesbarkeit bedeutsam. Der Haupteffekt der beiden Farben ist als nicht signifikant anzusehen. Hingegen ist der Haupteffekt der drei Buchstabenarten als signifikant zu beurteilen. Die zwei Farben haben allerdings auf den drei Kategorien der Buchstabentypen signifikant verschiedene Effekte. Die Farbe des Hintergrundes hat also, vereinfacht gesagt, nur in Verbindung mit den verschiedenen Buchstabentypen eine Bedeutung für die Lesbarkeit des Textes.

Nullhypothese betrifft Wirkungslosigkeit	Prüfvariable	Verteilung der Prüfvariablen unter der Nullhypothese	Wert der Prüfvariablen	Rückweisungspunkt bei 5% Signifikanzniveau
der Farbe des Hintergrundes, der Art der Buchstaben und der Wechselwirkung	${S_{1+2+3}}^2/{S_4}^2$	F_{18}^{5}	$6{,}04/1{,}208 = 5{,}00$	2,77
der Farbe des Hintergrundes	${S_1}^2/{S_4}^2$	F_{18}^{1}	$0{,}374/1{,}208 = 0{,}31$	4,41
der Art der Buchstaben	${S_2}^2/{S_4}^2$	F_{18}^{2}	$8{,}792/1{,}208 = 7{,}278$	3,55
Wechselwirkung	${S_3}^2/{S_4}^2$	F_{18}^{2}	$6{,}126/1{,}208 = 5{,}071$	3,55

14.5 *Kolmogoroff/Smirnow*-Zwei-Stichproben-Anpassungstest

Wir kehren noch einmal zu einem Anpassungstest zurück, dessen eine und minder bedeutsame Anwendungsrichtung im Kapitel 13.3 als *Kolmogoroff/Smirnow*-Ein-Stichproben-Anpassungstest berücksichtigt ist. Der *Kolmogoroff/Smirnow*-Test ist jedoch auch für eine andersartige und vergleichsweise bedeutsame Problemlage anwendbar, die sich in den Kontext des vorliegenden Kapitels einfügt. Der nun aufzugreifende *Kolmogoroff/Smirnow*-Zwei-Stichproben-Anpassungstest prüft die gleiche Frage wie der *Wilcoxon/Mann/Whitney*-Test, setzt jedoch metrisches Meßniveau der Untersuchungsvariablen voraus.[9]

① Situation: Eine metrisch skalierte stetige Untersuchungsvariable X wird in zwei unabhängigen Zufallsstichproben erhoben. Es werden die zwei beobachteten (empirischen) Verteilungsfunktionen $F_{1b}(x)$ sowie $F_{2b}(x)$ bestimmt.[10] $F_{1b}(x)$ gibt für jeden Wert $x_{1i}, i = 1, \ldots, n_1$, aus der Stichprobe Nr. 1 an, wie groß der Anteil der Stichprobenwerte ist, die

[9] Hierzu siehe Fußnote 3 im Kapitel 13.3.

[10] Hierzu siehe die Fußnote 4 im Kapitel 13.3.

höchstens so groß wie x_{1i} sind. Entsprechendes gilt für $F_{2b}(x)$ und den Wert x_{2j}, $j=1,\ldots,n_2$.

② Hypothesen: Die Nullhypothese behauptet, daß die Verteilungsfunktionen in beiden Grundgesamtheiten übereinstimmen,

$H_0 : F_1(x) = F_2(x)$ für alle x.

Anders gesagt: Behauptet wird, daß beide Stichproben aus einer Grundgesamtheit stammen[11].

Die Alternativhypothese lautet für einen zweiseitigen Test:

$H_a : F_1(x) \neq F_2(x)$ für mindestens ein x.

Des weiteren können zwei einseitige Tests gebildet werden, wobei die Nullhypothese $F_1(x) \geq F_2(x)$ bzw. $F_1(x) \leq F_2(x)$ ist und die Alternativhypothese $F_1(x) < F_2(x)$ bzw. $F_1(x) > F_2(x)$.

③ Problem: Gewöhnlich wird festgestellt, daß sich die zwei beobachteten Verteilungsfunktionen mehr oder weniger stark voneinander unterscheiden. Zu beurteilen ist, ob die Verschiedenheit dieser zwei Verteilungen unerheblich oder wesentlich ist.

④ Lösung: Die Lösung des Problems beschränken wir auf den zweiseitigen Test, bei dem die Hypothesen $H_0 : F_1(x) = F_2(x)$ für alle x und $H_a : F_1(x) \neq F_2(x)$ für mindestens ein x gelten.

Von *Smirnow* stammt der Vorschlag, als Prüfvariable das Konstrukt

$$D = \max_{-\infty \leq x \leq \infty} \left| F_{1B}(x) - F_{2B}(x) \right|$$

zu verwenden. Eine Begründung für die Eignung von D als Prüfvariable muß hier nicht erneut gegeben werden; sie wäre analog zu jener Begründung, die bereits im Kapitel 13.3 vorgetragen ist. Die praktische Durchführung des Testes unterscheidet sich kaum vom Vorgehen im Kapitel 13.3. Eine Tabellierung von Rückweisungspunkten ist im Anhang in der Tabelle Nr. 13 enthalten.

Wir verwenden zum Vergleich ein bereits im Kap. 12.2 und Kap. 14.2 behandeltes kleines Zahlenbeispiel, bei dem vier und fünf ausgewählte Schüler zwei Gruppen bilden, die jeweils durch eine unterschiedliche

---

[11] Insbesondere wird nicht behauptet, daß beide Stichproben aus einer normalverteilten Grundgesamtheit stammen, was z.B. beim t-Test im Abschnitt 14.1 dieses Kapitels der Fall ist.

Unterrichtung auf die Lösung spezifischer Probleme vorbereitet werden. Nach Abschluß der Unterrichtung müssen alle Schüler jeweils 30 Probleme bearbeiten. Die Frage ist, ob die verschiedenartige Unterrichtung in den beiden Gruppen der Grund dafür ist, daß in der zweiten Gruppe mehr Aufgaben gelöst werden konnten (5% Signifikanzniveau einseitig).

Anzahl der gelösten Probleme in Gruppe 1, x_{1i}	13	15	17	18				
Anzahl der gelösten Probleme in Gruppe 2, x_{2j}	14	16	18	22	23			
Anzahl der gelösten Probleme in beiden Gruppen, x_i	13	14	15	16	17	18	22	23
$F_{1b}(x)$	0,25	0,25	0,5	0,5	0,75	1	1	1
$F_{2b}(x)$	0	0,2	0,2	0,4	0,4	0,6	0,8	1
$\|F_{1b}(x)-F_{2b}(x)\|$	0,25	0,05	0,3	0,1	0,35	0,4	0,2	0
$\|F_{1b}(x)-F_{2b}(x-1)\|$	0,25	0,25	0,3	0,3	0,35	0,6	0,4	0,2

Als Stichprobenrealisation der Prüfvariablen ergibt sich $d = 0{,}6$, was auch der Abbildung 14.2 entnommen werden kann. Dieser Wert liegt wegen $d_r = 0{,}75$ im Annahmebereich. Im Vergleich zum *Wilcoxon/Mann/Whitney*-Test und zum t-Test ergibt sich also kein abweichendes Ergebnis.

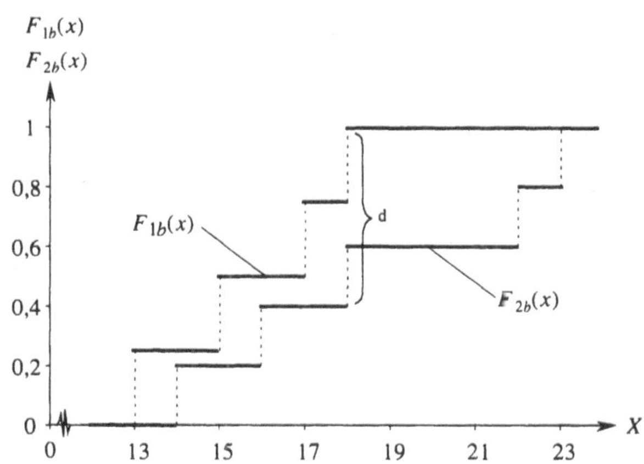

Abb. 14.2: Skizze zum Beispiel eines Kolmogoroff/Smirnow-Zwei-Stichproben-Anpassungstestes

14.6 Softwarelösungen

Test für zwei Mittelwerte aus zwei unabhängigen Stichproben. Dieser Test kann mit SPSS durchgeführt werden. Wir gehen aus vom zweiten

Beispiel im Abschnitt 14.1 (Anzahl gelöster Ausgaben bei zwei Gruppen von Schülern). Die Ausgangsdaten befinden sich in der Datei K1401.SAV. In der ersten Spalte stehen die Anzahlen gelöster Aufgaben, in der zweiten Spalte stehen die Kennziffern 1 und 2 für die beiden Stichproben. Die Testdurchführung mit SPSS erfordert die folgenden Arbeitsschritte:

1. Öffnen der Datei K1401.SAV.
2. Wählen von ANALYSIEREN/MITTELWERTE VERGLEICHEN/T-TEST BEI UNABHÄNGIGEN STICHPROBEN...
3. Übertragen der Variablen anzahl in den Bereich TESTVARIABLEN(N):
4. Übertragen der Variablen sp (Stichprobe) in den Bereich GRUPPENVARIABLE:
5. Anklicken der Schaltfläche GRUPPEN DEF.
6. Bei GRUPPE1 ist der Wert 1, bei GRUPPE2 der Wert 2 einzugeben und WEITER anzuklicken.
7. Anklicken von OK.

SPSS erzeugt jetzt ausschnittsweise die folgenden Ergebnisse:

Gruppenstatistiken

	SP	N	Mittelwert	Standardabweichung	Standardfehler des Mittelwertes
ANZAHL	1	4	15,75	2,22	1,11
	2	5	18,60	3,85	1,72

Test bei unabhängigen Stichproben

		Levene-Test der Varianzgleichheit		T-Test für die Mittelwertgleichheit		
		F	Signifikanz	T	df	Sig. (2-seitig)
ANZAHL	Varianzen sind gleich	2,241	,178	-1,307	7	,232
	Varianzen sind nicht gleich			-1,392	6,514	,209

In der ersten Tabelle werden die beiden Stichproben beschrieben. Unter dem Stichwort STANDARDFEHLER DES MITTELWERTES findet man die Standardabweichungen der Stichprobenverteilungen.

In der zweiten Tabelle erkennt man, daß SPSS zwei Tests durchführt und dabei unterscheidet, ob die Varianzen als gleich angenommen werden können oder nicht. Der (zwischengeschaltete) *Levene*-Test auf Varianzgleichheit ergibt allerdings keinen signifikanten Varianzunterschied. Dieser Test wird von SPSS verwendet, weil er vergleichsweise robust gegenüber Verstößen gegen die Normalverteilungsannahme ist[12]. Es muß in diesem Zusammenhang aber darauf aufmerksam gemacht werden, daß der

[12] SPSS Base 9.0, Appliations Guide, Seite 58.

hier eingesetzte t-Test die Normalverteilungsannahme voraussetzt, so daß als zwischengeschalteter Test auch ein Varianzquotiententest hätte verwendet werden können. Dies aber sieht SPSS nicht vor.

Da die Hypothese der Varianzgleichheit angenommen werden kann, interessiert nur noch die erste Zeile der zweiten Ausgabetabelle. Dort wird unter dem Stichwort SIG. (2-SEITIG) der Wert 0,232 ausgegeben. Dies bedeutet, daß der beobachtete Mittelwertunterschied bei üblichem Signifikanzniveau nicht als statistisch signifikant anzusehen ist.

Es ist bei diesem Testverfahren mit SPSS zu beachten, daß ein t-Test durchgeführt wird, so daß diese Prozedur sowohl bei kleinen wie auch bei großen Stichprobenumfängen eingesetzt werden kann.

Test für zwei Mittelwerte aus zwei verbundenen Stichproben. Auch hier kann SPSS eingesetzt werden, was am Beispiel aus dem Abschnitt 14.2 gezeigt werden kann. Bei diesem Beispiel sind die Ausgangswerte paarweise in die Spalten 1 und 2 einer SPSS-Tabelle einzugeben. Danach sind die folgenden Schritte erforderlich:

1. Wählen von ANALYSIEREN/MITTELWERTE VERGLEICHEN/T-TEST BEI GEPAARTEN STICHPROBEN...
2. Übertragen der beiden Variablen (nach gemeinsamer Markierung) in den Bereich GEPAARTE VARIABLEN:
3. Anklicken von OK.

SPSS bestätigt dann das Ergebnis aus dem Abschnitt 14.2, daß der Mittelwertunterschied als nicht signifikant anzusehen ist.

Varianzquotiententest für zwei Varianzen aus zwei unabhängigen Stichproben. Der Varianzquotiententest erfordert nur einfache arithmetische Operationen, so daß der Software-Einsatz entbehrlich ist. Allerdings kann Excel genutzt werden, um mit der Funktion FVERT die Wahrscheinlichkeit berechnen zu lassen, daß ein bestimmter F-Wert überschritten wird.

Einfaktorielle Varianzanalyse. SPSS stellt eine Prozedur für die einfaktorielle Varianzanalyse aus Abschnitt 14.4 (Düngemittel-Beispiel) zeigt. Die Ausgangsdaten befinden sich in der Datei K1402.SAV. Dort sind die Werte untereinander in der ersten Spalte einer SPSS-Tabelle eingegeben worden. In der zweiten Spalte finden sich die Ziffern 1 bis 5 zur Kennzeichnung der fünf Stichproben (Stufen der Düngung). Die einfaktorielle Varianzanalyse mit SPSS erfordert dann die folgenden Arbeitsschritte:

1. Öffnen der Datei K1402.SAV.
2. Wählen von ANALYSIEREN/MITTELWERTE VERGLEICHEN/EINFAKTORIELLE ANOVA...
3. Übertragen der Variablen wert in den Bereich ABHÄNGIGE VARIABLEN:
4. Übertragen der Variablen faktor in den Bereich FAKTOR:
5. Anklicken von OK.

SPSS erzeugt jetzt aussschnittsweise die folgenden Ergebnisse:

Deskriptive Statistik

WERT

	N	Mittelwert	Standardabweichung	Standardfehler
1	4	57,75	11,93	5,96
2	4	87,75	14,80	7,40
3	4	53,50	14,57	7,29
4	4	73,50	7,94	3,97
5	4	81,75	9,18	4,59
Gesamt	20	70,85	17,32	3,87

ANOVA

WERT

	Quadratsumme	df	Mittel der Quadrate	F	Signifikanz
Zwischen den Gruppen	3536,300	4	884,075	6,133	,004
Innerhalb der Gruppen	2162,250	15	144,150		
Gesamt	5698,550	19			

Man erkennt am Wert unter dem Stichwort SIGNIFIKANZ, daß die Hypothese gleicher Mittelwerte zu verwerfen ist. Zu beachten ist, daß mit dem Stichwort MITTEL DER QUADRATE in der obigen Ausgabetabelle die Schätzwerte für die Varianz der Grundgesamtheit gemeint sind.

Zweifaktorielle Varianzanalyse. Auch eine Varianzanalyse zweifacher Klassifikation kann mit SPSS durchgeführt werden. Die Ausgangsdaten des Beispiels im Abschnitt 14.4, wo es um die Lesbarkeit von Texten in Abhängigkeit von der Farbe des Hintergrundes und der Art der Buchstaben ging, finden sich in der Datei K1404.SAV und wurden dort in folgender Form bereitgestellt:

In der ersten Spalte befinden sich untereinander die 24 Einzelwerte (Variable wert), in der zweiten Spalte die Angaben zur Farbe des Hintergrundes (Variable farbe; 1=hellblau, 2=gelb), in der dritten Spalte die zur Art der Buchstaben (Variable art; 1=Antiqua, 2=Fraktur, 3=Kapitälchen). Zur Durchführung der Varianzanalyse zweifacher Klassifikation sind die folgenden Arbeitsschritte notwendig:

1. Öffnen der Datei K1404.SAV
2. Wählen von ANALYSIEREN/ALLGEMEINES LINEARES MODELL/ UNIVARIAT...
3. Übertragen der Variablen wert in den Bereich ABHÄNGIGE VARIABLEN:
4. Übertragen der Variablen farbe und art nacheinander in den Bereich FESTE FAKTOREN:
5. Anklicken der Schaltfläche OPTIONEN.
6. Übertragen des Konstrukts INSGESAMT in den BEREICH MITTELWERTE ANZEIGEN FÜR:
7. Zu beachten ist, daß bei SIGNIFIKANZNIVEAU: der Wert 0,05 eingestellt ist.
8. Anklicken von WEITER.
9. Anklicken von OK.

SPSS erzeugt jetzt unter anderem die folgenden Ergebnisse:

Tests

Abhängige Variable: WERT

Quelle	Quadratsumme	df	Mittel der Cuadrate	F	Signifikanz
Korrigiertes Modell	30,208	5	6,042	5,000	,005
ART	17,583	2	8,792	7,276	,005
FARBE	,375	1	,375	,310	,584
ART * FARBE	12,250	2	6,125	5,069	,018
Fehler	21,750	18	1,208		
Korrigierte Gesamtvariation	51,958	23			

Vergleicht man diese Ergebnisse mit der Übersicht in Abschnitt 14.4, erkennt man die folgenden Gemeinsamkeiten:

1. Als QUELLE bezeichnet SPSS den jeweiligen Variationsgrund.
2. Mit DF wird, wie in anderen SPSS-Ausgaben auch, die Anzahl der Freiheitsgrade bezeichnet.
3. Unter MITTEL DER QUADRATE ist die jeweilige Varianz zu verstehen.
4. Mit SIGNIFIKANZ wird die rechnerische Signifikanz bezeichnet, die zur Rückweisung der jeweils zu testenten Hypothese führt, wenn sie kleiner oder gleich 0,05 ist.
5. Das Stichwort KORRIGIERTES MODELL kennzeichnet in der Übersicht des Abschnitts 14.4 die Notation „Farbe des Hintergrundes, Art der Buchstaben, Wechselwirkung und Zufall".
6. Bei ART findet man die Angaben zu „Art der Buchstaben und Zufall".
7. Bei FARBE findet man die Angaben zu „Farbe des Hintergrundes und Zufall".
8. Bei ART*FARBE findet man die Angaben zu „Wechselwirkung und Zufall".
9. Bei FEHLER findet man die Angaben zum Stichwort „Zufall".

10. Bei KORRIGIERTE GESAMTVARIATION findet man die Angaben, die in der Übersicht des Abschnitts 14.4 beim Stichwort „Insgesamt" angegeben sind.

Zu beachten ist, daß die Zahlenwerte in der Übersicht des Abschnitts 14.4 wegen Rundungsungenauigkeiten teilweise etwas von denen abweichen, die SPSS ausgibt. Gleichwohl führt die Berechnung durch SPSS zu den gleichen Testentscheidungen, wie die „per-Hand-Rechnungen" in Abschnitt 14.4.

***Kolmogoroff/Smirnow*-Zwei-Stichproben-Anpassungstest**. Die Ausgangsdaten des Beispiels im Abschnitt 14.5 sind in eine SPSS-Tabelle eingegeben worden (siehe Datei K1403.SAV); die Werte stehen alle untereinander in der ersten Spalte, in der zweiten Spalte finden sich die Ziffern 1 und 2 zur Kennzeichnung der beiden Gruppen (Stichproben). Die Durchführung des Tests mit SPSS erfordert die folgenden Arbeitsschritte:

1. Öffnen der Datei K1403.SAV.
2. Wählen von ANALYSIEREN/NICHTPARAMETRISCHE TESTS/ZWEI UNABHÄNGIGE STICHPROBEN...
3. Übertragen der Variablen anzahl in den Bereich TESTVARIABLEN:
4. Übertragen der Variablen sp (Stichprobe) in den Bereich GRUPPENVARIABLE:
5. Anklicken der Schaltfläche GRUPPEN DEFINIEREN.
6. Bei GRUPPE 1 ist der Wert 1, bei GRUPPE 2 der Wert 2 einzugeben und WEITER IST ANZUKLICKEN.
7. Anklicken von OK.

SPSS erzeugt jetzt die folgenden Ergebnisse:

Häufigkeiten

	SP	N
ANZAHL	1	4
	2	5
	Gesamt	9

Statistik für Test[a]

		ANZAHL
Extremste Differenzen	Absolut	,400
	Positiv	,000
	Negativ	-,400
Kolmogorov-Smirnov-Z		,596
Asymptotische Signifikanz (2-seitig)		,869

a. Gruppenvariable: SP

Man erkennt am Wert, der beim Stichwort ASYMPTOTISCHE SIGNIFIKANZ (2-SEITIG) ausgegeben wird, daß die zu prüfende Hypothese anzunehmen ist. In dieser zweiten Ausgabetabelle werden die maximalen Differenzen zwischen den beiden Verteilungsfunktionen (EXTREMSTE DIFFERENZEN) ausgegeben, die auch im Zahlenbeispiel des Abschnitts 14.5 auftauchen. Warum allerdings als Wert der Prüfgröße (KOLMOGOROV-SMIRNOV-Z) der Wert 0,596 und nicht, wie dem Beispiel in Abschnitt 14.5 entnommen werden kann, der Wert 0,6 erscheint, ist den SPSS-Handbüchern nicht zu entnehmen.

15 Regressionsanalyse mit metrischen Merkmalen[1]

Der Zusammenhang zwischen Merkmalen wird in den vorstehenden Kapiteln auf unterschiedliche Arten betrachtet und beurteilt. Häufig wird unter Verwendung von Stichprobenwerten geprüft, ob die Hypothese der Unabhängigkeit zwischen zwei oder auch mehreren Merkmalen Bestand hat. Hierbei richtet sich die Aufmerksamkeit nur auf den mittleren Wert eines Merkmales oder auch auf seine gesamte Verteilung.

In den zwei folgenden Kapiteln wird die Frage nach dem Zusammenhang zwischen Merkmalen auf einem anderen Weg zu beantworten versucht. Zunächst wird die Beziehung zwischen Merkmalen in einem für die Grundgesamtheit geltenden Dependenzmodell formuliert. Sodann werden die Modellparameter unter Verwendung von Stichprobendaten geschätzt. Erst anschließend wird den Fragen nach der Beurteilung der tatsächlichen Richtung und Intensität des Zusammenhanges nachgegangen. Hierbei gehen wir auf Tests ein, jedoch nicht auf Konfidenzbereiche.

Ausgangspunkt ist im vorliegenden Kapitel in den Abschnitten 15.1 und 15.2 der klassische Fall, daß sowohl die erklärenden Variablen als auch die Variable, die statistisch erklärt werden soll, metrisch skaliert sind. Anschließend wird im Kapitel 16.1 der Fall einbezogen, daß eine oder mehrere der erklärenden Variablen nominalskaliert sind, was auf eine regressionsanalytische Formulierung der Varianzanalyse vom Kapitel 14.4 hinausläuft. Falls die zu erklärende Variable nominalskaliert ist, besteht die u.U. die Möglichkeit für eine Logit-Analyse, die als Regressionsanalyse mit einer zu erklärenden binären qualitativen Variablen im Kapitel 16.2 eingeführt wird.

15.1 Einfache lineare Regression

Zunächst wird das grundlegende Modell der einfachen linearen Regression erläutert, das auf einfache und natürliche Weise zum multiplen linearen Regressionsmodell entwickelt werden kann. Hierbei wird unterstellt, daß der Leser bereits mit den wichtigsten Aspekten des deskriptiven Teiles der Regressionsanalyse vertraut ist. Im Rahmen des vorliegenden Kapitels wird in erster Linie die inferenzstatistische Seite des Regressionsmodells behandelt.

Hierzu muß das Regressionsmodell erst formuliert werden, was im Kontext der deskriptiven Statistik gewöhnlich unterbleibt, weil dort ja nicht die

[1] Das Kap. 15 ist stark gekürzt entnommen aus *Tiede, M.:* Statistik. Regressions- und Korrelationsanalyse. München/Wien 1987, Kap. III.

Absicht einer Verallgemeinerung des empirischen Befundes unter Verwendung des Testens oder Schätzens besteht.

Modell. Zwischen den Variablen Y und X besteht in der Grundgesamtheit ein Zusammenhang, der durch die folgende Regressionsgleichung zum Ausdruck gebracht wird:

$$y_i = \underbrace{\beta_0 + \beta_1 x_i}_{\hat{y}_i} + u_i, i = 1, \ldots, n, \beta_1 \neq 0,$$

y_i	Wert der metrisch skalierten Untersuchungsvariablen Y
x_i	Wert der metrisch skalierten exogenen Variablen X
β_0, β_1	Regressionskoeffizienten
$\hat{y}_i$	Teil von y_i, der durch x_i determiniert ist
u_i	Wert der Störvariablen bzw. Teil von y_i, der nicht durch x_i determiniert ist
n	Anzahl der statistischen Einheiten mit dem Wertepaar $(x_i, y_i), i = 1, \ldots, n$

y_i wird bei der i-ten Einheit erhoben, wenn x_i vorgegeben ist.

Die Regressionsgleichung gibt an, daß y_i in zwei Teile getrennt ist.

- Die Komponente $\hat{y}_i = \beta_0 + \beta_1 x_i$ entspricht dem Wert, den y_i regelmäßig annehmen würde, falls der Zusammenhang zwischen Y und X in der angegebenen Weise ausschließlich deterministisch wäre. Er wird durch die Regressionskoeffizienten β_0 und β_1 spezifiziert.
- u_i ist die Komponente von y_i, die nicht auf x_i zurückgeführt werden kann. Sie bringt bei jeder statistischen Einheit i zum Ausdruck, in welchem Ausmaß y_i von seiner determinierten Komponente abweicht. Der Betrag dieser Abweichung ist nicht vorhersagbar und wird deshalb als zufällig zustande gekommen beurteilt.

Unter Verwendung der Stichprobenvariablen[2] Y_i für y_i und U_i für u_i kann die Regressionsgleichung für die Grundgesamtheit auch als

$$Y_i = \underbrace{\beta_0 + \beta_1 x_i}_{\hat{Y}_i} + U_i, i = 1, \ldots, n, \beta_1 \neq 0$$

[2] Analog zur Ausführung im Kap. 5.2 kann für den vorliegenden Fall argumentiert werden: Insgesamt werden in einer Stichprobe n Wertepaare (x_i, y_i) der Variablen Y und X erhoben, die über $y_i = \beta_0 + \beta_1 x_i$ miteinander verbundenen sind. Man kann jedes Wertepaar auch als eine einzelne Realisation der Zufallsvariablen $Y_i = \beta_0 + \beta_1 x_i$ ansehen, von denen es n gibt, und wobei diese n Zufallsvariablen übereinstimmen und wie Y verteilt sind. Jede der n Zufallsvariablen $Y_i = \beta_0 + \beta_1 x_i$ realisiert also in der Stichprobe einen Wert $y_i = \beta_0 + \beta_1 x_i$, so daß insgesamt n unabhängige Stichprobenwerte $y_i = \beta_0 + \beta_1 x_i$ vorliegen.

geschrieben und interpretiert werden: Jeder exogene Wert x_i ist in der Grundgesamtheit kombiniert mit verschiedenen möglichen Werten y_i der Untersuchungsvariablen Y_i.

In der Regressionsgleichung für die Grundgesamtheit sind fast alle Terme unbekannt: U_i sind unbekannte Zufallsvariablen[3], β_0 und β_1 sind unbekannte Koeffizienten. Lediglich die exogen vorgegebenen Werte x_i sind bekannt, und von den Variablen Y_i kennt man nur jeweils eine Stichprobenrealisation y_i. Ohne weitere Informationen oder Annahmen kann man deshalb mit dem obigen Modell nicht viel anfangen.

Im klassischen Regressionsmodell werden nun Annahmen für die Störvariablen U_i getroffen, die sich wegen der Regressionsgleichung auch auf die Untersuchungsvariablen Y_i auswirken:

Die Erwartungswerte der n Störvariablen sind null,

$E(U_i)=0$ für alle i.

Diese erste Annahme geht also davon aus, daß sich die Effekte der zur Störgröße zusammengefaßten sonstigen Einflußgrößen, die nicht durch die eine exogene Variable X erfaßt sind, im Durchschnitt gegenseitig aufheben.

Die Varianzen der n Störvariablen sind gleich groß,

$Var(U_i)=\sigma_U{}^2$ für alle i.

Diese Annahme besagt auch, daß die Varianz der Verteilung von U_i und somit auch die von Y_i nicht von x_i geprägt ist.

Die dritte Annahme unterstellt, daß die n Störvariablen unabhängig sind, mithin – vereinfacht gesagt - nicht untereinander korrelieren. Sie besagt also, daß die Verteilung der Werte für eine Störvariable nicht durch die Verteilung der Werte für eine andere Störvariable geprägt ist.

Eine vierte Annahme, die für die gebräuchlichen Verfahren der Intervallschätzungen und Tests von Hypothesen erforderlich ist[4], besagt, daß jede

---

[3] Diese Zufallsvariablen werden häufig als „Störvariablen" bezeichnet, wohl weil sie den determinierten Zusammenhang zwischen den zwei Variablen stören. Eine andere häufig verwendete Bezeichnung für diese Zufallsvariablen ist „Fehlervariable", wohl weil ein Fehler sein mag, wenn ein Zusammenhang nicht vollständig bestimmt werden kann.

[4] Diese Annahme ist für die Punktschätzung der Regressionskoeffizienten mit der Methode der kleinsten Quadrate entbehrlich.

Störvariable U_i normalverteilt ist. Somit wird zugleich angenommen, daß die Variablen Y_i normalverteilt sind.

Die vier Annahmen lassen sich zusammenfassen:

U_i folgt der Verteilung $N(0;\sigma_U)$ für alle i,

wobei die U_i voneinander unabhängig sind.

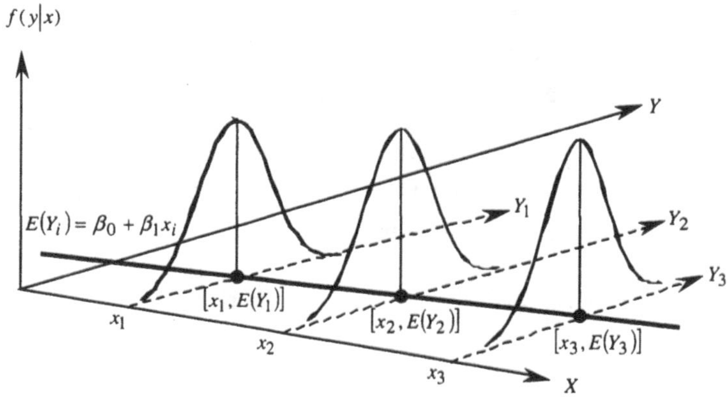

Abb. 15.1: Einfache lineare Regression in der Grundgesamtheit

In der Abbildung 15.1 wird das für die Grundgesamtheit formulierte Modell der linearen Einfachregression graphisch veranschaulicht. Stellvertretend für andere exogene Werte sei nur der Wert x_2 betrachtet. Der exogene Wert x_2 ist kombiniert mit verschiedenen möglichen Werten für y_2; diese liegen auf der Achse Y_2. Die Wahrscheinlichkeitsdichten $f(y|x)$ für die Werte y_2 sind unterschiedlich groß und entsprechen denen einer Normalverteilung[5] $N(\beta_0 + \beta_1 x_2;\sigma_U)$, die in der Abb. 15.1 seitlich von oben erkennbar ist. Des weiteren kann erkannt werden, daß die determinierten Komponenten aller Werte y_i, $\hat{y}_i = E(Y_i) = \beta_0 + \beta_1 x_i$, auf einer Geraden liegen, der Regressionsgeraden in der Grundgesamtheit.

Schätzung der Modellparameter mit der Methode der kleinsten Quadrate. Die Annahmen über die Störvariablen führen dazu, daß in der Regressionsgleichung für die Grundgesamtheit drei unbekannte Parameter enthalten sind, nämlich β_0, β_1 und $\sigma_U{}^2$. Hierfür sind unter Verwertung von Informationen aus der Stichprobe möglichst gute Schätzwerte

[5] Für den Erwartungswert gilt:

$E(Y_2) = E(\beta_0 + \beta_1 x_2 + U_2) = E(\beta_0 + \beta_1 x_2) + E(U_2) = E(\beta_0 + \beta_1 x_2) = E(\beta_0) + E(\beta_1 x_2) = \beta_0 + \beta_1 x_2$.

$\beta_0 \approx \hat{\beta}_0 = b_0$,

$\beta_1 \approx \hat{\beta}_1 = b_1$ und

$\sigma_U{}^2 \approx \hat{\sigma}_U{}^2 = Var(D)$

zu finden. $\sigma_U{}^2$ bezeichnet bekanntermaßen die Varianz der Störvariablen in der Grundgesamtheit. Unter Beachtung der Annahme $E(U_i)=0$ ist diese Varianz zugleich die durchschnittliche quadratische Differenz zwischen den Werten y_i und ihrer jeweiligen determinierten Komponente $\hat{y}_i$,

$$\sigma_U{}^2 = 1/n \sum_{i=1}^{n} [u_i - E(U_i)]^2 = 1/n \sum_{i=1}^{n} u_i{}^2 = 1/n \sum_{i=1}^{n} (y_i - \hat{y}_i)^2 .$$

Der Schätzwert für $\sigma_U{}^2$ ist somit die durchschnittliche quadratische Differenz zwischen den Werten y_i und ihrer jeweiligen determinierten Komponente in der Stichprobe, mithin die Varianz aus den Differenzen $d_i = y_i - \hat{y}_i$ in der Stichprobe. Die Abkürzung für diesen Schätzwert ist $Var(D)$; er wird unter Beachtung der Freiheitsgrade $n-2$, die eine erwartungstreue Schätzung von $\sigma_U{}^2$ garantieren, über

$$Var(D) = Var(y_i - \hat{y}_i) = 1/(n-2) \sum_{i=1}^{n} (y_i - \hat{y}_i)^2$$

bestimmt[6].

Für die Schätzung stehen eine Reihe von Verfahren zur Verfügung. Das in den Annahmen am wenigsten restriktive Schätzverfahren ist die Methode der kleinsten Quadrate. Dieses Schätzverfahren ist im Kapitel 7, das sich mit dem Schätzen von Parametern befaßt, nicht behandelt, weil seine dominierende Verwendungsrichtung im Bereich der Regressionsmodelle liegt und eine Darstellung am besten hier erfolgt.

Mit der Methode der kleinsten Quadrate werden die Regressionskoeffizienten b_0 und b_1 der Stichprobe so festgelegt, daß $(n-2)Var(D)$ bzw. $Var(D)$, der Schätzwert für $\sigma_U{}^2$, einen minimalen Wert hat. Zu erfüllen ist die Forderung der Zielfunktion

[6] Im deskriptiven Kontext wird $Var(D)$ gewöhnlich als $Var(D) = Var(y_i - \hat{y}_i) = 1/n \sum_{i=1}^{n} (y_i - \hat{y}_i)^2$ festgelegt.

$$z = \sum_{i=1}^{n} (y_i - \hat{y}_i)^2 = \sum_{i=1}^{n} d_i^{\,2} \rightarrow Minimum!$$

Die Summe der quadrierten Differenzen zwischen den in der Stichprobe beobachteten Werten y_i und ihrer jeweiligen determinierten Komponente $\hat{y}_i$ soll also einen möglichst kleinen Wert haben. Die Abbildung 15.2 ist hierzu eine geometrische Veranschaulichung.

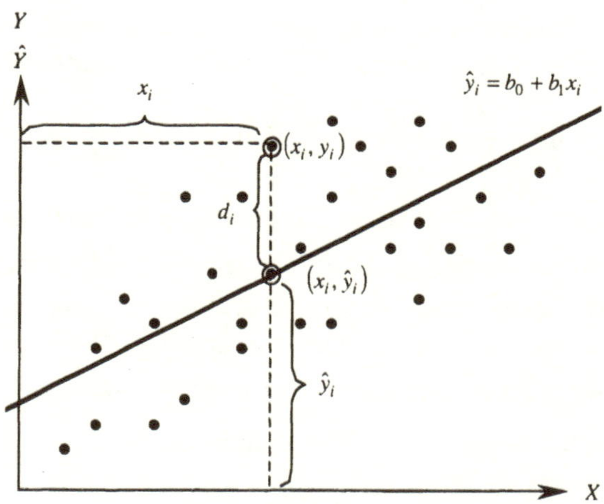

Abb. 15.2: Einfache lineare Regression in der Stichprobe

In der Abbildung 15.2 bezeichnen die markierten Punkte die Wertepaare (x_i, y_i) der Stichprobe. Ein ausgewähltes Wertepaar ist in die Teile $(x_i, \hat{y}_i)$ und (x_i, d_i) zerlegt. Die oben angegebene Zielfunktion z fordert nun, daß die Regressionsgerade $\hat{y}_i = b_0 + b_1 x_i$ so durch die Punktewolke zu legen ist, daß die Summe der quadrierten senkrechten Abstände der Punkte von der Regressionsgeraden minimiert ist.

Die Minimierung der Zielfunktion z ist mit Hilfe der Differentialrechnung leicht durchführbar[7]. Das Ergebnis ist:

---

[7] $z = \sum d_i^{\,2} = \sum (y_i - b_0 - b_1 x_i)^2$.

Man bildet die partiellen Ableitungen von z nach b_0 und b_1 und setzt diese gleich null:

$$\frac{\delta z}{\delta b_0} = \sum -2(y_i - b_0 - b_1 x_i) = 0 .$$

Hieraus ergibt sich, daß $\sum y_i - nb_0 - b_1 \sum x_i = 0$, so daß $b_0 = \bar{y} - b_1 \bar{x}$.

$$\frac{\delta z}{\delta b_1} = \sum -2x_i(y_i - b_0 - b_1 x_i) = 0 .$$

$$b_0 = \overline{y} - b_1\overline{x},$$

$$b_1 = \frac{Cov(X,Y)}{Var(X)},$$

$$Cov(X,Y) = 1/n \sum_{i=1}^{n} (x_i - \overline{x})(y_i - \overline{y}),$$

$$Var(X) = 1/n \sum_{i=1}^{n} (x_i - \overline{x})^2 .$$

Die Schätzungen haben, wie u.a. der ökonometrischen Standardliteratur entnommen werden kann, die folgenden auf den Durchschnitt bezogenen Eigenschaften:

$$E(B_0) = \beta_0 , \quad E(B_1) = \beta_1,$$

$$E[Var(D)] = E\left[1/(n-2)\sum_{i=1}^{n}\left(Y_i - \hat{Y}_i\right)^2\right] = \sigma_U{}^2 .$$

$$Var(B_0) = \frac{\sigma_U{}^2 \sum x_i{}^2}{n\sum (x_i - \overline{x})^2}, \quad Var(B_1) = \frac{\sigma_U{}^2}{\sum (x_i - \overline{x})^2}.$$

Ob das Modell gut an die Daten der Stichprobe angepaßt ist, wird gewöhnlich unter Verwendung des Determinationskoeffizienten[8]

$$r^2 = \frac{Var(\hat{Y})}{Var(Y)} = 1 - \frac{Var(D)}{Var(Y)}$$

$$Var(Y) = 1/n \sum_{i=1}^{n} (y_i - \overline{y})^2$$

$$Var(\hat{Y}) = 1/n \sum_{i=1}^{n} (\hat{y}_i - \overline{y})^2$$

$$Var(D) = 1/n \sum_{i=1}^{n} d_i{}^2 = 1/n \sum_{i=1}^{n} (y_i - \hat{y}_i)^2$$

Hieraus ergibt sich, daß $\sum x_i y_i - b_0 \sum x_i - b_1 \sum x_i{}^2 = 0$, so daß $b_1 = \frac{\sum x_i y_i - b_0 \sum x_i}{\sum x_i{}^2}$.

Für b_0 eingesetzt, ergibt sich

$$b_1 = \frac{\sum x_i y_i - \overline{y}\sum x_i + b_1\overline{x}\sum x_i}{\sum x_i{}^2}, \quad b_1 - \frac{b_1\overline{x}\sum x_i}{\sum x_i{}^2} = \frac{\sum x_i y_i - \overline{y}\sum x_i}{\sum x_i{}^2},$$

$$b_1 = \frac{\sum x_i y_i - \overline{y}\sum x_i}{\sum x_i{}^2\left(1 - \frac{\overline{x}\sum x_i}{\sum x_i{}^2}\right)} = \frac{\sum x_i y_i - \overline{y}\sum x_i}{\sum x_i{}^2 - \overline{x}\sum x_i} = \frac{\sum x_i y_i - n\overline{x}\cdot\overline{y}}{\sum x_i{}^2 - n\overline{x}^2} = \frac{nCov(X,Y)}{nVar(X)}.$$

[8] Bei Verwendung erwartungstreuer Varianzen läßt sich der bereinigte Determinationskoeffizient definieren

bemessen. Er gibt an, wie groß der Anteil der Varianz der Untersuchungsvariablen ist, der sich auf die Variation der exogenen Variablen zurückführen läßt und insoweit statistisch erklärt ist. Seine Konstruktion basiert auf einer Quadratsummenzerlegung, die gewöhnlich im Kontext der deskriptiven Statistik nachgewiesen wird,

$$\underbrace{\sum_{i=1}^{n}(y_i - \bar{y})^2}_{q} = \underbrace{\sum_{i=1}^{n}(\hat{y}_i - \bar{y})^2}_{q_1} + \underbrace{\sum_{i=1}^{n}(y_i - \hat{y}_i)^2}_{q_2},$$

wonach die gesamte Variation q der Werte y_i der Untersuchungsvariablen in zwei additive Teile q_1 und q_2 getrennt werden kann. q_1 gibt die Variation der determinierten Komponenten von y_i an und q_2 die Variation der auf den Zufall zurückgeführten Komponenten von y_i. Je größer der Anteil von q_1 an q ist, desto besser paßt sich das Modell den Stichprobenwerten an, desto höher ist sein statistischer Erklärungswert. Dies ist die Aussage des Determinationskoeffizienten.

In geometrischer Interpretation betrifft q_1 die Variation auf der Regressionsgeraden und q_2 die Variation um die Regressionsgerade herum.

Test des Regressionskoeffizienten. Der Regressionskoeffizient β_1 besetzt im Regressionsmodell eine Schlüsselrolle. Sein Vorzeichen gibt die Richtung und sein Betrag das Ausmaß der Änderung der determinierten Komponente $\hat{y}_i$ von y_i an, wenn ein beliebiger Wert x_i um eine Einheit erhöht wird.

Im einzelnen gilt für den Test des Regressionskoeffizienten:

① Situation: Sie wird durch das dargestellte einfache lineare Regressionsmodell umrissen. Insbesondere darf also nur eine Einflußgröße X vorliegen, die für die Untersuchungsvariablen Y von Bedeutung ist. Die Daten der Stichprobe sollten so gewonnen werden, daß bei jeder zufällig gewählten statistischen Einheit ein Wert x_i der metrisch skalierten exogenen Variablen X vorgegeben und ein Wert y_i der metrisch skalierten Untersuchungsvariablen Y erhoben wird. Die sonstigen auf Y gerichteten Einflüsse anderer Merkmale sollen unvorhersehbar sein und sollten sich wechselseitig im Durchschnitt so neutralisieren, daß ihr gesamter Nettoeffekt null ist.

② Hypothesen: Man interessiert sich insbesondere für den folgenden Fall. β_1 nimmt den Wert Null an[9], wenn sich die determinierte Komponente $\hat{y}_i$ von y_i bei einer Erhöhung von x_i nicht ändert. Im Durchschnitt ändert sich dann y_i auch nicht, weil dessen zufällige Komponente $u_i = y_i - \hat{y}_i$ im Durchschnitt null ist. β_1 ist also null, falls X keine Auswirkung auf Y hat. Somit kann die Hypothese der Wirkungslosigkeit von X bezüglich Y bzw. die Hypothese der Unabhängigkeit von Y bezüglich X über

$$H_0 : \beta_1 = 0$$

zum Ausdruck gebracht werden.

③ Problem: In der Stichprobe ist gewöhnlich der Regressionskoeffizient b_1 von null verschieden, so daß sich die Frage stellt, ob die Untersuchungsvariable von der exogenen Variablen in Wahrheit beeinflußt wird.

④ Lösung: Die Prüfung der Unabhängigkeit kann auf zwei äquivalente Arten durchgeführt werden. Eine Möglichkeit besteht darin, als Prüfvariable das folgende Konstrukt zu verwenden:

$$\frac{(B_1 - \beta_1)\sqrt{\sum_{i=1}^{n}(x_i - \bar{x})^2}}{S_d},$$

$$S_d{}^2 = Var(D) = 1/(n-2)\sum_{i=1}^{n} d_i{}^2 = 1/(n-2)\sum_{i=1}^{n}(y_i - \hat{y}_i)^2 .$$

S_d bezeichnet die Stichprobenvariable der (erwartungstreuen) Standardabweichung jener Komponenten von y_i, die auf den Zufall zurückgeführt werden[10].

Obiges Konstrukt eignet sich als Prüfvariable, weil ein relativ großer Unterschied zwischen dem Stichprobenwert b_1 und dem Hypothesenwert für β_1 zu einem relativ großen Absolutwert für den obigen Ausdruck führt. Somit kann sein Wertebereich in einen Annahme- und Rückweisungsbereich getrennt werden, was der Abbildung 15.3 entnommen werden kann.

---

[9] Bei der Formulierung der Regressionsgleichung ist ausdrücklich auf $\beta_1 \neq 0$ hingewiesen. Dort ist jedoch von einem Zusammenhang zwischen Y und X die Rede, der natürlich nur für den Fall $\beta_1 \neq 0$ besteht.

[10] Im Kap. 14.2 wird diese Abkürzung in einem anderen Zusammenhang verwendet, was nicht zu einer Verwechslung führen sollte.

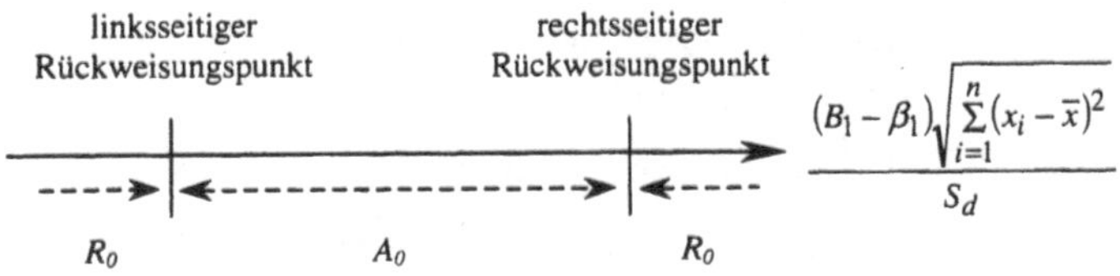

Abb. 15.3: Annahme- und Rückweisungsbereich der Prüfvariablen beim Test des Regressionskoeffizienten

Des weiteren ist bekannt, wie die Prüfvariable unter der Nullhypothese verteilt ist. Nach einer geeigneten *Student*isierung, vergleichbar mit dem Vorgehen im Kap. 13.1, Kap. 14.1 etc., kann festgestellt werden, daß die Prüfvariable unter der Nullhypothese einer t-Verteilung mit $\nu = n-2$ folgt[11].

Äquivalent hierzu läßt sich die Unabhängigkeitshypothese varianzanalytisch prüfen, was sich insbesondere im Rahmen der multiplen Regressionsanalyse als vorteilhaft erweisen wird. Hierzu wird von der im Zusammenhang des Determinationskoeffizienten bereits genutzten Quadratsummenzerlegung

$$\underbrace{\sum_{i=1}^{n}(y_i-\bar{y})^2}_{q} = \underbrace{\sum_{i=1}^{n}(\hat{y}_i-\bar{y})^2}_{q_1} + \underbrace{\sum_{i=1}^{n}(y_i-\hat{y}_i)^2}_{q_2}$$

ausgegangen. q_1 ist in der Stichprobe wegen des Einfluß des Zufalls größer als null[12], aber auch möglicherweise zusätzlich wegen einer Variabilität der Werte $\hat{y}_i$, die über $\hat{y}_i = b_0 + b_1 x_i$ auf die Variabilität der Werte x_i

---

[11] Bei normalverteilten Störvariablen folgt B_1 der Verteilung $N\left(\beta_1;\sigma_U\Big/\sqrt{\sum(x_i-\bar{x})^2}\right)$, so daß sich die Standardardnormalvariable $K = \dfrac{B_1-\beta_1}{\sigma_U\Big/\sqrt{\sum(x_i-\bar{x})^2}}$ bilden läßt.

Des weiteren gilt analog zum Vorgehen in der Fußnote 15 im Kap. 5.4, daß $S_d/\sigma_U = \sqrt{\chi^2/\nu}$ mit $\nu = n-2$.

Nach Einsetzen in den Zähler und Nenner der t-Variablen (Kap. 4.4), $t = K\Big/\sqrt{\chi^2/\nu}$, ergibt sich

$$t = \frac{\dfrac{B_1-\beta_1}{\sigma_U\Big/\sqrt{\sum(x_i-\bar{x})^2}}}{S_d/\sigma_U}.$$

Die unbekannte Streuung in der Grundgesamtheit σ_U läßt sich kürzen, so daß sich die im Haupttext angegebene Prüfvariable einstellt.

[12] Bei wiederholten Zufallsstichproben werden die jeweiligen Regressionsgeraden in den Stichproben untereinander abweichen, so daß die Werte auf den Regressionsgeraden auch eine zufallsbedingte unterschiedliche Variabilität aufweisen.

zurückgeführt werden kann. q_2 hingegen, geometrisch als Variabilität um die Regressionsgerade erkennbar, ist ausschließlich durch die Störvariable und somit durch den Zufall allein geprägt. Dies faßt das folgende Schema zur Varianzanalyse zusammen.

Variationsgrund	Ausprägung der Variation im Regressionsmodell	Quadratsumme	Freiheitsgrad	Varianz
exogene Variable und Zufall	Variation auf der Regressionsgeraden	q_1	1	$s_1^2 = q_1$
Zufall	Variation um die Regressionsgerade	q_2	$n-2$	$s_2^2 = \frac{q_2}{n-2}$
Insgesamt	Variation um den Mittelwert	q	$n-1$	

Falls die Unabhängigkeitshypothese zutrifft, dürfen sich s_1^2 und s_2^2 nur noch zufällig voneinander unterscheiden, was mit dem Varianzquotiententest unter Verwendung der Prüfvariablen S_1^2/S_2^2, die unter der Nullhypothese nach F_{n-2}^1 verteilt ist, entschieden werden kann.[13]

Ein Gartenschwimmbad wird durch den Einsatz solarer Wärmezellen geheizt. In der Badesaison werden an jedem zweiten Sonntag zur Mittagszeit die Lufttemperatur X und die Wassertemperatur Y gemessen.

X	14	22	16	20	19	16	24	30	25	24	20	17
Y	18	24	26	26	26	23	24	28	27	26	24	20

Es wird angenommen, daß die Wassertemperatur im relevanten Wertebereich in Form einer einfachen linearen Regressionsfunktion auf die Lufttemperatur zurückgeführt werden kann.

Nach wenigen Rechnungen ergibt sich:

$$\bar{x} = 20{,}58, \quad \bar{y} = 24{,}33, \quad Cov(X,Y) = 8{,}556.$$
$$Var(X) = 19{,}58, \quad Var(Y) = 7{,}722.$$

Hieraus läßt sich die Regressionsgerade in der Stichprobe ermitteln,

$$\hat{y}_i = 15{,}34 + 0{,}4370 x_i,\ i = 1,\ldots,12.$$

[13] Ein Vergleich der Variablen F_{n-1}^1 mit der etwas weiter oben verwendeten t-Variablen mit $\nu = n-2$ zeigt, daß $F_{n-2}^1 = t^2$. Der zweiseitige t-Test führt also zum gleichen Ergebnis wie der entsprechende F-Test.

Wenn sich also die Lufttemperatur um 1 ° erhöht, kann erwartet werden, daß die solaren Wärmezellen die Wassertemperatur um 0,437 ° erhöhen.

Der Determinationskoeffizient hat den Wert $r^2 = 0{,}4842$, so daß 48% der Varianz der Badewassertemperatur auf die Variation der Lufttemperatur zurückgeführt werden kann.

Die Hypothese, daß die Badewassertemperatur unbeeinflußt ist von der Lufttemperatur, wird bei 5% Signifikanzniveau zurückgewiesen. Dies ergibt sich, falls der t-Test durchgeführt wird. In diesem Falle realisiert die Prüfvariable

$$\frac{B_1\sqrt{\sum_{i=1}^{n}(x_i - \bar{x})^2}}{S_d}$$

den Wert 3,06. Der Rückweisungspunkt liegt für die t-Variable mit $\nu = 12 - 2 = 10$ im Wert 2,23.

Bei varianzanalytischer Prüfung ergibt sich gleichermaßen:

Variationsgrund	Ausprägung der Variation im Regressionsmodell	Quadratsumme	Freiheitsgrad	Varianz
Lufttemperatur und Zufall	Variation auf der Regressionsgeraden	44,87	1	44,87
Zufall	Variation um die Regressionsgerade	47,80	10	4,780
Insgesamt	Variation um den Mittelwert	92,67	11	

Die nach F_{10}^{1} verteilte Prüfvariable realisiert den Wert $44{,}87/4{,}78 = 9{,}387$, der im Rückwiesungsbereich liegt; denn der Rückweisungspunkt liegt bei 5% Signifikanzniveau im Wert 4,96.[14]

15.2 Multiple lineare Regression

Die multiple lineare Regression kann als Erweiterung der einfachen Regression dargestellt werden. Im Grunde ergeben sich nur besondere Probleme, wenn die exogenen Variablen untereinander korrelieren, also nicht voneinander unabhängig sind.

[14] Wie in der Fußnote 13 festgestellt ist, sind die zwei Unabhängigkeitstests über $F_{n-2}^{1} = t^2$ miteinander verbunden.

Im vorliegenden Beispiel gilt dies für die Werte der zwei Prüfvariablen $t = 3{,}064 = \sqrt{9{,}387}$ und $F = 9{,}387$ ebenso wie für die zwei Rückweisungspunkte $t_r = 2{,}23 = \sqrt{4{,}96}$ und $F_r = 4{,}96$.

Modell. Zwischen der Untersuchungsvariablen Y und den k untereinander unabhängigen exogenen Variablen X_j, $j=1,\dots,k$, besteht in der Grundgesamtheit ein Zusammenhang, der durch die folgende Regressionsgleichung beschrieben wird:

$$y_i = \underbrace{\beta_0 + \sum_{j=1}^{k} \beta_j x_{ji}}_{\hat{y}_i} + u_i, i=1,\dots,n, \beta_j \neq 0 \text{ für alle } j.$$

x_j: Wert der metrisch skalierten exogenen Variablen X_j

Wie auch im einfachen Regressionsmodell wird jeder Wert y_i als aus zwei Komponenten zusammengesetzt aufgefaßt.

- Der Teil $\hat{y}_i$ bringt zum Ausdruck, welchen Wert y_i bei vorgegebener Wertekonstellation x_{ji}, $j=1,\dots,k$, annehmen würde, falls der Zusammenhang zwischen Y und den k exogenen Variablen X_j streng deterministisch wäre. Dabei spezifizieren die insgesamt $k+1$ Regressionskoeffizienten β_j, $j=0,1,\dots,k$ den determinierten Teil des Zusammenhanges in der Grundgesamtheit. Der determinierte Teil läßt sich in die Summanden $\beta_j x_{ji}$, $j=1,\dots,k$, auflösen, auf deren Interpretation etwas später eingegangen wird.
- Der andere Teil von y_i ist u_i und stellt, wie im einfachen Modell, die Komponente dar, die nicht auf einen exogenen Einfluß zurückgeführt werden kann. Diese Komponente ist nicht vorhersagbar und wird als zufällig zustande gekommen angesehen.

In Variablenschreibweise ist die Regressionsgleichung der Grundgesamtheit

$$Y_i = \underbrace{\beta_0 + \sum_{j=1}^{k} \beta_j x_{ji}}_{\hat{Y}_i} + U_i, i=1,\dots,n, \beta_j \neq 0 \text{ für alle } j.$$

Jede exogene Wertekonstellation x_{ji}, $j=1,\dots,k$, ist kombiniert mit verschiedenen möglichen Werten y_i der Zufallsvariablen Y_i.

Das Annahmensystem für die Störvariablen ist im multiplen Modell analog zu den Annahmen des einfachen Modells. Somit besitzt das vorliegende

Modell insgesamt $k+2$ Parameter, nämlich $k+1$ Regressionskoeffizienten β_j, $j=0,1,\ldots,k$, und die Varianz ${\sigma_U}^2$ der Störvariablen.

Schätzung der Modellparameter mit der Methode der kleinsten Quadrate. Die Modellparameter sind aus dem Stichprobenbefund heraus zu schätzen, wobei wiederum die Methode der kleinsten Quadrate verwendet werden soll.

In der Stichprobe gilt die Regressionsgleichung

$$\underbrace{y_i = b_0 + \sum_{j=1}^{k} b_j x_{ji}}_{\hat{y}_i} + d_i,\; i=1,\ldots,n,\; b_j \neq 0 \text{ für alle } j\ .$$

Mit der Methode der kleinsten Quadrate werden die Regressionskoeffizienten – wie im einfachen Modell auch - so geschätzt, daß die Forderung der Zielfunktion

$$z = \sum_{i=1}^{n} (y_i - \hat{y}_i)^2 = \sum_{i=1}^{n} {d_i}^2 \rightarrow Minimum!$$

erfüllt ist. Die Minimierung erfolgt mit Hilfe der Differentialrechnung und unterscheidet sich prinzipiell nicht von dem im Rahmen des einfachen Modells angegebenen Lösungsweg. Wegen des teils recht aufwendigen Schreibaufwandes wäre im vorliegenden multiplen Modell jedoch eine Lösung nur noch unter Verwendung der Matrixschreibweise sinnvoll. In der Praxis kann auf bestehende Auswertungsprogramme zurückgegriffen werden, so daß eine eingehende Erörterung der rechnerischen Details entbehrlich erscheint.

Des weiteren läßt sich zeigen, daß die den Regressionskoeffizienten entsprechenden Schätzfunktionen auch im multiplen linearen Modell die im Zusammenhang des einfachen Modells erwähnten Eigenschaften besitzen.

Die Güte der Anpassung des Modells an die Daten wird gewöhnlich durch den multiplen Determinationskoeffizienten[15] zum Ausdruck gebracht, der konstruiert ist wie der Determinationskoeffizient des einfachen Modells,

---

[15] Die Indizes von r^2 zeigen an, daß sich der Koeffizient auf den Zusammenhang zwischen der Untersuchungsvariablen Y und k erklärenden Variablen X bezieht. Wenn nun ein um gewisse erklärende Variablen reduziertes Modell verwendet wird, kann dies durch die Angabe der noch verwendeten Variablen kenntlich gemacht werden.

$$r_{Y.1...k}{}^2 = \frac{Var(\hat{Y})}{Var(Y)} = 1 - \frac{Var(D)}{Var(Y)}.$$

Test eines oder mehrerer Regressionskoeffizienten. Die Regressionskoeffizienten b_j, $j = 1, \ldots, k$, geben den positiven oder negativen Betrag an, um den sich der Schätzwert für die determinierte Komponente $\hat{y}_i$ des Wertes y_i ändert, wenn der Wert x_{ji} der j-ten exogenen Variablen um eine Einheit erhöht wird.

Hierbei ist zu beachten, daß die Regressionskoeffizienten b_j, $j = 1, \ldots, k$, jeweils eine Dimension besitzen; b_j wird in Einheiten von Y pro Einheit von X_j angegeben. Deshalb ist ein Vergleich ihrer Werte nicht immer sinnvoll. Die Standardisierung

$$b_j^* = b_j \frac{\sqrt{Var(X_j)}}{\sqrt{Var(Y)}}, \; j = 1, \ldots, k,$$

führt zu dimensionslosen Regressionskoeffizienten, die untereinander zwar verglichen werden können, deren Interpretation jedoch nicht leicht durchschaubar ist. b_j^* gibt an, daß sich $\hat{y}_i$ um das b_j^*-fache der Standardabweichung von Y ändert, wenn X_j um eine Standardabweichung von X_j erhöht wird.

Zwischen den standardisierten Regressionskoeffizienten und dem multiplen Determinationskoeffizienten besteht eine aufschlußreiche Beziehung, die für das Verständnis des multiplen Regressionsmodells weitreichend ist,

$$r_{Y.1...k}{}^2 = \sum_{j=1}^{k} b_j^{*2} + 2 \sum_{j=1}^{k-1} \sum_{l=j+1}^{k} b_j^* b_l^* r_{jl},$$

$r_{j,j+1}$ Korrelationskoeffizient (positive Wurzel aus dem Determinationskoeffizienten) für den Zusammenhang zwischen der j-ten und $(j+1)$-ten exogenen Variablen.

Obiger Beziehung kann folgendes entnommen werden: Wenn die exogenen Variablen unkorreliert sind, wenn also alle binären Korrelationskoeffizienten $r_{j,j+1}$ gleich null sind, gilt

$$r_{Y.1...k}{}^2 = \sum_{j=1}^{k} b_j^{*2},$$

so daß über die Quadrate der standardisierten Regressionskoeffizienten eine Zuordnung von erklärten Varianzanteilen der Untersuchungsvariablen zu den jeweiligen exogenen Variablen möglich ist. Dies ist bekanntlich die für die Grundgesamtheit idealisierte Situation, für die das multiple Regressionsmodell adäquat ist. Wenn die Korrelationskoeffizienten von null verschieden sind, was in der Stichprobe natürlich praktisch immer der Fall ist, so indizieren die Quadrate der standardisierten Regressionskoeffizienten die jeweiligen Hauptwirkungen der exogenen Variablen.

Vor diesem Hintergrund kann für die einzelnen möglichen Tests der Regressionskoeffizienten im multiplen Modell festgestellt werden:

① Situation: Sie wird durch das Modell der multiplen linearen Regression skizziert. Es liegen also k voneinander unabhängige metrisch skalierte Einflußgrößen X_j, $j=1,\ldots,k$, vor, die für die metrisch skalierte Untersuchungsvariable Y von Bedeutung sind. Die Daten der Stichprobe sollten so gewonnen werden, daß bei jeder der n zufällig ausgewählten statistischen Einheit eine Kombination von Werten $x_{1i},\ldots,x_{ki}$ vorgegeben wird, wobei von jeder Einflußgröße ein Wert stammt. Des weiteren wird an jeder statistischen Einheit ein Wert y_i der Untersuchungsvariablen Y erhoben. Die sonstigen auf Y gerichteten Einflüsse anderer Merkmale sind nicht vorhersagbar und sollten sich wechselseitig im Durchschnitt so neutralisieren, so daß ihr gesamter Nettoeffekt null ist.

② Hypothesen: Von besonderem Interesse ist die Frage nach der Wirkungslosigkeit einer oder mehrerer Einflußgrößen. Diese Frage ist angesichts der vergrößerten Zahl der exogenen Variablen differenzierter zu stellen als im einfachen Modell.

Die umfassendste Nullhypothese behauptet, daß die Untersuchungsvariable von sämtlichen exogenen Variablen unabhängig ist,

1.) $H_0: \beta_j = 0$ für alle j,

$H_a: \beta_j \neq 0$ für mindestens ein j.

Spezieller ist die Nullhypothese, daß eine einzelne exogene Variable für die Untersuchungsvariable bedeutungslos ist,

2.) $H_0: \beta_j = 0$ für ein j.

Weitere Nullhypothesen können durch das Zusammenfügen derartiger einzelner Hypothesen formuliert werden.

③ <u>Problem</u>: In der Stichprobe sind gewöhnlich die Regressionskoeffizienten b_j von null verschieden, so daß sich die Frage stellt, ob die Untersuchungsvariable von allen oder einzelnen exogenen Variablen in Wahrheit beeinflußt wird.

④ <u>Lösung</u>: Die Prüfungen auf Unabhängigkeit können verschiedenartig durchgeführt werden. Die varianzanalytische Vorgehensweise verdient hierbei wegen ihrer relativ guten Durchschaubarkeit den Vorzug.

Die umfassende Nullhypothese 1.), die die Wirkungslosigkeit sämtlicher exogener Variablen behauptet, läßt sich unter Nutzung der bereits im einfachen Regressionsmodell verwendeten Quadratsummenzerlegung durchführen,

$$\underbrace{\sum_{i=1}^{n}(y_i-\bar{y})^2}_{q}=\underbrace{\sum_{i=1}^{n}(\hat{y}_i-\bar{y})^2}_{q_1}+\underbrace{\sum_{i=1}^{n}(y_i-\hat{y}_i)^2}_{q_2}.$$

Das hier geeignete Schema zur Varianzanalyse hat die weiter unten aufgeführte Form, die analog zum entsprechenden Schema im einfachen Regressionsmodell zu interpretieren ist. An die Stelle der Regressionsgeraden im einfachen Regressionsmodell tritt lediglich die Regressionshyperebene im multiplen Modell, die eine höhere Dimension als die Regressionsgerade hat.

Variationsgrund	Ausprägung der Variation im Regressionsmodell	Quadratsumme	Freiheitsgrad	Varianz
Alle k exogene Variablen und Zufall	Variation auf der Regressionshyperebene	q_1	k	$s_1^2=\frac{q_1}{k}$
Zufall	Variation um die Regressionshyperebene	q_2	$n-k-1$	$s_2^2=\frac{q_2}{n-k-1}$
Insgesamt	Variation um den Mittelwert	q	$n-1$	

Falls die umfassende Unabhängigkeitshypothese zutrifft, dürfen sich die Varianzen s_1^2 und s_2^2 nur noch in den vom Zufall gesetzten Grenzen voneinander unterscheiden. Dies kann mit dem Varianzquotiententest unter Verwendung der Prüfvariablen S_1^2/S_2^2, die unter der Nullhypothese nach F_{n-k-1}^{k} verteilt ist, entschieden werden.

Die spezielle Nullhypothese 2.), die behauptet, daß lediglich die j-te exogene Variable bezüglich der Untersuchungsvariablen wirkungslos ist, läßt sich ebenfalls varianzanalytisch überprüfen. Ausgangspunkt ist erneut die Quadratsummenzerlegung

$$\underbrace{\sum_{i=1}^{n}(y_i - \bar{y})^2}_{q} = \underbrace{\sum_{i=1}^{n}(\hat{y}_i - \bar{y})^2}_{q_1} + \underbrace{\sum_{i=1}^{n}(y_i - \hat{y}_i)^2}_{q_2}.$$

Hierbei betrifft q_1 die Variation der $\hat{y}_i$, die unter Einschluß der j-ten interessierenden exogenen Variablen X_j bestimmt ist.

Die Quadratsummenzerlegung läßt sich natürlich auch für ein Modell durchführen, das die j-te interessierende exogene Variable X_j nicht enthält. Für dieses sog. eingeschränkte bzw. reduzierte Modell gilt die Quadratsummenzerlegung

$$q = q_1^* + q_2^*.$$

q_1^* betrifft die Variation der $\hat{y}_i$, die unter Ausschluß der j-ten interessierenden exogenen Variablen X_j bestimmt ist.

Nun gilt ersichtlich, daß

$$q = q_1^* + (q_1 - q_1^*) + q_2.$$

Diese um q_1^* erweiterte Quadratsummenzerlegung kann für die Prüfung der Nullhypothese 2.) verwendet werden. q_1^* ist in der Stichprobe größer als null wegen des Zufalls und wegen der exogenen Variablen – unter Ausschluß der j-ten interessierenden X_j. Aus eben diesen Gründen ist q_1 größer als null, wobei zudem die interessierende j-te exogene Variable X_j eingeschlossen ist. Deshalb ist $(q_1 - q_1^*)$ größer als null wegen des Zufalls und wegen der interessierenden j-ten exogenen Variablen X_j. Dagegen ist q_2 ausschließlich durch die Störvariable und somit durch den Zufall allein geprägt. Dies faßt das weiter unten stehende Schema zusammen.

Mit den dort enthaltenen Vereinbarungen für s_1^2 und s_2^2 läßt sich die Hypothese der Unabhängigkeit der Untersuchungsvariablen von der exogenen Variablen X_j beurteilen[16] unter Verwendung der Prüfvariablen $F^1_{n-k-1} = S_1^{\,2} / S_2^{\,2}$.

Variationsgrund	Ausprägung der Variation im Regressionsmodell	Quadrat-summe	Freiheits-grad	Varianz
$k-1$ exogene Variablen und Zufall	Variation auf einer Regressionshyperebene, die durch $Y, X_1, \ldots, X_{k-1}$ aufgespannt ist	q_1^*	$k-1$	
Eine interessierende exogene Variable und Zufall	Ohne geometrische Veranschaulichung	$q_1 - q_1^*$	1	$s_1^{\,2} = q_1 - q_1^*$
k exogene Variablen und Zufall	Variation auf einer Regressionshyperebene, die durch $Y, X_1, \ldots, X_{k-1}, X_k$ aufgespannt ist	q_1	k	
Zufall	Variation um die Regressionshyperebene, die durch $Y, X_1, \ldots, X_{k-1}, X_k$ aufgespannt ist	q_2	$n-k-1$	$s_2^{\,2} = \frac{q_2}{n-k-1}$
Insgesamt	Variation um den Mittelwert	q	$n-1$	

Untersuchungsvariable Y einer alterssoziologischen Studie ist die Häufigkeit der Interaktionen bei zehn alleinstehenden, älteren Personen mit ihrem sozialen Bezugsfeld, welche in der Anzahl der empfangenen Besuche pro Monat genessen wird. Die Häufigkeit der Interaktionen soll statistisch durch die zwei exogenen Variablen X_1: Sozioökonomischer Status, bemessen am monatlichen verfügbaren Einkommen in 1000 Euro und X_2: Wohndauer am betreffenden Wohnort, gemessen in Jahren, erklärt werden.

Y	3	5	1	6	4	11	2	2	4	9
X_1	1,315	1,230	0,890	0,710	0,570	1,890	0,625	0,980	1,120	2,100
X_2	25	36	9	45	39	31	5	16	23	32

Nach etwas Rechnerei ergibt sich die Regressionsebene als

$$\hat{y}_i = -3{,}0761 + 4{,}1283 x_{1i} + 0{,}1171 x_{2i}, i = 1, \ldots, 10 .$$

[16] Weil die Variable F^1_{n-k-1} einer quadrierten t-Variablen mit $\nu = n-k-1$ entspricht, führt der zweiseitige t-Test zum gleichen Ergebnis. Die beim t-Test verwendete Prüfvariable ist wesentlich unübersichtlicher konstruiert als die im Haupttext entwickelte Prüfvariable, die einer F-Verteilung folgt.

Falls also z.B. das Einkommen um 1000 Euro erhöht wird, steigt die Zahl der empfangenen Besuche im Durchschnitt an, und zwar um 4,1283 Besuche pro Monat.

Der multiple Determinationskoeffizient beträgt $r_{Y.12}{}^2 = 0{,}7891$, so daß 78,91% der Varianz der Besuchshäufigkeiten auf die Variation der Einkommen und der Wohndauer zurückgeführt werden kann.

Die Standardisierung der Regressionskoeffizienten führt zu

$$b_1^* = 0{,}6645, \quad b_2^* = 0{,}4774.$$

Beispielsweise besagt $b_1^* = 0{,}6645$: Die durchschnittliche Zahl der empfangenen Besuche erhöht sich um 2,015 pro Monat, nämlich um den b_1^*-ten Teil von $\sqrt{Var(Y)} = 3{,}035$, wenn das Einkommen um $1000\sqrt{Var(X_1)} = 488{,}47$ erhöht wird.

Da b_1^{*2} und b_2^{*2} nur bei Unabhängigkeit zwischen dem Einkommen und der Wohndauer die jeweilige Bedeutung für die Besuchshäufigkeit quantifizieren, ist die Bestimmung des entsprechenden binären Korrelationskoeffizienten aufschlußreich, $r_{12} = 0{,}1882$. Der gesamte spezifische Einfluß der beiden Variablen, $0{,}6645^2 + 0{,}4774^2 = 0{,}670$, ist also erheblich größer als ihr gemeinsamer Einfluß in Höhe von $0{,}7897 - 0{,}670 = 0{,}120$.

Für die Prüfung der Unabhängigkeitshypothesen ist das Schema zur Varianzanalyse auf der folgenden Seite hilfreich.

Die umfassende Unabhängigkeitshypothese, die behauptet, daß die Besuchshäufigkeit unabhängig vom Einkommen und der Wohndauer ist, wird bei 5% Signifikanzniveau verworfen, weil die nach F_7^2 verteilte Prüfvariable den Wert $36{,}305/2{,}774 = 13{,}1$ realisiert und der Rückweisungspunkt im Wert 4,74 liegt. Unter den zwei exogenen Variablen ist also wenigstens eine für die Besuchshäufigkeit wesentlich.

Die Hypothese, daß das Einkommen keine Bedeutung für die Besuchshäufigkeit hat, wird abgelehnt, weil die nach F_7^1 verteilte Prüfvariable den Wert $39{,}2297/2{,}774 = 14{,}1$ realisiert, der bei 5% Signifikanzniveau im Rückweisungsbereich liegt, der sich rechts vom Punkt 5,59 erstreckt.

Variationsgrund	Ausprägung der Variation im Regressionsmodell	Quadrat-summe	Freiheitsgrad	Varianz
Wohndauer und Zufall	Variation auf einer Regressionsebene, die durch die Besuchs-häufigkeit und Wohndauer aufgespannt ist	33,4507	1	
Einkommen und Zufall	Ohne geometrische Veranschaulichung	39,2297	1	39,2297
Einkommen, Wohndauer und Zufall	Variation auf einer Regressionsebene, die durch die Besuchshäufigkeit, Einkommen und Wohndauer aufgespannt ist	72,6804	2	36,305
Zufall	Variation um die Re-gressionsebene, die durch die Besuchs-häufigkeit, Einkommen und Wohndauer aufgespannt ist	19,4196	7	2,774
Insgesamt	Variation um den Mittelwert	92,1000	9	

Die Hypothese schließlich, daß die empfangenen Besuche nicht von der Wohndauer abhängen, ist bei 5% Signifikanzniveau angesichts des Wertes $20{,}2663/2{,}774 = 7{,}3$ der nach F_7^1 verteilten Prüfvariablen ebenfalls zu verwerfen[17].

15.3 Softwarelösungen

Test des Regressionskoeffizienten. Die Ausgangsdaten des Beispiels im Abschnitt 15.1 finden sich in der SPSS-Datei K1501.SAV. Die X -Werte stehen in Spalte 1, die Y -Werte in Spalte 2. Die Berechnungen mit SPSS erfordern die folgenden Arbeitsschritte:

1. Öffnen der Datei K1501.SAV.
2. Wählen von ANALYSIEREN/REGRESSION/LINEAR...
3. Übertragen der Variablen y in den Bereich ABHÄNGIGE VARIABLE:
4. Übertragen der Variablen x in den Bereich UNABHÄNGIGE VARIABLE(N):
5. Anklicken der Schaltfläche STATISTIK.
6. Anklicken bei SCHÄTZER im Bereich REGRESSIONSKOEFFIZIENTEN.
7. Anklicken bei ANPASSUNGSGÜTE DES MODELLS.
8. Anklicken von WEITER.

[17] Für das entsprechende Modell ergibt sich $q_1^* = r_{Y1}{}^2 \cdot q = 0{,}5691 \cdot 92{,}1 = 52{,}4141$ und $q_1 - q_1^* = 20{,}2663$.

9. Anklicken von OK.

SPSS erzeugt jetzt ausschnittsweise die folgenden Ergebnisse:

Modellzusammenfassung

Modell	R	R-Quadrat	Standardfehler des Schätzers
1	,696[a]	,484	2,19

a. Einflußvariablen : (Konstante), X

ANOVA[b]

Modell		Quadratsumme	df	Mittel der Quadrate	F	Signifikanz
1	Regression	44,869	1	44,869	9,387	,012[a]
	Residuen	47,798	10	4,780		
	Gesamt	92,667	11			

a. Einflußvariablen : (Konstante), X

b. Abhängige Variable: Y

Hier wird in der ersten Ausgabetabelle der Korrelationskoeffizient mit $r = 0{,}696$ ausgegeben, der Determinationskoeffizient (R-QUADRAT) und der STANDARDFEHLER DES SCHÄTZERS, d.h. die Standardabweichung der Zufallsvariablen Stichproben-Korrelationskoeffizient.

In der zweiten Ausgabetabelle werden die Ergebnisse der Signifikanzprüfung präsentiert. In diesem Zusammenhang bedeutet wieder MITTEL DER QUADRATE die Schätzungen der Grundgesamtheitsvarianz.

Man erkennt am Wert beim Stichwort SIGNIFIKANZ, daß die Nullhypothese (X beeinflußt Y nicht) zu verwerfen ist.

Multiple lineare Regression. Die Daten des Beispiels im Abschnitt 15.2, also die Werte der Variablen Y, X_1 und X_2 finden sich in der SPSS-Tabelle der Datei K1502.SAV. Die Berechnungen mit SPSS erfordern die folgenden Arbeitsschritte:

1. Öffnen der Datei K1502.SAV.
2. Wählen von ANALYSIEREN/REGRESSION/LINEAR...
3. Übertragen der Variablen y in den Bereich ABHÄNGIGE VARIABLE:
4. Übertragen der Variablen x1 und x2 nacheinander in den Bereich UNABHÄNGIGE VARIABLE(N):
5. Anklicken bei SCHÄTZER im Bereich REGRESSIONSKOEFFIZIENTEN.
6. Anklicken bei ANPASSUNGSGÜTE DES MODELLS.
7. Anklicken von WEITER.
8. Anklicken von OK.

SPSS erzeugt jetzt die folgenden Ergebnisse:

Koeffizienten[a]

Modell		Nicht standardisierte Koeffizienten		Standardisierte Koeffizienten		
		B	Standardfehler	Beta	T	Signifikanz
1	(Konstante)	-3,074	1,612		-1,907	,098
	X1	4,128	1,098	,664	3,759	,007
	X2	,117	,043	,477	2,701	,031

a. Abhängige Variable: Y

ANOVA[b]

Modell		Quadratsumme	df	Mittel der Quadrate	F	Signifikanz
1	Regression	72,673	2	36,336	13,092	,004[a]
	Residuen	19,427	7	2,775		
	Gesamt	92,100	9			

a. Einflußvariablen : (Konstante), X2, X1

b. Abhängige Variable: Y

In der ersten Ausgabetabelle werden zunächst die Parameter der Regressionsfunktion (im Text des Abschnitts 15.2 mit β_j bezeichnet) präsentiert (B), daneben stehen die Standardabweichungen der jeweiligen Stichprobenverteilungen (von SPSS wieder als STANDARDFEHLER bezeichnet). Unter Beta erscheinen die standardisierten Koeffizienten, die im Text des Abschnitts 15.2 mit β_j^* bezeichnet werden.

Der Test der Koeffizienten (SPSS testet auch die Konstante gegen null) werden von SPSS als t-Tests angelegt, wobei anzumerken ist, daß diese zu den in Abschnitt 15.2 verwendeten F-Tests in diesem Fall äquivalent sind.

Man erkennt (unter dem Stichwort SIGNIFIKANZ), daß die beiden Regressionskoeffizienten, ausgehend von einem üblichen Signifikanzniveau, als statistisch signifikant von null verschieden anzusehen sind, d.h. sowohl X_1 als auch X_2 üben einen statistisch signifikanten Einfluß auf Y aus.

In der zweiten Tabelle erkennt man (wiederum unter dem Stichwort SIGNIFIKANZ), daß die umfassende Unabhängigkeitshypothese zu verwerfen ist. Unter den zwei exogenen Variablen X_1 und X_2 ist also wenigstens eine für die Änderungen der Variablen Y wesentlich.

16 Regressionsanalyse mit metrischen und mit nominalen Merkmalen

Im Kapitel 15 ist vorausgesetzt, daß die exogenen Variablen im Regressionsmodell metrisch skaliert sind. Diese Voraussetzung wird im folgenden nicht mehr gesetzt. Die exogenen Variablen können nunmehr nominalskaliert sein. Dies ist die Situation, für die sich das Modell der Varianzanalyse, das im Kapitel 14.4 dargestellt ist, eignet. Eine regressionsanalytische Formulierung der einfaktoriellen Varianzanalyse wird im Punkt 16.1 vorgenommen.

Im Teil 16.2 wird die Voraussetzung aufgegeben, daß die Untersuchungsvariable metrisch skaliert ist. Hier wird die Möglichkeit einer Logit-Analyse entwickelt.

16.1 Varianzanalyse: Regressionsanalyse mit nominaler exogener Variablen[1]

Dichotome exogene Variable. Zunächst wird der Fall betrachtet, daß im Regressionsmodell mit einer metrisch skalierten Untersuchungsvariablen Y nur eine exogene nominalskalierte Variable X enthalten ist. X soll dichotom sein, kann also nur zwei Werte realisieren.

Die zwei Werte von X müssen durch Zahlen oder, wie die Zahlen auch genannt werden, durch Kodierwerte angegeben werden, damit die numerischen Operationen einer Regressionsanalyse möglich sind. Die Kodierwerte bringen auf einer Nominalskala nur die Verschiedenheit der Kategorien zum Ausdruck; sie sind ansonsten frei wählbar. Die Frage ist, welche Konsequenzen im Regressionsmodell mit der Festlegung auf eine spezielle Kodierung verbunden sind.

Ein Blick auf die Schätzwerte für die beiden Regressionskoeffizienten

$b_0 = \bar{y} - b_1\bar{x}$ und $b_1 = Cov(X,Y)/Var(X)$

zeigt, daß deren Höhen von der gewählten Kodierung geprägt sind, weil die Werte für $\bar{x}$, $Var(X)$ und $Cov(X,Y)$ hiervon abhängen. Demgegenüber ist die gesamte Variabilität q der Untersuchungsvariablen nicht von der gewählten Kodierung geprägt. Dies gilt im vorliegenden Falle der dichotomen exogenen Variablen[2] ebenfalls für die Teile q_1 und q_2 der Quadratsummenzerlegung

---

[1] Der Abschnitt 16.1 ist stark gekürzt entnommen aus *Tiede, M.:* Statistik. Regressions- und Korrelationsanalyse. München/Wien 1987, Kap. IV.

$$\underbrace{\sum_{i=1}^{n}(y_i - \bar{y})^2}_{q} = \underbrace{\sum_{i=1}^{n}(\hat{y}_i - \bar{y})^2}_{q_1} + \underbrace{\sum_{i=1}^{n}(y_i - \hat{y}_i)^2}_{q_2} .$$

Somit sind der hierauf aufbauende Determinationskoeffizient sowie die zuvor im Kapitel 15 betrachteten Unabhängigkeitstests invariant gegenüber alternativen Kodierungen für die Werte der dichotomen exogenen Variablen.

Bei der Kodierung sollte nun so vorgegangen werden, daß die Werte der hiervon geprägten Regressionskoeffizienten eine Interpretation zulassen, die eine inhaltliche Bindung mit dem zu lösenden Regressionsproblem besitzt. Hierfür existieren verschiedene Möglichkeiten, von denen die $(0-1)$-, Effekt- und Kontrast-Kodierung die bekanntesten sind. Wir beschränken uns auf die am häufigsten verwendete Kodierung, die $(0-1)$-Kodierung, und geben um Ende dieses Abschnittes 16.1 einige zusammenfassende Hinweise zur Effekt-Kodierung.

Die $(0-1)$-Kodierung besteht im vorliegenden Falle der einen dichotomen exogenen Variablen in der Zuordnung einer Indikatorvariablen[3] X zu einer Kategorie der exogenen Variablen. Die ursprüngliche exogene Variable, die zuvor mit X abgekürzt worden ist, wird hierdurch so gut wie abgelöst und taucht im folgenden formal nicht mehr auf. X ist im Falle der $(0-1)$-Kodierung eine dichotome Indikatorvariable. Sie wird, wie gesagt, einer der beiden Kategorien der exogenen Variablen zugeordnet. Sie realisiert den Wert 1, wenn ein Merkmalsträger dieser Kategorie angehört und den Wert 0, wenn er dieser Kategorie nicht angehört.

> Beim Merkmal Geschlecht mit den beiden Kategorien weiblich und männlich könnte dem männlichen Geschlecht eine Indikatorvariable X zugeordnet werden, die den Wert 1 annimmt, wenn eine Person männlich ist, und den Wert 0, wenn die Person weiblich ist.

---

[2] Die Variabilität um die Regressionsgerade hängt nicht von der gewählten Kodierung ab, weil die beiden Durchschnittswerte der Untersuchungsvariablen bei den beiden Kategorien der exogenen Variablen unter jeder gewählten Kodierung stets auf der Regressionsgeraden liegen. Letzteres ergibt sich aus den etwas später hergeleiteten Beziehungen $b_0 = \bar{y}_0$, $b_1 = \bar{y}_1 - \bar{y}_0$, was für die zwei Werte auf der Regressionsgeraden bedeutet:
$\hat{y}_i = \bar{y}_0 + (\bar{y}_1 - \bar{y}_0)x_i$, $i = 1,2$, $(\bar{y}_1 - \bar{y}_0) \neq 0$, so daß für $x_1 = 0$ und $x_2 = 1$ gilt, daß $\hat{y}_1 = \bar{y}_0$ und $\hat{y}_2 = \bar{y}_1$. Da die gesamte Variabilität der Untersuchungsvariablen ebenfalls nicht von der gewählten Kodierung geprägt ist, gilt dies somit auch für die Variabilität auf der Regressionsgeraden.

[3] Die Indikatorvariable wird auch als Kodiervariable oder Dummy-Variable bezeichnet.

Die Kodierung einer zweiten Kategorie ist bei der dichotomen Variablen überflüssig, weil ja feststeht, daß eine statistische Einheit dieser zweiten Kategorie nicht angehört, wenn sie zur ersten gehört – und umgekehrt.

Das einfache lineare Regressionsmodell hat somit die Form

$$y_i = \beta_0 + \beta_1 x_i + u_i, \quad i = 1,\ldots,n, \quad \beta_1 \neq 0,$$

$$x_i = \begin{cases} 1 & \textit{falls die exogene Variable einen bestimmten Wert annimmt} \\ 0 & \textit{anderenfalls.} \end{cases}$$

Die von der gewählten $(0-1)$-Kodierung geprägten Regressionskoeffizienten lassen sich mit den Mittelwerten für die Untersuchungsvariable unter den beiden Kategorien der exogenen Variablen verknüpfen. Bezeichnet μ_0 das arithmetische Mittel der Untersuchungsvariablen, wenn die Indikatorvariable den Wert 0 annimmt[4], und μ_1 den Mittelwert für Y, wenn X den Wert 1 annimmt, so gilt[5] für die Grundgesamtheit

$$\beta_0 = \mu_0, \quad \beta_1 = \mu_1 - \mu_0,$$

und gleichermaßen für die Stichprobe

$$b_0 = \bar{y}_0, \quad b_1 = \bar{y}_1 - \bar{y}_0.$$

Die Hypothese der Unabhängigkeit zwischen Y und X,

$$H_0: \beta_1 = 0,$$

entspricht also der Behauptung, daß sich die zwei Mittelwerte der Untersuchungsvariablen nicht voneinander unterscheiden, welchen der zwei möglichen Werte die exogene Variable auch immer annimmt,

$$H_0: \mu_1 - \mu_0 = 0.$$

Als Beispiel kann das im Kap. 14.1 (t-Test für zwei Mittelwerte aus zwei unabhängigen Stichproben) bereits in einem äquivalenten Modell gelöste Problem dienen: Vier und fünf zufällig ausgewählte Schüler bilden zwei Gruppen, die jeweils durch eine unterschiedliche Unterrichtung auf die Lösung spezifischer Probleme vorbereitet werden. Nach Abschluß der Unterrichtung müssen alle Schüler jeweils 30 Pro-

---

[4] Diese Schreibweise sollte nicht mit der Formulierung einer Nullhypothese verwechselt werden.

[5] $\mu_0 = E(Y_i | x_i = 0) = E(\beta_0 + \beta_1 \cdot 0 + U_i) = \beta_0$,

$\mu_1 = E(Y_i | x_i = 1) = E(\beta_0 + \beta_1 \cdot 1 + U_i) = \beta_0 + \beta_1$.

bleme bearbeiten. In der folgenden Übersicht ist die Anzahl der Probleme enthalten, die von jedem Schüler gelöst worden ist.

Anzahl der gelösten Probleme in Gruppe 1	13	15	17	18	
Anzahl der gelösten Probleme in Gruppe 2	14	16	18	22	23

Die Frage ist, ob die verschiedenartige Unterrichtung in den beiden Gruppen der Grund dafür ist, daß in der zweiten Gruppe im Durchschnitt mehr Aufgaben gelöst werden konnten (5% Signifikanzniveau einseitig).

Als Untersuchungsvariable Y kann die Anzahl der gelösten Probleme angesehen werden. Diese Variable wird möglicherweise durch die zwei unterschiedlichen Arten der Unterrichtung beeinflußt. Beispielsweise kann der in der Gruppe 2 verwendeten Unterrichtung eine Indikatorvariable X zugeordnet werden, die den Wert $x=1$ annimmt, wenn ein Schüler dieser Gruppe angehört, und den Wert 0 anderenfalls. Somit liegen die folgenden Daten vor:

Y	13	15	17	18	14	16	18	22	23
X	0	0	0	0	1	1	1	1	1

Es ergibt sich u.a. $\bar{y}_0 = 15{,}75$, $\bar{y}_1 = 18{,}6$. Die Regressionsgerade in der Stichprobe ist dann

$$\hat{y}_i = 15{,}75 + 2{,}85 x_i, \quad i = 1, \ldots, 9 .$$

Die Nullhypothese

$$H_0 : \beta_1 = 0$$

unterscheidet sich nicht von der Homogenitätshypothese, die im Kap. 14.1 im Rahmen des erwähnten Testes bezüglich des Unterschiedes zweier Mittelwerte formuliert worden ist.

Der Wert der t-verteilten Prüfvariablen ergibt sich nach etwas Rechnerei wiederum als $t = 1{,}32$. Der Rückweisungspunkt liegt im Wert $1{,}89$. Die Unterrichtsmethoden beeinflussen also die Lösung der Probleme nicht wesentlich.

Polytome exogene Variable. Ein polytomes Merkmal hat mehr als zwei verschiedene mögliche Ausprägungen. Diese könnten mit unterschiedlichen, ansonsten beliebigen Zahlen kodiert werden. Zu fragen ist, ob mit derartigen Daten sinnvoll eine Regressionsanalyse durchgeführt werden kann.

Was die Regressionskoeffizienten betrifft, kann - wie bei der dichotomen Variablen - festgestellt werden, daß sie durch die gewählte Kodierung geprägt sind. Bei einer polytomen Variablen gilt nun leider, daß auch die Variabilität auf der Regressionsgeraden von der gewählten Kodierung abhängt[6], so daß sämtliche Quadratsummenzerlegungen von der Kodierung abhängen. Somit sind der hierauf gegründete multiple Determinationskoeffizient und die im Kapitel 15 betrachteten Unabhängigkeitstests von den alternativen Kodierungen tangiert. Wenn aber das Ergebnis eines Testes von der gewählten Kodierung der exogenen Variablen abhängt, so ist er wertlos.

In der Regressionsanalyse wird nun eine, wie sich noch erweisen wird, recht vorteilhafte Vorgehensweise ergriffen. Sie besteht darin, den k Kategorien der polytomen exogenen Variablen insgesamt $k-1$ der bereits bewährten $(0-1)$-Indikatorvariablen X_j, $j=1,\dots,k-1$, zuzuordnen. Die Indikatorvariable X_j, $j=1,\dots,k-1$, realisiert den Wert 1, wenn ein Merkmalsträger der j-ten Kategorie angehört, und den Wert 0, wenn er einer anderen Kategorie angehört. Der k-ten Kategorie wird keine Indikatorvariable zugeordnet, weil feststeht, daß ein Merkmalsträger dieser Kategorie angehört, wenn klar ist, daß er nicht zu einer der anderen Kategorien gehört, und umgekehrt.

> Beispielsweise hat das Merkmal der Religionszugehörigkeit drei Kategorien, nämlich evangelisch, katholisch und sonstige Religion. Der Kategorie Evangelisch kann eine Indikatorvariable X_1 zugeordnet werden, die den Wert 1 annimmt, wenn eine Person evangelisch ist, und den Wert 0, wenn diese Person nicht evangelisch ist. Der Kategorie Katholisch kann die Indikatorvariable X_2 zugeordnet werden. Sie nimmt den Wert 1 bei einer katholischen Person an und den Wert 0, wenn die Person nicht katholisch ist. Wenn eine Person weder evangelisch noch katholisch ist, realisieren beide Indikatorvariablen den Wert 0, so daß klar ist, daß die Person zur 3. Kategorie zählt, der keine Indikatorvariable zugeordnet werden muß.

Das Regressionsmodell hat somit die Form

$$y_i = \beta_0 + \sum_{j=1}^{k-1} \beta_j x_{ji} + u_i, \quad i=1,\dots,n, \quad \beta_j \neq 0 \text{ für alle } j,$$

---

[6] Hierzu siehe Fußnote 2. Nunmehr müssen die mehr als zwei Durchschnittswerte der Untersuchungsvariablen bei den mehr als zwei Werten der exogenen Variablen nicht mehr auf der Regressionsgeraden liegen.

$$x_{ji} = \begin{cases} 1 & \textit{falls die exogene Variable den } j-\textit{ten Wert annimmt} \\ 0 & \textit{anderenfalls}, \end{cases}$$

$$j = 1, \ldots, k-1 .$$

Die verwendete Kodierung führt formal zu einem multiplen Regressionsmodell mit $k-1$ exogenen voneinander unabhängigen Variablen, den Indikatorvariablen.[7] Der große Vorteil einer derartigen Kodierung liegt darin begründet, daß die Variabilität um die Regressionshyperebene nicht durch die Kodierung geprägt ist[8] und somit auch nicht die auf der Regressionshyperebene. Der multiple Determinationskoeffizient und die Unabhängigkeitstests sind also sinnvoll anwendbar.

Auch im vorliegenden Fall der polytomen exogenen Variablen kommt den Regressionskoeffizienten eine besondere Interpretation zu. Wird mit μ_k das arithmetische Mittel der Untersuchungsvariablen auf der k-ten Kategorie der exogenen Variablen bezeichnet, so gilt unter den getroffenen Annahmen des Regressionsmodells für die Grundgesamtheit:

$$\beta_0 = \mu_k , \quad \beta_1 = \mu_1 - \mu_k , \quad \beta_2 = \mu_2 - \mu_k , \quad \ldots , \quad \beta_{k-1} = \mu_{k-1} - \mu_k ,$$

was sich ähnlich wie im Falle der dichotomen exogenen Variablen begründen läßt.

Der Regressionskoeffizient β_j, $j = 1, \ldots, k-1$, gibt nicht die isolierte sondern die relative Bedeutung der j-ten Ausprägung des polytomen Merkmals im Vergleich zu seiner, bei der Kodierung fortgelassenen, k-ten Ausprägung auf die Untersuchungsvariable an. β_0 entspricht dem Mittelwert der Untersuchungsvariablen auf der k-ten Stufe der exogenen Variablen.

Das einfache lineare Regressionsmodell mit einer polytomen nominalskalierten exogenen Variablen erlaubt eine ähnliche Analyse wie die im Kapitel 14.4 behandelte einfaktorielle Varianzanalyse. Hierzu wird lediglich der Faktor der Varianzanalyse als polytome exogene Variable der Regressionsanalyse aufgefaßt. Den Faktorstufen entsprechen die Ausprägungen der polytomen Variablen.[9] Im weiter oben angegebenen Regressionsmo-

---

[7] Die in der Fußnote 6 erwähnte Regressionsgerade wird also abgelöst durch eine durch die Untersuchungsvariable und die Indikatorvariablen aufgespannte Regressionshyperebene.

[8] Dies ergibt eine Überlegung analog zur Fußnote 2 in Verbindung mit den etwas später aufgeführten Beziehungen zwischen den Regressionskoeffizienten und Mittelwerten der Untersuchungsvariablen bei den einzelnen Kategorien der exogenen Variablen.

[9] Den $i = 1, \ldots, r$ Faktorstufen der einfaktoriellen Varianzanalyse in Kap. 14.4 entsprechen die $j = 1, \ldots, k$ Ausprägungen der polytomen exogenen Variablen des vorliegenden Kapitels.

dell wird die exogene Variable „Faktor" also durch $k-1$ voneinander unabhängige $(0-1)$-Indikatorvariablen ersetzt. Die Regressionskoeffizienten besitzen bei diesem Modell Interpretationen, wie sie bereits weiter oben angegeben sind; β_j, $j=1,\ldots,k-1$, gibt für die Untersuchungsvariable die relative Bedeutung der j-ten Faktorstufe im Vergleich zur – bei der Kodierung fortgelassenen - k-ten Stufe an.

Die Hypothese der unterschiedslosen Wirkung der Faktorstufen aus dem Kapitel 14.4 wird nunmehr erfaßt als

$$H_0: \mu_1 = \ldots = \mu_k .$$

Sie lautet in regressionsanalytischer Formulierung[10]

$$H_0: \beta_1 = \ldots = \beta_{k-1} = 0 .$$

Die Nullhypothese

$$H_0: \beta_j = 0 \quad \text{für einzelne } j=1,\ldots,k-1$$

behauptet, daß sich die Wirkung der j-ten Stufe des Faktors nicht von der Wirkung der – bei der Kodierung fortgelassenen - k-ten Faktorstufe unterscheidet.

Als Beispiel kann das im Kap. 14.4 verwendete „Düngemittelbeispiel" dienen, was den Vorteil hat, noch einmal die Parallelität der Varianzanalyse mit der Regressionsanalyse hervorheben zu können. Es empfiehlt sich die Verwendung einer geeigneten Software, weil die erforderlichen Rechenoperationen relativ aufwendig sind. Dies kann mit Blick auf die im Kap. 15.2 enthaltenen Schemata zur varianzanalytischen Auswertung erkannt werden.

Untersuchungsvariable Y ist der Ernteertrag. Als exogene Variable kann die Düngung angesehen werden, die in $k=5$ Kategorien eingesetzt wird. Für deren Kodierung sind vier Indikatorvariablen X_j, $j=1,\ldots,4$, erforderlich.

In der Übersicht über die Ausgangsdaten haben beispielsweise die Werte in der zweiten Zeile die Bedeutung: Beim Merkmalsträger Nr. 1 wird ein Ertrag in Höhe von 67 festgestellt. Verwendet wird die Düngung Nr. 1. Nicht verwendet sind die Düngungen Nr. 2,3 und 4. Die Werte in der letzten Zeile z.B. bedeuten: Beim Merkmalsträger Nr. 20 beläuft sich der Ertrag auf 88. Keine der Düngungen Nr. 1 bis 4 wird

[10] Dann gilt $\mu_1 - \mu_k = \ldots = \mu_{k-1} - \mu_k$, was bedeutet, daß $\mu_1 = \ldots = \mu_k$.

eingesetzt; somit wird die bei der Kodierung fortgelassene Düngung Nr. 5 verwendet.

Y	X_1	X_2	X_3	X_4
67	1	0	0	0
67	1	0	0	0
55	1	0	0	0
42	1	0	0	0
98	0	1	0	0
96	0	1	0	0
91	0	1	0	0
66	0	1	0	0
60	0	0	1	0
69	0	0	1	0
50	0	0	1	0
35	0	0	1	0
79	0	0	0	1
64	0	0	0	1
81	0	0	0	1
70	0	0	0	1
90	0	0	0	0
70	0	0	0	0
79	0	0	0	0
88	0	0	0	0

Die Schätzung der Regressionskoeffizienten führt zur Regressionshyperebene in der Stichprobe,

$$\hat{y}_i = 81{,}75 - 24x_{1i} + 6x_{2i} - 28{,}25x_{3i} - 8{,}25x_{4i}, \quad i = 1,\ldots,20\,.$$

Die Werte $\hat{y}_i$ geben bei der jeweiligen Einheit i den Mittelwert des Ertrages bei den unterschiedlichen Düngungen an. Der Regressionskoeffizient $b_1 = -24$ gibt an, daß die Düngung Nr. 1 im Vergleich mit der Düngung Nr. 5 auf den Pflanzenertrag eine um 24 Ertragseinheiten geringere Auswirkung hat. Entsprechendes gilt für die anderen Koeffizienten. Der Regressionskoeffizient $b_0 = 81{,}75$ entspricht dem Durchschnittsertrag der Düngung Nr. 5.

Die Prüfung der Hypothese, daß die Düngungsarten keinen unterschiedlichen Einfluß auf den Ertrag haben, erfolgt, wie im Kap. 15.2 erläutert ist, unter Verwendung der nach $F^4_{20-4-1} = F^4_{15}$ verteilten Prüfvariablen[11], die den Wert $\frac{3536{,}3/4}{2162{,}3/15} = 6{,}13$ realisiert. Er unterscheidet sich

[11] Im Kapitel 15.2 bezeichnet k die Anzahl der exogenen Variablen, im vorliegenden Kapitel bezeichnet k die Anzahl der Kategorien der polytomen Variablen. Weil für deren Kodierung nur $k-1$ Indikatorvariablen erforderlich sind, die im Regressionsmodell die Rolle von exogenen Variablen einnehmen, wird die Anzahl der exogenen Variablen im vorliegenden Kapitel mit $k-1$ angegeben, was zu keiner Verwirrung führen sollte.

nicht von dem Wert, der bereits bei der Verwendung des varianzanalytischen Modells im Kap. 15.2 festgestellt ist, Bei 5% Signifikanzniveau liegt der Rückweisungspunkt der Prüfvariablen im Wert 3,06. Mindestens eine der festgelegten Abstufungen der Düngungen hat also einen wesentlichen Einfluß auf den Ertrag.

Die Prüfung einzelner Regressionskoeffizienten hinsichtlich der relativen Wirkungslosigkeit einzelner Düngungen hat das folgende zusammengefaßte Resultat, wobei die Konstruktion der Prüfvariablen dem entsprechenden Schema in Kap. 15.2 zu entnehmen ist. Der Rückweisungspunkt der Prüfvariablen liegt im Wert 4,54.

Nullhypothese	Behauptung: Kein Unterschied von Düngung ...	Stichprobenrealisation der nach $F^1_{15} = t^2$ verteilten Prüfvariablen	Entscheidung bei $\alpha = 5\%$
$\beta_1 = 0$	1 im Vergleich mit 5	8,0	H_0 -Rückweisung
$\beta_2 = 0$	2 im Vergleich mit 5	0,5	H_0 -Annahme
$\beta_3 = 0$	3 im Vergleich mit 5	11,1	H_0 -Rückweisung
$\beta_4 = 0$	4 im Vergleich mit 5	0,9	H_0 -Annahme

Naheliegend ist eine Anwendung der Überlegungen, die sich bislang auf eine dichotome oder eine polytome exogene Variable bezogen, auch auf mehrere nominalskalierte Variablen. Hierbei ergeben sich einige zusätzliche Komplikationen, die der spezielleren Literatur entnommen werden können.

Effekt-Kodierung der dichotomen und polytomen exogenen Variablen. Eine Alternative zur $(0-1)$-Kodierung ist die Effekt-Kodierung, die beispielsweise für die logistische Regression in der SPSS-Software routinemäßig verwendet wird. Hierzu soll kurz und lediglich zusammenfassend festgestellt werden:

Diese Art der Kodierung besteht darin, den k Kategorien der polytomen exogenen Variablen insgesamt wiederum $k-1$ Indikatorvariablen X_j, $j = 1,\ldots,k-1$, zuzuordnen. Nunmehr realisiert die Indikatorvariable X_j aber den Wert 1, wenn ein Merkmalsträger der j -ten Kategorie angehört, den Wert 0, wenn er weder dieser noch der bei der Kodierung fortgelassenen Kategorie angehört, und den Wert -1, wenn er der bei der Kodierung ausgelassenen Kategorie angehört. Der k -ten Kategorie wird auch hier keine Indikatorvariable zugeordnet, weil feststeht, daß ein Merkmalsträger dieser Kategorie angehört, wenn klar ist, daß er nicht zu einer der anderen Kategorien gehört, und umgekehrt.

Bei einer dichotomen Variablen, die lediglich durch eine Indikatorvariable ersetzt wird, kann die Indikatorvariable offensichtlich nur die Werte 1 bzw. -1 realisieren.

Im Zusammenhang der $(0-1)$-Kodierung wird auf ein kleines Beispiel eingegangen, das im folgenden alternativ mit der Effekt-Kodierung behandelt werden soll.

Das Merkmal der Religionszugehörigkeit habe drei Kategorien, nämlich evangelisch, katholisch und sonstige Religion. Der Kategorie evangelisch kann eine Indikatorvariable X_1 zugeordnet werden, die den Wert 1 annimmt, wenn eine Person evangelisch ist, den Wert -1, wenn sie einer sonstigen Religion angehört, und den Wert 0, wenn die Person weder evangelisch ist noch einer sonstigen Religion angehört.

Der Kategorie katholisch kann die Indikatorvariable X_2 zugeordnet werden. Sie nimmt den Wert 1 bei einer katholischen Person an, den Wert -1, wenn die Person zur sonstigen Religion gehört und den Wert 0, wenn die Person weder katholisch ist noch zur sonstigen Religion zählt.

Wenn eine Person weder evangelisch noch katholisch ist, realisieren beide Indikatorvariablen den Wert -1, weil die Person zur 3. Kategorie zählt. Dieser 3. Kategorie muß also keine Indikatorvariable zugeordnet werden.

Das Regressionsmodell hat somit die Form

$$y_i = \beta_0 + \sum_{j=1}^{k-1} \beta_j x_{ji} + u_i, \quad i = 1, \ldots, n, \quad \beta_j \neq 0 \text{ für alle } j,$$

$$x_{ji} = \begin{cases} 1 & \textit{falls die exogene Variable den } j-\textit{ten Wert annimmt} \\ -1 & \textit{falls sie den bei der Kodierung ausgelassenen Wert } k \textit{ annimmt} \\ 0 & \textit{anderenfalls,} \end{cases}$$

$$j = 1, \ldots, k-1 .$$

Nun läßt sich zeigen, daß die von der Kodierung geprägten Regressionskoeffizienten bei der Effekt-Kodierung in der folgenden Weise mit dem arithmetischen Mittelwert der Untersuchungsvariablen verknüpft sind:

$$\beta_0 = \mu, \quad \beta_1 = \mu_1 - \mu, \quad \beta_2 = \mu_2 - \mu, \quad \ldots, \quad \beta_{k-1} = \mu_{k-1} - \mu$$

Hierbei bezeichnet μ den Mittelwert der Untersuchungsvariablen und die indizierten Mittelwerte die Mittelwerte der Untersuchungsvariablen bei den einzelnen Kategorien der polytomen exogenen Variablen.

Nunmehr bringen die Regressionskoeffizienten β_j, $j = 1,\ldots,k-1$, die auf den Durchschnitt aller exogenen Variablen bezogene Bedeutung einer Variablenkategorie zum Ausdruck, wobei allerdings der Effekt der bei der Kodierung ausgelassenen Kategorie nicht angezeigt wird.

Die auf einen dieser Regressionskoeffizienten bezogenen Nullhypothese,

$$H_0 : \beta_j = 0,$$

behauptet also, daß die Untersuchungsvariable nicht stärker von der kodierten j-te Kategorie beeinflußt wird als durch alle Kategorien der exogenen Variablen.

16.2 Logit-Analyse: Regressionsanalyse mit nominaler endogener Variablen[12]

Vom klassischen Regressionsmodell zum Logit-Modell. Wir geben nun die Annahme auf, daß die Untersuchungsvariable metrisch skaliert ist. Ihre Werte stellen im folgenden Kategorien dar. Eine Beschränkung auf den Fall, daß die zu erklärende endogene Untersuchungsvariable nur zwei Kategorien besitzt, ist sinnvoll, weil die dort zu beachtenden Sachverhalte grundlegend auch für das polytome bzw. multinomiale Modell sind, in dem zugelassen ist, daß die Untersuchungsvariable mehr als zwei Kategorien hat. Im übrigen kann jedes multinomiale Problem grundsätzlich durch mehrere binäre Problemformulierungen aufgelöst werden.

Zunächst sollte überlegt werden, ob es nicht vielleicht vernünftig ist, das vertraute klassische Regressionsmodell unverändert auch für eine $(0-1)$-kodierte Untersuchungsvariable zu verwenden. In diesem Falle kann die Untersuchungsvariable bei jedem Merkmalsträger nur den Wert Eins oder Null realisieren; d.h. entweder wird eine Einheit der einen oder der anderen Kategorie der Untersuchungsvariablen zugerechnet. In der Regressionsgleichung jedoch werden die Werte Eins und Null in einen durch die exogenen Variablen determinierten Teil und einen zufälligen Teil getrennt, beispielsweise in die Teile 0,8 und 0,2. Doch hierfür gibt es keine sinnvolle Interpretation, weil 0,8 und 0,2 keine Kategorien der Untersuchungsvariablen sind.

Ein Ausweg besteht in einer Modelländerung dahingehend, daß nicht die Zugehörigkeit eines Merkmalsträgers zu einer bestimmten Kategorie in der Regressionsgleichung dargestellt wird, sondern die Wahrscheinlichkeit

---

[12] Einige Passagen sind entnommen aus *Tiede, M.*: Statistische Logit-Analyse. Eine Orientierungshilfe für die Verwendung des binären Logit-Modells. Diskussionspapiere aus der Fakultät für Sozialwissenschaft. Ruhr-Universität Bochum, 95-3. Bochum 1995.

seiner Zugehörigkeit zu einer bestimmten Kategorie. Diese Wahrscheinlichkeit – und nicht die unteilbare Zugehörigkeit zu einer Kategorie – läßt sich sinnvoll in einen durch exogene Variablen determinierten und einen zufälligen Teil trennen.

Den auf die exogenen Variablen zurückgeführten Teil dieser Wahrscheinlichkeit bezeichnen wir mit π. Da die Untersuchungsvariable nur zwei Kategorien besitzt, genügt es, lediglich π einzubeziehen, weil die Wahrscheinlichkeit für die andere Kategorie mit $1-\pi$ feststeht.

Das entsprechende Regressionsmodell wird lineares Wahrscheinlichkeitsmodell genannt. Für π_i, die Wahrscheinlichkeit der Zugehörigkeit zu einer Kategorie der Untersuchungsvariablen bei der i-ten Einheit, besteht im einfachen Modell, das wir zunächst betrachten, die Darstellung

$$\pi_i = \beta_0 + \beta_1 x_i, \quad i = 1, \ldots, r.$$

Die Wahrscheinlichkeit[13] also, daß die Untersuchungsvariable beim i-ten Merkmalsträger einen bestimmten der zwei möglichen Werte realisiert, wird in der angegebenen funktionalen Weise auf die Realisation x_i der exogenen Variablen zurückgeführt.

i bezeichnet strenggenommen nicht einen einzigen Merkmalsträger, sondern eine Gruppe von Merkmalsträgern, die alle den Wert x_i der exogenen Variablen tragen und zu einem bestimmten Anteil der einen oder anderen Kategorie der Untersuchungsvariablen zuzurechnen sind. Nur so kann eine Stichprobenrealisation für π_i, ein empirischer Anteilswert, festgestellt werden.

Die Regressionsfunktion des linearen Wahrscheinlichkeitsmodells hat leider zwei Schwächen. Der Wertebereich für π ist nicht auf das Intervall $[0;1]$ beschränkt, so daß sich für π u.U. ein unsinniger Wert, wie z.B. eine negative Wahrscheinlichkeit, ergeben kann. Des weiteren ist der lineare Modellansatz für zahlreiche Probleme nicht adäquat.

> Beispielsweise könnte eine Untersuchungsvariable das Buchen einer exklusiven Reise in ein fernes Land sein, während das Jahreseinkommen die erklärende exogene Variable ist. Die Wahrscheinlichkeit für das Buchen dieser Reise wird bei einem Interessenten, der über ein hohes Einkommen verfügt, nahe bei eins liegen, während sie bei einem Interessenten mit eher bescheidenem Einkommen wesentlich geringer ist, beispielsweise bei 0,2 liegt. Eine Erhöhung des Einkommens um

---

[13] Genauer gesagt: Der durch die exogene Variable determinierte Teil der Wahrscheinlichkeit der Zugehörigkeit zu einer bestimmten Kategorie der Untersuchungsvariablen wird in linearer Abhängigkeit von der exogenen Variablen gesehen.

10000 Euro wird diese zwei Wahrscheinlichkeiten unterschiedlich stark erhöhen. Im einen Falle wird sich die Wahrscheinlichkeit vermutlich nur noch in geringem Maße erhöhen, während sie im anderen Falle sprunghaft steigen wird.

Eine Regressionsfunktion wie im linearen Wahrscheinlichkeitsmodell, die das Einkommen mit der Wahrscheinlichkeit für das Buchen der Reise linear verbindet, kann diesen Sachverhalt nicht angemessen zum Ausdruck bringen.

Darstellung des Logit-Modells mit dem Logit als endogene Variable. Sicherzustellen ist somit in einem verbesserten Modell, daß der Wertebereich für π stets zulässig ist, also auf $[0;1]$ beschränkt bleibt, und daß π in angemessener nichtlinearer Weise mit der exogenen Variablen verknüpft ist. Dies leistet die Regressionsfunktion im Logit-Modell,

$$\ln\frac{\pi_i}{1-\pi_i}=\beta_0+\beta_1 x_i\,,\quad i=1,\ldots,r,\quad \beta_1\neq 0\,.$$

Die nichtlineare Transformation von π, die zu $\ln\frac{\pi}{1-\pi}$ führt, wird als Logit bezeichnet.[14] Die Logitwerte reichen von sehr kleinen bis sehr großen Werten. Hiermit gehen Werte für π einher, die zwischen nahe null und nahe eins liegen. Somit können sich im Regressionsmodell für π keine unsinnigen Werte mehr ergeben. Die Abbildung 16.1 zeigt den Zusammenhang zwischen alternativen Werten für π und den Logit.[15]

Die Regressionsfunktion zeigt, daß der Logitwert linear mit der exogenen Variablen verbunden ist. Eine Erhöhung von x_i um eine Einheit führt zu einer Änderung des Logitwertes um den festen Betrag β_1. Hierbei ist bedeutungslos, wie groß der Wert x_i ist, der um eine Einheit erhöht wird.[16]

In Verbindung mit der Abb. 16.1 zeigt die Regressionsfunktion aber auch, daß π nichtlinear mit der exogenen Variablen verbunden ist. Eine Erhöhung von x_i um eine Einheit ist mit einer variierenden Änderung des Wertes für π_i verbunden, die von der Ausgangsgröße des Logitwertes ge-

---

[14] Erinnert sei an die für natürliche Logarithmen geltenden Beziehungen:

$$e^y=b,\quad y=\ln b,\quad \ln 1=0,\quad \ln 0=\rightarrow-\infty,\quad \ln a\cdot b=\ln a+\ln b,\quad \ln\frac{a}{b}=\ln a-\ln b,\quad \ln a^n=n\cdot\ln a\,.$$

[15] Das lineare Wahrscheinlichkeitsmodell stellt, wie die Abb. 16.1 erkennen läßt, eine akzeptable Approximation des Logit-Modells für Werte von π dar, die ungefähr zwischen 0,25 und 0,75 liegen.

[16] Weil gilt: $\ln\frac{\pi_i}{1-\pi_i}+\beta_1=\beta_0+\beta_1 x_i+\beta_1=\beta_0+\beta_1(x_i+1)\,.$

prägt ist. Für π_i ist also von Belang, wie groß der Wert x_i ist, der um eine Einheit erhöht wird.

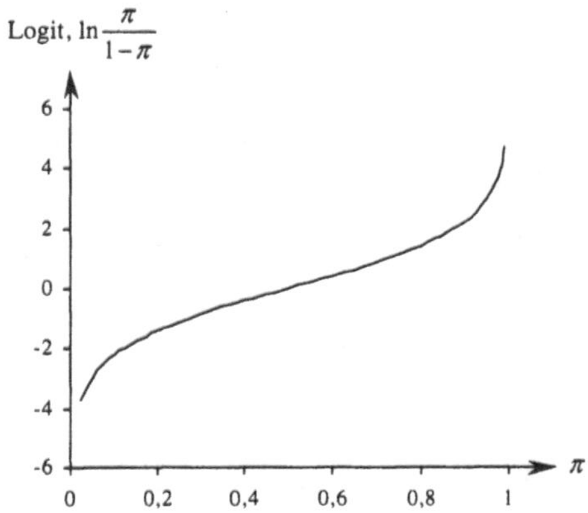

Abb. 16.1: Logit

Wird nunmehr im Logit-Modell und im zuvor betrachteten Beispiel der Buchung einer Reise in ein fernes Land das verfügbare Einkommen um 10000 Euro erhöht, so erhöht sich auch im Logit-Modell die Wahrscheinlichkeit für das Buchen der Reise. Die Änderung der Wahrscheinlichkeit ist jedoch abhängig von der Höhe des Logitwertes, wird im Logit-Modell also als abhängig von der Einkommenshöhe behandelt.

Der Regressionskoeffizient β_1, der auch Logit-Koeffizient genannt wird, besitzt als Dimension die reziproke Dimension der zugehörigen exogenen Variablen; denn er gibt ja die Änderung des dimensionslosen Logitwertes an, bezogen auf die Erhöhung des Wertes der exogenen Variablen X_1. Deshalb ist ein Vergleich der Regressionskoeffizienten im multiplen Modell erschwert (vgl. hierzu Kap. 15.2). Die Standardisierung des Logit-Koeffizienten β_j gemäß

$$\beta_j^* = \beta_j \sqrt{Var(X_j)}, \quad j = 1,\dots,k,$$

führt zum dimensionslosen Koeffizienten β_j^*. Der normierte Logit-Koeffizient gibt die Änderung des Logitwertes an, wenn der Wert der zugehörigen exogenen Variablen um $\sqrt{Var(X_j)}$ erhöht wird.[17]

---

[17] Weil gilt: $\ln\frac{\pi_i}{1-\pi_i} + \beta_1^* = \beta_0 + \beta_1 x_i + \beta_1^* = \beta_0 + \beta_1\left(x_i + \sqrt{Var(X)}\right).$

Ein Vergleich der normierten Logit-Koeffizienten untereinander ist in einem multiplen Logit-Modell aufschlußreich. Je größer ein derartiger Koeffizient ist, desto stärker ist der Einfluß der zugehörigen exogenen Variablen auf die Untersuchungsvariable. Eine etwaige Korrelation der exogenen Variablen untereinander kann, wie im klassischen Regressionsmodell auch (siehe Kap. 15.2), die Klarheit dieser Interpretation u.U. erheblich trüben.

Darstellung des Logit-Modells mit der Wahrscheinlichkeit der Zugehörigkeit zu einer bestimmten Kategorie als endogene Variable. Die bislang betrachtete Regressionsfunktion mit dem Logit als zu erklärende Größe kann so umgeformt werden, daß die logistische Regressionskurve erkennbar wird. Sie bringt den nichtlinearen Zusammenhang zwischen den Werten x_i der exogenen Variablen und der Wahrscheinlichkeit π_i der Zugehörigkeit zu einer bestimmten Kategorie der Untersuchungsvariablen bei der i-ten statistischen Einheit zum Ausdruck, ohne daß der Umweg über den Logit gegangen werden muß,[18]

$$\pi_i = \frac{e^{\beta_0+\beta_1 x_i}}{1+e^{\beta_0+\beta_1 x_i}}, \quad i=1,\dots,r, \quad \beta_1 \neq 0.$$

Obige Regressionsfunktion stimmt mit der Verteilungsfunktion einer logistisch verteilten Zufallsvariablen überein. Sie wird deshalb logistische Regression genannt.[19] Die Abbildung 16.2 zeigt eine ausgewählte logistische Regressionskurve, die den charakteristischen nichtlinearen Zusammenhang zwischen π und der exogenen Variablen angibt.

Der Regressionskoeffizient β_1, dessen Interpretation im Zusammenhang der Darstellung des Logit-Modells mit dem Logit als endogene Variable relativ gut durchschaubar ist, kann in der obigen Regressionsfunktion nur schwer verstanden werden. Günstiger für eine Interpretation ist eine andere Form der Darstellung der Regressionsfunktion,

$$\frac{\pi_i}{1-\pi_i} = e^{\beta_0+\beta_1 x_i} = e^{\beta_0} e^{\beta_1 x_i}, \quad i=1,\dots,r, \quad \beta_1 \neq 0.$$

---

[18] $\ln\frac{\pi_i}{1-\pi_i} = \beta_0 + \beta_1 x_i$. Somit ist $\frac{\pi_i}{1-\pi_i} = e^{\beta_0+\beta_1 x_i}$.

Nach π_i aufgelöst, ergibt sich die im Haupttext angegebene Regressionsfunktion.

[19] Die Parallelität zwischen der logistischen Regressionskurve und der Verteilungsfunktion einer logistischverteilten Zufallsvariablen kann zum Anlaß genommen werden, das Logit-Modell verteilungstheoretisch begründet zu formulieren und somit im Vergleich zu den erläuterten Begründungen für die Modellkonstruktion einen geänderten Ausgangspunkt zu wählen.

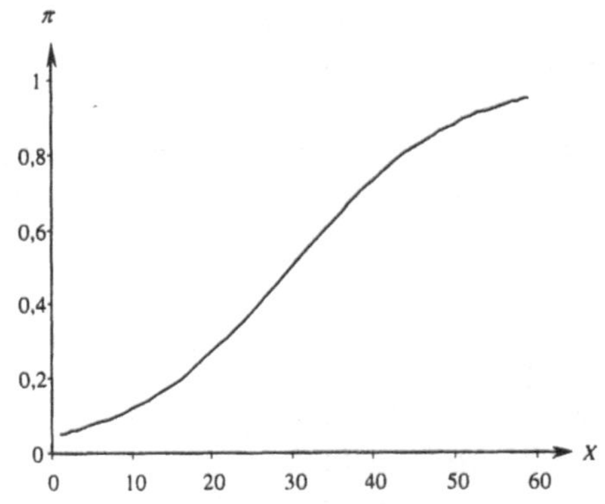

Abb. 16.2: Logistische Regression (hier mit $\beta_0 = -3, \quad \beta_1 = 0{,}1$)

Der Quotient $\pi/(1-\pi)$ wird als der Odds (Dominanz, Übermacht) bezeichnet. Er bringt die Wahrscheinlichkeit, der einen Kategorie anzugehören, als Vielfaches der Wahrscheinlichkeit zum Ausdruck, der anderen Kategorie anzugehören. Jetzt läßt sich der Regressionskoeffizient β_1 wie folgt interpretieren[20] : Eine Erhöhung des Wertes der exogenen Variablen um eine Einheit führt zu einer Vervielfachung des Odds um den Faktor e^{β_1} bzw. ändert den Odds auf das e^{β_1} -fache seines Ausgangswertes.

Der Faktor e^{β_1} wird Effekt-Koeffizient[21] genannt. Er stellt, wie gesagt, als Multiplikator die Auswirkung einer Änderung der exogenen Variablen auf den Odds dar. Hierbei ist zu bedenken, daß eine feste Änderung des Odds unterschiedliche Änderungen für π bedeuten.

> Erhöht sich beispielsweise ein Odds auf das Doppelte, so bedeutet dies z.B. für den Ausgangswert 1 (mit $\pi = 0{,}5$), daß der Odds auf 2 steigt. Dann steigt π von 0,5 auf 0,6666 .
>
> Bei einem Ausgangswert des Odds von z.B. 0,1 (mit $\pi = 0{,}0909$) und ebenfalls einer Erhöhung auf das Doppelte steigt er auf 0,2 und π von 0,0909 auf 0,1667 .

Ein Effekt-Koeffizient von eins bedeutet, daß eine Erhöhung von x_i den Odds nicht ändert; denn in diesem Falle gilt ja, daß $e^{\beta_1} = 1$, so daß $\beta_1 = 0$. Dann kann die Wahrscheinlichkeit π als unabhängig von der exogenen Variablen angesehen werden. Entsprechend weist ein Effekt-

---

[20] Weil gilt: $\frac{\pi_i}{1-\pi_i} e^{\beta_1} = e^{\beta_0 + \beta_1 x_i} = e^{\beta_0} e^{\beta_1 x_i} e^{\beta_1} = e^{\beta_0} e^{\beta_1 (x_i + 1)}$.

[21] Dies sollte nicht mit der Effekt-Kodierung verwechselt werden.

Koeffizient, der größer als eins ist, darauf hin, daß der Odds steigt, und ein Koeffizient von kleiner eins darauf hin, daß der Odds sinkt. Der erste Fall kann als positiver Effekt und letzterer als negativer Effekt für π angesehen werden.

Die Regressionskoeffizienten β_j, $j = 0,1,\ldots,k$,[22] des Logit-Modells, das im folgenden mehrere exogene Variablen enthalten darf, müssen nun unter Nutzung der für die Untersuchungsvariable und exogenen Variablen erhobenen Daten geschätzt werden. Als Schätzverfahren werden hier entweder die verallgemeinerte Methode der kleinsten Quadrate oder die Maximum-Likelihood-Schätzung verwendet (zur ML-Schätzung siehe Kap. 7.1). Unter dem Eindruck der zur Verfügung stehenden Software zur Logit-Analyse, in der überwiegend die ML-Schätzung verwendet wird, pflegt verständlicherweise die Mehrzahl der Logit-Analysten die ML-Schätzung als gute – sprich: bequeme – Schätzung zu favorisieren. Zudem basieren einige Maßzahlen und statistische Tests, wie noch zu erläutern sein wird, auf dieser Schätzmethode, was ebenfalls für die Verwendung dieses Schätzverfahrens spricht.

Die Schätzung des Logit-Modells mit der ML-Methode hat zum Ziel, die unbekannten Regressionskoeffizienten so zu bestimmen, daß die in der Stichprobe beobachteten Logitwerte bzw. Anteilswerte die größte Chance hatten, realisiert zu werden. Im vorliegenden Falle kann die interessierende Likelihood-Funktion noch mit gewissem Aufwand angegeben werden. Nach den partiellen Ableitungen und dem Nullsetzen ergibt sich jedoch ein nichtlineares Gleichungssystem, das iterativ gelöst wird, was der spezielleren Literatur entnommen werden kann.

Likelihood-Quotienten-Test für die Prüfung der Unabhängigkeit von exogenen Variablen. Von gewichtigem Interesse ist gewöhnlich die Frage, ob die Untersuchungsvariable von einzelnen oder mehreren exogenen Variablen beeinflußt wird. Dies kann im Logit-Modell auf unterschiedliche Arten geprüft werden. Häufig wird ein Likelihood-Quotienten-Test verwendet, der im folgenden betrachtet wird.

① Situation: Sie wird durch das dargestellte Logit-Modell umrissen, das mehr als eine exogene Variable enthalten darf, deren Meßniveau nicht metrisch sein muß.

② Hypothesen: Die Nullhypothese behauptet, daß die Untersuchungsvariable nicht von den exogenen Variablen abhängt. Hierbei kann sich die

[22] In der Stichprobe wird die vertraute Notation b_j, $j = 0,1,\ldots,k$, für die Regressionskoeffizienten verwendet.

Nullhypothese auf sämtliche exogene Variablen beziehen, auf einzelne Variablen oder hieraus gebildete Gruppen.

Analytisch kann die Nullhypothese über die entsprechenden Regressionskoeffizienten oder über Effekt-Koeffizienten formuliert werden. In einem einfachen Fall lautet sie beispielsweise

$$H_0 : \beta_1 = 0 \quad \text{oder} \quad H_0 : e^{\beta_1} = 1 .$$

③ Problem: Im betrachteten einfachen Fall ist in der Stichprobe der Regressionskoeffizient b_1 gewöhnlich von null bzw. der Effekt-Koeffizient e^{b_1} von eins verschieden, so daß sich die Frage stellt, ob die Untersuchungsvariable von der zugehörigen exogenen Variablen in Wahrheit unbeeinflußt ist.

④ Lösung: Die Likelihood gibt, wie im Kap. 7.1 erläutert ist, die Stärke der Plausibilität an, daß die geschätzten mit den unbekannten Parametern der Grundgesamtheit übereinstimmen. Hierauf wird eine Prüfvariable aufgebaut, ein Quotient zweier Likelihoods,

$$G = -2 \ln(L_0 / L_1) = -2(\ln L_0 - \ln L_1),$$

L_0 Maximum der Likelihood-Funktion des Modells unter Ausschluß der zu prüfenden exogenen Variablen,

L_1 Maximum der Likelihood-Funktion des Modells unter Einschluß der zu prüfenden exogenen Variablen.

Kern dieser Konstruktion ist der Quotient von zwei Likelihoods. (Die Logarithmierung und die Multiplikation mit (-2) haben nur den Zweck, die Verteilung von G unter der Nullhypothese in übersichtlicher Weise angeben zu können.) Die im Nenner stehende Likelihood betrifft das vollständige und die im Zähler stehende das um die interessierende exogene Variable reduzierte Modell. Wenn sich die Likelihoods für beide Modelle nicht voneinander unterscheiden, so ist die Anpassung beider Modelle an die Daten gleich; d.h. gleich gut oder gleich schlecht. Ob die interessierende Variable berücksichtigt wird oder nicht, ist in diesem Falle offenbar ohne Belang. Gegebenenfalls trägt also die exogene Variable zur Erklärung der Logits bzw. Anteilswerte nichts bei.

Der Wertebereich des Quotienten L_0 / L_1 liegt im Bereich $[0;1]$. Werte von L_0 / L_1, die relativ klein sind, sprechen gegen die Nullhypothese, weil die Anpassung des Logit-Modells unter Einschluß der zu prüfenden exogenen Variablen, bemessen durch L_1, im Vergleich zur Anpassung unter Ausschluß dieser Variablen, bemessen durch L_0, relativ besser ist.

Der Wertebereich des natürlichen Logarithmus von L_0/L_1, also der Ausdruck $\ln(L_0/L_1)$, liegt im Bereich $[-\infty;0]$, so daß Werte von $\ln(L_0/L_1)$, die – unter Berücksichtigung des Vorzeichens – relativ klein sind, gegen die Nullhypothese sprechen.

Die Multiplikation mit (-2) stellt diese Regel auf den Kopf: Werte für G, die relativ groß sind, sprechen gegen die Nullhypothese. Der Wertebereich von G ist $[0;\infty]$.

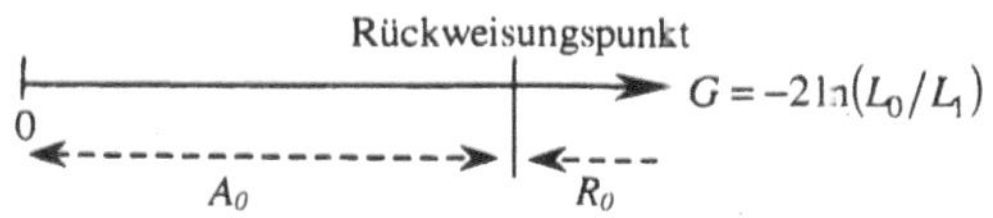

Abb. 16 3: Annahme- und Rückweisungsbereich der Prüfvariablen beim Likelihood-Quotienten-Test

Die Verteilung der Prüfvariablen G folgt unter der Nullhypothese für große Stichprobenumfänge[23] approximativ einer χ^2-Verteilung. Ihre Freiheitsgrade sind so groß wie die Differenz zwischen der Anzahl der Regressionskoeffizienten des vollständigen und des um die eine – oder im multiplen Modell um weitere – exogene Variablen reduzierten Modells. Eine Beweisführung muß der spezielleren Literatur entnommen werden.

Ob ein Logit-Koeffizient der Stichprobe signifikant von null verschieden ist, kann auch alternativ durch den *Wald*-Test beurteilt werden[24], der ohne nähere Beweisführung, die der spezielleren Literatur entnommen werden kann, skizziert sei.

Prüfvariable ist hier die Stichprobenvariable des Regressionskoeffizienten B_j, $j=1,\ldots,k$, die zwar nicht exakt, jedoch approximativ verteilt ist nach $N\left(\beta_j;\sqrt{Var(B_j)}\right)$. Die Standardisierung der Prüfvariablen ergibt die Standardnormalvariable $K=\left(B_j-\beta_j\right)/\sqrt{Var(B_j)}$. Unter der Nullhypothese folgt somit die standardisierte Prüfvariable, $B_j/\sqrt{Var(B_j)}$, approximativ einer Standardnormalvariablen. Die unbekannte Standardabweichung des

---

[23] Was im vorliegenden Kontext eine große Stichprobe ist, kann natürlich nicht präzise gesagt werden. Zumeist wird als Mindestumfang $n-k>100$ gefordert. Die ML-Schätzung besitzt dann die Eigenschaft, daß die Stichprobenverteilungen der Regressionskoeffizienten annähernd normalverteilt sind.

[24] Auch ein t-Test, wie er im Kap. 15.2 erläutert ist, wird häufig verwendet. Es sollte jedoch beachtet werden, daß die Störvariablen im Logit-Modell nicht normal verteilt sind, so daß die *Student*isierung nicht durchführbar ist. Bei großem Stichprobenumfang jedoch, der ja ebenfalls Voraussetzung für den *Wald*-Test ist, kann der t-Test eingesetzt werden, weil dann die Standardnormalverteilung mit der t-Verteilung fast übereinstimmt.

Logit-Koeffizienten, $\sqrt{Var(B_j)}$, muß aus den Daten der Stichprobe geschätzt werden. Das Quadrat W der approximativ standardnormalverteilten Prüfvariablen ergibt die Prüfvariable beim *Wald*-Test,

$$W = B_j^{\,2} / Var(B_j).$$

Aus der Definition der χ^2-Verteilung (siehe Kap. 4.3) ergibt sich, daß W somit unter der Nullhypothese approximativ einer χ^2-Verteilung mit einem Freiheitsgrad folgt.

Güte der Anpassung des Logit-Modells an die Daten. Im Logit-Modell ist die Konstruktion eines Bestimmtheitsmaßes, das dem Determinationskoeffizienten im klassischen Modell entspricht, leider nicht möglich. Dies ergibt sich daraus, daß die Schätzung der Modellparameter nicht so erfolgt, daß die Summe der Abweichungen der zu erklärenden Werte von der Regressionskurve null ist. Deshalb ist eine Streuungszerlegung, wie sie im klassischen Regressionsmodell möglich ist, im Logit-Modell ausgeschlossen. Für die Konstruktion des Determinationskoeffizienten existiert nicht die erforderliche Grundlage.

Gleichwohl besteht natürlich ein Bedarf daran, ein Maß für die Anpassung des Modells an die Daten zur Verfügung zu haben. Auf der Grundlage des Likelihood-Quotienten-Testes kann nun eine Maßzahl konstruiert werden, die den Umfang der Verbesserung der Modellschätzung angibt, wenn vom reduzierten Modell ohne exogene Variablen zum Modell mit den interessierenden exogenen Variablen übergegangen wird,

$$r_{pseudo}^2 = 1 - \ln L_1 / \ln L_0 \; .$$

Die Konstruktion dieser Maßzahl[25] erinnert an die des Determinationskoeffizienten und wird deshalb Pseudo-r^2 genannt. Pseudo-r^2 wird auch als Likelihood-Quotienten-Index (Likelihood-Ratio-Index) bezeichnet.

---

[25] Vorausgesetzt werden hier zwei sog. „hierarchisch geschachtelte" konkurrierende Modelle, was bedeutet, daß das eine Modell die interessierende exogene Variable enthält und das andere Modell nur diese Variable nicht. Nun mag sein, daß in einer anderen Situation ein Modell eine bestimmte interessierende exogene Variable enthält und ein anderes Modell nicht diese, sondern eine andere interessierende exogene Variable. Diese zwei Modelle sind nicht hierarchisch geschachtelt. Die Verwendung etwa des Likelihood-Quotienten-Testes wäre hier ebenso ohne Sinn wie die Bestimmung von Pseudo-r^2. Eine Möglichkeit zur Beschreibung der Güte der Anpassung besteht hier in der Verwendung des Informationskriteriums AIC von *Akaike* und dessen Modifikation BIC,

$$AIC = -2\ln L + 2(k+1), \; BIC = -2\ln L + \ln n \cdot (k+1).$$

Je kleiner AIC oder BIC ist, desto besser ist das Modell an die Daten angepaßt. Vgl. mit der etwas später erläuterten Devianz.

Pseudo-r^2 hat den Wertebereich $[0;1]$. Der Wert Null ergibt sich, wenn L_0 so groß ist wie L_1, wenn also die Modelle ohne und mit den interessierenden exogenen Variablen die Logitwerte bzw. Anteilswerte in der Stichprobe gleichermaßen gut oder schlecht darstellen. Dies ist der Fall, wenn alle k Regressionskoeffizienten null sind.

Für Pseudo-r^2 ergibt sich der Wert Eins, wenn $\ln L_1$ gleich null ist. Dann ist L_1 gleich eins. Dieser Fall tritt nur ein, wenn sicher ist, daß ein Logit-Modell die Logitwerte bzw. Anteilswerte in der Stichprobe fehlerfrei, d.h. ohne unerklärten Rest, darstellen kann.

Je kleiner Pseudo-r^2 ist, desto kleiner ist die Erhöhung der Likelihood, die sich durch die Aufnahme der exogenen Variablen in das Logit-Modell ergibt[26]. Insofern stellt Pseudo-r^2 ein relatives – d.h. ein auf eine Alternative hin bezogenes – Maß für die Anpassung eines Logit-Modells an die empirischen Logits bzw. Anteilswerte dar. Wenn sich ergibt, daß ein Wert für Pseudo-r^2 signifikant von null abweicht, ist damit lediglich gesagt, daß ein bestimmtes Logit-Modell wesentlich besser ist ein anderes Logit-Modell. Damit ist nicht gesagt, daß es etwa gelungen wäre, die empirischen Logitwerte bzw. Anteilswerte durch im Modell berechnete Werte fehlerfrei nachzeichnen zu können.

Zur Prüfung der Übereinstimmung der empirischen mit den im Modell berechneten Werten für die Logits bzw. Anteilswerte bedarf es anderer Verfahren. Zu erwähnen sind hier die teils graphische Residuen-Analyse und der χ^2-Anpassungstest, mit deren Hilfe bewertet werden kann, ob die erwähnten Übereinstimmungen überzufällig sind.

Falls eine Maximum-Likelihood-Schätzung vorliegt, kann hierzu auch der Devianz-Test verwendet werden. Als Prüfvariable dient hier der Ausdruck

$$D = -2 \ln L .$$

Wenn ein Logit-Modell die beobachteten Logit-Werte bzw. Anteilswerte fehlerfrei darstellt, erreicht die Likelihood L ihren maximalen Wert eins. Dann ist $\ln L$ gleich null, was auch für die Prüfvariable D gilt. Werte für L, die kleiner als eins und somit Werte für $\ln L$, die kleiner als null und somit Werte für D, die größer als null sind, bringen deshalb Abweichungen zwischen den Modell-Werten des verwendeten Modells und den Werten des denkbar besten Modells zum Ausdruck.

Der Wertebereich für D ist also $[\infty;0]$. Relativ große Werte für D sprechen gegen die Nullypothese, daß das tatsächlich verwendete Logit-Modell

---

[26] Bei Anwendungen gilt beispielsweise bereits ein Wert von ca. 20% als relativ groß. Werte über 50% werden nur selten erreicht.

die beobachteten Logitwerte bzw. Anteilswerte ohne wesentliche Fehler darstellen kann.

Unter dieser Nullhypothese folgt, wie der spezielleren Literatur entnommen werden kann, die Prüfvariable D einer der χ^2-Verteilung mit $n-k$ Freiheitsgraden.

Die folgende Übersicht zur Logit-Analyse vereinfacht, ist jedoch als Gedächtnisstütze bewährt.

Bezeichnung	Notation	Bedeutung	Interpretation
Odds	$\pi/(1-\pi)$	Verhältnis zwischen einer Wahrscheinlichkeit und seiner Gegenwahrscheinlichkeit Wertebereich: $[0;\infty]$	Gibt die Wahrscheinlichkeit für die Zugehörigkeit zu einer Kategorie als Vielfaches der Wahrscheinlichkeit für die Zugehörigkeit zur anderen Kategorie an Odds <1 heißt, daß $\pi < 1-\pi$ Odds $=1$ heißt, daß $\pi = 1-\pi$ Odds >1 heißt, daß $\pi > 1-\pi$
Logit	$\ln\frac{\pi}{1-\pi}$	nichtlineare Transformation von π Wertebereich: $[-\infty;\infty]$	Mit dem Logit wird im Modell eine nichtlineare Beziehung zwischen exogenen Variablen und π dargestellt.
Logitwert	-	Wert für $\ln\frac{\pi}{1-\pi}$	Logitwert <0 heißt $\pi < 1-\pi$ Logitwert $=0$ heißt $\pi = 1-\pi$ Logitwert >0 heißt $\pi > 1-\pi$
Logit-Koeffizient	β_j	zur exogenen Variablen X_j gehörender Regressionskoeffizient	Gibt die Änderung des Logitwertes an, wenn ein Wert von X_j ceteris paribus um eine Einheit erhöht wird.
normierter Logit-Koeffizient	$\beta_j^* = \beta_j\sqrt{Var(X_j)}$	dimensionsloser Logit-Koeffizient	Je größer β_j^* ist, desto stärker ist der Einfluß von X_j.
Effekt-Koeffizient	e^{β_j}	Logit-Koeffizient β_j als Exponent zur Basis e	Gibt die Vervielfachung des Odds an, wenn ein Wert von X_j ceteris paribus um eine Einheit erhöht wird.
Wert der Maximum-Likelihood-Funktion	L	Wertebereich für L: $[0;1]$ Wertebereich für $\ln L$: $[-\infty;0]$ Wertebereich $-2\ln L$: $[\infty;0]$	Wert, der die Stärke der Plausibilität zum Ausdruck bringt, daß die geschätzten mit den unbekannten Regressionskoeffizienten übereinstimmen.

Bezeichnung	Notation	Bedeutung	Interpretation
Prüfvariable beim Likelihood-Quotienten-Test	$G = -2\ln(L_0/L_1)$	Folgt unter der Nullhypothese einer χ^2-Verteilung. Freiheitsgrade: Differenz zwischen den Regressionskoeffizienten des vollständigen (1) und reduzierten (0) Modells. Wertebereich: $[0;\infty]$	Relativ große Werte für G sprechen gegen die Nullhypothese, daß sich die Erklärung des vollständigen vom reduzierten Modell nicht wesentlich unterscheidet.
Pseudo-r^2	$r^2_{pseudo} = 1 - \ln L_1/\ln L_0$	Maßzahl für die relative Güte der Anpassung des Modells an die Daten. Wertebereich: $[0;1]$	Je größer r^2_{pseudo} ist, desto besser ist das vollständige Modell im Vergleich zum reduzierten Modell.
Prüfvariable beim Devianz-Test	$D = -2\ln L$	Folgt unter der Nullhypothese einer χ^2-Verteilung. Freiheitsgrade: Differenz zwischen dem Stichprobenumfang und der Anzahl der exogenen Variablen. Wertebereich: $[0;\infty]$	Relativ große Werte für D sprechen gegen die Nullhypothese, daß das verwendete Modell die beobachteten Werte vollständig erklärt.
Prüfvariable beim Wald-Test	$W = B_j^{\,2}/Var(B_j)$	Folgt unter der Nullhypothese einer χ^2-Verteilung mit einem Freiheitsgrad. Wertebereich für W: $[0;\infty]$	Relativ große Werte für W sprechen gegen die Nullhypothese, daß die zugehörige exogene Variable die Wahrscheinlichkeit für die Zugehörigkeit zu einer Kategorie der Untersuchungsvariablen nicht beeinflußt.
Prüfvariable beim t-Test	$t = B_j/\sqrt{Var(B_j)}$	Folgt unter der Nullhypothese einer t-Verteilung. Freiheitsgrade: Differenz zwischen dem Stichprobenumfang und der Anzahl der exogenen Variablen. Wertebereich: $[-\infty;\infty]$	Relativ große Absolutwerte für t sprechen gegen die Nullhypothese, daß die zugehörige exogene Variable die Wahrscheinlichkeit für die Zugehörigkeit zu einer Kategorie der Untersuchungsvariablen nicht beeinflußt.

16.3 Softwarelösungen

Regressionsanalyse mit nominalskalierter exogener Variablen. Die Daten des Beispiels aus Abschnitt 16.1 sind in eine SPSS-Tabelle so eingegeben, daß die Ausgangswerte untereinander in der ersten Spalte stehen; in der zweiten Spalte finden sich die Ziffern 0 und 1 zur Kennzeichnung der beiden untersuchten Gruppen von Personen (siehe Datei K1601.SAV). Die Durchführung des Tests unterscheidet sich nicht von der Vorgehensweise, die im vorangegangenen Kapitel unter dem Stichwort „Test des Regressionskoeffizienten" behandelt wurde. Deshalb kann an dieser Stelle auf weitere Erläuterungen verzichtet werden.

Polytome exogene Variable. Auch in diesem Zusammenhang kann auf das vorangegangene Kapitel verwiesen werden, wo unter der Überschrift „Multiple lineare Regression“ die entsprechenden Prozeduren schon vorgestellt sind.

Logit-Analyse. Es soll untersucht werden, in welcher Weise die Buchung einer Reise (mit den Werten 0 für „Nein“ und 1 für „Ja“) durch das monatliche Nettoeinkommen zufällig ausgewählter Personen beeinflußt wird. Die Ausgangsdaten liegen gruppiert vor.

Gruppe	Einkommen	Reise	n
1	2000	0	10
2	3000	2	20
3	4000	5	20
4	6000	10	30
5	7000	10	25
6	9000	11	22
7	10000	10	18
8	13000	12	18
9	18000	6	10
10	30000	5	5

Man erkennt, daß Gruppen von Befragten gebildet wurden: In der ersten Gruppe liegt das Durchschnittseinkommen bei DM 2000, und von 10 befragten Personen haben sich 0 für eine Reise entschieden (Anteil = 0,00). In der zweiten Gruppe liegt entsprechend das Durchschnittseinkommen bei DM 3000, und von 20 Befragten haben sich 2 für die Reise entschieden (Anteil = 0,10), usw.

Die Arbeitsschritte, die die Logit-Analyse, ausgehend von derartigen Angaben, erfordert, sind die folgenden:

1. Öffnen der Datei K1602.SAV.
2. Wählen von ANALYSIEREN/REGRESSION/PROBIT...[27]
3. Übertragen der Variablen reise in den Bereich RESPONSEHÄUFIGKEIT:[28]
4. Übertragen der Variablen n in den Bereich BEOBACHTETE GESAMTZAHL: (Zahl der Merkmalsträger pro Gruppe).

[27] Bemerkenswerterweise muß beim Einsatz von SPSS die Prozedur PROBIT aufgerufen werden, um eine Logit-Analyse, deren Hintergründe in Abschnitt 16.2 skizziert wurden, durchführen zu können. Innerhalb dieser Menüposition kann dann das Logit-Modell, so wie es oben besprochen wurde, gewählt werden (siehe Schritt 6.).

[28] Damit wird die Anzahl derjenigen Merkmalsträger bezeichnet, die den Wert 1 der (dichotomen) endogenen Variablen aufweisen, also diejenigen im Beispiel, die die Reise buchen.

5. Übertragen der Variablen eink (Einkommen) in den Bereich KOVARIATE(N): (Beeinflussende Variable(n)).
6. Anklicken von LOGIT im Bereich MODELL[29].
7. Anklicken von OK.

Die Ergebnisse werden unter der Überschrift PROBIT ANALYSIS ausgegeben (siehe Arbeitsschritt 2. oben). Daß aber in der Tat eine Logit-Analyse durchgeführt wurde, erkennt man an der Meldung ONLY LOGISTIC MODEL IS REQUESTET.

SPSS teilt zunächst mit, daß 10 ungewichtete Fälle (Gruppen) berücksichtigt wurden, ohne daß Missing-Werte ausgeschlossen werden mußten.

Der SPSS-Ausgabe kann man weiterhin entnehmen, daß der Regressionskoeffizient (es gibt nur einen einzigen, weil im Anwendungsbeispiel nur eine beeinflussende Variable unterstellt wurde) mit 0,00020 (REGRESSION COEFF.) und der Ordinatenabschnitt mit -2,02454 (INTERCEPT) angegeben wird.

```
************ P R O B I T   A N A L Y S I S ************
DATA Information
      10 unweighted cases accepted.
       0 cases rejected because of missing data.
MODEL Information
ONLY Logistic Model is requested.
-------------------------------------
Parameter Estimates (LOGIT model:  (LOG(p/(1-p))) = Intercept + BX):
              Regression Coeff.
  EINK            ,00020
          Intercept
                 -2,02454
 Pearson  Goodness-of-Fit  Chi Square =     7,397   DF = 8   P =  ,444
```

Weiterhin erkennt man rechts unten eine Überschreitungswahrscheinlichkeit von 0,444, was besagt, daß die vom verwendeten Modell geschätzten Anteilswerte (zu erwartende Anteile derjenigen, die die Reise buchen, in den einzelnen Einkommensgruppen) hinreichend gut mit den empirischen Anteilswerten übereinstimmen. Wie man sieht, verwendet SPSS einen Chi-Quadrat-Anpassungstest, um diese Frage zu prüfen.

Die Anpassungsgüte kann durch die Angaben der folgenden Übersicht illustriert werden. In dieser Übersicht werden die beobachteten Werte

[29] siehe Fußnote 27.

(Anzahl derjenigen, die die Reise buchen in den einzelnen Einkommensgruppen) unter der Überschrift OBSERVED RESPONSES den erwarteten Werten unter der Überschrift EXPECTED RESPONSES einander gegenübergestellt. In der letzten Spalte findet man unter dem Stichwort PROB (probability = Wahrscheinlichkeit) die geschätzten Anteilswerte.

Observed and Expected Frequencies

EINK	Number of Subjects	Observed Responses	Expected Responses	Residual	Prob
2000,00	10,0	0,0	1,643	-1,643	,16428
3000,00	20,0	2,0	3,869	-1,869	,19344
4000,00	20,0	5,0	4,528	0,472	,22638
6000,00	30,0	10,0	9,103	0,897	,30342
7000,00	25,0	10,0	8,676	1,324	,34703
9000,00	22,0	11,0	9,717	1,283	,44169
10000,00	18,0	10,0	8,841	1,159	,49115
13000,00	18,0	12,0	11,462	0,538	,63677
18000,00	10,0	6,0	8,258	-2,258	,82577
30000,00	5,0	5,0	4,905	0,095	,98098

Ergänzend werden in der folgenden Tabelle für DM-Beträge von 0 DM bis 15000 DM (in Tausenderschritten) die zu erwartenden Logitwerte und die zu erwartenden Anteilswerte dargestellt, wie sie von SPSS bereitgestellt werden.

Eink	Logit	p	Eink	Logit	p
0	-2,025	0,117	8000	-0,425	0,395
1000	-1,825	0,139	9000	-0,225	0,444
2000	-1,625	0,165	10000	-0,025	0,494
3000	-1,425	0,194	11000	0,175	0,544
4000	-1,225	0,227	12000	0,375	0,593
5000	-1,025	0,264	13000	0,575	0,640
6000	-0,825	0,305	14000	0,775	0,685
7000	-0,625	0,349	15000	0,975	0,726

Man erkennt, daß ab einem Einkommen von etwas über DM 10000 die Wahrscheinlichkeit dafür, daß die Reise gebucht wird, den 50%-Wert übersteigt, und daß die erwarteten Anteilswerte gemäß einer Funktion, wie sie in Abbildung 16.1 skizziert wird, ansteigen.

Wenn die Ausgangsdaten nicht klassifiziert vorliegen, sondern wenn in einer SPSS-Ausgangstabelle für jeden einzelnen Merkmalsträger (für jede befragte Person) das Einkommen und die Antwort auf die Frage, ob eine Reise gebucht wird, erfaßt wird, kann man eine Logit-Analyse über ANALYSIEREN/REGRESSION/LOGISTISCH... in Gang setzen. Auch dazu noch ein einfaches Beispiel:

In der folgenden Tabelle erkennt man unter dem Namen Eink Einkommensangaben für 10 zufällig ausgewählte Personen. Unter REISE sieht man Nullen und Einsen, je nachdem, ob der Befragte die Reise bucht (1) oder nicht (0). Diese Daten findet man auch in der SPSS-Datei K1603.SAV.

Eink	Reise
2000	0
3000	0
3000	1
4000	1
5000	0
5000	1
7000	1
7000	0
8000	1
9000	1

Es ist jetzt folgendermaßen vorzugehen:

1. Öffnen der Datei K1603.SAV.
2. Wählen von ANALYSIEREN/REGRESSION/LOGISTISCH...
3. Übertragen der Variablen eink in den Bereich KOVARIATEN:
4. Übertragen der Variablen reise in den Bereich ABHÄNGIGE VARIABLE:
5. Anklicken von OK.

SPSS erzeugt jetzt u.a. die folgende Ausgabe:

```
Variable(s) Entered on Step Number
1..     EINK
-2 Log Likelihood       11,905
 Goodness of Fit         9,625
 R^2                      ,144
 Chi-Square              df        Significance
 Model              1,555      1          ,2124
```

In dieser Übersicht sieht man zunächst, daß nur eine exogene Variable (eink) betrachtet wird. Darunter findet man den Wert der Prüfvariablen D des Devianz-Tests (-2 LOG LIKELIHOOD = 11,905). Es wurde weiter oben darauf hingewiesen, daß große Werte dieser Größe gegen die Nullypothese sprechen, daß das tatsächlich verwendete Logit-Modell die beobachteten Logitwerte bzw. Anteilswerte ohne wesentliche Fehler darstellen kann. Dem entspricht auch der kleine Wert des Pseudo-r^2 (0,144) und die vergleichsweise hohe Wahrscheinlichkeit von 0,2124, die beim Stichwort GOODNESS OF FIT ausgegeben wird.

Classification Table for REISE
The Cut Value is .50

		Predicted	Predicted	Percent Correct
		0	1	
Observed	0	2	2	50,00%
Observed	1	2	4	66,67%
			Overall	60,00%

--------------------- Variables in the Equation ----------------------

Variable	B	S.E.	Wald	df	Sig
EINK	,0004	,0003	1,3196	1	,2507
Constant	-1,5915	1,8071	,7757	1	,3785

In der zweiten Übersicht sieht man eine Vierfeldertabelle, in der die beobachteten und die erwarteten Werte einander gegenübergestellt werden. Als CUT VALUE wird 0,50 angegeben, d.h. es wird bei der Zuordnung in dieser Vierfeldertabelle unterstellt, daß die Reise gebucht wird, wenn die Wahrscheinlichkeit dafür größer als 0,5 ist, anderenfalls nicht.

In der ersten Zelle der Vierfeldertabelle (links oben) steht die Zahl 2, d.h. von den vier beobachteten (OBSERVED) Nullen (keine Reisebuchung; vergl. Ausgangsdatenbestand) werden zwei durch das logistische Modell korrekt vorhergesagt (PREDICTED), zwei aber nicht (rechts oben); der Anteil der korrekten Vorhersagen liegt mithin bei 50% (PERCENT CORRECT). Von den sechs beobachteten Einsen werden vier (rechts unten) korrekt vorhergesagt (PERCENT CORRECT = 66,67%). Der Gesamtanteil korrekter Vorhersagen liegt bei 60% (OVERALL).

Unter der Vierfeldertabelle werden die Parameter der Regressionsfunktion mit 0,0004 (B) und -1,5915 angegeben (CONSTANT). Unter S.E. findet man die Standardabweichungen der entsprechenden Stichprobenverteilungen und unter SIG (Signifikanz) die rechnerischen Signifikanzen der Wald-Tests (siehe Abschnitt 16.2) für die Parameter der logistischen Regressionsfunktion. Diese Tests zeigen, daß die Parameter als nicht signifikant von null verschieden angesehen werden können.

Auch hier sollen abschließend die Logitwerte und die geschätzten Anteilswerte in Abhängigkeit vom Einkommen präsentiert werden, wie sie von SPSS bereitgestellt werden.

Eink	Logit	p	Eink	Logit	p
0	-1,592	0,169	8000	1,609	0,833
1000	-1,192	0,233	9000	2,009	0,882
2000	-0,792	0,312	10000	2,409	0,917
3000	-0,392	0,403	11000	2,809	0,943
4000	0,009	0,502	12000	3,209	0,961
5000	0,409	0,601	13000	3,609	0,974
6000	0,809	0,692	14000	4,009	0,982
7000	1,209	0,770	15000	4,409	0,988

In dieser Übersicht erkennt man, daß ab etwa DM 4000 die Wahrscheinlichkeit dafür, daß eine zufällig befragte Person eine Reise bucht, 50% oder höher wird. Dementsprechend ordnet SPSS die einzelnen Befragten dann dieser Kategorie zu. Bei einem Einkommen unter DM 4000 wird durch das Modell geschätzt, daß die Reise nicht gebucht wird.

Tabellenanhang

Tabelle 1: Binomialverteilung

		π									
n	X	.05	.10	.15	.20	.25	.30	.35	.40	.45	.50
1	0	.9500	.0000	.8500	.8000	.7500	.7000	.6500	.6000	.5500	.5000
	1	.0500	.1000	.1500	.2000	.2500	.3000	.3500	.4000	.4500	.5000
2	0	.9025	.8100	.7225	.6400	.5625	.4900	.4225	.3600	.3025	.2500
	1	.0950	.1800	.2550	.3200	.3750	.4200	.4550	.4800	.4950	.5000
	2	.0025	.0100	.0225	.0400	.0625	.0900	.1225	.1600	.2025	.2500
3	0	.8574	.7290	.6141	.5120	.4219	.3430	.2746	.2160	.1664	.1250
	1	.1354	.2430	.3251	.3840	.4219	.4410	.4436	.4320	.4084	.3750
	2	.0071	.0270	.0574	.0960	.1406	.1890	.2389	.2880	.3341	.3750
	3	.0001	.0010	.0034	.0080	.0156	.0270	.0429	.0640	.0911	.1250
4	0	.8145	.6561	.5220	.4096	.3164	.2401	.1785	.1296	.0915	.0625
	1	.1715	.2916	.3685	.4096	.4219	.4116	.3845	.3456	.2995	.2500
	2	.0135	.0486	.0975	.1536	.2109	.2646	.3105	.3456	.3675	.3750
	3	.0005	.0036	.0115	.0256	.0469	.0756	.1115	.1536	.2005	.2500
	4	.0000	.0001	.0005	.0016	.0039	.0081	.0150	.0256	.0410	.0625
5	0	.7738	.5905	.4437	.3277	.2373	.1681	.1160	.0778	.0503	.0313
	1	.2036	.3281	.3915	.4096	.3955	.3602	.3124	.2592	.2059	.1563
	2	.0214	.0729	.1382	.2048	.2637	.3087	.3364	.3456	.3369	.3125
	3	.0011	.0081	.0244	.0512	.0879	.1323	.1811	.2304	.2757	.3125
	4	.0000	.0005	.0022	.0064	.0146	.0284	.0488	.0768	.1128	.1563
	5	.0000	.0000	.0001	.0003	.0010	.0024	.0053	.0102	.0185	.0313
6	0	.7351	.5314	.3771	.2621	.1780	.1176	.0754	.0467	.0277	.0156
	1	.2321	.3543	.3993	.3932	.3560	.3025	.2437	.1866	.1359	.0938
	2	.0305	.0984	.1762	.2458	.2966	.3241	.3280	.3110	.2780	.2344
	3	.0021	.0146	.0415	.0819	.1318	.1852	.2355	.2765	.3032	.3125
	4	.0001	.0012	.0055	.0154	.0330	.0595	.0951	.1382	.1861	.2344
	5	.0000	.0001	.0004	.0015	.0044	.0102	.0205	.0369	.0609	.0938
	6	.0000	.0000	.0000	.0001	.0002	.0007	.0018	.0041	.0083	.0156
7	0	.6983	.4783	.3206	.2097	.1335	.0824	.0490	.0280	.0152	.0078
	1	.2573	.3720	.3960	.3670	.3115	.2471	.1848	.1306	.0872	.0547
	2	.0406	.1240	.2097	.2753	.3115	.3177	.2985	.2613	.2140	.1641
	3	.0036	.0230	.0617	.1147	.1730	.2269	.2679	.2903	.2918	.2734
	4	.0002	.0026	.0109	.0287	.0577	.0972	.1442	.1935	.2388	.2734
	5	.0000	.0002	.0012	.0043	.0115	.0250	.0466	.0774	.1172	.1641
	6	.0000	.0000	.0001	.0004	.0013	.0036	.0084	.0172	.0320	.0547
	7	.0000	.0000	.0000	.0000	.0001	.0002	.0006	.0016	.0037	.0078
8	0	.6634	.4305	.2725	.1678	.1001	.0576	.0319	.0168	.0084	.0039
	1	.2793	.3826	.3847	.3355	.2670	.1977	.1373	.0896	.0548	.0313
	2	.0515	.1488	.2376	.2936	.3115	.2965	.2587	.2090	.1569	.1094
	3	.0054	.0331	.0839	.1468	.2076	.2541	.2786	.2787	.2568	.2188
	4	.0004	.0046	.0185	.0459	.0865	.1361	.1875	.2322	.2627	.2734
	5	.0000	.0004	.0026	.0092	.0231	.0467	.0808	.1239	.1719	.2188
	6	.0000	.0000	.0002	.0011	.0038	.0100	.0217	.0413	.0703	.1094
	7	.0000	.0000	.0000	.0001	.0004	.0012	.0033	.0079	.0164	.0313
	8	.0000	.0000	.0000	.0000	.0000	.0001	.0002	.0007	.0017	.0039

n	X	π .05	.10	.15	.20	.25	.30	.35	.40	.45	.50
9	0	.6302	.3874	.2316	.1342	.0751	.0404	.0207	.0101	.0046	.0020
	1	.2985	.3874	.3679	.3020	.2253	.1556	.1004	.0605	.0339	.0176
	2	.0629	.1722	.2597	.3020	.3003	.2668	.2162	.1612	.1110	.0703
	3	.0077	.0446	.1069	.1762	.2336	.2668	.2716	.2508	.2119	.1641
	4	.0006	.0074	.0283	.0661	.1168	.1715	.2194	.2508	.2600	.2461
	5	.0000	.0008	.0050	.0165	.0389	.0735	.1181	.1672	.2128	.2461
	6	.0000	.0001	.0006	.0028	.0087	.0210	.0424	.0743	.1160	.1641
	7	.0000	.0000	.0000	.0003	.0012	.0039	.0098	.0212	.0407	.0703
	8	.0000	.0000	.0000	.0000	.0001	.0004	.0013	.0035	.0083	.0176
	9	.0000	.0000	.0000	.0000	.0000	.0000	.0001	.0003	.0008	.0020
10	0	.5987	.3487	.1969	.1074	.0563	.0282	.0135	.0060	.0025	.0010
	1	.3151	.3874	.3474	.2684	.1877	.1211	.0725	.0403	.0207	.0098
	2	.0746	.1937	.2759	.3020	.2816	.2335	.1757	.1209	.0763	.0439
	3	.0105	.0574	.1298	.2013	.2503	.2668	.2522	.2150	.1665	.1172
	4	.0010	.0112	.0401	.0881	.1460	.2001	.2377	.2508	.2384	.2051
	5	.0001	.0015	.0085	.0264	.0584	.1029	.1536	.2007	.2340	.2461
	6	.0000	.0001	.0012	.0055	.0162	.0368	.0689	.1115	.1596	.2051
	7	.0000	.0000	.0001	.0008	.0031	.0090	.0212	.0425	.0746	.1172
	8	.0000	.0000	.0000	.0001	.0004	.0014	.0043	.0106	.0229	.0439
	9	.0000	.0000	.0000	.0000	.0000	.0001	.0005	.0016	.0042	.0098
	10	.0000	.0000	.0000	.0000	.0000	.0000	.0000	.0001	.0003	.0010
11	0	.5688	.3138	.1673	.0859	.0422	.0198	.0088	.0036	.0014	.0005
	1	.3293	.3835	.3248	.2362	.1549	.0932	.0513	.0266	.0125	.0054
	2	.0867	.2131	.2866	.2953	.2581	.1998	.1395	.0887	.0513	.0269
	3	.0137	.0710	.1517	.2215	.2581	.2568	.2254	.1774	.1259	.0806
	4	.0014	.0158	.0536	.1107	.1721	.2201	.2428	.2365	.2060	.1611
	5	.0001	.0025	.0132	.0388	.0803	.1321	.1830	.2207	.2360	.2256
	6	.0000	.0003	.0023	.0097	.0268	.0566	.0985	.1471	.1931	.2256
	7	.0000	.0000	.0003	.0017	.0064	.0173	.0379	.0701	.1128	.1611
	8	.0000	.0000	.0000	.0002	.0011	.0037	.0102	.0234	.0462	.0806
	9	.0000	.0000	.0000	.0000	.0001	.0005	.0018	.0052	.0126	.0269
	10	.0000	.0000	.0000	.0000	.0000	.0000	.0002	.0007	.0021	.0054
	11	.0000	.0000	.0000	.0000	.0000	.0000	.0000	.0000	.0002	.0005
12	0	.5404	.2824	.1422	.0687	.0317	.0138	.0057	.0022	.0008	.0002
	1	.3413	.3766	.3012	.2062	.1267	.0712	.0368	.0174	.0075	.0029
	2	.0988	.2301	.2924	.2835	.2323	.1678	.1088	.0639	.0339	.0161
	3	.0173	.0852	.1720	.2362	.2581	.2397	.1954	.1419	.0923	.0537
	4	.0021	.0213	.0683	.1329	.1936	.2311	.2367	.2128	.1700	.1208
	5	.0002	.0038	.0193	.0532	.1032	.1585	.2039	.2270	.2225	.1934
	6	.0000	.0005	.0040	.0155	.0401	.0792	.1281	.1766	.2124	.2256
	7	.0000	.0000	.0006	.0033	.0115	.0291	.0591	.1009	.1489	.1934
	8	.0000	.0000	.0001	.0005	.0024	.0078	.0199	.0420	.0762	.1208
	9	.0000	.0000	.0000	.0001	.0004	.0015	.0048	.0125	.0277	.0537
	10	.0000	.0000	.0000	.0000	.0000	.0002	.0008	.0025	.0068	.0161
	11	.0000	.0000	.0000	.0000	.0000	.0000	.0001	.0003	.0010	.0029
	12	.0000	.0000	.0000	.0000	.0000	.0000	.0000	.0000	.0001	.0002
16	0	.4401	.1853	.0743	.0281	.0100	.0033	.0010	.0003	.0001	.0000
	1	.3706	.3294	.2097	.1126	.0535	.0228	.0087	.0030	.0009	.0002
	2	.1463	.2745	.2775	.2111	.1336	.0732	.0353	.0150	.0056	.0018
	3	.0359	.1423	.2285	.2463	.2079	.1465	.0838	.0468	.0215	.0085
	4	.0061	.0514	.1311	.2001	.2252	.2040	.1553	.1014	.0572	.0278
	5	.0008	.0137	.0555	.1201	.1802	.2099	.2008	.1623	.1123	.0667

n	X	π .05	.10	.15	.20	.25	.30	.35	.40	.45	.50
16	6	.0001	.0028	.0180	.0550	.1101	.1649	.1982	.1983	.1684	.1222
	7	.0000	.0004	.0045	.0197	.0524	.1010	.1524	.1889	.1969	.1746
	8	.0000	.0001	.0009	.0055	.0197	.0487	.0923	.1417	.1812	.1964
	9	.0000	.0000	.0001	.0012	.0058	.0185	.0442	.0840	.1318	.1746
	10	.0000	.0000	.0000	.0002	.0014	.0056	.0167	.0392	.0755	.1222
	11	.0000	.0000	.0000	.0000	.0002	.0013	.0049	.0142	.0337	.0667
	12	.0000	.0000	.0000	.0000	.0000	.0002	.0011	.0040	.0115	.0278
	13	.0000	.0000	.0000	.0000	.0000	.0000	.0002	.0008	.0029	.0085
	14	.0000	.0000	.0000	.0000	.0000	.0000	.0000	.0001	.0005	.0018
	15	.0000	.0000	.0000	.0000	.0000	.0000	.0000	.0000	.0001	.0002
	16	.0000	.0000	.0000	.0000	.0000	.0000	.0000	.0000	.0000	.0000
20	0	.3585	.1216	.0388	.0115	.0032	.0008	.0002	.0000	.0000	.0000
	1	.3774	.2702	.1368	.0576	.0211	.0068	.0020	.0005	.0001	.0000
	2	.1887	.2852	.2293	.1369	.0669	.0278	.0100	.0031	.0008	.0002
	3	.0596	.1901	.2428	.2054	.1339	.0716	.0323	.0123	.0040	.0011
	4	.0133	.0898	.1821	.2182	.1897	.1304	.0738	.0350	.0139	.0046
	5	.0022	.0319	.1028	.1746	.2023	.1789	.1272	.0746	.0365	.0148
	6	.0003	.0089	.0454	.1091	.1686	.1916	.1712	.1244	.0746	.0370
	7	.0000	.0020	.0160	.0545	.1124	.1643	.1844	.1659	.1221	.0739
	8	.0000	.0004	.0046	.0222	.0609	.1144	.1614	.1797	.1623	.1201
	9	.0000	.0001	.0011	.0074	.0271	.0654	.1158	.1597	.1771	.1602
	10	.0000	.0000	.0002	.0020	.0099	.0308	.0686	.1171	.1593	.1762
	11	.0000	.0000	.0000	.0005	.0030	.0120	.0336	.0710	.1185	.1602
	12	.0000	.0000	.0000	.0001	.0008	.0039	.0136	.0355	.0727	.1201
	13	.0000	.0000	.0000	.0000	.0002	.0010	.0045	.0146	.0366	.0739
	14	.0000	.0000	.0000	.0000	.0000	.0002	.0012	.0049	.0150	.0370
	15	.0000	.0000	.0000	.0000	.0000	.0000	.0003	.0013	.0049	.0148
	16	.0000	.0000	.0000	.0000	.0000	.0000	.0000	.0003	.0013	.0046
	17	.0000	.0000	.0000	.0000	.0000	.0000	.0000	.0000	.0002	.0011
	18	.0000	.0000	.0000	.0000	.0000	.0000	.0000	.0000	.0000	.0002

Tabelle 2: Standardnormalverteilung. Dichtefunktion

K	.00	.01	.02	.03	.04	.05	.06	.07	.08	.09
0.0	.39894	.39892	.39886	.39876	.39862	.39844	39822	.39797	.39767	.39733
0.1	.39695	.39654	.39608	.39559	.39505	.39448	39387	.39322	.39253	.39181
0.2	.39104	.39024	.38940	.38853	.38762	.38667	38568	.38466	.38361	.38251
0.3	.38139	.38023	.37903	.37780	.37654	.37524	.37391	.37255	.37115	.36973
0.4	.36827	.36678	.36526	.36371	.36213	.36053	.35889	.35723	.35553	.35381
0.5	.35207	.35029	.34849	.34667	.34482	.34294	.34105	.33912	.33718	.33521
0.6	.33322	.33121	.32918	.32713	.32506	.32297	.32086	.31874	.31659	.31443
0.7	.31225	.31006	.30785	.30563	.30339	.30114	.29887	.29659	.29431	.29200
0.8	.28969	.28737	.28504	.28269	.28034	.27798	.27562	27324	.27086	.26848
0.9	.26609	.26369	.26129	.25888	.25647	.25406	.25164	24923	.24681	.24439
1.0	.24197	.23955	.23713	.23471	.23230	.22988	.22747	22506	.22265	.22025
1.1	.21785	.21546	.21307	.21069	.20831	.20594	.20357	20121	.19886	.19652
1.2	.19419	.19186	.18954	.18724	.18494	.18265	.18037	17810	.17585	.17360
1.3	.17137	.16915	.16694	.16474	.16256	.16038	.15822	15608	.15395	.15183
1.4	.14973	.14764	.14556	.14350	.14146	.13943	.13742	.13542	.13344	.13147
1.5	.12952	.12758	.12566	.12376	.12188	.12001	.11816	.11632	.11450	.11270
1.6	.11092	.10915	.10741	.10567	.10396	.10226	.10059	.09893	.09728	.09566
1.7	.09405	.09246	.09089	.08933	.08780	.08628	.08478	.08329	.08183	.08038
1.8	.07895	.07754	.07614	.07477	.07341	.07206	.07074	.06943	.06814	.06687
1.9	.06562	.06438	.06316	.06195	.06077	.05959	.05844	.05730	.05618	.05508
2.0	.05399	.05292	.05186	.05082	.04980	.04879	.04780	.04682	.04586	.04491
2.1	.04398	.04307	.04217	.04128	.04041	.03955	.03871	.03788	.03706	.03626
2.2	.03547	.03470	.03394	.03319	.03246	.03174	.03103	.03034	.02965	.02898
2.3	.02833	.02768	.02705	.02643	.02582	.02522	.02463	.02406	.02349	.02294
2.4	.02239	.02186	.02134	.02083	.02033	.01984	.01936	.01888	.01842	.01797
2.5	.01753	.01709	.01667	.01625	.01585	.01545	.01506	.01468	.01431	.01394
2.6	.01358	.01323	.01289	.01256	.01223	.01191	.01160	.01130	.01100	.01071
2.7	.01042	.01014	.00987	.00961	.00935	.00909	.00885	.00861	.00837	.00814
2.8	.00792	.00770	.00748	.00727	.00707	.00687	.00668	.00649	.00631	.00613
2.9	.00595	.00578	.00562	.00545	.00530	.00514	.00499	.00485	.00470	.00457
3.0	.00443	.00430	.00417	.00405	.00393	.00381	.00370	.00358	.00348	.00337
3.1	.00327	.00317	.00307	.00298	.00288	.00279	.00271	.00262	.00254	.00246
3.2	.00238	.00231	.00224	.00216	.00210	.00203	.00196	.00190	.00184	.00178
3.3	.00172	.00167	.00161	.00156	.00151	.00146	.00141	.00136	.00132	.00127
3.4	.00123	.00119	.00115	.00111	.00107	.00104	.00100	.00097	.00094	.00090
3.5	.00087	.00084	.00081	.00079	.00076	.00073	.00071	.00068	.00066	.00063
3.6	.00061	.00059	.00057	.00055	.00053	.00051	.00049	.00047	.00046	.00044
3.7	.00042	.00041	.00039	.00038	.00037	.00035	.00034	.00033	.00031	.00030
3.8	.00029	.00028	.00027	.00026	.00025	.00024	.00023	.00022	.00021	.00021
3.9	.00020	.00019	.00018	.00018	.00017	.00016	.00016	.00015	.00014	.00014

Tabelle 3: Standardnormalverteilung. Verteilungsfunktion

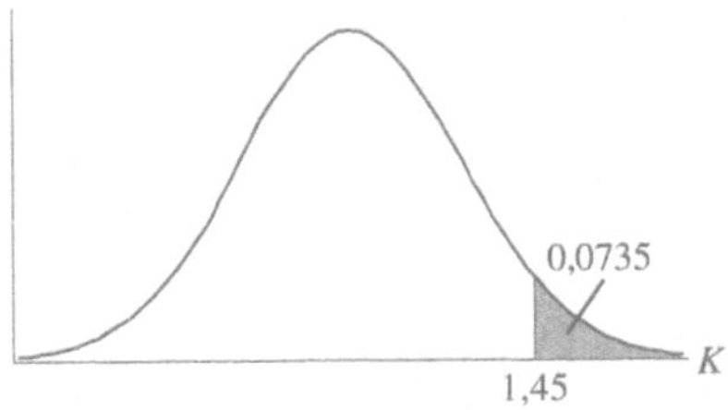

K	.00	.01	.02	.03	.04	**.05**	.06	.07	.08	.09
0.0	.5000	.4960	.4920	.4880	.4840	.4801	.4761	.4721	.4681	.4641
0.1	.4602	.4562	.4522	.4483	.4443	.4404	.4364	.4325	.4286	.4247
0.2	.4207	.4168	.4129	.4090	.4052	.4013	.3974	.3936	.3897	.3859
0.3	.3821	.3783	.3745	.3707	.3669	.3632	.3594	.3557	.3520	.3483
0.4	.3446	.3409	.3372	.3336	.3300	.3264	.3228	.3192	.3156	.3121
0.5	.3085	.3050	.3015	.2981	.2946	.2912	.2877	.2843	.2810	.2776
0.6	.2743	.2709	.2676	.2643	.2611	.2578	.2546	.2514	.2483	.2451
0.7	.2420	.2389	.2358	.2327	.2296	.2266	.2236	.2206	.2177	.2148
0.8	.2119	.2090	.2061	.2033	.2005	.1977	.1949	.1922	.1894	.1867
0.9	.1841	.1814	.1788	.1762	.1736	.1711	.1685	.1660	.1635	.1611
1.0	.1587	.1562	.1539	.1515	.1492	.1469	.1446	.1423	.1401	.1379
1.1	.1357	.1335	.1314	.1292	.1271	.1251	.1230	.1210	.1190	.1170
1.2	.1151	.1131	.1112	.1093	.1075	.1056	.1038	.1020	.1003	.0985
1.3	.0968	.0951	.0934	.0918	.0901	.0885	.0869	.0853	.0838	.0823
1.4	.0808	.0793	.0778	.0764	.0749	**.0735**	.0721	.0708	.0694	.0681
1.5	.0668	.0655	.0643	.0630	.0618	.0606	.0594	.0582	.0571	.0559
1.6	.0548	.0537	.0526	.0516	.0505	.0495	.0485	.0475	.0465	.0455
1.7	.0446	.0436	.0427	.0418	.0409	.0401	.0392	.0384	.0375	.0367
1.8	.0359	.0351	.0344	.0336	.0329	.0322	.0314	.0307	.0301	.0294
1.9	.0287	.0281	.0274	.0268	.0262	.0256	.0250	.0244	.0239	.0233
2.0	.0228	.0222	.0217	.0212	.0207	.0202	.0197	.0192	.0188	.0183
2.1	.0179	.0174	.0170	.0166	.0162	.0158	.0154	.0150	.0146	.0143
2.2	.3111	.0136	.0132	.0129	.0125	.0122	.0119	.0116	.0113	.0110
2.3	.3528	.0104	.0102	.0099	.0096	.0094	.0091	.0089	.0087	.0084
2.4	.3586	.0080	.0078	.0075	.0073	.0071	.0069	.0068	.0066	.0064
2.5	.3594	.0060	.0059	.0057	.0055	.0054	.0052	.0051	.0049	.0048
2.6	.3596	.0045	.0044	.0043	.0041	.0040	.0039	.0038	.0037	.0036
2.7	.3596	.0034	.0033	.0032	.0031	.0030	.0029	.0028	.0027	.0026
2.8	.3596	.0025	.0024	.0023	.0023	.0022	.0021	.0021	.0020	.0019
2.9	.3596	.0018	.0018	.0017	.0016	.0016	.0015	.0015	.0014	.0014
3.0	.3596	.0013	.0013	.0012	.0012	.0011	.0011	.0011	.0010	.0010

Tabelle 4: Chi-Quadrat-Verteilung.

Rückweisungspunkte bei Signifikanzniveau $\alpha\%$ und ν Freiheitsgraden

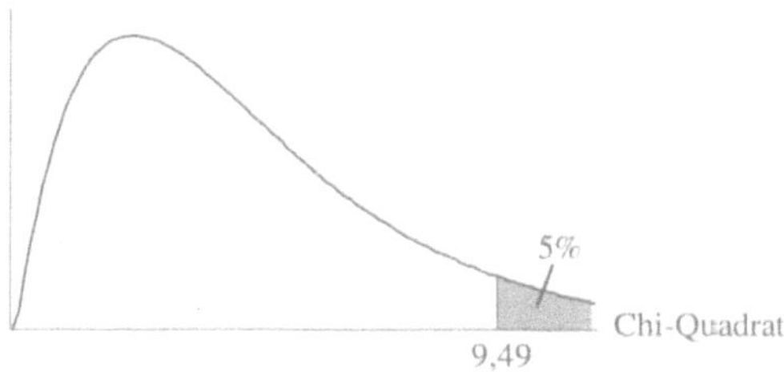

ν \ α	30%	10%	**5%**	2.5%	1%	0.1%
1	1.07	2.71	3.84	5.02	6.63	10.83
2	2.41	4.61	5.99	7.38	9.21	13.82
3	3.66	6.25	7.81	9.35	11.34	16.27
4	4.88	7.78	**9.49**	11.14	13.28	18.47
5	6.06	9.24	11.07	12.83	15.09	20.51
6	7.23	10.64	12.59	14.45	16.81	22.46
7	8.38	12.02	14.07	16.01	18.48	24.32
8	9.52	13.36	15.51	17.53	20.09	26.12
9	10.66	14.68	16.92	19.02	21.67	27.88
10	11.78	15.99	18.31	20.48	23.21	29.59
11	12.90	17.28	19.68	21.92	24.73	31.26
12	14.01	18.55	21.03	23.34	26.22	32.91
13	15.12	19.81	22.36	24.74	27.69	34.53
14	16.22	21.06	23.68	26.12	29.14	36.12
15	17.32	22.31	25.00	27.49	30.58	37.70
16	18.42	23.54	26.30	28.85	32.00	39.25
17	19.51	24.77	27.59	30.19	33.41	40.79
18	20.60	25.99	28.87	31.53	34.81	42.31
19	21.69	27.20	30.14	32.85	36.19	43.82
20	22.77	28.41	31.41	34.17	37.57	45.31
21	23.86	29.62	32.67	35.48	38.93	46.80
22	24.94	30.81	33.92	36.78	40.29	48.27
23	26.02	32.01	35.17	38.08	41.64	49.73
24	27.10	33.20	36.42	39.36	42.98	51.18
25	28.17	34.38	37.65	40.65	44.31	52.62
26	29.25	35.56	38.89	41.92	45.64	54.05
27	30.32	36.74	40.11	43.19	46.96	55.48
28	31.39	37.92	41.34	44.46	48.28	56.89
29	32.46	39.09	42.56	45.72	49.59	58.30
30	33.53	40.26	43.77	46.98	50.89	59.70
40	44.16	51.81	55.76	59.34	63.69	73.40
50	54.72	63.17	67.50	71.42	76.15	86.66
60	65.23	74.40	79.08	83.30	88.38	99.61
70	75.69	85.53	90.53	95.02	100.43	112.32
80	86.12	96.58	101.88	106.63	112.33	124.84
90	96.52	107.57	113.15	118.14	124.12	137.21
100	106.91	118.50	124.34	129.56	135.81	149.45

Tabelle 5: *t*-Verteilung

Rückweisungspunkte bei Signifikanzniveau α% (zweiseitig) und ν Freiheitsgraden

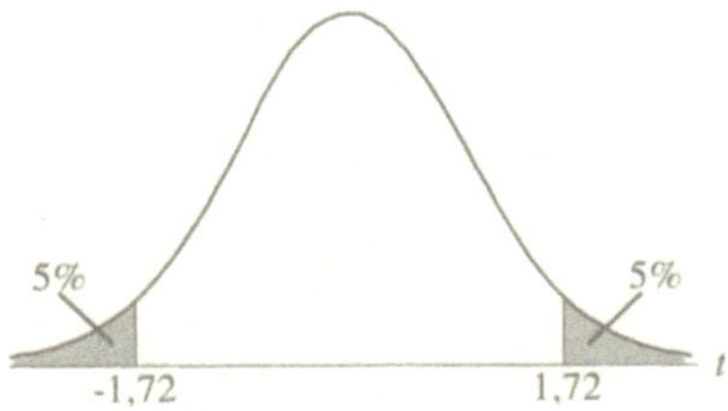

ν	α 50%	25%	**10%**	5%	2%	1%
1	1.00	2.41	6.31	12.71	31.82	63.66
2	.816	1.60	2.92	4.30	6.96	9.92
3	.765	1.42	2.35	3.18	4.54	5.84
4	.741	1.34	2.13	2.78	3.75	4.60
5	.727	1.30	2.02	2.57	3.36	4.03
6	.718	1.27	1.94	2.45	3.14	3.71
7	.711	1.25	1.89	2.36	3.00	3.50
8	.706	1.24	1.86	2.31	2.90	3.36
9	.703	1.23	1.83	2.26	2.82	3.25
10	.700	1.22	1.81	2.23	2.76	3.17
11	.697	1.21	1.80	2.20	2.72	3.11
12	.695	1.21	1.78	2.18	2.68	3.05
13	.694	1.20	1.77	2.16	2.65	3.01
14	.692	1.20	1.76	2.14	2.62	2.98
15	.691	1.20	1.75	2.13	2.60	2.95
16	.690	1.19	1.75	2.12	2.58	2.92
17	.689	1.19	1.74	2.11	2.57	2.90
18	.688	1.19	1.73	2.10	2.55	2.88
19	.688	1.19	1.73	2.09	2.54	2.86
20	.687	1.18	**1.72**	2.09	2.53	2.85
21	.686	1.18	1.72	2.08	2.52	2.83
22	.686	1.18	1.72	2.07	2.51	2.82
23	.685	1.18	1.71	2.07	2.50	2.81
24	.685	1.18	1.71	2.06	2.49	2.80
25	.684	1.18	1.71	2.06	2.49	2.79
26	.684	1.18	1.71	2.06	2.48	2.78
27	.684	1.18	1.70	2.05	2.47	2.77
28	.683	1.17	1.70	2.05	2.47	2.76
29	.683	1.17	1.70	2.05	2.46	2.76
30	.683	1.17	1.70	2.04	2.46	2.75
40	.681	1.17	1.68	2.02	2.42	2.70
60	.679	1.16	1.67	2.00	2.39	2.66
120	.677	1.16	1.66	1.98	2.36	2.62
∞	.674	1.15	1.64	1.96	2.33	2.58

Tabelle 6: *F*-Verteilung

Rückweisungspunkte bei ν_1 und ν_2 Freiheitsgraden und alternativen Signifikanzniveaus $\alpha\%$

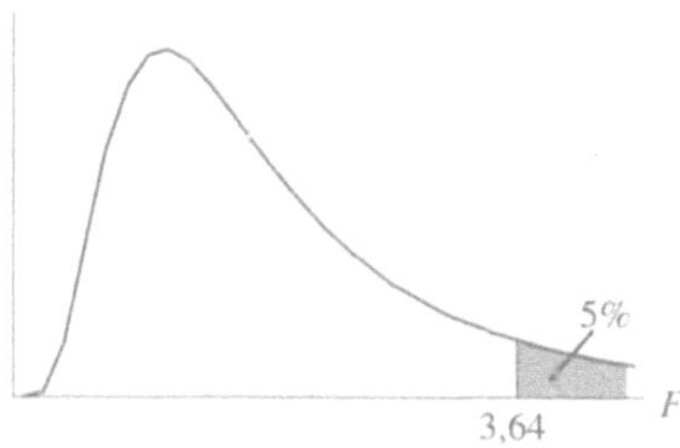

α = 5%

ν_2 \ ν_1	1	2	3	4	5	6	7	8	9	**10**
1	161.4	199.5	215.7	224.6	230.2	234.0	236.8	238.9	240.5	241.9
2	18.51	19.00	19.16	19.25	19.30	19.33	19.35	19.37	19.38	19.40
3	10.13	9.55	9.28	9.12	9.01	8.94	8.89	8.85	8.81	8.79
4	7.71	6.94	6.59	6.39	6.26	6.16	6.09	6.04	6.00	5.96
5	6.61	5.79	5.41	5.19	5.05	4.95	4.88	4.82	4.77	4.74
6	5.99	5.14	4.76	4.53	4.39	4.28	4.21	4.15	4.10	4.06
7	5.59	4.74	4.35	4.12	3.97	3.87	3.79	3.73	3.68	**3.64**
8	5.32	4.46	4.07	3.84	3.69	3.58	3.50	3.44	3.39	3.35
9	5.12	4.26	3.86	3.63	3.48	3.37	3.29	3.23	3.18	3.14
10	4.96	4.10	3.71	3.48	3.33	3.22	3.14	3.07	3.02	2.98
11	4.84	3.98	3.59	3.36	3.20	3.09	3.01	2.95	2.90	2.85
12	4.75	3.89	3.49	3.26	3.11	3.00	2.91	2.85	2.80	2.75
13	4.67	3.81	3.41	3.18	3.03	2.92	2.83	2.77	2.71	2.67
14	4.60	3.74	3.34	3.11	2.96	2.85	2.76	2.70	2.65	2.60
15	4.54	3.68	3.29	3.06	2.90	2.79	2.71	2.64	2.59	2.54
16	4.49	3.63	3.24	3.01	2.85	2.74	2.66	2.59	2.54	2.49
17	4.45	3.59	3.20	2.96	2.81	2.70	2.61	2.55	2.49	2.45
18	4.41	3.55	3.16	2.93	2.77	2.66	2.58	2.51	2.46	2.41
19	4.38	3.52	3.13	2.90	2.74	2.63	2.54	2.48	2.42	2.38
20	4.35	3.49	3.10	2.87	2.71	2.60	2.51	2.45	2.39	2.35
21	4.32	3.47	3.07	2.84	2.68	2.57	2.49	2.42	2.37	2.32
22	4.30	3.44	3.05	2.82	2.66	2.55	2.46	2.40	2.34	2.30
23	4.28	3.42	3.03	2.80	2.64	2.53	2.44	2.37	2.32	2.27
24	4.26	3.40	3.01	2.78	2.62	2.51	2.42	2.36	2.30	2.25
25	4.24	3.39	2.99	2.76	2.60	2.49	2.40	2.34	2.28	2.24
26	4.23	3.37	2.98	2.74	2.59	2.47	2.39	2.32	2.27	2.22
27	4.21	3.35	2.96	2.73	2.57	2.46	2.37	2.31	2.25	2.20
28	4.20	3.34	2.95	2.71	2.56	2.45	2.36	2.29	2.24	2.19
29	4.18	3.33	2.93	2.70	2.55	2.43	2.35	2.28	2.22	2.18
30	4.17	3.32	2.92	2.69	2.53	2.42	2.33	2.27	2.21	2.16
40	4.08	3.23	2.84	2.61	2.45	2.34	2.25	2.18	2.12	2.08
60	4.00	3.15	2.76	2.53	2.37	2.25	2.17	2.10	2.04	1.99
120	3.92	3.07	2.68	2.45	2.29	2.18	2.09	2.02	1.96	1.91
∞	3.84	3.00	2.60	2.37	2.21	2.10	2.01	1.94	1.88	1.83

ν_2 \ ν_1	12	15	20	24	30	40	60	120	∞
1	243.9	245.9	248.0	249.1	250.1	251.1	252.2	253.3	254.3
2	19.41	19.43	19.45	19.45	19.46	19.47	19.48	19.49	19.50
3	8.74	8.70	8.66	8.64	8.62	8.59	8.57	8.55	8.53
4	5.91	5.86	5.80	5.77	5.75	5.72	5.69	5.66	5.63
5	4.68	4.62	4.56	4.53	4.50	4.46	4.43	4.40	4.37
6	4.00	3.94	3.87	3.84	3.81	3.77	3.74	3.70	3.67
7	3.57	3.51	3.44	3.41	3.38	3.34	3.30	3.27	3.23
8	3.28	3.22	3.15	3.12	3.08	3.04	3.01	2.97	2.93
9	3.07	3.01	2.94	2.90	2.86	2.83	2.79	2.75	2.71
10	2.91	2.85	2.77	2.74	2.70	2.66	2.62	2.58	2.54
11	2.79	2.72	2.65	2.61	2.57	2.53	2.49	2.45	2.40
12	2.69	2.62	2.54	2.51	2.47	2.43	2.38	2.34	2.30
13	2.60	2.53	2.46	2.42	2.38	2.34	2.30	2.25	2.21
14	2.53	2.46	2.39	2.35	2.31	2.27	2.22	2.18	2.13
15	2.48	2.40	2.33	2.29	2.25	2.20	2.16	2.11	2.07
16	2.42	2.35	2.28	2.24	2.19	2.15	2.11	2.06	2.01
17	2.38	2.31	2.23	2.19	2.15	2.10	2.06	2.01	1.96
18	2.34	2.27	2.19	2.15	2.11	2.06	2.02	1.97	1.92
19	2.31	2.23	2.16	2.11	2.07	2.03	1.98	1.93	1.88
20	2.28	2.20	2.12	2.08	2.04	1.99	1.95	1.90	1.84
21	2.25	2.18	2.10	2.05	2.01	1.96	1.92	1.87	1.81
22	2.23	2.15	2.07	2.03	1.98	1.94	1.89	1.84	1.78
23	2.20	2.13	2.05	2.01	1.96	1.91	1.86	1.81	1.76
24	2.18	2.11	2.03	1.98	1.94	1.89	1.84	1.79	1.73
25	2.16	2.09	2.01	1.96	1.92	1.87	1.82	1.77	1.71
26	2.15	2.07	1.99	1.95	1.90	1.85	1.80	1.75	1.69
27	2.13	2.06	1.97	1.93	1.88	1.84	1.79	1.73	1.67
28	2.12	2.04	1.96	1.91	1.87	1.82	1.77	1.71	1.65
29	2.10	2.03	1.94	1.90	1.85	1.81	1.75	1.70	1.64
30	2.09	2.01	1.93	1.89	1.84	1.79	1.74	1.68	1.62
40	2.00	1.92	1.84	1.79	1.74	1.69	1.64	1.58	1.51
60	1.92	1.84	1.75	1.70	1.65	1.59	1.53	1.47	1.39
120	1.83	1.75	1.66	1.61	1.55	1.50	1.43	1.35	1.25
∞	1.75	1.67	1.57	1.52	1.46	1.39	1.32	1.22	1.00

$\alpha = 2.5\%$

ν_2 \ ν_1	1	2	3	4	5	6	7	8	9	10
1	647.8	799.5	864.2	899.6	921.8	937.1	948.2	956.6	963.3	968.6
2	38.51	39.00	39.17	39.25	39.30	39.33	39.36	39.37	39.39	39.40
3	17.44	16.04	15.44	15.10	14.88	14.73	14.62	14.54	14.47	14.42
4	12.22	10.65	9.98	9.60	9.36	9.20	9.07	8.98	8.90	8.84
5	10.01	8.43	7.76	7.39	7.15	6.98	6.85	6.76	6.68	6.62
6	8.81	7.26	6.60	6.23	5.99	5.82	5.70	5.60	5.52	5.46
7	8.07	6.54	5.89	5.52	5.29	5.12	4.99	4.90	4.82	4.76
8	7.57	6.06	5.42	5.05	4.82	4.65	4.53	4.43	4.36	4.30
9	7.21	5.71	5.08	4.72	4.48	4.32	4.20	4.10	4.03	3.96
10	6.94	5.46	4.83	4.47	4.24	4.07	3.95	3.85	3.78	3.72
11	6.72	5.26	4.63	4.28	4.04	3.88	3.76	3.66	3.59	3.53
12	6.55	5.10	4.47	4.12	3.89	3.73	3.61	3.51	3.44	3.37
13	6.41	4.97	4.35	4.00	3.77	3.60	3.48	3.39	3.31	3.25
14	6.30	4.86	4.24	3.89	3.66	3.50	3.38	3.29	3.21	3.15
15	6.20	4.77	4.15	3.80	3.58	3.41	3.29	3.20	3.12	3.06
16	6.12	4.69	4.08	3.73	3.50	3.34	3.22	3.12	3.05	2.99
17	6.04	4.62	4.01	3.66	3.44	3.28	3.16	3.06	2.98	2.92
18	5.98	4.56	3.95	3.61	3.38	3.22	3.10	3.01	2.93	2.87
19	5.92	4.51	3.90	3.56	3.33	3.17	3.05	2.96	2.88	2.82
20	5.87	4.46	3.86	3.51	3.29	3.13	3.01	2.91	2.84	2.77
21	5.83	4.42	3.82	3.48	3.25	3.09	2.97	2.87	2.80	2.73
22	5.79	4.38	3.78	3.44	3.22	3.05	2.93	2.84	2.76	2.70
23	5.75	4.35	3.75	3.41	3.18	3.02	2.90	2.81	2.73	2.67
24	5.72	4.32	3.72	3.38	3.15	2.99	2.87	2.78	2.70	2.64
25	5.69	4.29	3.69	3.35	3.13	2.97	2.85	2.75	2.68	2.61
26	5.66	4.27	3.67	3.33	3.10	2.94	2.82	2.73	2.65	2.59
27	5.63	4.24	3.65	3.31	3.08	2.92	2.80	2.71	2.63	2.57
28	5.61	4.22	3.63	3.29	3.06	2.90	2.78	2.69	2.61	2.55
29	5.59	4.20	3.61	3.27	3.04	2.88	2.76	2.67	2.59	2.53
30	5.57	4.18	3.59	3.25	3.03	2.87	2.75	2.65	2.57	2.51
40	5.42	4.05	3.46	3.13	2.90	2.74	2.62	2.53	2.45	2.39
60	5.29	3.93	3.34	3.01	2.79	2.63	2.51	2.41	2.33	2.27
120	5.15	3.80	3.23	2.89	2.67	2.52	2.39	2.30	2.22	2.16
∞	5.02	3.69	3.12	2.79	2.57	2.41	2.29	2.19	2.11	2.05

ν_2 \ ν_1	12	15	20	24	30	40	60	120	∞
1	976.7	984.9	993.1	997.3	1001.4	1005.6	1009.8	1014.0	1018.3
2	39.41	39.43	39.45	39.46	39.46	39.47	39.48	39.49	39.50
3	14.34	14.25	14.17	14.12	14.08	14.04	13.99	13.95	13.90
4	8.75	8.66	8.56	8.51	8.46	8.41	8.36	8.31	8.26
5	6.52	6.43	6.33	6.28	6.23	6.18	6.12	6.07	6.02
6	5.37	5.27	5.17	5.12	5.07	5.01	4.96	4.90	4.85
7	4.67	4.57	4.47	4.41	4.36	4.31	4.25	4.20	4.14
8	4.20	4.10	4.00	3.95	3.89	3.84	3.78	3.73	3.67
9	3.87	3.77	3.67	3.61	3.56	3.51	3.45	3.39	3.33
10	3.62	3.52	3.42	3.37	3.31	3.26	3.20	3.14	3.08
11	3.43	3.33	3.23	3.17	3.12	3.06	3.00	2.94	2.88
12	3.28	3.18	3.07	3.02	2.96	2.91	2.85	2.79	2.72
13	3.15	3.05	2.95	2.89	2.84	2.78	2.72	2.66	2.60
14	3.05	2.95	2.84	2.79	2.73	2.67	2.61	2.55	2.49
15	2.96	2.86	2.76	2.70	2.64	2.59	2.52	2.46	2.40
16	2.89	2.79	2.68	2.63	2.57	2.51	2.45	2.38	2.32
17	2.82	2.72	2.62	2.56	2.50	2.44	2.38	2.32	2.25
18	2.77	2.67	2.56	2.50	2.44	2.38	2.32	2.26	2.19
19	2.72	2.62	2.51	2.45	2.39	2.33	2.27	2.20	2.13
20	2.68	2.57	2.46	2.41	2.35	2.29	2.22	2.16	2.09
21	2.64	2.53	2.42	2.37	2.31	2.25	2.18	2.11	2.04
22	2.60	2.50	2.39	2.33	2.27	2.21	2.14	2.08	2.00
23	2.57	2.47	2.36	2.30	2.24	2.18	2.11	2.04	1.97
24	2.54	2.44	2.33	2.27	2.21	2.15	2.08	2.01	1.94
25	2.51	2.41	2.30	2.24	2.18	2.12	2.05	1.98	1.91
26	2.49	2.39	2.28	2.22	2.16	2.09	2.03	1.95	1.88
27	2.47	2.36	2.25	2.19	2.13	2.07	2.00	1.93	1.85
28	2.45	2.34	2.23	2.17	2.11	2.05	1.98	1.91	1.83
29	2.43	2.32	2.21	2.15	2.09	2.03	1.96	1.89	1.81
30	2.41	2.31	2.20	2.14	2.07	2.01	1.94	1.87	1.79
40	2.29	2.18	2.07	2.01	1.94	1.88	1.80	1.72	1.64
60	2.17	2.06	1.94	1.88	1.82	1.74	1.67	1.58	1.48
120	2.05	1.94	1.82	1.76	1.69	1.61	1.53	1.43	1.31
∞	1.94	1.83	1.71	1.64	1.57	1.48	1.39	1.27	1.00

Tabelle 7: *McNemar*-, Median-, Vorzeichentest

Binomialverteilung $B(n;0{,}5)$; Rückweisungspunkte x_{r1} und x_{r2} bei höchstens $\alpha\%$ Signifikanzniveau (zweiseitig) und Stichprobenumfang n.

$$P(X \leq x_{r1};\ x_{r2} \leq X) \leq \alpha$$

α	5%		2.5%		1%	
n	x_{r1}	x_{r2}	x_{r1}	x_{r2}	x_{r1}	x_{r2}
5	–	–	–	–	–	–
6	0	6	–	–	–	–
7	0	7	0	7	–	–
8	0	8	0	8	0	8
9	1	8	0	9	0	9
10	1	9	0	10	0	10
11	1	10	1	10	0	11
12	2	10	1	11	1	11
13	2	11	1	12	1	12
14	2	12	2	12	1	13
15	3	12	2	13	2	13
16	3	13	2	14	2	14
17	4	13	3	14	2	15
18	4	14	3	15	3	15
19	4	15	4	15	3	16
20	5	15	4	16	3	17

α	5%		2.5%		1%	
n	x_{r1}	x_{r2}	x_{r1}	x_{r2}	x_{r1}	x_{r2}
21	5	16	4	17	4	17
22	5	17	5	17	4	18
23	6	17	5	18	4	19
24	6	18	5	19	5	19
25	7	18	6	19	5	20
26	7	19	6	20	6	20
27	7	20	7	20	6	21
28	8	20	7	21	6	22
29	8	21	7	22	7	22
30	9	21	8	22	7	23
31	9	22	8	23	7	24
32	9	23	8	24	8	24
33	10	23	9	24	8	25
34	10	24	9	25	9	25
35	11	24	10	25	9	26
36	11	25	10	26	9	27

Tabelle 8: Test des Rangkorrelationskoeffizienten

Rückweisungspunkte r_{SP_r} bei höchstens $\alpha\%$ Signifikanzniveau (zweiseitig) und Stichprobenumfang n.

α \ n	4	5	6	7	8	9	10
10%	1	.9	.83	.71	.64	.60	.56
5%	–	1	.89	.79	.74	.70	.66
1%	–	–	1	.93	.88	.83	.79

Tabelle 9: *Wilcoxon*-Test

Rückweisungspunkte w_r bei höchstens $\alpha\%$ Signifikanzniveau (einseitig) und Stichprobenumfang n

n \ α	5%	2.5%	1%	0.5%	n \ α	5%	2.5%	1%	0.5%
5	0	-	-	-	16	35	30	24	20
6	2	0	-	-	17	41	35	28	23
7	3	2	0	-	18	47	40	33	28
8	5	4	2	0	19	53	46	38	32
9	8	6	3	2	20	60	52	43	38
10	10	8	5	3	21	67	59	49	43
11	13	11	7	5	22	75	66	56	49
12	17	14	10	7	23	83	73	62	55
13	21	17	13	10	24	91	81	69	61
14	25	21	16	13	25	100	89	77	68
15	30	25	20	16					

Tabelle 10: *Mann/Whitney*-Test

Rückweisungspunkte u_r bei höchstens $\alpha\%$ Signifikanzniveau (einseitig) und Stichprobenumfängen n_1 und n_2.

$\alpha = 5\%$

n_1 / n_2	1	2	3	4	5	6	7	8	9	10	11	12	13	14	15	16	17	18	19	20
1	–																			
2	–	–																		
3	–	–	0																	
4	–	–	0	1																
5	–	0	1	2	4															
6	–	0	2	3	5	7														
7	–	0	2	4	6	8	11													
8	–	1	3	5	8	10	13	15												
9	–	1	4	6	9	12	15	18	21											
10	–	1	4	7	11	14	17	20	24	27										
11	–	1	5	8	12	16	19	23	27	31	34									
12	–	2	5	9	13	17	21	26	30	34	38	42								
13	–	2	6	10	15	19	24	28	33	37	42	47	51							
14	–	3	7	11	16	21	26	31	36	41	46	51	56	61						
15	–	3	7	12	18	23	28	33	39	44	50	55	61	65	72					
16	–	3	8	14	19	25	30	36	42	48	54	60	65	71	77	83				
17	–	3	9	15	20	26	33	39	45	51	57	64	70	77	83	89	96			
18	–	4	9	16	22	28	35	41	48	55	61	68	75	82	88	95	102	109		
19	0	4	10	17	23	30	37	44	51	58	65	72	80	87	94	101	109	116	123	
20	0	4	11	18	25	32	39	47	54	62	69	77	84	92	100	107	115	123	130	138
21	0	5	11	19	26	34	41	49	57	65	73	81	89	97	105	113	121	130	138	146
22	0	5	12	20	28	36	44	52	60	68	77	85	94	102	111	119	128	136	145	154
23	0	5	13	21	29	37	46	54	63	72	81	90	98	107	116	125	134	143	152	161
24	0	6	13	22	30	39	48	57	66	75	85	94	103	113	122	131	141	150	160	169
25	0	6	14	23	32	41	50	60	69	79	89	98	108	118	128	137	147	157	167	177
26	0	6	15	24	33	43	53	62	72	82	92	103	113	123	133	143	154	164	174	185
27	0	7	15	25	35	45	55	65	75	86	96	107	117	128	139	149	160	171	182	192
28	0	7	16	26	36	46	57	68	78	89	100	111	122	133	144	156	167	178	189	200
29	0	7	17	27	38	48	59	70	82	93	104	116	127	138	150	162	173	185	196	208
30	0	7	17	28	39	50	61	73	85	96	108	120	132	144	156	168	180	192	204	216

$\alpha = 2{,}5\%$

n_1 / n_2	1	2	3	4	5	6	7	8	9	10	11	12	13	14	15	16	17	18	19	20
1	–																			
2	–	–																		
3	–	–	–																	
4	–	–	–	0																
5	–	–	0	1	2															
6	–	–	1	2	3	5														
7	–	–	1	3	5	6	8													
8	–	0	2	4	6	8	10	13												
9	–	0	2	4	7	10	12	15	17											
10	–	0	3	5	8	11	14	17	20	23										
11	–	0	3	6	9	13	16	19	23	26	30									
12	–	1	4	7	11	14	18	22	26	29	33	37								
13	–	1	4	8	12	16	20	24	28	33	37	41	45							
14	–	1	5	9	13	17	22	26	31	36	40	45	50	55						
15	–	1	5	10	14	19	24	29	34	39	44	49	54	59	64					
16	–	1	6	11	15	21	26	31	37	42	47	53	59	64	70	75				
17	–	2	6	11	17	22	28	34	39	45	51	57	63	69	75	81	87			
18	–	2	7	12	18	24	30	36	42	48	55	61	67	74	80	86	93	99		
19	–	2	7	13	19	26	32	38	45	52	58	65	72	78	85	92	99	106	113	
20	–	2	8	14	20	27	34	41	48	55	62	69	76	83	90	98	105	112	119	127
21	–	3	8	15	22	29	36	43	50	58	65	73	80	88	96	103	111	119	126	134
22	–	3	9	16	23	30	38	45	53	61	69	77	85	93	101	109	117	125	133	141
23	–	3	9	17	24	32	40	48	56	64	73	81	89	98	106	115	123	132	140	149
24	–	3	10	17	25	33	42	50	59	67	76	85	94	102	111	120	129	138	147	156
25	–	3	10	18	27	35	44	53	62	71	80	89	98	107	117	126	135	145	154	163
26	–	4	11	19	28	37	46	55	64	74	83	93	102	112	122	132	141	151	161	171
27	–	4	11	20	29	38	48	57	67	77	87	97	107	117	127	137	147	158	168	178
28	–	4	12	21	30	40	50	60	70	80	90	101	111	122	132	143	154	164	175	186
29	–	4	13	22	32	42	52	62	73	83	94	105	116	127	138	149	160	171	182	193
30	–	5	13	23	33	43	54	65	76	87	98	109	120	131	143	154	166	177	189	200

Tabelle 11: *Kruskal-Wallis*-Test

Rückweisungspunkte h_r bei höchstens $\alpha\%$ Signifikanzniveau (einseitig) und Stichprobenumfängen n_1, n_2 und n_3.

n	n_1	n_2	n_3	h_r	$\alpha\%$
6	2	2	2	4.571	6.7
6	3	2	1	4.286	10.0
7	3	2	2	4.714	4.8
7	3	2	2	4.464	10.5
7	3	3	1	5.143	4.3
7	3	3	1	4.571	10.0
7	4	2	1	4.821	5.7
7	4	2	1	4.018	11.4
8	3	3	2	6.250	1.1
8	3	3	2	5.139	6.1
8	3	3	2	4.556	10.0
8	4	2	2	6.000	1.4
8	4	2	2	5.125	5.2
8	4	2	2	4.458	10.0
8	4	3	1	5.208	5.0
8	4	3	1	4.056	9.3
8	5	2	1	5.000	9.3
8	5	2	1	4.200	4.8
9	3	3	3	6.489	1.1
9	3	3	3	5.600	5.0
9	3	3	3	4.622	10.0
9	4	3	2	6.444	0.8
9	4	3	2	5.400	5.1
9	4	3	2	4.444	10.2
9	4	4	1	6.667	1.0
9	4	4	1	4.967	4.8
9	4	4	1	4.067	10.2
9	5	2	2	6.533	0.8
9	5	2	2	5.040	5.6
9	5	2	2	4.293	12.2
9	5	3	1	6.400	1.2
9	5	3	1	4.960	4.8
9	5	3	1	4.018	9.5
10	4	4	2	6.873	1.1
10	4	4	2	5.236	5.2
10	4	4	2	4.445	10.3
10	4	3	3	6.746	1.0
10	4	3	3	5.727	5.0
10	4	3	3	4.700	10.1
10	5	3	2	6.822	1.0
10	5	3	2	5.251	4.9
10	5	3	2	4.495	10.1
10	5	4	1	6.955	0.8
10	5	4	1	4.986	4.4
10	5	4	1	3.987	9.8
11	4	4	3	7.144	1.0
11	4	4	3	5.576	5.1
11	4	4	3	4.477	10.2
11	5	3	3	7.079	0.9
11	5	3	3	5.649	4.9
11	5	3	3	4.533	9.7
11	5	4	2	7.118	1.0
11	5	4	2	5.268	5.0
11	5	4	2	4.518	10.1
11	5	5	1	7.309	0.9
11	5	5	1	5.127	4.6
11	5	5	1	4.036	10.5
12	4	4	4	7.654	0.8
12	4	4	4	5.692	4.9
12	4	4	4	4.500	10.4
12	5	4	3	7.445	1.0
12	5	4	3	5.631	5.0
12	5	4	3	4.549	9.9
12	5	5	2	7.269	1.0
12	5	5	2	5.246	5.1
12	5	5	2	4.508	10.0
13	5	4	4	7.760	1.0
13	5	4	4	5.618	5.0
13	5	4	4	4.619	10.0
13	5	5	3	7.543	0.9
13	5	5	3	5.626	5.1
13	5	5	3	4.545	10.0
14	5	5	4	7.791	1.0
14	5	5	4	5.643	5.0
14	5	5	4	4.520	10.1
15	5	5	5	7.980	1.0
15	5	5	5	5.780	4.9
15	5	5	5	4.560	10.0

Tabelle 12: *Kolmogoroff/Smirnow*-Ein-Stichproben-Anpassungstest

Rückweisungspunkte d_r bei $\alpha\%$ Signifikanzniveau (zweiseitig) und Stichprobenumfang n.

n \ α	20%	10%	5%	2%	1%
1	.900	.950	.975	.990	.995
2	.684	.776	.842	.900	.929
3	.565	.636	.708	.785	.829
4	.493	.565	.624	.689	.734
5	.447	.509	.563	.627	.669
6	.410	.468	.519	.577	.617
7	.381	.436	.483	.538	.576
8	.359	.410	.454	.507	.542
9	.339	.387	.430	.480	.513
10	.323	.369	.409	.457	.486
11	.308	.352	.391	.437	.468
12	.296	.338	.375	.419	.449
13	.285	.325	.361	.404	.432
14	.275	.314	.349	.390	.418
15	.266	.304	.338	.377	.404
16	.258	.295	.327	.366	.392
17	.250	.286	.318	.355	.381
18	.244	.279	.309	.346	.371
19	.237	.271	.301	.337	.361
20	.232	.265	.294	.329	.352
21	.226	.259	.287	.321	.344
22	.221	.253	.281	.314	.337
23	.216	.247	.275	.307	.330
24	.212	.242	.269	.301	.323
25	.208	.238	.264	.295	.317
26	.204	.233	.259	.290	.311
27	.200	.229	.254	.284	.305
28	.197	.225	.250	.279	.300
29	.193	.221	.246	.275	.295
30	.190	.218	.242	.270	.290
35	.177	.202	.224	.251	.269
Näherung für $n>35$	$\frac{1{,}07}{\sqrt{n}}$	$\frac{1{,}22}{\sqrt{n}}$	$\frac{1{,}36}{\sqrt{n}}$	$\frac{1{,}52}{\sqrt{n}}$	$\frac{1{,}63}{\sqrt{n}}$

Tabelle 13: *Kolmogoroff/Smirnow*-Zwei-Stichproben-Anpassungstest

Rückweisungspunkte für $\alpha\%$ Signifikanzniveau und Stichprobenumfänge n_1 und n_2

Einseitig	für $\alpha =$	10%	5%	2.5%	1%	0.5%
Zweiseitig	für $\alpha =$	20%	10%	5%	2%	1%
$n_1 = 1$	$n_2 = 9$	17/18				
	10	9/10				
$n_1 = 2$	$n_2 = 3$	5/6				
	4	3/4				
	5	4/5	4/5			
	6	5/6	5/6			
	7	5/7	6/7			
	8	3/4	7/8	7/8		
	9	7/9	8/9	8/9		
	10	7/10	4/5	9/10		
$n_1 = 3$	$n_2 = 4$	3/4	3/4			
	5	2/3	4/5	4/5		
	6	2/3	2/3	5/6		
	7	2/3	5/7	6/7	6/7	
	8	5/8	3/4	3/4	7/8	
	9	2/3	2/3	7/9	8/9	8/9
	10	3/5	7/10	4/5	9/10	9/10
	12	7/12	2/3	3/4	5/6	11/12
$n_1 = 4$	$n_2 = 5$	3/5	3/4	4/5	4/5	
	6	7/12	2/3	3/4	5/6	5/6
	7	17/28	5/7	3/4	6/7	6/7
	8	5/8	5/8	3/4	7/8	7/8
	9	5/9	2/3	3/4	7/9	8/9
	10	11/20	13/20	7/10	4/5	4/5
	12	7/12	2/3	2/3	3/4	5/6
	16	9/16	5/8	11/16	3/4	13/16
$n_1 = 5$	$n_2 = 6$	3/5	2/3	2/3	5/6	5/6
	7	4/7	23/35	5/7	29/35	6/7
	8	11/20	5/8	27/40	4/5	4/5

$n_1 = 5$	$n_2 = 9$	5/9	3/5	31/45	7/9	4/5
	10	1/2	3/5	7/10	7/10	4/5
	15	8/15	3/5	2/3	11/15	11/15
	20	1/2	11/20	3/5	7/10	3/4
$n_1 = 6$	$n_2 = 7$	23/42	4/7	29/42	5/7	5/6
	8	1/2	7/12	2/3	3/4	3/4
	9	1/2	5/9	2/3	13/18	7/9
	10	1/2	17/30	19/30	7/10	11/15
	12	1/2	7/12	7/12	2/3	3/4
	18	4/9	5/9	11/18	2/3	13/18
	24	11/24	1/2	7/12	5/8	2/3
$n_1 = 7$	$n_2 = 8$	27/56	33/56	5/8	41/56	3/4
	9	31/63	5/9	40/63	5/7	47/63
	10	33/70	39/70	43/70	7/10	5/7
	14	3/7	1/2	4/7	9/14	5/7
	28	3/7	13/28	15/28	17/28	9/14
$n_1 = 8$	$n_2 = 9$	4/9	13/24	5/8	2/3	3/4
	10	19/40	21/40	23/40	27/40	7/10
	12	11/24	1/2	7/12	5/8	2/3
	16	7/16	1/2	9/16	5/8	5/8
	32	13/32	7/16	1/2	9/16	19/32
$n_1 = 9$	$n_2 = 10$	7/15	1/2	26/45	2/3	31/45
	12	4/9	1/2	5/9	11/18	2/3
	15	19/45	22/45	8/15	3/5	29/45
	18	7/18	4/9	1/2	5/9	11/18
	36	13/36	5/12	17/36	19/36	5/9
$n_1 = 10$	$n_2 = 15$	2/5	7/15	1/2	17/30	19/30
	20	2/5	9/20	1/2	11/20	3/5
	40	7/20	2/5	9/20	1/2	
$n_1 = 15$	$n_2 = 15$	23/60	9/20	1/2	11/20	7/12
	16	3/8	7/16	23/48	13/24	7/12
	18	13/36	5/12	17/36	19/36	5/9
	20	11/30	5/12	7/15	31/60	17/30
$n_1 = 16$	$n_2 = 20$	7/20	2/5	13/30	29/60	31/60
Approximation		$1.07\sqrt{\frac{m+n}{mn}}$	$1.22\sqrt{\frac{m+n}{mn}}$	$1.36\sqrt{\frac{m+n}{mn}}$	$1.52\sqrt{\frac{m+n}{mn}}$	$1.63\sqrt{\frac{m+n}{mn}}$

Register

www.ingramcontent.com/pod-product-compliance
Lightning Source LLC
LaVergne TN
LVHW091724021026
849161LV00003BA/306